京台高速公路泰安至枣庄(鲁苏界)段改扩建项目科技创新与应用

侯福金　吕新建　主编

人民交通出版社股份有限公司

北京

内 容 提 要

本书基于京台高速公路泰枣段改扩建项目的建设实践及其科研创新与技术攻关成果，系统介绍了高速公路改扩建项目的创新施工关键技术，涵盖路基拼宽、路面拼宽、桥涵拼宽、既有桥梁再利用等。此外还聚焦智慧高速建设，重点阐述了智慧公路工程建设的关键技术，总结了本项目智慧公路建设的总体思路与做法。本书可以为我国高速公路改扩建提供借鉴和参考，也将对推动我国智慧高速公路建设的水平提升起到积极作用。

图书在版编目(CIP)数据

京台高速公路泰安至枣庄(鲁苏界)段改扩建项目科技创新与应用 / 侯福金，吕新建主编. — 北京：人民交通出版社股份有限公司，2024.1

ISBN 978-7-114-19116-9

Ⅰ.①京… Ⅱ.①侯… ②吕… Ⅲ.①高速公路—改建—道路工程—技术革新—山东②高速公路—扩建—道路工程—技术革新—山东 Ⅳ.①U418.8

中国国家版本馆 CIP 数据核字(2023)第 215494 号

书　　名：	京台高速公路泰安至枣庄(鲁苏界)段改扩建项目科技创新与应用
著　作　者：	侯福金　吕新建
责任编辑：	陈　鹏
责任校对：	孙国靖　宋佳时
责任印制：	张　凯
出版发行：	人民交通出版社股份有限公司
地　　址：	(100011)北京市朝阳区安定门外外馆斜街 3 号
网　　址：	http：//www.ccpcl.com.cn
销售电话：	(010)59757973
总　经　销：	人民交通出版社股份有限公司发行部
经　　销：	各地新华书店
印　　刷：	北京交通印务有限公司
开　　本：	787×1092　1/16
印　　张：	20
字　　数：	487 千
版　　次：	2024 年 1 月　第 1 版
印　　次：	2024 年 1 月　第 1 次印刷
书　　号：	ISBN 978-7-114-19116-9
定　　价：	110.00 元

(有印刷、装订质量问题的图书，由本公司负责调换)

编写委员会

主　　编：侯福金　吕新建

副主编：杨启江　周　昆　王　冠　徐庆超

编　　委：刘杲朋　田迎军　季　辉　刘元昊　盛　琨

　　　　　荆林立　王明明　高华睿　赵庆超　孙志平

　　　　　葛雷雨　杨耀辉　房成林　郭基楠　刘传雷

　　　　　李荣华　陈克锋

【第一主编简介】

侯福金，男，1973年8月出生，正高级工程师，博士研究生，中共党员，山东高速建设管理集团有限公司党委副书记、董事、总经理，主要从事高速公路建设运营工作，享受国务院政府特殊津贴专家，山东省智库决策咨询专家，中国公路学会第六届专家委员会委员、第四届第五届青年专家委员会委员。个人先后获国家技术发明二等奖、山东省科技进步奖一等奖，中国公路学会科技进步特等奖、一等奖等；授权专利27项、国家/省部级工法5项，发表SCI/EI论文11篇，出版专著2部。

【第二主编简介】

吕新建，男，1981年11月出生，正高级工程师，山东高速建设管理集团有限公司党委委员、副总经理，兼任京台高速公路泰安至枣庄改扩建项目建设管理办公室主任，主要从事交通基础设施建设工作。参与曲阜大成桥、泗河兴隆大桥、济南东南二环项目和京台高速公路泰枣段改扩建项目等大型工程的建设。主持6项科研课题研究，授权专利6项，发表论文5篇，主编1部山东省地方规范，出版专著2部，荣获省部级奖励、称号10余项。

Introduction 前言

作为全国首条全线开通的"改扩建+智慧高速"交通强国试点项目、山东省首条智慧高速公路试点项目,京台高速公路泰安至枣庄(鲁苏界)段改扩建工程由山东高速集团投资建设。该项目践行智慧高速公路先行先试,探索出了智慧高速公路建设的"山东模式",为全国智慧高速公路建设贡献了"山东经验",进一步擦亮了"山东公路"这一品牌。

京台高速公路泰安至枣庄(鲁苏界)段改扩建工程在项目建设过程中,始终秉承创新发展的建设理念,充分发挥科技创新对项目建设的引领作用,创新应用了20余项国际先进的专利技术。针对旧桥梁板再利用问题,项目采用了国际先进设备测试旧桥板梁受力性能,通过研究梁板破坏机制与车辆荷载模型,形成了一套成熟的既有板梁桥利用的评价方法,最终保留全线旧桥梁板1.2万余片,节约资金近10亿元;为实现老路铣刨料再利用,项目研究了高性能沥青路面材料再生利用成套技术,提出全厚式再生路面结构设计理论,采用大掺量RAP沥青路面冷再生、温再生技术,实现沥青铣刨回收率100%,路面再生利用率超70%。此外,高速公路改扩建后在沿线设置了大量光伏发电、新能源充电、污水处理等设施,最大限度地提高了新能源使用效率,降低了对自然环境的破坏,践行了"路与自然和谐共生"的绿色发展理念,走出山东高速集团绿色建造的可持续发展之路。

该项目不仅在施工技术上追求优化创新,而且融合5G、大数据、物联网、北斗定位、人工智能、云计算等新兴技术,通过对道路状况、附属设施、通行情况进行可视化呈现,实现了运行管理、应急救援、道路养护的智能决策,集"人、车、路、网、云"于一体的车路协同,确立了基于低时延高可靠的C-V2X及北斗高精度定位的高速公路车路协同技术。该项目建成了全国里程最长的开放式车路协同试验路段(单侧20公里)和全国首条全向/定向毫米波雷达融合路段(48公里),重点打造安全通行、车路协同、智慧服务区、智能养护和伴随式信息服务等功能,建成了全国首个"省域级""建管养运服"全业务域全寿命周期的智慧高速公路云控平台,打造了一条安全畅行的舒适高速、智慧管理的数字高速、创新赋能的科技高速、绿色低碳的生态高速,实现了高速公路的全用户服务、全过程管控、全天候通行、全周期建养。

高端、丰富的外场设施装备,也是京台智慧高速公路的亮点之一。70余类涵盖感知、监测、诱导、发布等功能的外场设施,为实现安全畅行提供了精准数据支撑。京台高速公路泰安至枣庄(鲁苏界)段智慧高速公路以全天候通行为目标,提出了交通运行态势评估算法及交通诱导管控方法,融合应用主动发光标志、雨夜标线、雾区智能诱导、融冰除雪等设施设备,提高了道路轮廓可视性,实现了路域范围内"雨雪冰雾夜"等特殊环境状态感知、安全预警、融冰除雪及行车诱导全链条保障,通行能力可提升20%以上。同时,该项目以智慧提升、优化服务为理念,通过服务区高精地图绘制、车位占用动态获取,打通了导航软件与服务区管理系统的交互屏障,实现了"端到端"的车位级停车导航和反向寻车功能;服务区入口的ETC天线通过识别车辆及用户信息,分析车辆通行数据,为用户提供餐饮、购物、洗车等多种个性化优惠服务,并支持ETC用户洗车、加油等无感支付,使出行者获得更好的服务体验。

本书系统梳理了国内各高速公路改扩建项目在施工中存在的问题与难点,在广泛吸收相关高速公路改扩建工程优秀研究成果的基础上,深入总结了京台高速公路泰安至枣庄(鲁苏界)段改扩建工程的创新实践经验,以及项目实施过程中智慧高速公路建设相关的成套技术。书中的诸多创新成果得益于全体参建人员与相关专家的不懈努力,在此过程中凝练的有益经验,可为我国今后的高速公路改扩建工程提供重要的借鉴与参考,也必将进一步推动我国智慧高速公路的全面建设。

由于作者水平有限,书中难免存在不足之处,敬请读者批评指正。

编　者

2023 年 7 月

Contents 目录

第一章 概述 1
第一节 高速公路改扩建现状 1
第二节 高速公路改扩建中面临的重难点问题 3
第三节 京台高速公路泰安至枣庄(鲁苏界)段改扩建工程概述 7

第二章 高速公路改扩建路基拼宽施工技术 12
第一节 路基拼宽研究现状 12
第二节 公路改扩建路基拼宽施工技术 15
第三节 新旧路基填筑不均匀沉降控制技术 19
第四节 液态粉煤灰台背回填拼宽技术 23
第五节 高摩阻超静定土工格栅研制与优化 25

第三章 高速公路改扩建路面拼宽施工技术 52
第一节 路面拼宽研究现状 52
第二节 既有路面常见病害及机理 53
第三节 拼宽路面结构拼缝处理技术 58
第四节 固化土基层应用技术 62
第五节 高速公路全厚式厂拌热再生路面结构研究 67
第六节 大掺量 RAP 高性能沥青路面温再生技术研究 86

第四章 高速公路改扩建桥梁拼宽施工技术 119
第一节 桥梁拼宽研究现状 119
第二节 京台高速公路泰安至枣庄(鲁苏界)段桥梁拼宽技术 122

第三节　预制拼宽桥梁上部结构抗裂性能分析与优化 …………… 139
　　第四节　预制拼宽桥梁桥墩结构抗裂性能分析与优化 …………… 153

第五章　高速公路改扩建既有桥梁再利用技术 ………………………… 169
　　第一节　既有桥梁再利用研究现状 ………………………………… 169
　　第二节　T梁加固非开槽锚具碳纤维板施工技术 ………………… 171
　　第三节　旧桥空心板粘贴碳纤维布加固技术 ……………………… 175
　　第四节　既有板梁桥利用研究 ……………………………………… 177

第六章　绿色材料研发及数字化绿色建设 ……………………………… 217
　　第一节　泡沫铝新型材料研究与应用 ……………………………… 217
　　第二节　电子档案管理系统研究与应用 …………………………… 220
　　第三节　智慧工地建设研究与应用 ………………………………… 229
　　第四节　全生命周期智慧管理平台研究与应用 …………………… 237

第七章　智慧公路工程建设 ……………………………………………… 245
　　第一节　智慧高速公路管理软件 …………………………………… 245
　　第二节　全息感知管控的全天候通行保障技术 …………………… 253
　　第三节　基于高精度车辆轨迹追踪的自由流收费技术 …………… 278
　　第四节　基于实时监测与移动视频检测的智能养护技术 ………… 286
　　第五节　实施效果与经济社会效益 ………………………………… 299

**附录　京台高速公路泰安至枣庄（鲁苏界）段改扩建项目主体工程
　　　　参加单位及人员一览表** ………………………………………… 303

参考文献 ……………………………………………………………………… 304

第一章

概述

第一节 高速公路改扩建现状

一、高速公路改扩建的必要性

近年来,随着"一带一路"倡议的推进,以及《"十三五"现代化综合交通运输体系发展规划》的出台,加之我国改革开放以来国民经济的快速发展,地区间联系日益紧密,人民生活水平提高,汽车大量普及,中国交通发展到了一个新的历史阶段。很多早期修建的高速公路,或因长期使用导致服务性能下降,或因沿线交通量快速增长,已经无法满足现代交通发展的需求,造成时间的浪费和运输成本的提高,一定程度上制约了区域经济的发展。为了满足日益增长的交通需求和提高公路服务水平,更好地为经济建设服务,城市周边既有高速公路的改扩建势在必行。

我国早期修建的高速公路,由于历史条件限制,以及长期大流量、重载车的通行,使得路面使用性能下降,局部路段路面、桥涵承载力大幅降低,交通标志设施老化现象普遍;部分桥梁设计标准较低,且不能满足现有泄洪要求,暴雨时排水不畅,容易积水产生内涝,严重影响车辆和人员通行,存在较大的安全隐患。其服务水平已明显不能满足高速公路的行车需求,大多数面临或已经进行改扩建。因此,随着国民经济和社会的发展,未来高速公路改扩建将是一个新的热潮。

综上所述,随着国民经济和社会的发展,未来高速公路改扩建将形成一个新的热潮。城市周边高速公路改扩建所受制约因素较多,改扩建的目的又具有多样性,相关问题日益突出。我国对于城市周边的高速公路改扩建工程,从方案论证、设计到施工,相关的规范规程及经验不多,没有形成完整的理论体系及可借鉴的成熟经验。

二、国内高速公路改扩建的历史

(一)改扩建高速公路代表性工程

从1988年我国大陆第一条高速公路——沪嘉高速公路建成以来,历经30余年,我国的高速公路建设取得了飞跃式的发展。随着经济和社会快速发展，交通运输需求快速增长，加之很多早期建设的高速公路已达到或接近设计使用年限，难以负荷现有的交通承载量，我国启动了高速公路的改扩建，如广佛高速公路、沈阳至大连高速公路、沪宁高速公路、梅观高速公路等一批高速公路都进行了改扩建。我国主要高速公路改扩建工程改扩建概况如表 1.1-1 所示。实践表明，我国在高速公路的改扩建方面取得了重大突破，已不仅局限于技术方案，而是对用地、节能、环保、社会稳定进行了多方面的综合考虑。

我国主要高速公路改扩建工程改扩建概况　　　　表 1.1-1

高速公路	原设计方案	加宽方式	改扩建方案
广州—佛山	双向四车道	两侧加宽	部分双向八车道 部分双向六车道
沈阳—大连	双向四车道	两侧加宽	双向八车道
沪杭甬	双向四车道	两侧加宽	分段拓宽成双向六车道
上海—成都	双向四车道	两侧加宽为主局部分离	双向八车道
南京绕城	双向四车道	两侧加宽	双向六车道
海南环岛东线	非标准四车道	单侧加宽	扩建左幅双向四车道
南京—杭州	双向四车道	中间带预留加宽	预留六车道
安阳—新乡	双向四车道	两侧加宽	双向六车道
郑州—洛阳	双向四车道	两侧加宽	双向八车道
合宁	双向四车道	两侧加宽	双向八车道
郑州—漯河	双向四车道	两侧加宽	双向八车道
佛山—开平	双向四车道	两侧加宽	双向八车道
广佛二次加宽	双向六车道	两侧加宽	双向八车道

我国最早开工的高速公路改扩建工程是广佛高速公路加宽工程，从 1997 年 10 月开工，到 1999 年 12 月完工。随后我国进行了多条高速公路扩建工程的建设，比较有代表性的工程如下：

（1）沈大高速公路

沈大高速公路改扩建工程研究始于 2000 年，研究阶段设计单位针对新建、扩建及扩建形式进行了深入的研究，最后推荐两侧拼接为主、单侧分离为辅，隧道和海湾大桥路段采用分离方式的扩建形式。工程于 2002 年 5 月开工封闭建设，2004 年 8 月全线通车。沈大高速公路开创了国内高速公路大规模扩建的先河，尝试了全封闭施工、全部路面重建、全部桥梁上部结构重建（含利用）、全部交通工程及沿线设施重建的沈大模式。

（2）杭甬高速公路

杭甬高速公路改扩建工程始于 2000 年 10 月，采取分段逐步实施的方式进行扩建，采取两侧拼接扩建方式，路幅宽度有六车道和八车道两种。杭甬高速公路改扩建工程立足于提高通行能力、解决好软土地基处理技术问题等方面，对道路平纵面调整、老路改造路面、结构物、交通工程等未作重点考虑。改扩建工程采取不中断交通的方式进行施工，实现了扩建、运营两不误，其建设思路具有代表性。

(3）沪宁高速公路

2002—2003年开始开展沪宁高速公路改扩建前期研究工作，经过一年半的研究、咨询、论证，最后选择了两侧拼接为主、局部分离的扩建方式，扩建规模为四车道扩建为八车道。2003年10月开工建设，2005年6月半幅建成正常运行，2005年12月31日全线主体工程建成通车，全线恢复正常运营，2006年6月全面建成，提前1年完成了建设任务。

（二）改扩建高速公路工程模式

从交通组织方式、工程技术水平和综合服务水平对国内改扩建工程的模式进行划分后，基本可归纳为：

（1）改扩建1.0模式，以21世纪初期高速公路改扩建为代表。交通组织上采用"全封闭施工"模式，工期短，交通安全有保障，但交通大动脉的阻断将影响区域经济发展，严重影响沿线群众出行。工程技术上重点解决了路基、桥涵拼宽不均匀沉降造成的开裂、病害和老路面加铺等关键建造技术难题。

（2）改扩建2.0模式，以沪宁高速公路改扩建等为代表。交通组织上采用"边通车边施工"的模式，满足了部分出行需求，但是保通不保畅，拥堵时常发生，采用的临时护栏等措施无法保障行车和沿路施工人员安全。工程技术上采用标准化设计、工厂化预制、装配化施工、信息化控制、专业化管理为手段，推广应用四新技术，以打造平安工地和品质工程为目标，有效提升了工程建设品质。

（3）改扩建3.0模式，以京台高速公路改扩建为代表。交通组织上充分利用信息化、数字化、智能化手段，对交通流进行精准管控；对影响交通安全的因素进行全息感知并有效应对；通过多终端发布，提供伴随式信息服务，解决大通量国家主干线改扩建保通、保畅、保安全的难题。工程技术上则充分吸收1.0、2.0模式先进技术，顺应新基建等国家重点发展战略，打造绿色、低碳、安全、经济、智慧高速公路改扩建新模式，主要解决在役构造物"高效、高价值、高品质利用"的难题，实现"绿色、安全、智慧、经济"的高质量发展，满足人民群众对改扩建高速公路提出的更高需求。

第二节 高速公路改扩建中面临的重难点问题

目前，现有高速公路改扩建研究的内容，主要集中在两个方面：一是道路的扩容，通过道路拓宽升级改造来提高通行能力，以缓解交通量增长需求的压力；二是道路的翻修及养护，通过对现有路况进行处理，如对路基路面病害进行处理，对排水防护系统及桥涵进行修复改造，来改善道路的服务水平。在改扩建的形式特点上，主要以两侧拼宽为主，而"四扩八"的项目，也体现了适度的超前性。

现阶段，新旧路基拼接施工、路基差异沉降、新老路面拼接施工、新旧桥梁道路拼接施工问题是高速公路改扩建施工中的难点。如果不采取专业的技术手段解决以上问题，很可能会影响改扩建施工的质量。需要立足于实际，认真分析目前施工中存在的不足，并采取合适的手段纠正施工中存在的问题，确保改扩建后的高速公路能够正常投入使用。目前高速公路改扩建工程痛点问题主要有以下几点：

一、路面材料设计单一，结构层功能与材料的匹配度低

我国高等级沥青路面建设起步较晚，经验技术及技术人员储备不足，筑路材料质量较差，施工管理水平低，质量检测和评价指标尚不够科学合理等，这些都致使相当一部分沥青路面质量不高。高等级沥青路面通车后，往往在较短的时间内出现局部路段的破坏，如裂缝、车辙、坑槽、剥落等。然而，沥青路面材料的设计与结构层对材料的功能要求不匹配是最根本、最重要的原因，具体体现为下列几点：

（1）结构层厚度确定。传统半刚性基层路面沥青结构层厚度大都参考相近工程或凭经验确定，缺乏理论依据，没有具有普适性的厚度确定体系与方法。

（2）表面层老化问题。沥青路面表面层与环境接触，服役过程中受到阳光、温度、氧气、紫外线、雨水、地下水等诸多因素直接影响，导致了更严重的老化，进而引发衍生病害。

（3）中面层车辙问题。有研究指出沥青混凝土路面永久变形主要在路面表面以下100～150mm范围内产生。严重的车辙可致使路面结构破坏，雨雪季节积水产生水漂甚至结冰，给驾驶员操作和车辆制动带来困扰。车辙将显著降低路面使用寿命，而且维修难度大。

（4）疲劳开裂问题。在重复动载作用下，沥青结构层底部反复受拉会产生疲劳开裂。这种裂缝破坏了路面结构整体性，严重降低路面寿命，也将加重水损害。

二、传统施工管理手段单一，关键工序无法动态实时管理

随着高速公路建设项目的规模逐渐加大，其复杂程度、难度也在不断提高，工程项目的管理难度也在不断加大。面对复杂的施工环境，传统的质量安全管理手段不能对重要工序的施工过程进行实时有效的监控，对各项质量问题追根溯源、整改复查难度极大；同时特种设备作业中存在的隐患问题也愈发凸显。

尤其在拌和站拌和质量管理、沥青混合料摊铺和碾压质量管理、预制场智能张拉和压浆质量管理、试验室检测过程管理和特种设备的安全管理等方面问题较为突出：

（1）拌和站质量管理中存在问题

拌和站各混合料（沥青、水稳、混凝土）级配复杂，各掺合料种类多，控制参数较多，混合料出现问题后无法快速追根溯源，现场管理人员靠经验主观判断查找问题原因，在质量控制方面受人为因素影响大。

（2）沥青路面施工质量管理中存在问题

①常规沥青混合料摊铺过程中，由现场管理人员采用温度计随机测量摊铺温度，摊铺速度也是现场管理人员凭经验和主观判断，无有效的管控手段，过程管控人为因素干扰大。

②常规压路机管控，通过管理人员现场交底，要求压实速度和压实遍数，监理人员旁站监督压路机工作状态，现场管理人员凭经验，主观判断碾压速度和遍数，缺少定量的管控。

（3）预制场智能张拉、压浆质量管理中存在问题

目前项目均采用智能张拉、压浆设备，但须技术人员和监理单位对张拉、压浆工序进行过程旁站，人工判断数据是否满足规范要求，无法实时展示数据。

(4)试验检测过程管理中存在问题

常规试验数据采集由试验员通过仪器读数手写收集,手写生成试验报告,人工收集数据效率较低,且存在篡改试验数据、伪造试验报告的风险。

(5)特种设备安全管理中存在问题

门式起重机、架桥机常规管控手段是安装视频监控设备、风速仪,需专人定期检查安全运行状态,工作过程中凭经验判断其安全性,未对影响门式起重机、架桥机安全的关键因素(受力状态、运行速度、限位状态)实时管控。

因此,基于目前智慧工地的建设现状,为全面贯彻落实智慧工地建设的推广应用,根据国家及地方相关发展精神及方向,把"智慧工地"作为重要研究和实施内容,从顶层设计、技术攻关、人才培养入手,实现从工地的数字化、精细化、智慧化生产和管理等方面提升工程项目建设的技术和管理水平,建立智慧工地建设技术标准和评价制度。

三、高速公路改扩建工程体量增加,既有桥梁利用方案尚不成熟

目前我国高速公路已经进入改扩建施工热潮,大量既有旧桥处于正常运营阶段,贸然拆除重建既会造成大量资源浪费,造成建设工期延长,又增加保通压力,影响公众出行体验,对社会总体效益影响较大。目前高速公路改扩建项目对既有板梁桥的利用尚未形成成熟的评价体系,尚不能合理有效地利用旧桥梁板。在既有旧桥利用方面,存在以下问题:

(1)改扩建旧桥利用包括两种途径,分离加宽和拼接加宽。拼接加宽是改扩建最主要的加宽形式。其中板梁桥经计算存在的问题主要为抗弯和抗剪承载力不足,需要进行加固,尚缺少有效可靠的提高抗剪承载力的加固措施。

(2)根据国内相关试验研究,板梁桥的实际抗剪承载力高于计算的承载力值。若采用简化的计算方法评估会过于保守,而导致拆除和过度加固。因此,如何准确评价既有板梁桥的真实承载力水平是需要研究的问题。

(3)目前对既有板梁桥的荷载作用计算偏保守,对于既有旧桥而言,保守的评估会导致大量旧桥需要拆除,不符合绿色、环保和节约理念。

(4)对既有旧桥板梁进行整体化桥面板加厚能有效增强多梁式桥梁的整体性能,但是桥面铺装和原有旧梁顶面存在典型的新、旧混凝土接触面。桥面铺装后的梁体在抗弯极限状态下容易发生新、旧混凝土的界面剥离。

(5)既有板梁桥改扩建中旧桥评价荷载的选取缺少相应支撑。

(6)空心板桥存在的问题主要是抗剪承载力验算不足,但验算公式中采用杠杆法进行分析偏于保守,如何合理考虑板梁桥的横向整体性传力因素影响是待研究的问题之一。

通过对既有板梁桥的有效利用,可节约投资,明显缩短改扩建项目保通周期、施工工期,避免高速公路改扩建工程的拆桥和重建,保障运营安全,创造显著的经济和社会效益。

四、传统桥梁施工能耗高、效率低,产业赋能升级迫在眉睫

高速公路桥梁下部结构传统施工工艺为现浇,现浇施工普遍存在施工周期长、整体耗能高、现场施工人员多、工人劳动强度大等问题,且在建设过程中存在安全风险高、文明施工差、

成品质量差、生产效率低下、作业受环境影响等诸多缺点,其中较为显著的问题如下:

(1)随着社会发展,施工人力资源欠缺现象逐渐在传统基础建设行业中凸显,暴露出用工荒、熟练操作工较少的问题,人力资源难以满足传统现浇施工的大量劳动力消耗。

(2)传统现浇施工各工序均需在现场进行操作,涉及高空作业,操作环境复杂,施工风险高,施工质量控制难度大。

(3)传统现浇施工各工序衔接紧密,无法进行并行施工,同时涉及各构件结构"等强"问题,受施工工序限制导致施工周期较长,难以适应日益加快的项目建设节奏。

(4)实际工程中预制装配式桥墩承插式连接抗震性能不明确,缺乏较优的构造设计方法。

五、传统材料无法满足低碳目标,亟待研发新型无公害材料

(1)传统吸音材料在安装和使用过程中会产生大量粉尘,性能随时间下降较为明显,且含致癌物,无法重复利用,降解过程会产生大量有害气体,不能满足国家"节能低碳"的可持续发展要求。

(2)目前我国高速公路采用的 SA 级波形梁护栏存在线形不平顺、连接过渡困难、施工不便、造价较高等缺点。

为有效克服传统声屏障、护栏装饰材料的弊端,广泛采用泡沫铝新型材料,实现可持续发展。泡沫铝是在纯铝或铝合金中加入添加剂后,经过发泡工艺而成,其显著特征是在纯铝或铝合金基体中存在大量毫米级的宏观孔洞,具有密度小、比强度大、吸音隔音、吸能缓冲、阻燃防爆等诸多优异性能。

六、施工过程与档案资料脱节,档案管理面临诸多问题

在公路工程项目施工过程中,工程内业资料的管理仍然沿用传统的人工管理模式,存在以下几方面的问题:

(1)工程文档形成、收集、归档缺乏统一标准。在公路工程项目施工中,工程文档主要是以各种内业表格的形式存在的。目前公路工程文档尚缺乏统一的标准,内业表格形式、填写规则和组卷方法不统一的现象十分普遍。

(2)纸质档案管理困难。目前公路工程项目施工管理中一直延续使用纸质文档,在档案生成、保存和检索利用方面,纸质文档的管理手段相对落后,严重制约了工程文档管理效率。

(3)工程内业外业存在脱节现象。工程文档的"一次性"和不可恢复性特征,客观上对文档管理人员的素质提出了更高的要求。工程文档管理人员既要熟悉档案管理业务,又要掌握专业知识和技能,才能够熟练地对文件材料进行收集和整理。目前档案管理部门所做的工作仅仅是提供工程文档的组卷规则和组织工程竣工文档的检查和验收,而没有真正做到从工程文档的生成开始实行全程的监控,工程文件的管理和工程档案的管理存在脱节现象。

(4)内业资料人员素质参差不齐,内业资料质量无法保证。目前工程文档的生成者、保管者和检查者为工程技术人员,尚不具备专业档案管理业务技能,存在不专业、不规范现象。

第三节　京台高速公路泰安至枣庄(鲁苏界)段改扩建工程概述

一、项目工程简介

京台高速国家高速公路网中的纵向主干线,也是山东省高速公路网中的重要组成部分。为完善高速公路网、提高公路通行能力和服务水平、促进区域经济发展,将京台高速公路泰安至枣庄(鲁苏界)段原有双向四车道按照"两侧拼宽为主,局部受限路段采用单侧拼宽、高架桥为辅"的加宽方式扩建为双向八车道。

京台高速公路泰安至枣庄(鲁苏界)段改扩建工程起点为泰山枢纽,沿既有公路两侧拼至庞家村,后受兖南联络线铁路、兖石铁路净空影响单侧拼宽至春秋东路,两侧拼宽至胜利渠段,胜利渠至张山子受京杭运河及伊家河航道影响采用单侧拼宽方式,后两侧拼宽至终点鲁苏界。总体走向为:改扩建起点位于京台高速公路和青兰高速公路交叉的泰山枢纽,沿老路扩建前行,经泰安市岱岳区、宁阳县、曲阜市、邹城市、滕州市、枣庄市、薛城区、济宁市微山县、枣庄市峄城区、台儿庄区,止于鲁苏两省交界的枣庄市台儿庄区张山子镇南的省际收费站,全长189.493km。

主线按双向八车道高速公路标准改扩建,设计速度120km/h;微山湖互通立交连接线长3.027km,采用双向两车道二级公路技术标准,设计速度80km/h;新建及拼宽桥涵设计汽车荷载等级采用公路—Ⅰ级。主线设高架桥4座,特大桥6座,大桥21座,中桥20座,小桥56座,互通立交19处(改建13处、新建4处、迁建2处),分离立交43处(扩建38处、新建1处、利用4处),天桥13座,改建服务区6处;监控通信分中心2处(利用),养护工区4处(利用3处,新增1处),超限超载检测站1处(改建),新增永久占地552.8886ha❶。微山湖互通立交连接线设小桥1座,分离立交1处,新增永久占地7.2773ha。

二、工程地质与水文地质

(一)地形、地貌

京台高速公路泰安至枣庄(鲁苏界)段北起泰安市岱岳区,南至枣庄市(鲁苏界)。本项目位于山东省中南部地区。

本项目所经地带北部地形变化多样,属华北地台、山东台背斜鲁中南台隆的一部分,整个地势自南北两端向中部大汶河倾斜。根据《山东省地貌分区图》(1:150万),项目主要位于鲁中南构造侵蚀为主中低山丘陵区,宁阳至邹城局部路段属堆积平原区。项目所属区域主要分为冲洪积平原地貌、低山丘陵地貌、剥蚀残丘地貌、剥蚀准平原地貌等地貌亚区。

---

❶　1ha = 1000m²。

(二)工程地质条件

1. 地层岩性

根据山东省地层区划图,路线位于鲁西地层分区(I2)的泰安地层小区(I27)。本区出露有太古界、震旦亚界、寒武系、奥陶系、石炭系、二叠系、侏罗系、白垩系、第三系和第四系地层,缺失下元古界、志留系、泥盆系和三叠系地层。

2. 地质构造

路线所经区域Ⅰ级大地构造单元为华北板块,Ⅱ级构造单元为鲁西地块,Ⅲ级构造单元为鲁中隆起区。根据《山东省地震构造图》《山东省新构造图》《山东省地质图说明书》及相关的区域地质资料,路线所经区域附近的主要构造断裂有泰山西麓断裂、夏庄-安驾庄断裂、汶泗断裂、苍尼断裂、峄山断裂、陶枣断裂、峄城断裂、韩庄断裂等。汶泗断裂与线路在曲阜北互通附近近似垂直相交。上述断裂均为非全新世活动断裂,对场区稳定性影响较小。

3. 不良地质及特殊性岩土

项目沿线发现的主要不良地质现象有岩溶、地震液化等。沿线主要特殊性岩土有填土及花岗岩风化岩残积土,大汶河、贤村水库及部分池塘等由于近期河道清淤存在部分软土。

(1)岩溶。

岩溶现象主要发育在灰岩、泥灰岩地层中,多为浅覆盖型岩溶,第四系覆盖层厚度一般不超过10m,岩溶发育区地质构造、水文及工程地质条件较复杂。在本项目区内,隐伏岩溶位于第四系覆盖层之下,岩溶的埋藏深度变化较大,规模大小不一。岩溶发育会对构造物的基础稳定性有不利影响。

大汶河北岸下伏基岩岩性主要为灰岩。石灰岩在漫长地质变迁年代,经过多次构造运动和长期溶蚀,会产生溶沟、溶孔、溶洞和地下暗河,易产生岩溶塌陷。经现场工程地质调绘,沿线路左右200m范围内发现存在不良地质岩溶共计5处,经实地钻探揭露,线路里程K480+330~K487+540段、K543+000~K546+300段为石灰岩分布区,岩溶较发育,同时局部发育有小型溶洞,岩溶多为长时间的溶蚀所导致;沿线路两侧存在较多灌溉井,后期施工需注意。

(2)地震液化。

拟建场区地震动峰值加速度为0.1g,地震基本烈度为7度。沿线局部路段浅层分布细砂、中砂等可液化土层,本阶段初步查明以下段落为液化段落:K521+000~K525+600、K528+500~K530+400、K536+300~K538+300、K556+300~K557+000,液化等级轻微。

(3)花岗岩风化岩残积土。

主要分布里程:K470+175.846~K480+330、K495+800~K510+696.210、K556+400~K572+500段等。这些段落中,对填方路基影响小。根据地质调绘及搜集地质资料显示,拟建线路普遍存在埋深不均的花岗闪长岩、花岗岩风化层,上部为残积土、全风化~强风化,其中全风化花岗闪长岩及花岗岩,岩芯多呈土状、砂状,原岩结构构造已不可辨,基岩具风化差异性、软硬不均性。全风化闪长岩的岩石的矿物成分、力学性质与母岩相差较多,存在球状风化,结构较疏松,浸水易软化,强度低,力学性能较差。

因此,边坡开挖时应避免雨季施工,工程施工时建议快速施工,避免地下水、地表水的入渗,施工后应对工作面及时进行防护或封闭。

(4)填土。

场区填土主要为杂填土、素填土,局部为冲填土。据调查,杂填土主要是由原地的粉质黏土夹碎石所致,场区内普遍存在,堆积年代5~8年,揭露厚度1.5~3m,平均2.1m。场区内填土土质不均匀,压缩性高,力学性质较差,未经处理不宜作地基受力层,建议进行换填处理。

(5)软土。

沿线路左右200m范围内局部存在软弱土,厚度不大,路基施工时清表换填方可;沿线途经大汶河,局部存在软土。

(三)水文

项目所在区域属黄河、淮河流域,沿线水资源较为丰富。

1. 地表水系

(1)河流。

路线经过的主要河流有大汶河、险河、泗河、大沙河、界河等。其中路线穿越东武地下水水源地环境敏感点。

胜利渠起于泰安市岱岳区范镇郑家寨村,全长55km,过水流量$15s/m^3$,功能是引水,途经泰安市岱岳区、泰山区、高新区10个乡镇(街道),穿越8座山岭,跨27条河沟。

大汶河流域东西平均长146km,南北平均宽58km,流域面积$8536.5km^2$。其中泰安$1997.8km^2$,济南$226.5km^2$,临沂$219km^2$。大汶河流域多年平均径流量为18.52亿m^3,汛期6~9月平均径流量为13.27亿m^3。汛期洪水集中,流量大,流速快,是危及河道工程安全的主要因素。

险河东支发源于泰安市宁阳县梧桐峪,西支发源于曲阜市吴村镇九山东麓,经宁阳县、曲阜市王庄乡孙家道沟流入泗河,流域面积$172km^2$。

泗河是山东省中部较大河流,发源于蒙山腹地新泰南部太平顶西麓,西南流入泗水县境后改向西行,至曲阜市和济宁市边境复折西南,于济宁市东南鲁桥镇注入京杭大运河。泗河有多条直流,其干流长159km,流域面积$2366km^2$。

小沂河发源于邹城市城前乡凤凰山北,经曲阜南、防山、息陬、陵城、时庄等乡镇于兖州金口坝流入泗河,全长58km,流域面积$365.6km^2$。

大沙河发源于邹城市城东张庄乡徐岭村南,流向自东向西,于北宿镇吴官村西流入白马河,全长32.6km,流域面积$172.6km^2$。

东武饮用水水源保护地是泰安市重要的城市供水水源地,也是山东省典型的岩溶水源地,位于泰安市以南23km,面积$24km^2$。

(2)水库。

胜利水库位于大汶河北岸,泰城南15km漕河上游,总库容5900万m^3,水库上游百年一遇洪峰可全部蓄于库内。

贤村水库位于大汶河南岸,南驿火车站西1.5km处,总库容量1060万m^3,消减百年一遇洪峰23.4%。

尼山水库位于曲阜市尼山镇,在泗河支流小沂河上,控制流域面积264.1km²。

西苇水库位于山东省邹城市东3km处大沙河干道中段,总库容为1.02亿m³,控制流域面积113.6km²,有效灌溉面积1520ha。

2. 地表水

路线所经地区地表水有大气降水、地表径流及地表水资源。区域地表径流年径流量在时空分布上与降水基本一致,地理分布的特征是由南向北逐渐减少,年际变化较大。年内各月之间的径流量,一般6~9月多,3~5月较少。区域内多年平均地表水资源量为1.3亿m³。地表水资源来源主要有水库蓄水、塘坝拦蓄、河道提水利用、河道渗漏、河道水面蒸发和排泄等。

3. 地下水

地下水主要含水层根据其含水特征可分为第四系冲洪积物松散岩类孔隙水,碳酸盐岩岩溶裂隙水,变质岩、岩浆岩裂隙水等三个部分。不同类型的含水层呈相互叠置关系。由于地下水的主要补给源为大气降水,故其补给动态特征随着季节和年际变化。地下水空间分布受地形地貌、地层岩性、含水层厚度及地质构造等诸多因素制约,决定了地下水的分布变化规律,总体上其分布规律和地层岩性大体对应。

(四)气候与气象

项目处于大陆性中温带暖温带半湿润大陆性季风气候。受海洋性气候影响较小,具有较明显的大陆性气候特征,一年四季分明,春季风多雨少,气候较干燥;夏季高温多雨,雨量充沛集中,雨热同期,常有大风暴雨、冰雹、雷击、上游山洪暴发等灾害性天气,雨季一般集中在6~8月;秋季时间最短,天高气爽,日照充足,少有阴雨天连绵天气,昼夜温差大,间有秋旱;冬季最长,干冷少雪,为半干旱气候。

除上述自然条件外,对路线建设、运营影响较大的气象条件还有气温、降水、风雾、霜冻等。项目所经区域内气候特点受季风影响显著,四季分明,冷热干湿界限明显,具有显著的大陆性气候特征。

1. 气温

路线所经区域寒暑分明,年内1月最冷,7、8月炎热。1月平均气温在0℃以下,7月下旬、8月上旬平均气温在26℃以上。春季升温迅速,秋季降温稍缓。平均气温年较差30℃左右,各月平均日差在9~13.5℃之间。

2. 降水

本区域降水分布的特点是,在时间上高度集中,全年以7、8月降水量最大,两月合计占全年降水量的五成多。降水量以7、8月为中心向两端递减,以1月为最少。降水量随年际变化明显,随地点的变化也较显著。年均降水量在600mm左右,最多年份超过1000mm,最少年份仅在320mm左右。由于降雨年际、年内变化较大,且分布不均,形成春旱夏涝、连旱年涝的自然特点。

项目气候条件相对较好,施工基本不受气候条件限制。但应注意7、8月雨水季节对施工的影响,做好防汛工作。

三、工程特点

本项目为高速公路改扩建工程,主要工程内容涵盖路基、路面、桥涵通道、互通立交、旧路病害整治、桥梁拆除新建,交通安全设施等,原有道路为设计速度120km/h的四车道高速公路,现将其加宽为双向八车道高速公路;项目分布有众多的桥梁、涵洞、互通式立交、分离式立交、通道等构造物。改扩建工程路面拼接位置、新旧路基的衔接、构造物拓宽方案、互通改建形式和规模、施工期的交通组织均是本项目的重点、难点。通过对项目的分析,本项目具有以下特点:

(1)京台高速公路是山东省南北运输大通道的主轴,现状路线里程长、交通量大,同时山东省境内与本项目走向"平行"的高等级道路可作为主要分流路径的条件有限。因此,在施工期间保持双向四车道通行,交通组织复杂、难度大。制定切实有效措施保证该既有公路的行车安全,减少对周围单位和居民的干扰,做到安全施工是本项目的重中之重。

(2)项目建设全过程需要多次转序,新旧道路、桥涵的拼宽,旧路桥涵结构拆除重建、换板等工程是本项目的施工重点,如何确保施工过程中高速公路行车安全是本项目的一大难点。

(3)桥梁下部结构及涵洞采用预制拼装工艺,预制构件的工厂化建造及现场拼装的标准化施工是本工程的主要特点。

桥梁上部结构形式多样,有现浇连续梁、钢箱梁、系杆拱、钢混叠合梁、现浇箱梁、预制箱梁、T梁、空心板梁、实心板梁等,施工组织难度大,且部分桥梁跨越高速公路、铁路、水库、河流等,施工技术难度大。

(4)既有路基、桥涵加宽改造施工是本项目特点之一,如何控制新旧路基不均匀沉降、保证新旧路基的整体性、做好既有桥涵加宽改造施工中新老结构的拼接、保证既有结构和行车安全、控制不均匀沉降是本次施工需要解决的重点课题。

(5)环境保护、水土保持及文明施工要求高。本项目区域周边村镇较多,线路两侧多为农田、经济林,部分桥址位于水源地,环境保护、文明创建要求高。桩基施工中采取有效的泥浆处置措施、路基土石方施工时防止水土流失是本项目环境保护的重点。

(6)建设绿色公路,拆除物二次利用。本项目被列为交通运输部第二批绿色公路典型示范工程。根据实施方案要求,管段内清表土、旧路沥青、浆砌护坡、混凝土等需综合利用达到"零弃方"标准。清表土集中堆放后期用以复耕,旧路沥青热再生用于主线柔性上基层、下面层、互通匝道柔性基层、改路下面层。排水、防护工程拆除的浆砌片石和混凝土破碎制成集料,实现再生利用。

第二章

高速公路改扩建路基拼宽施工技术

第一节 路基拼宽研究现状

由于原有路面在使用过程中不可避免会出现沉降的现象,导致新老地基之间的衔接存在施工难点,因此在公路改扩建的工程中需要对路基拼宽的施工加以重视。在尽量保留原有路面结构的同时,做到新旧路基的协调,提高公路改扩建工程的施工质量。

一、新旧路基差异沉降问题研究

新旧路基间的差异沉降问题是改扩建工程不可避免的,也是最核心的问题。经过近20年来众多专家学者的研究和大量工程实践,目前对于单纯拼宽下新旧路基间差异沉降的机理、影响因素、控制标准、处治方法等方面的研究已臻于完善。

陈亮等指出,新旧路基间的差异沉降主要是路基本身的沉降、地基沉降和新旧路基之间的不良结合造成的,并提出削坡设计、台阶设计、结合部加筋、拓宽部分地基处理和轻质路堤填料等拼接技术。孟学清以郑州至漯河高速公路许昌至漯河段改扩建工程为研究对象,通过理论分析和计算进行了路基差异变形机理分析,提出造成路基差异沉降的主要原因是拓宽路基的固结变形。沈立森等研究了改扩建路基土工格栅加筋优化技术,以地表附加沉降、附加水平位移和路面横坡比变化为评价指标,指出在拓宽路基横断面上,沉降自路中线向两侧逐渐增加,沉降量最大处位于加宽路基路肩边缘附近。

蒋洋等建立有限元数值模型,分析了新旧路基顶面差异沉降曲线形态的规律及拓宽方式、拓宽宽度、地基强度、修筑方式等因素对差异沉降的具体影响,探讨了导致新旧路基差异沉降的内在原因。周慎吾等采用有限元软件对气泡混合轻质土和普通回填土两种路基加宽方式进行分析,结果表明,气泡混合轻质土能有效解决新旧路基不均匀沉降问题,提高路基稳定性。曹新玲研究了惠深高速公路惠州段扩建工程中的几个关键问题,对于新旧路基搭接提出采用提高压实度,设置台阶、土工格栅等措施。

关于新旧路基结合问题的国外研究总体较少,这是由于发达国家在规划和设计公路网时考虑比较成熟,客观地预测了交通量的增长,公路在运营中不需要进行拓宽或者中央分隔带很宽,已经在中央分隔带预留了用于拓宽的空间。因此,国外对高速公路改扩建没有太多实际工程需要,国外对拓宽工程的病害及不协调变形的研究远没有形成体系。

二、差异沉降控制措施研究

(一)采用地基处理和控制拓宽路基质量来解决差异沉降

由新旧路基差异沉降机理可知,直接进行地基处理和控制拓宽路基的质量对控制新旧路基沉降是根本的解决手段。

(1)以软土地基加固为切入点,对不同的软基厚度、硬壳厚度、地下水位和加宽的路基高度(影响路基荷载的大小),因地制宜地采用不同的地基处理方法,尽量减小对老路下地基的扰动,提高拓宽部分地基软土的弹性模量,使软土的固结沉降发生在运营期以前,以控制差异沉降。例如:对于位于地表且厚度较薄的软土层,考虑进行换填处理并铺设土工合成材料;对位于地下较深处或厚度较厚的软弱层,考虑采用复合地基的处理手段来提高地基的强度。

(2)提高填料的质量及压实度,增加拓宽路基的整体刚度,以减少拓宽部分路基本身的压缩变形量;采用轻质填充材料,并配合采用支挡结构,来减小拓宽路堤荷载,减少路基对软土地基的附加应力,以减少地基的沉降。

(二)新旧路基衔接部位处理解决差异沉降

《公路路基设计规范》(JTG D30—2015)和《高速公路改扩建设计细则》(JTG/T L11—2014)对路基拓宽改建的处治方法及控制标准指出:路基拼接可采用开挖台阶、铺设土工合成材料、增强补压等方式减少新旧路基间差异变形。既有挡土墙路基拼接时,上部支挡结构物应予以拆除,拆除高度宜低于路床底面;剩余未拆除的部分不应对新的路面结构层受力产生影响;既有路基与拓宽路基的路拱横坡的工后增大值不应大于0.5%。

1. 路基边坡拼接

新旧路基边坡主要采取"开挖反坡台阶+铺设土工合成材料+增强补压"的综合处理措施,该措施通过"改变接触面形状"和"加筋"增强新旧路基的整体性,达到控制差异沉降和裂缝的目的。

有较多学者对台阶高度、台阶宽度、土工格栅层数、土工格栅铺设宽度、土工格栅的模量等多个因素进行了研究,取得了较多成果,这些成果使得该处理方法趋于成熟。经过众多学者的完善,目前路基边坡衔接处理方法形成以下几个要点:①台阶高度不宜太大,常取0.8m;②自下而上开挖老路边坡,开挖一级及时填筑一级;③在路床顶面以下和路基底面铺土工格栅,最下一层常用高强土工格室;④台阶上铺土工格栅一般两级铺一层,铺太多会对拓宽部分的压实不利,铺太少会使整体性差;⑤土工格栅弹性模量越大越好,超过1GPa后效果变化不大;⑥土工格栅铺的宽度越宽越好,最好在拓宽路基上满铺;⑦当填土高度大于4m时,宜对拓宽路基进行增压补强。

2. 旧路采用路肩墙防护时的拼接技术

《高速公路改扩建设计细则》(JTG/T L11—2014)要求拆除旧路挡土墙的一部分,以剩余未拆除的部分不对新的路面结构层受力产生影响为标准。国道 G321 桂阳段改扩建挖除了路床以下 0.8m 的挡土墙。

(三) 使用轻质土路基解决新旧路基差异沉降问题

泡沫轻质土主要特性是轻质高强。将其作为拓宽路基材料时优点有三个:①因其模量高,自身压缩量小;②因其强度高,拓宽部分的稳定性强;③因其重量轻,对地基荷载小,能减少地基不均匀沉降。

李思清介绍了广佛高速公路扩建工程修建的一段气泡混合轻质土路基加宽试验段的成果,采取了如下方案:在泡沫轻质土路基顶部及底部分别铺设一层钢筋网片,轻质土路基与原路基结合处铺设防水土工布,新老路堤结合处采用土钉结合处理。监测结果表明:①不处理软基,仅采用轻质土路基和土钉衔接新旧路基不能有效消除差异沉降;②轻质土吸水后对其重度影响非常大,因此,必须在轻质土路基与原路基结合处设置防水土工布,以减小轻质土路基的重度;③边坡开挖采用台阶形式,并且施工过程中要保证防水土工布与原路堤紧密接触,以提高防水土工布的效果。

吕锡岭建立了泡沫混凝土拓宽路基的附加应力计算模型,推导了采用泡沫轻质土路堤时,新旧路基的差异沉降计算公式;在此基础上,分析了泡沫混凝土拓宽路基的地基附加应力分布规律和沉降特性以及拓宽参数等对新旧路基不均匀沉降的影响。研究结果表明:泡沫混凝土的"应力置换"作用随开挖台阶宽度增加而增大。

三、路基拼宽方式研究现状

吴康宁为提高工程质量和经济效益,在合肥环线高速公路的建设中提出采用桩板式无土路基以减少建设用地,实践证明,该技术不仅缩短了建设工期、提高了工程质量,而且节约了建设费用以及大量的自然资源,尤其适用于高速公路的改扩建。徐宏光等发明了一种适用于高速公路改扩建工程的侧向支撑型桩板框架体系,该体系可以有效传递汽车等引起的上部竖向荷载及水平荷载,桩板特有的连接装置使桩和板的连接不完全固定,对温度变化有较强适应性。桩间由于无须填土,节约土地,减少对周围环境影响,有利于环境保护。桩、板构件在工厂标准化预制,运至现场,匹配化施工程度高,表现出施工周期短、经济性好的特点。

由于目前绝大多数改扩建工程为新旧路基纵断变化不大的情况,因此对于主线纵断调整段拼宽路基处治方法及变形特性的研究仍较少,尚缺乏系统全面深入的研究。宋晓莉等提出对于纵断变化路段,铺设不同层数的土工格栅以消除新旧路基不均匀沉降的影响。王甲勇等提出主线路基抬高路段可以采用两侧拼宽的拓宽方案,保通方案采用半幅通车、半幅施工的组织形式,并采用台阶法放坡以保证抬高路基的稳定性。

改扩建高速公路主线纵断调整涉及路基的抬高和降低,与单纯拓宽道路的路基施工相比,路基的拼宽方式、拼宽材料、施工工艺选择、差异沉降控制将更为复杂。京台高速公路泰安至枣庄(鲁苏界)段路基拼宽施工采用了一种"强地基 + 台阶式拼缝 + 土工材料"的综合抗沉降施工方法,并采用新材料——已燃煤矸石作为路基填料,替换传统料源,践行绿色公路理念。

第二节 公路改扩建路基拼宽施工技术

一、公路路基填筑材料

用于公路路基的填料要求挖取方便,压实容易,强度高,水稳定性好,一般采用土石材料及工业废渣。

其中土石材料主要包括巨粒土、石质土及砂土等。

(1)巨粒土:级配良好的砾石混合料是较好的路基填料。

(2)石质土:如碎(砾)石土,砂土质碎(砾)石及碎(砾)石砂(粉粒或黏粒土),粗粒土中的粗、细砂质粉土,细粒土中的轻、重粉质黏土都具有较高的强度和足够的水稳定性,属于较好的路基填料。

(3)砂土:可用作路基填料,但由于没有塑性,受水流冲刷和风蚀时易损坏,在使用时可掺入黏性大的土;轻、重黏土不是理想的路基填料,规范规定液限大于50%、塑性指数大于26的土,以及含水率超过规定的土,不得直接作为路堤填料,需要应用时,必须采取满足设计要求的技术措施(例如含水率过大时加以晾晒),经检查合格后方可使用;粉性土必须掺入较好的土后才能用作路基填料,且在高等级公路中,只能用于路堤下层(距路槽底0.8m以下)。

工业废渣则包括满足要求(CBR、最大粒径、有害物质含量等)或经过处理之后满足要求的煤渣、高炉矿渣、钢渣、电石渣等工业废渣,但在使用过程中需注意避免造成环境污染。

煤矸石是煤矿建井和生产过程中排出的一种混杂岩块,包括煤矿在井巷掘进时排出的矸石、露天煤矿开采时剥离的矸石和洗选加工过程中排出的矸石。煤矸石产生量一般占煤炭开采量的10%~15%。

二、京台高速公路泰安至枣庄(鲁苏界)段扩建路基拼宽填筑技术

1. 施工流程

煤矸石路基填筑施工工艺流程如图2.2-1所示。

2. 施工控制要点

1)原材料准备

煤矸石填筑前,对煤矸石各项性能进行试验,选用自由膨胀率小于或等于40%、烧失量小于或等于20%、有机质含量小于或等于10%、耐崩解性指数小于或等于30%的煤矸石;有膨胀性的煤矸石占混合填料的比例不得大于50%;煤矸石中SiO_2、Al_2O_3、Fe_2O_3总含量应大于70%;最佳含水率控制在6%~17%之间;路堤填料粒径不宜超过层厚的2/3,路床底面以下40cm范围内,填料粒径应小于15cm,路床填料粒径应小于10cm。包边土不得使用膨胀土。

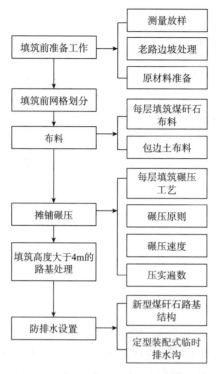

图 2.2-1 煤矸石路基填筑施工工艺流程图

2)填筑前网格划分

为保证松铺厚度的准确性,填筑前先计算每车料摊铺的面积,确定网格尺寸并采用白灰打方格进行堆料填筑(图 2.2-2)。考虑超宽填筑,每辆自卸车的运输方量为 $17m^3$,按厚 35cm 摊铺计算,覆盖面积为 $48.6m^2$,用白灰标出 $9m \times 5.4m$ 的网格线。

图 2.2-2 填筑网格划分

在路基边缘纵向钉桩挂线,挂线桩采用 $50mm \times 50mm \times 700mm$ 的木桩,并用红白油漆每 10cm 交错标注,沿路线每 20m 打一处,保证钉桩竖直,挂线平顺。

3)布料

(1)每层填筑煤矸石布料。

每层填筑分两次布料:第一次为不超过层厚 2/3 粒径的堆料填筑,压实厚度 30cm;经初压后进行第二次布料,第二次为粒径不超过5cm的煤矸石细料进行堆料填筑,压实厚度10cm,如图2.2-3所示。布料时按方格卸料,推土机按挂线高度将填料摊铺、平整。

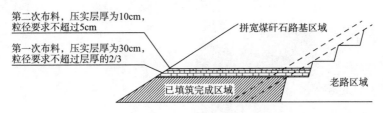

图2.2-3　每层填筑示意图

(2)包边土布料。

为保证包边土压实度,包边土分两层施工:第一层包边土按土层厚度的一半施工碾压;第二层包边土与煤矸石同时施工,并进行预压,使其较同层煤矸石高出5~8cm,然后再与该层煤矸石填料同步压实,以增加结构整体性。

4)摊铺碾压

(1)每层填筑碾压工艺。

第一次将不超过20cm粒径的煤矸石进行堆料填筑→平地机精平→压路机静压1遍;第二次将料场筛分出的粒径小于5cm的煤矸石细料进行堆料填筑→平地机精平→压路机静压1遍→压路机弱振1遍→压路机慢速弱振1遍→压路机慢速强振碾压1遍→压路机快速强振1遍→压路机快速强振碾压达到规定压实度→压路机光面静压1~2遍,直至轮迹消除。

利用第一次大粒径、第二次小粒径填料布料碾压方式,及压路机压实时的振动,使细料灌满下层大粒径煤矸石之间的缝隙,保障路基最终压实效果密实无空洞,压实度满足设计要求。

(2)碾压原则。

按照"先轻后重、先边后中、先慢后快、轮迹重叠、由弱振到强振"的原则,纵向进退式进行,碾压时振动压路机相邻两次轮迹重叠1/3轮宽。

(3)碾压速度。

压路机的行走速度按常规为2~4km/h。

(4)压实遍数。

振动4遍,静碾2遍,经检测后以达到规定的压实度为标准。压路机质量为22t,具体碾压参数如下:

第1、2遍,行走速度2.5km/h;第3遍慢速弱振碾压,行走速度3.0km/h;第4遍进行慢速强振碾压,行走速度3.0km/h,碾压完毕后按所布设的测点测量其高程并做好记录;第5、6遍仍然强振碾压,行走速度4.0km/h,碾压完毕后再次按照已布设的测点分别测量第5、6遍的高程并做好记录。横向接头重叠1/3轮迹宽,前后相邻两区段间纵向重叠1.0m。

碾压6遍后看路基表面是否有明显轮迹,技术员跟随压路机随时检查,并做好记录,确保无漏压、无死角,压实的表面做到嵌挤无松动,密实无空洞,平整无起伏。可视情况增加碾压遍数。煤矸石路基碾压情况如图 2.2-4 所示。

图 2.2-4　碾压中的煤矸石路基

5）填筑高度大于 4m 的路基处理

为保障上路堤压实度大于 95%，下路堤压实度大于 94%，针对填筑高度大于 4m 段落，除对原地表冲击碾压外，路堤每填筑 2m 进行一次冲压补强（路床区域不需冲压），最后一次冲压厚度控制在 1~2m。冲击碾压选用 25kJ 三边形冲击压路机，冲击不少于 20 遍。不适宜采用冲击式压路机进行补压位置采用液压夯进行补强处理（图 2.2-5）。

图 2.2-5　液压夯补强

6）防排水设置

（1）新型煤矸石路基结构。

为确保煤矸石路基内外排水顺畅，设计了一种新型煤矸石路基结构，如图 2.2-6 所示。路基边坡设置包边土，包边土采用黏土，宽度不小于 1m。顶部设置一层 4% 水泥土封层，厚度为 40cm。水泥土与包边土形成封闭防渗层，防止降水渗透引起路基沉陷或不均匀沉降。在煤矸石路基底部每 20~30m 设置一道排水盲沟。盲沟采用包边土压实后反开挖的方式施工，尺寸为深 30cm、宽 50cm。盲沟填筑材料采用粒径 0.5~2.0cm 煤矸石。为确保盲沟排水通畅，盲沟与包边土结合处采用反滤土工布外包，与基底采用防渗复合土工膜包裹，如图 2.2-7 所示。

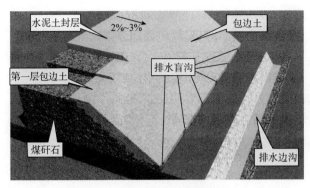
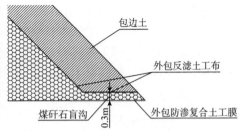

图 2.2-6　新型煤矸石路基结构图　　　　图 2.2-7　盲沟施工示意图

（2）定型装配式临时排水沟。

为保证填筑表层降水顺畅排出，设置定型装配式临时排水沟，如图 2.2-8 所示。临时排水沟采用 2mm 厚镀锌钢板，每节长度为 2m 或 3m，顶部采用预制块浆砌成喇叭口状，以利于及时收集路基顶降水。

图 2.2-8　临时排水沟设置图

第三节　新旧路基填筑不均匀沉降控制技术

一、常见路基拼宽方式研究

许多工程存在填挖交界路段、低填路段、中等填高路段、高填路段、浅挖路段等，不同路段拼宽处治技术有所不同，介绍工程应用中常见的几种处治技术。

1. 开挖台阶

开挖台阶作为新旧路基搭接处常用的处治技术之一，其本质是通过有效增大新路基和老路基的搭接接触面积，以此增大路基间的摩阻力和抗剪能力，使新旧路基的整体性和衔接性得到保证。我国的沈大高速公路、广佛高速公路、沪宁高速公路等改扩建中都应用了开挖台阶处治技术。开挖台阶在保证不破坏原有路基结构的基础上采取机械配合人工的方式。人工开挖要比机械开挖容易控制，所以先进行机械开挖，在机械开挖到位后，再利用人工进行修整。开挖后及时进行拼接填筑,自下而上开挖一级及时填筑一级。

2. 铺设土工合成材料

土工合成材料在工程应用中已经非常常见,其种类有许多。在新旧路基搭接处常用土工格栅进行加筋,利用了土工格栅重量轻、抗拉强度高、整体连接性好等优点,同时由于其埋入土中使用,避免了因受到阳光照射而老化造成的抗拉能力下降。路基与土工格栅结合成为复合体后增加了稳定性,也增大了土体间的摩擦力,把土体锁住;土工格栅也可以分担部分路基土体承受的应力,以此来降低路基的沉降变形。

3. 冲击碾压施工

目前,冲击碾压在工程应用中也十分广泛。冲击碾压就是利用冲击式压实机对路基基础进行高强度冲击施工作业,冲击波从高能量的冲击力持续撞击地面中产生,向下具有地震波的传播特性,产生的冲击碾压功能达到超重型击实,不断增大地下深处的密实度,通过这种方式来提高新旧路基的压实度。

二、京台泰安至枣庄(鲁苏界)段路基填筑不均匀控制技术

(一)清表及老路边坡处理

(1)在拼宽填筑路基前,先拆除既有老路边沟与边坡圬工防护,既有老路边沟做碎石换填处理,如图 2.3-1 所示。

图 2.3-1　拼宽路基边沟开挖、换填、压实

(2)为增加新旧路基的整体协调性,避免或减少横向错台和纵向裂缝的发生,在拼宽填筑路基前,先对老路基边坡进行30cm(垂直于坡面方向)的清坡处理,如图 2.3-2 所示。

图 2.3-2　清坡处理

(二) 拼宽台阶开挖换填

为保证拼宽路基与原老路的搭接,自下而上开挖台阶(横坡内倾4%,竖向内倾15°),坡脚往上第一级台阶宽度2m,高度1.33m,其余台阶高度为67cm,宽度不小于100cm。开挖后及时进行拼接填筑,自下而上开挖一级及时填筑一级,横向台阶土挖除后换填30cm碎石,如图2.3-3所示。

图2.3-3　拼宽路基台阶开挖、换填碎石

开挖拼接至路床底面的台阶时,根据路基填高确定其台阶高度和宽度。台阶面距离路床底面小于100m时应将其作为一个台阶开挖回填,距离路床底面大于100cm时应等分成两个台阶高度开挖回填;路床部位作为单独一个台阶开挖处理,其开挖位置为距离原路基土路肩外边缘向路中线75cm处,台阶高度为120cm。

(三) 冲击碾压

为增加新旧路基的整体协调性,避免或减少横向错台和纵向裂缝的发生,对基底进行冲击碾压,如图2.3-4所示。采用的压实遍数为20遍,速度为12~15km/h。对邻近构筑物、管道和建筑物路段应采取保护措施,如开挖隔震沟、预留安全距离、降低压路机的行驶速度、增加冲击遍数或采用其他碾压方法等,验收标准按现行规范的压实度提高一个百分点验收。

图2.3-4　拼宽路基基底冲击碾压

(四)铺设土工格室

在基底铺设一层整体式高强土工格室,土工格室从台阶内缘铺设至拼宽路基边坡坡脚处,土工格室内填土应饱满,施工时不得破坏格室,如图2.3-5所示。

图2.3-5 拼宽路基基底土工格室铺设

(五)拼宽路基分层填筑

使用已燃煤矸石作为路基填料,替换传统料源。填筑前根据煤矸石路基试验段确定的松铺系数,确定网格尺寸并采用白灰打方格进行堆料填筑。在新旧路基拼接台阶处采用液压夯进行补强处理。

(六)土工格栅铺设

新旧路基衔接台阶处应铺设土工合成材料,路堤高度小于4m时,在路床顶面以下40cm铺一层聚丙烯土工格栅,如图2.3-6所示;路堤高度大于4m时,在路床顶面以下40cm、120cm各铺设一层聚丙烯土工格栅。土工格栅采用双向聚丙烯土工格栅,极限抗拉强度≥50kN/m,2%伸长率时的抗拉强度≥20kN/m。

图2.3-6 拼宽煤矸石路基顶土工格栅铺设

土工格栅搭接宽度不得小于20cm。为防止格栅在压实时错动,应采用ϕ10mm钢筋固定,间距为100cm。土工格栅应拉直平顺,紧贴下承层,不得出现扭曲、折皱、重叠。

(七)高挖方段路基拼宽施工技术

高挖方路堑开挖的施工应遵守"分级开挖、分级防护、及时防护"的原则,开挖一级防护一级。石质路堑深挖方采用静力爆破施工技术,并于必要位置设置防护隔离措施,保证既有高速公路正常通行下的深挖方施工,将施工期间的破岩施工对车辆通行的影响降到最低。

路堑拓宽主要工艺要点及注意事项:

1)石质路堑开挖防护

第一层防护占用既有高速公路1.5m宽应急车道,沿应急车道布置新泽西护栏,涂抹反光漆。

第二层防护墙采用工字钢+砂袋防护。石质路堑开挖总体防护布置如图2.3-7所示。

2)土质路堑

土质路堑施工尽量避开雨季。需在雨季施工时,设有支挡和防护结构的边坡及时安排施工,随挖随砌筑并及时封闭边坡;对于不能紧跟开挖砌筑时,边坡预留不小于0.5m厚度的保护层。土质路堑施工开挖面始终保持不小于4%的排水坡,防止积水。

图2.3-7 石质路堑开挖防护图

第四节 液态粉煤灰台背回填拼宽技术

拼宽路基通道台背回填期间会对老路台背产生一定扰动,施工前对老路台背外侧采用钢板桩支护或开挖后采用锚喷支护等措施,保证既有高速公路边坡开挖后的整体性。拼宽台背回填采用液态粉煤灰,降低新台背施工对既有台背的扰动,同时利用液态粉煤灰的渗透性能,使新旧台背整体性增强,一定程度上解决了既有台背回填不密实的质量隐患,同时粉煤灰为煤燃烧后形成的粉尘废弃物,采用液态粉煤灰进行台背回填有效减少环境污染,实现废料二次利用。

一、原材料准备

主要原材料均应办理准入手续,在使用前按相应技术规范进行相关试验;同时制定好材料进场使用计划,施工前合理安排材料进场,做好备料工作;对进场材料采取有效保护措施,防止损坏、变质。现场原材料准备充足,并码放整齐,设置显示规格产地、数量和检验状态等的标示牌。原材料的质量证明资料必须齐全。

1)粉煤灰

台背施工采用莱芜华能电厂生产的粉煤灰,施工时将结块粉煤灰打碎或进行过筛处理,并符合以下要求:

(1)粉煤灰中SiO_2、Al_2O_3和Fe_2O_3的总含量应大于70%。

(2)烧失量不应超过10%。

(3)粉煤灰的比表面积宜大于2500cm^2/g。

(4)施工拌和之前要将凝固的粉煤灰块打碎或过筛,同时清除有害杂质。

2)水泥

水泥采用中联P·O42.5普通硅酸盐水泥,水泥堆放应注意防潮。

3)搅拌用水

为确保质量,搅拌用水采用电加热法进行加热,保证热水满足施工构件用水量的2倍;在拌和站附近设置2个蓄水池,蓄水池上部搭设保温棚,池内采用大功率加热管,使水温控制在60~80℃。

4)外加剂

采用减水剂激发粉煤灰的早期活性,具体技术标准如下:

(1)细度:比表面积不小于300m^2/kg,筛余量(0.8mm)不超过8%;

(2)单浆可泵时间不得小于24h。

5)配合比设计及强度指标

水泥:水:粉煤灰 = 78:785:518(kg/m^3)。

液态粉煤灰强度指标为:≥0.4MPa(7d),>0.6MPa(28d),满足施工需要。

二、施工控制要点

1)施工工艺流程

测量放样→基坑开挖→基底处理→开挖台阶→液态粉煤灰浇筑→养护→质量检测。

2)施工工艺

(1)液态粉煤灰搅拌。

拌制液态粉煤灰时,对粉煤灰的含水率经常进行检测,以调整水的用量。

液态粉煤灰在拌和站拌和均匀,一般搅拌时间不少于3min,用罐车运至施工现场。

液态粉煤灰混合料配料允许偏差(以质量计)如表2.4-1所示。

液态粉煤灰混合料配料允许偏差(以质量计)　　　表2.4-1

项次	材料	允许偏差(%)
1	水泥	±1
2	粉煤灰	±3
3	水	±3

(2)液态粉煤灰浇筑。

为确保液态粉煤灰浇筑速度与液态粉煤灰的拌和速度相匹配,使浇筑工作不间断,在现场由3台罐车进行不间断运输。

台背回填浇筑液态粉煤灰(图2.4-1),每次浇筑高度控制在1.4~1.7m,分三次浇筑;两侧对称浇筑,从低处开始逐层扩展升高;浇筑高差不大于1m,保持水平分层。粉煤灰出机温度在19~23℃,经罐车运输至施工现场,检测入模温度保持在12~15℃,混合料稠度保持在

14cm左右。在浇筑过程中人工辅助刮平，保证每一浇筑层基本水平进行，在下层液态粉煤灰初凝或重塑前浇筑完成上层液态粉煤灰。

图2.4-1 台背回填液态粉煤灰

（3）养护。

浇筑完成经自然晾晒2~3d待表面结硬后，及时用土工布覆盖养护，以保证强度增长，其间严禁车辆行人通过。在养护初期，由于液态粉煤灰的收缩作用，表面会产生一些较大的裂缝，以1∶2的水泥浆人工灌注裂缝，确保表面平整。

（4）质量检测。

施工过程中每天至少检测2组试件，监测现场强度，7d强度不小于0.4MPa；必要时可进行取芯检测，要求28d强度大于0.6MPa。

三、实施效果

（1）液态粉煤灰在经过良好的搅拌之后，会有很好的流动性，可以完美填充桥后台背的空隙当中，而且能够消除回填过程中因为机械和人工夯实不足带来的隐患，提高工程的施工质量。

（2）液态粉煤灰的密度是$1.0g/cm^3$，属于轻质材料。和同体积的石灰土及其他材料相比，液态粉煤灰的密度要小很多，由于其重量大大降低，因此地基承载的应力也明显减少。使用液体粉煤灰能够有效降低桥台所承受的压力，从而提升桥台的稳定性。

（3）使用液态粉煤灰进行回填可有效缩短工期。回填粉煤灰4~7d，就可以进行桥台搭板施工，在满足了工程质量需求的同时，保障了施工工期。

第五节　高摩阻超静定土工格栅研制与优化

土工格栅作为一种土工合成材料，凭其优越的工程特性在加筋土领域得到了普及应用，例如应用于公路、路基路面的补强、土坡等高大堆积土体的锚固、隧道等洞壁失稳防护、高速公路拓宽改造工程新旧路基的衔接等方面。已有研究表明,将土工格栅埋设于土体之中,格栅对周围土体会产生摩擦、嵌固咬合作用,从而可以起到约束土体结构的变形、增强土体结构的稳定性、减小土体结构的不均匀沉降等加筋效果。然而,在实际工程应用中,传统土工格栅[聚丙烯(PP)焊接土工格栅、钢塑土工格栅、聚酯经编涤纶土工格栅、玻璃纤维土工格栅等]因受限于自身结构形式及制造工艺的不足,诸如整体偏薄、节点强度小、筋土界面弱等缺点,影响了其加筋效果。

一、土工格栅的制备及其力学性能分析

(一)格栅制作

1.格栅定型设计

高摩阻超静定土工格栅(PQSG 格栅)是一种针对格栅节点采用新型排扣形式的环保型绿色建材。京台高速公路项目研究设计两款 PQSG 格栅的详细构造,如图 2.5-1 所示。

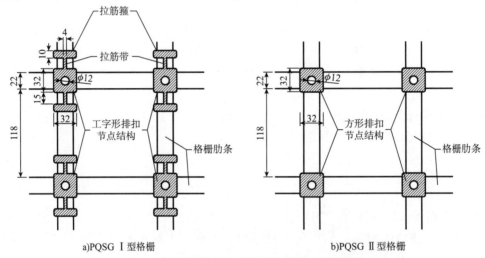

a) PQSG Ⅰ型格栅   b) PQSG Ⅱ型格栅

图 2.5-1 高摩阻超静定土工格栅设计详图(尺寸单位:mm)

在外形设计方面,两款 PQSG 格栅均由纵、横向肋条(PP 坯带)、排扣式节点(方形或工字形)三部分构成;利用排扣式节点的紧密锁套作用,将三部分构件拼接成具有一定强度的整体结构。在格栅尺寸方面,两款格栅的纵、横向肋条宽度均为 22mm,网孔为 118 mm × 118 mm(长×宽)的方形孔;PQSG Ⅱ型格栅节点为方形排扣形式,其尺寸为 32 mm × 32 mm(长×宽),注塑高度均为 9 mm;而 PQSG Ⅰ型格栅节点为工字形排扣形式,由方形中心排扣与向两端延伸的拉筋带及拉筋箍构成,其中方形中心排扣尺寸与 PQSG Ⅱ型格栅排扣一致,拉筋带尺寸为 15 mm × 4 mm(长×宽),拉筋箍尺寸为 32 mm × 10 mm(长×宽)。在生产制备方面,纵、横肋条采用高温拉伸成型的生产工艺,由添加聚丙烯(PP)、增强碳纤维粉(CF)及炭黑(CB)的复合材料制作而成;排扣式节点采用热塑冲压成型的生产工艺,由添加高密度聚乙烯(HDPE)、炭黑(CB)的复合材料制作而成。

中心排扣本身为凸起节点且表面设有纹理及圆形凹槽,用以增加与土体间的嵌固、咬合作用。拉筋带与中心排扣无缝连接,由强力胶水与纵肋黏结成一体,用以防止锁扣的滑移。拉筋箍与拉筋带无缝连接,沿垂直纵肋的方向环包黏结一周,用以防止拉筋带的松动。在整体上,两款排扣形式可以提高格栅节点的承载能力,而且可以通过允许土粒与排扣之间的相互作用,增强筋土界面的相互作用力,提高格栅整体的摩擦特性。此外,格栅肋条表面压有粗糙的花纹,用以增大表面粗糙度。由纵横肋条拼接而成的网孔结构也能够有效地嵌锁咬合周围的土体,达到对土体最佳的被动阻抗力。

2. 格栅的制备

1)制备原料

PQSG 格栅制备所需基本原材料包括聚丙烯(PP)、高密度聚乙烯(HDPE)、增强碳纤维粉(CF)、炭黑(CB)等。各原材料的规格参数及生产厂家如表2.5-1所示。

高摩阻超静定土工格栅的生产原料   表 2.5-1

名称	规格参数	生产厂家
聚丙烯(PP)	密度 0.9g/cm^3,拉伸强度 29MPa	中国石化燕山石化公司
高密度聚乙烯(HDPE)	密度 0.954g/cm^3,拉伸强度 26MPa	中国石油天然气股份有限公司
增强碳纤维粉(CF)	密度 1.75g/cm^3,目数 300	日本东丽株式会社
炭黑(CB)	粒径 22~26nm,比表面积 100~170m^2/g	山东银宝炭黑有限公司

2)生产设备

高摩阻超静定土工格栅生产过程中所使用的主要设备的名称、型号及生产厂家如表2.5-2所示。

主要设备   表 2.5-2

名称	型号	生产厂家
拌料机	DVM-50	河北润创科技开发有限公司
喂料机	TLK-LW-T46	无锡通力克科技有限公司
双螺杆挤出机	SHJ-75	南京聚力化工机械有限公司
高摩阻超静定土工格栅机	RYK-PQSG4000	潍坊润宜科新材料有限公司

3)制备流程

为实现高摩阻超静定土工格栅的规模化生产,该材料的研发以山东大学提供理论和技术支撑为主,潍坊润宜科新材料有限公司提供研发设备为辅,在潍坊高新区滨海产业园成立山东大学新型土工材料研发基地,以产学研相结合的方式进行协同创新。研发过程分为试验室小试和工厂中试两个阶段。在试验室小试阶段,采用双螺旋熔融共混挤出设备造粒,采用注塑法制备标准塑料拉伸试件,通过拉伸试验测定共混聚合物的基本力学性质,研究主辅料配比、温度、熔融次数、注塑成型压力等工艺参数对共混聚合物性能的影响,优选力学特性显著和稳定的配比和工艺参数。在中试阶段,基于小试阶段的研究成果,在工厂采用塑料挤出机进行格栅预制备,通过工艺参数的不断优化,为新型格栅产业化的生产积累经验,最终形成了一套成熟的高摩阻超静定土工格栅生产工艺。该高摩阻超静定土工格栅的生产过程如图2.5-2所示。

a) 粒料熔融挤出

b) 过循环水冷却

c) 三级烘箱保温

d) 坯带牵引压花

e) 二次入水冷却

f) 坯带成型收卷

g) 坯带支架定位

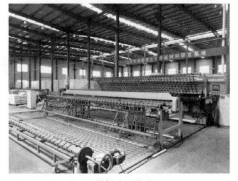
h) 格栅成型收卷

图 2.5-2　高摩阻超静定土工格栅的生产过程

(1)开机前准备工作。

按照预定的配方比例,将主料聚丙烯(PP),辅料增强碳纤维粉(CF)、炭黑(CB)依次置于搅拌机中,充分混合均匀,预存储料斗中备用。

启动自动喂料机,将储料斗内的拌和料泵入平行同向双螺旋挤出机漏斗内。接通挤出机温度控制区电源,对主机螺杆及模头部位共11个温区进行加热,至少预热2.5h,以确保挤出机内固化的塑料充分融化。

打开挤出机加热圈电源,并将加热温度设定到规定值。

开启循环冷却水动力系统,使冷却水槽保持合适的液位。水位过高会出现溢水现象,水位过低会使PP坯带的冷却效果较差。

打开烘箱3个温控区电源,调节温度区间为165~175℃,在PP坯带挤出机开机前1h升温即可。

准备好充足的空卷料盘用于PP坯带收卷。

(2)开启PP坯带生产线。

待PP坯带挤出机加热2.5h、烘箱加热1h后,手动盘动挤出机,确保挤出机转动灵活且无卡阻现象,启动主机。通过控制主机调速旋钮使主机缓慢加速,待坯带挤出,同时启动一级牵引,并定时检查出料口坯带的质量。将挤出的坯带匀速通过水槽(适宜坯带生产的水温20~40℃)进入一级牵引,由一级牵引为动力使坯带匀速进入并通过烘箱的3个温控区。

坯带出烘箱后,人工使坯带绕过阻力棒,通过轮桥进入背轮,再经二级回转轮进入二级牵引,完成PP坯带表面花纹的轧制。坯带进行二次入水冷却,途经水下多级导轮后,牵引至水箱上部大回转轮,最后进入三级牵引。当PP坯带输出平稳后,调节二级牵引及主机的速度,直到产品符合规定要求。生产的PP坯带符合规定要求后,将达标的PP坯带端头绕过平衡轮并插入收卷机进行收卷。

(3)开启高摩阻超静定土工格栅生产线。

根据所要生产的排扣式节点形式,把相应的节点注塑模具安装定位。将生产高摩阻超静定土工格栅的纵、横向PP坯带收卷盘分别固定在托架上,并将PP坯带端头引入土工格栅机牵引系统。

按照预定的配方比例,依次将主料高密度聚乙烯(HDPE)、辅料炭黑(CB)置于搅拌机中混合均匀,并由吸料机泵入土工格栅机喂料漏斗内待用。开启节点注塑机,设定温控区温度、注射压力、注射速度、保压压力、锁模压力等。启动冷水压力泵,接通节点模具循环水冷却系统。运行土工格栅机自动化智能控制系统,进行高摩阻超静定土工格栅的正常化生产。

4)生产工艺中质量控制的关键

PP坯带挤出机、排扣式节点注塑机的温控区未达到设定温度,不得强制开机,温度过低可能挤出螺杆,导致机筒抱死及异常磨损事故。烘箱温度应控制在165~180℃之间。温度过高时,烘箱出来的坯带表面有融化现象;温度过低时,坯带不能很好地拉伸成型或拉出的坯带表面质地不均匀。

按时检测PP坯带的质量,严格控制其厚度为2.0~2.2 mm,宽度为21~23mm。该工艺指标的调整是通过调节二级牵引的速度来实现的。

排扣式节点的制作工艺由熔融的聚乙烯注塑成型;节点的具体样式由节点模具确定,可以通过更换注塑模具来生产不同节点形状的排扣式土工格栅。

5) 格栅成品

所研发的两款高摩阻超静定土工格栅(Ⅰ型、Ⅱ型)通过了水利部基本建设工程质量检测中心的质量检测认证,具有高强度、低延伸率(断裂伸长率不大于12%)、蠕变量小、高柔韧性等优点,尤其适用于加固补强地基、提高土工结构承载力、降低土工结构不均匀沉降、阻抗土工结构内部滑裂面的形成等。该格栅幅宽可达6m,卷长可达50m,铺设方便快捷,耐腐蚀,寿命长,可满足各类永久工程100年以上的使用要求。高摩阻超静定土工格栅成品如图2.5-3所示。

a) 格栅成品展示　　　　　　　　b) 格栅合格标签

图2.5-3　高摩阻超静定土工格栅成品图

所研发的两款高摩阻超静定土工格栅采用新型排扣形式节点(即工字形排扣节点、方形排扣式节点),能够有效嵌锁、栓紧纵横PP坯带肋条,形成完整的节点单元体,如图2.5-4所示。两款HDPE材质的排口式节点抗剥离性能比较优越,而且格栅肋条材质具有较好的柔韧性,即使发生开裂,也仍能保持土工格栅的性能。

a) 工字形排扣式节点　　　　　　　　b) 方形排扣式节点

图2.5-4　排扣式节点实物图

(二) 力学性能分析

高摩阻超静定土工格栅主要通过材料自身的抗拉强度来发挥其良好的工程加筋特性,因此其拉伸强度及变形是高摩阻超静定土工格栅工程应用设计中最基本的力学特性指标。

批次产品中裁取相应试件后,依次开展PP坯带肋条及格栅单元的拉伸试验、格栅节点的抗剥离试验。

1. PP 肋条拉伸试验

在 PP 坯带肋条的拉伸试验过程中,肋条受力较大时易与夹具发生滑脱而导致试验终止。探究其原因可归纳为以下两点:一方面,PP 坯带肋条表面质地坚硬与夹具间的咬合力不足;另一方面,与万能试验机相匹配的传统夹具的有效夹持长度有限,无法提供充足的摩阻力。为克服上述问题,本次试验设计出一种带缩口 U 形槽的夹具,用一尺寸稍微偏小些的配套缩口 U 形铁质挡块即可将坯带肋条嵌紧咬合牢固,如图 2.5-5 所示。其中,U 形槽一侧壁与拉伸轴线重合以防止偏心拉伸,另一侧壁与拉伸轴线成一定倾斜角度。

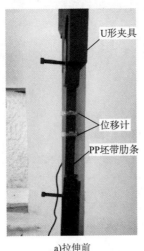
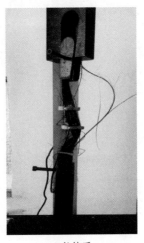

a)拉伸前　　　　　b)拉伸后

图 2.5-5　PP 肋条拉伸试验图

每组有效试样为 5 个,截取一定长度的 PP 坯带肋条画上标记线,先将其一端固定,调整初始夹具间距 L_0 为 100 mm,再固定其另一端,并施加一定的预负荷载绷紧肋条,以 20 mm/min 的恒定拉伸速率开始试验,得到 PP 坯带肋条拉伸试件力学性能实测结果统计,见表 2.5-3。对试验结果求平均值,即可得到 PP 坯带肋条的拉伸曲线,如图 2.5-6 所示。

PP 坯带肋条拉伸试件力学性能实测结果统计　　　　表 2.5-3

项目	对应编号试件的极限拉伸强度(kN/m)					平均值(kN/m)	标准差(kN/m)	变异系数(%)
	①	②	③	④	⑤			
PP 坯带肋条	326	328	325	328	328	327	0.29	0.4

由 PP 坯带肋条拉伸曲线可知,试验初始阶段拉伸力与伸长率之间近似呈线性函数增长,PP 坯带肋条处于弹性变形阶段。此后,随着伸长率的增加,PP 坯带的拉伸力缓慢上升,拉伸强度与伸长率不成比例,开始产生塑性变形进入屈服状态,直到 PP 坯带肋条断裂,断裂时最大伸长率为 5.8%。由图 2.5-5b)可知,PP 坯带肋条达到峰值强度后,表面产生竖向开裂,最终形成众多丝状的微纤维束,同时伴随少部分的微纤维束开始断裂,试验终止。

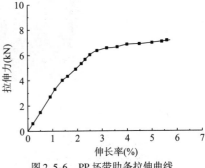

图 2.5-6　PP 坯带肋条拉伸曲线

2. 格栅单元拉伸试验

本次试验内容严格按照《土工合成材料 塑料土工格栅》(GB/T 17689—2008)中双向土工格栅采用单肋法测试时的规定,随机从两种 PQSG Ⅰ型、PQSG Ⅱ型格栅同一生产批次卷材产品的纵、横方向上各裁取 5 个标准拉伸试件,共分成四组:VⅠ(Ⅰ型纵肋)、TⅠ(Ⅰ型横肋)、VⅡ(Ⅱ型纵肋)、TⅡ(Ⅱ型横肋);每组试件(图 2.5-7)沿长度方向上至少包括两个完整的格栅单元,且保证其长度不小于 10cm。

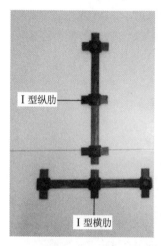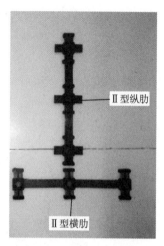

图 2.5-7 格栅标准拉伸试件

为有效克服格栅标准试件在拉伸的过程中发生滑脱现象,先用土工环氧树脂胶黏剂对试件两端的夹持处进行涂抹处理,再用细软铝制薄片对此处进行缠绕固定。待其静置 24h 凝结固化后,方可开展试验。用与之相配套的夹具夹紧标准试件两端强化后的夹持端,施加试件标称强度 1% 的预拉力将其绷紧,并设定拉伸试验机的恒定拉伸速率为 20mm/min,开始格栅拉伸试验,如图 2.5-8 所示。

a)万能试验机　　　　　　b)格栅夹具

图 2.5-8 格栅拉伸试验图

针对试验实测结果按下述方法进行处理:

拉伸强度按式(2.5-1)计算:

$$F = \frac{f \cdot N}{n \cdot L} \quad (2.5\text{-}1)$$

式中：n——试件的肋条数；
　　　N——试件宽度上的肋条数；
　　　L——试件宽度（m）；
　　　f——试件的拉力值（kN）；
　　　F——拉伸强度（kN/m）。

试件的标称伸长率按式(2.5-2)计算：

$$\varepsilon = \frac{\Delta G}{G_0} \quad (2.5\text{-}2)$$

式中：ε——标称伸长率（%）；
　　　G_0——试件在预拉力状态下的行程（mm）；
　　　ΔG——试件在预拉力状态下，夹齿点间距离（mm）。

试件伸长率为2%、5%时的拉伸强度按式(2.5-3)计算：

$$F_{2\%,5\%} = \frac{f_{2\%,5\%} \times N}{n \cdot L} \quad (2.5\text{-}3)$$

式中：n——试件的肋数；
　　　L——试件宽度（m）；
　　　N——试件宽度上的肋数；
　　　$f_{2\%,5\%}$——对应2%、5%伸长率时试件的拉力值（kN）。

PQSG Ⅰ型、PQSG Ⅱ型格栅沿纵、横两个方向上四种标准拉伸试件的力学性能实测结果统计见表2.5-4和表2.5-5。将四组试验的实测值进行平均数处理，即可得到其拉伸力与伸长率之间的关系曲线，如图2.5-9所示。

PQSG Ⅰ型拉伸试件力学性能实测结果统计　　　　表2.5-4

试件编号	$F_{2\%}$（kN/m）		$F_{5\%}$（kN/m）		F（kN/m）		ε（%）	
	$V_Ⅰ$纵向	$T_Ⅰ$横向	$V_Ⅰ$纵向	$T_Ⅰ$横向	$V_Ⅰ$纵向	$T_Ⅰ$横向	$V_Ⅰ$纵向	$T_Ⅰ$横向
①	323	284	396	354	416	375	6.4	6.3
②	327	283	400	355	422	373	6.7	5.8
③	325	282	400	354	416	374	6.1	6.2
④	327	285	398	355	419	371	6.8	5.9
⑤	325	284	399	354	418	371	6.5	6.3
平均值	325	284	399	354	418	373	6.5	6.1
标准差	1.67	1.14	1.67	0.56	2.5	1.79	0.35	0.23
变异系数	0.005	0.004	0.004	0.002	0.005	0.004	0.054	0.038

PQSG Ⅱ型拉伸试件力学性能实测结果统计　　　　表2.5-5

试件编号	$F_{2\%}$（kN/m）		$F_{5\%}$（kN/m）		F（kN/m）		ε（%）	
	$V_Ⅱ$纵向	$T_Ⅱ$横向	$V_Ⅱ$纵向	$T_Ⅱ$横向	$V_Ⅱ$纵向	$T_Ⅱ$横向	$V_Ⅱ$纵向	$T_Ⅱ$横向
①	261	250	335	323	357	348	6	5.9
②	262	248	333	321	354	345	5.8	5.7

续上表

试件编号	$F_{2\%}$(kN/m)		$F_{5\%}$(kN/m)		F(kN/m)		ε(%)	
	V_{II}纵向	T_{II}横向	V_{II}纵向	T_{II}横向	V_{II}纵向	T_{II}横向	V_{II}纵向	T_{II}横向
③	259	247	336	325	354	346	5.9	5.8
④	264	246	336	324	357	347	5.7	5.9
⑤	263	245	334	323	356	349	6.1	5.7
平均值	262	248	335	323	356	347	5.9	5.8
标准差	1.92	1.92	1.3	1.48	1.5	1.58	0.16	0.1
变异系数	0.007	0.008	0.004	0.005	0.004	0.005	0.027	0.017

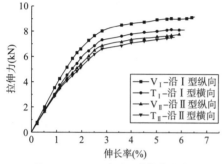

图2.5-9 PQSG标准试件拉伸曲线图

从标准试件的拉伸曲线图(图2.5-9)中可以直观看出,四组PQSG格栅试件的拉伸曲线走势上基本一致。前期曲线斜率趋于恒定近似呈线性增长关系,表现为弹性特征。后期曲线斜率逐渐减小,拉伸力增长幅度也相应衰减,开始呈现塑性特征。最终直至达到极限拉伸强度,试件断裂。

此外,对于两种附着有排扣式节点的高摩阻超静定土工格栅标准拉伸试件,其纵肋抗拉强度均高于横肋抗拉强度,Ⅰ型格栅纵、横肋的抗拉强度均比Ⅱ型表现优异。其原因主要有以下两点:一是,排扣式节点沿格栅纵肋方向注塑黏贴包裹,限制了所包肋条段的变形,间接地为肋条提供了附加强度;二是,排扣式节点形式对肋条的强化作用具有差异性,工字形排扣明显比方形排扣黏结锁固面积大,故其强化效果更显著。

3. 节点剥离试验

高摩阻超静定土工格栅的节点剥离强度直接影响纵横肋条的协同作用效果,也决定着格栅的服役寿命。在同型号同生产批次的PQSG卷材上各截取5个完整节点单元的标准剥离试件,根据试件外形尺寸设计出与之相配套的剥离试验专用夹具[图2.5-10a)],以保持剥离过程中试件不滑移或损伤。

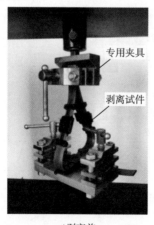

a) 剥离前　　　　　　b) 剥离后
图2.5-10 格栅节点剥离试验图

将标准剥离试件纵、横肋条的两端分别固定在夹持器中,保证夹持长度为横肋宽度的两倍且不小于50 mm。施加预拉力绷紧试件,以50 mm/min的拉伸速率启动万能试验机,直到排扣式节点完全剥离脱落即可停机。

PQSG标准剥离试件的力学性能实测结果统计如表2.5-6所示。工字形排扣式节点的极限剥离力最高可达1613N,平均值为1609N;方形排扣式节点的极限剥离力最高为1396N,平均值为1392N。两组试件的极限剥离力实测结果比较稳定,离散性均比较小。

PQSG标准剥离试件力学性能实测结果统计　　　　表2.5-6

格栅类型	对应编号试件的极限剥离强度(N)					平均值(N)	标准差(N)	变异系数(%)
	①	②	③	④	⑤			
PQSG Ⅰ型	1612	1605	1609	1613	1606	1609	3.5	0.22
PQSG Ⅱ型	1396	1387	1393	1394	1390	1392	3.5	0.25

结合PQSG节点剥离力随时间的变化曲线(图2.5-11)可以看出,在整个剥离试验的过程中,两种排扣式节点剥离强度曲线走势基本上一致,且PQSG Ⅰ型节点的剥离力始终大于PQSG Ⅱ型节点。节点剥离力均表现出以下三个阶段:

(1)第一阶段:试件绷紧受力后,排扣式节点发挥出其材料自身的性能,剥离力呈线性函数关系增长,表现为弹性特征。排扣式节点无明显变形。

(2)第二阶段:剥离力增长幅度逐渐减缓,直至各自达到其峰值强度。排扣式节点与纵、横肋条之间产生变形缝隙,出现脱胶现象。

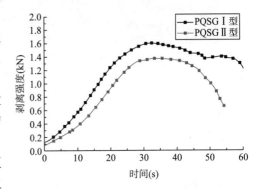

图2.5-11　PQSG节点剥离曲线

(3)第三阶段:峰值强度过后,剥离力开始缓慢降低,排扣式节点与肋条间的缝隙继续缓慢扩展。当剥离力急剧降低时,排扣式节点发生塑性扭曲撕裂,最终与肋条完全剥离。

PQSG节点剥离试验结果表明,工字形排扣式节点的极限剥离强度较高,相比方形排扣式节点提高近15.6%。另外,高密度聚乙烯(HDPE)材质的排扣式节点剥离破坏模式为塑性破坏,而非普通格栅节点突然的脆性断裂破坏。

排扣式节点沿格栅纵向肋条经高温熔融、注塑、胶黏而成,对纵向肋条形成了一定程度的黏结包裹作用,从而限制了所包肋条段的变形,间接地为肋条提供了附加强度,导致两种附着有排扣式节点的PQSG格栅标准拉伸试件的纵肋抗拉强度均高于横肋抗拉强度。排扣式节点形式对肋条的强化作用具有差异性,工字形排扣明显比方形排扣黏结锁固面积大,因此PQSG Ⅰ型格栅纵、横肋的抗拉强度均高于PQSG Ⅱ型格栅。

二、土工格栅处治措施优化

(一)拉拔试验

1.试验原理

拉拔摩擦特性试验是模拟PQSG格栅在现场静力荷载作用下被拔出的一种室内试验。对埋置于现场所取土料中的 PQSG 标准拉拔试件施加拉拔力，控制恒定的拉拔速率，将其从土料中拔出，并以水平拉拔阻力出现峰值或获得稳定值为准终止试验，最终获得筋土界面的摩擦剪切特性参数，为 PQSG 格栅应用于路堤、挡土墙、高大堆积土体等加筋土结构的稳定性分析提供参考依据。

2. 格栅试件

按《公路工程土工合成材料试验规程》（JTG E50—2006）中取样的具体要求，从同一批次 PQSG 格栅卷装材料上截取长 794mm、宽 322mm 的 I 型和 II 型格栅标准试件（图 2.5-12）进行拉拔试验，两款格栅标准拉拔试件的性能参数如表 2.5-7 所示。

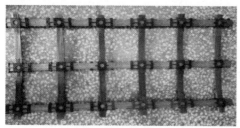
a) PQSG I 型工字形排扣

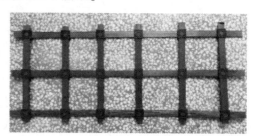
b) PQSG II 型方形排扣

图 2.5-12　标准拉拔试件

标准拉拔试件的主要性能指标　　表 2.5-7

格栅类型	节点极限分离力（N）	拉伸强度（kN/m）		断裂伸长率（%）	
		纵向	横向	纵向	横向
PQSG I 型	1455	418	373	6.5	6.1
PQSG II 型	1240	356	347	5.9	5.8

本次试验所用的两款标准拉拔试件沿格栅纵向共有 6 排节点，每排各 3 个，共 18 个；其中，前两排节点为夹持端，与拉拔仪拉拔端（夹具）固定，其余四排节点埋置于箱内土体中，且高摩阻超静定土工格栅本身属于抗拉强度比较高的柔性筋材，可以满足在拉拔试验过程中格栅试件被拉出而不拉断的标准。

试验选用三种格栅，分别为双向拉伸格栅、金属格栅和排扣式嵌固格栅，进行筋土界面直剪。三种格栅如图 2.5-13 所示。

a) 双向拉伸格栅

b) 金属格栅

c) 排扣式嵌固格栅

图 2.5-13　试验用格栅

3. 试验方案

在制定试验方案前,先进行预备性试验,以确定PQSG标准拉拔试件尺寸及竖向应力大小。PQSG标准拉拔试件的尺寸及测点布置方式如图2.5-14所示。

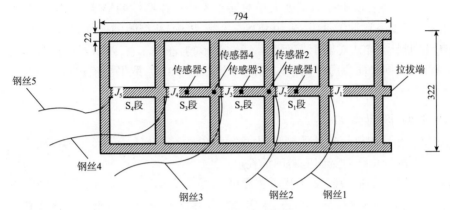

图2.5-14 PQSG标准拉拔试件测点布置图(尺寸单位:mm)

为测定格栅拉拔试验过程中各节点处的位移情况,将标准拉拔试件右侧第一排节点固定于拉拔仪夹具内,其余的五排节点埋置于土体中。在每排中间节点(J_1、J_2、J_3、J_4、J_5)处分别固定一段细钢丝,并与拉拔箱外部的位移计相连。在格栅的移动过程中,利用位移计读数的变化可得到格栅各节点的位移情况。假设相邻节点间的格栅应变为均匀分布,即可采用相邻节点间的位移差与节点间距的比值来计算相邻节点间的平均应变,并取其各平均应变为试件S_1、S_2、S_3、S_4段中点处的应变。为从细观尺度上研究筋土作用机理,试验中在格栅表面设置了角度传感器,以精确测量拉拔试验中土体受格栅扰动后的运动情况。试验所采用的传感器为Y61P型六轴姿态测量传感器,用环氧树脂将传感器浇筑为立方体块体,并将其放置于固定有钢丝的节点处,以监测格栅表面土体在拉拔试验过程中的运动情况。本次拉拔试验采用分层填筑的方法,准确称取每次所需填筑的土体质量,并对其进行压实处理,压实后的填土总厚度为30cm。

本次的拉拔试验主要考虑竖向应力大小(P)、填料压实度(D_r)、PQSG标准拉拔试件类型(PQSGⅠ型、PQSGⅡ型)对筋土界面拉拔特性的影响,具体试验工况如表2.5-8所示。

PQSG 标准试件拉拔试验工况　　　　　　　表2.5-8

试验工况		PQSG标准试件类型	压实度(%)	竖向应力(kPa)	试验次数
A组	A_1	PQSGⅠ型	90	20	3
	A_2	PQSGⅠ型	90	40	3
	A_3	PQSGⅠ型	90	60	3
B组	B_1	PQSGⅠ型	95	20	3
	B_2	PQSGⅠ型	95	40	3
	B_3	PQSGⅠ型	95	60	3
C组	C_1	PQSGⅡ型	95	20	3
	C_2	PQSGⅡ型	95	40	3
	C_3	PQSGⅡ型	95	60	3

在拉拔试验箱内部填料达到最优含水率的前提下,根据 PQSG 在路基中的铺设深度的差异选定三种竖向应力水平(20kPa、40kPa、60kPa)开展试验,以研究竖向应力大小对筋土界面拉拔特性的影响,布置 A、B、C 三组试验。在填料压实度不同的情况下,单纯采用 I 型格栅标准拉拔试件开展试验,以研究压实度大小对筋土界面拉拔特性的影响,布置 A、B 两组对照试验。在填料压实度一致的条件下,采用 PQSG I 型、PQSG II 型两种标准拉拔试件开展试验,以研究 PQSG 格栅节点样式对筋土界面摩擦特性的影响,布置 B、C 两组对照试验。为确保试验结果的可靠性,不同竖向应力下的试验工况均重复进行 3 次,取平均值进行计算分析。

4. 试验流程

拉拔试验的具体步骤如下:

(1)在拉拔箱体内壁均匀地涂刷一层润滑油,并覆盖一层保鲜薄膜,用以减小土与箱体内壁的摩擦,从而降低箱壁对竖向应力的消耗。

(2)根据拉拔箱的横截面尺寸及压实度设计要求,计算出每次需要填入的土料质量。对格栅拉拔槽缝以下箱体进行分层填筑、压实、整平,并确保最终土面水平面略微高于拉拔槽缝下边缘。

(3)将裁剪好的 PQSG 格栅标准拉拔试件铺设在土面上,确保试件表面平整、无褶皱并居中放置。试样夹持端从拉拔缝槽引出箱外,并将其固定于拉拔端夹具上。

(4)截取 5 根细软钢丝线,浸油后依次套上直径为 2 mm 的细软 PE 管,用于隔离周围土体,消除土体对细软钢丝线的咬合摩阻力,减小试验误差。每根钢丝线一端分别固定于相应的试件节点处,另一端穿过箱体后端的圆形孔洞并与外端相应的位移计连接。

(5)取少量土料覆盖于格栅试件表面,整平压实后,按相应的测量点布置图依次将 5 个姿态传感器块体放置就位,引出 USB 串口模块并与电脑连接。

(6)按照步骤(1)继续往箱内分层回填同等质量的土料,压实至设计所需的密度,以保证格栅上下压实度均匀一致,待土体表面平整处理后放上加载板。

(7)依次将 PQSG I 型钢梁、高强度混凝土试块、液压千斤顶、竖向力传感器、千分表安装就位,施加预压荷载使填料固结,并实时测量并记录加载板的垂直变形增量。

(8)开动伺服电机,施加微量拉拔力,使格栅试件、钢丝绳处于紧绷状态,并对位移计、姿态传感器、横向力传感器、竖向力传感器分别进行归零处理。

(9)采用位移控制法,调节电机调速器,控制拉拔速率 1mm/min,再次启动伺服电机,开始拉拔试验。

(10)当水平拉拔阻力出现峰值或进行至获得稳定值时,即可终止本次试验;每次试验重复进行 3 次,对测得的数据取平均值。

(11)针对不同格栅类型、竖向应力、填料压实度下的拉拔试验,重复上述步骤(1)~(10)即可。

直剪试验剪切过程中上剪切盒固定,格栅置于上下剪切盒之间。直剪试验采用双向拉伸土工格栅、金属格栅、排扣式嵌固格栅三种土工格栅,分别在压实度为 94%、95%、97% 的粉土中进行试验。法向压力分别设置为 30kPa、50kPa 和 80kPa。通过液压千斤顶施加水平位移,使上下剪切盒之间做速率为 1mm/min 的相对位移,直至达到剪切面长度的 16.5% 时结束试验。

5.格栅拉拔特性分析与讨论

以两种节点排扣形式不同的双向土工格栅(PQSG Ⅰ型、PQSG Ⅱ型),在不同竖向应力、不同压实度的黏土中进行拉拔摩擦试验,对测得的拉拔力、格栅位移、土体扰动程度等数据进行处理,并绘制出 PQSG 拉拔力与拉拔位移的关系、PQSG 纵肋应变与拉拔位移的关系、PQSG 筋土界面土体受格栅的扰动程度等曲线,来分析研究筋土界面的拉拔特性。试验现象表明,在拉拔过程中,两种格栅的纵肋均产生了不同程度拉伸变形,而横肋、排扣式节点均未产生明显的扭曲、开裂、变形等现象,其最终破坏形式为格栅拔出破坏。

1)拉拔力与拉拔位移的关系分析

(1)不同竖向应力对三组试验的影响分析。

由图 2.5-15 可见,PQSG 格栅的拉拔力-位移曲线走势大致分为三个阶段:第一阶段,在拉拔位移均小于 2mm 范围内,不同竖向应力下格栅的拉拔力上升路径基本一致,拉拔曲线近乎重合,此阶段的拉拔力与拉拔位移呈现出线性增长关系;第二阶段,拉拔曲线斜率逐渐变小,随着拉拔位移的增加,拉拔力增长幅度逐渐衰减,直到曲线斜率为零时,拉拔力增加至峰值强度,此阶段的拉拔力与拉拔位移呈现出非线性增长关系;第三阶段,拉拔位移增加,但拉拔力保持恒定,此阶段说明拉拔力与土体对格栅的被动阻抗力达到了平衡状态。

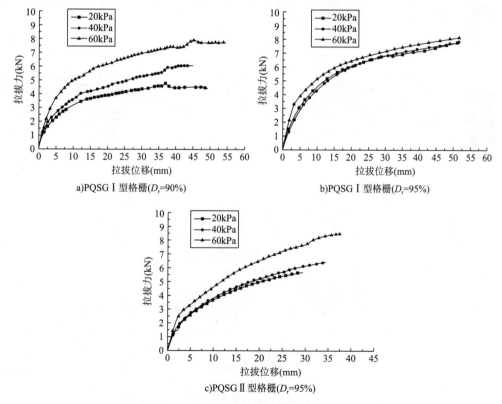

图 2.5-15 不同工况下拉拔力与拉拔位移的关系曲线

分析图 2.5-15a)中曲线可知,PQSG Ⅰ型格栅在压实度为 90% 的情况下,竖向应力增大,格栅试件的拉拔力也相应地增大。曲线非线性增长阶段,三种竖向应力对拉拔力的增长幅度影响差距比较显著。而格栅拉拔力达到峰值时,相邻竖向应力下的拉拔力差值近似相等。

从图2.5-15b)中可知,PQSGⅠ型格栅在压实度为95%的情况下,竖向应力为20kPa、40kPa时,两者的拉拔力-位移曲线近乎重合,说明黏土的压实度提高到95%时,20kPa、40kPa的竖向应力对筋土界面的摩擦强度影响程度一致。而竖向应力为60kPa时,其格栅拉拔力-位移曲线明显高于其他两条曲线,表明此压实度下,竖向应力对提高PQSGⅠ型筋土界面的摩擦强度的贡献起点位于40kPa以上。

图2.5-15c)中,在压实度为95%的情况下,竖向应力为20kPa、40kPa、60kPa时,PQSGⅡ型格栅拉拔力差异表现也较为明显,其中20kPa与40kPa之间的拉拔力差值比较小,40kPa与60kPa之间的拉拔力差值比较大。

(2)同一竖向应力下的对比分析。

下面在同一竖向应力下对比分析压实度及PQSG格栅类型对筋土界面摩擦特性的影响规律。由图2.5-16可知,竖向应力20kPa下,格栅类型不变,压实度越大,格栅拉拔力越大,相应的拉拔力提高率为73.7%,说明提高土体的压实度可以提高筋土界面的嵌固咬合作用,从而达到增强筋土界面摩擦强度的目的。压实度不变,相比PQSGⅡ型格栅,PQSGⅠ型格栅的拉拔力提高率为46.4%,反映出工字形排扣式节点与土体的摩擦强度比方形排扣式节点高。但是,在整体上提高压实度比改变PQSG格栅类型对增强筋土界面摩擦强度的效果更显著。

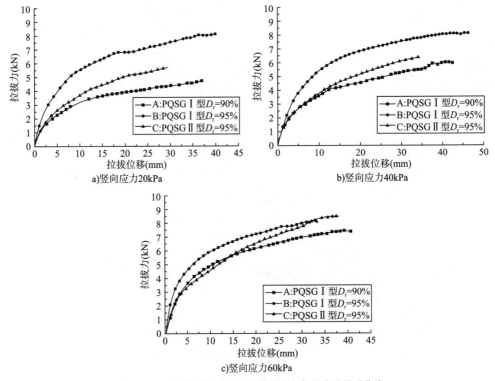

图2.5-16 不同竖向应力下格栅拉拔力与拉拔位移关系曲线

在竖向应力40kPa下,与20kPa时各工况下拉拔力-位移曲线的相对位置、走势基本一致,不再做细致分析。其中,提高压实度对PQSGⅠ型格栅的拉拔力提高率为36.7%。改变PQSG格栅类型对格栅拉拔力提高率为28.5%,同样说明前者比后者对增强筋土界面摩擦强度的效果好。针对竖向应力为60kPa下的情况,提高压实度同样可以提高格栅的拉拔力。但是,压实度达到95%时,改变格栅类型却无法提高格栅的拉拔力,作用意义不大。

综上所述,在竖向应力为20kPa、40kPa的情况下,提高压实度、改变PQSG格栅类型均可以达到增强筋土界面摩擦强度的目的,并且前者比后者效果更显著。在竖向应力为60kPa的情况下,提高压实度仍然可以增强筋土界面的摩擦强度。但竖向应力为60kPa、压实度为95%时,改变PQSG格栅类型对增强筋土界面摩擦强度作用效果不大,较高的压实度对提高筋土界面强度贡献度远远超越了排扣式节点的贡献度,导致排扣式节点的增强效果无法直观地表现出来。

2)格栅应变与拉拔位移的特性规律分析

PQSG格栅拉拔摩擦过程就是筋土界面静-动状态转换、界面逐渐损伤、屈服、开裂的过程。不同拉拔阶段筋土界面的应力状态各异,格栅各处相应的变形也存在明显的差异。上述研究表明,压实度为90%、竖向应力为60kPa、采用PQSG I型格栅下的拉拔力峰值最大,相应的应变也会更加明显。下面在此基础上,通过研究格栅的变形对筋土界面特性进行分析。

(1)PQSG I型格栅拉拔试件相邻测点间各段应变程度分析。

由图2.5-17可以看出,$D_r=95\%$、$P=60$kPa的条件下,起初拉拔位移2mm范围内,格栅试件S_1、S_2、S_3、S_4段的应变均比较小,也即受力较小,与前述同条件的拉拔力分析相一致。之后,随着拉拔位移的增加,PQSG I型格栅试件S_1、S_2、S_3段的应变均相应地逐渐增大,且试件S_1段应变增加幅度最快,应变量也最大,其在拉拔位移26mm处可达3.1%;S_2段、S_3段依次其后;S_4变形较小,仅为0.28%。

(2)不同情况下格栅试件应变的对比分析。

考虑到格栅试件S_1段的应变值比较明显,下面以S_1段为研究对象,着重研究竖向应力、压实度、格栅类型对应变的影响。

①竖向应力的影响。

由图2.5-18可以看出,不同的竖向应力对格栅试件S_1段的应变影响不同,竖向应力越大,相应试件S_1段的应变也越大,即20kPa、40kPa、60kPa下,拉拔位移为26mm处格栅试件S_1段最大应变依次为1.8%、2.6%、3.1%。但是,从曲线走势上可以看出,试件S_1段开始产生应变的顺序依次为60kPa、40kPa、20kPa,其原因在于竖向压力越大,土体对格栅网孔的约束效应也就越强烈,S_1段承担其后端横肋和节点传递的摩擦阻力越大,导致其最先产生形变。

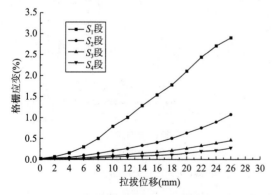

图2.5-17 PQSG I型格栅各段应变与拉拔位移的关系曲线($D_r=95\%$、$P=60$kPa)

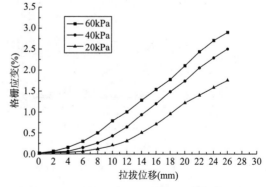

图2.5-18 不同竖向应力下PQSG I型格栅S_1段应变与拉拔位移的关系曲线($D_r=95\%$)

②压实度的影响。

从图 2.5-19 中也可以看出,在 $P=60\text{kPa}$ 的情况下,压实度越大,PQSG Ⅰ 型格栅试件 S_1 段的应变也就越大;结合在拉拔力与拉拔位移的关系分析过程中得出的结论:压实度越大,格栅整体所承受拉拔力就越大。由上可以判断出:格栅 S_1 段纵肋承担格栅整体大部分的拉拔阻力,因此产生了较大的变形。

③格栅类型的影响。

由图 2.5-20 可以看出,在 $D_r=95\%$、$P=60\text{kPa}$ 的条件下,PQSG Ⅰ 型、PQSG Ⅱ 型格栅试件 S_1 段的应变曲线走势总体上基本一致,且 PQSG Ⅰ 型比 PQSG Ⅱ 型的变形大。原因在于 PQSG Ⅰ 型格栅的工字形排扣式节点对土体嵌固咬合作用方面比 PQSG Ⅱ 型格栅的方形排扣式节点表现更优异,导致 PQSG Ⅰ 型格栅承受的拉拔力较大,引起其 S_1 段的应变较大。

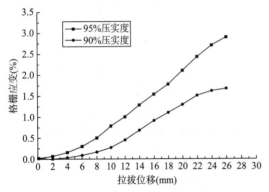
图 2.5-19 不同压实度下 PQSG Ⅰ 型格栅 S_1 段应变与拉拔位移的关系曲线($P=60\text{kPa}$)

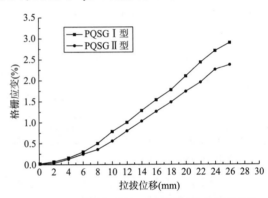
图 2.5-20 不同格栅类型下 S_1 段应变与拉拔位移的关系曲线($D_r=95\%$、$P=60\text{kPa}$)

(3)不同拉拔荷载下沿格栅试件纵向埋深处的应变。

将格栅试件位移测点 J_1 处节点设为坐标原点,则其 S_1、S_2、S_3、S_4 段中点的坐标依次为 7.5cm、22cm、37.5cm、52.5cm。取格栅试件 S_1、S_2、S_3、S_4 段的平均应变依次作为其各段中点处的应变,作出不同拉拔荷载下格栅相应位置处的应变分布曲线,如图 2.5-21 所示。

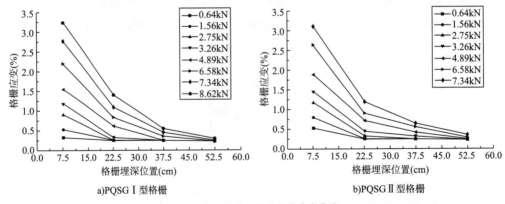

a) PQSG Ⅰ 型格栅   b) PQSG Ⅱ 型格栅

图 2.5-21 不同拉拔荷载下格栅相应位置处的应变分布曲线($D_r=95\%$、$P=60\text{kPa}$)

可见,在 $D_r=90\%$、$P=60\text{kPa}$ 的情况下,对于 PQSG Ⅰ 型、PQSG Ⅱ 型两种格栅试件,同等的拉拔荷载下 PQSG Ⅱ 型格栅试件各段的应变明显高于相应 PQSG Ⅰ 型格栅试件各段的应变,原因在于工字形排扣式节点对纵肋抗拉强度的贡献值比方形排扣大。但是,整体上由于PQSGⅠ型格栅试件所受的极限拉拔荷载较大(PQSGⅠ型8.62kN,PQSGⅡ型7.34kN),其沿试件埋置深度各处的最终应变普遍偏大。两种格栅试件沿埋置深度相应各段的应变均表现为递次衰减的规律。

此外,当拉拔荷载为0.64kN时,两种格栅试件的S_1段均产生了微量的应变。当拉拔荷载依次增加1.56kN、2.75kN时,PQSGⅠ型格栅试件S_1段产生了较大的应变,但其S_2段并未产生应变,直至拉拔荷载为3.26kN时,S_2段产生微量应变。逐步分析可以得出,引起PQSGⅠ型格栅试件S_2段产生应变的起始拉拔荷载介于2.75~3.26kN区间内,S_3段介于4.8~6.58kN区间内,S_4段介于7.34~8.62kN区间内。对于PQSGⅡ型格栅试件,其相应各段产生应变的起始拉拔荷载存在区间为:S_2(0.64~1.56 kN)、S_3(2.75~3.26 kN)、S_4(4.89~6.58 kN)。

(二)土工格栅处治措施优化设计

高速公路加宽工程中应用土工格栅处治差异沉降是目前普遍的措施,但现阶段存在一定的经验性和盲目性。以此为出发点,采用数值模拟计算方法,探讨土工格栅的铺设宽度、位置、层数及种类对处理效果的影响,对相应的工程提供优化设计建议。

1. 铺设宽度的优化

设置4种不同铺设宽度的工况,原设计铺设宽度为6m,其余工况铺设宽度分别为4m、5m、7m,其余条件不变。

各工况下路基顶面竖向位移如图2.5-22所示,图中可以看出土工格栅的铺设宽度对于路基顶面沉降的影响较小,影响范围局限于新路基部分。格栅铺设宽度对路基顶面最大差异沉降的影响如图2.5-23所示,可以发现格栅宽度4~6m路基顶面差异沉降变化相对较大,大于6m后变化较缓;格栅铺设宽度4m相比原设计工况,差异沉降增加约16.9%;格栅铺设宽度8m相比原设计工况,差异沉降仅减少1.2%。

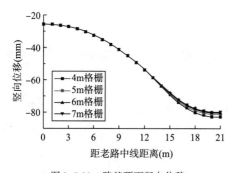
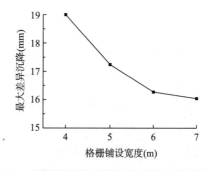

图2.5-22 路基顶面竖向位移　　图2.5-23 格栅铺设宽度对路基顶面最大差异沉降的影响

各工况路基顶面水平位移如图2.5-24所示,从图中可以看出格栅铺设宽度为6m、7m、8m的水平位移曲线几乎重叠,说明格栅铺设宽度大于6m,路基顶面的水平位移几乎不受影响。各工况路基顶面最大水平位移与格栅铺设宽度的关系如图2.5-25所示,可以发现同样在格栅铺设4~6m路基顶面最大竖向位移变化相对较大,格栅铺设宽度4m相比原设计工况,水平位移最大值增加约10.9%;格栅铺设宽度8m相比原设计工况,水平位移最大值减少仅4.2%。

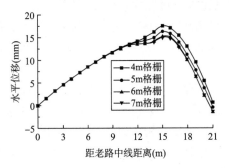 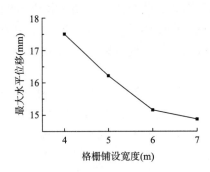

图 2.5-24　路基顶面水平位移　　　　图 2.5-25　格栅铺设宽度对最大水平位移的影响

2. 铺设层数的优化

本节设置 3 种不同的土工格栅铺设层数的工况,分别为铺设一层、二层和三层,其余条件与前文相同。

各工况下路基顶面竖向位移如图 2.5-26 所示,从图中可以看出土工格栅铺设的层数不同,对路基顶面的沉降有影响,但影响的范围相差不大,对老路基的沉降几乎无影响。各工况路基顶面最大差异沉降如图 2.5-27 所示,可以发现格栅铺设层数与路基顶面最大差异沉降呈负相关,格栅铺设层数从一层到三层,每增加一层,最大差异沉降分别减少 7.7%、6.2%。

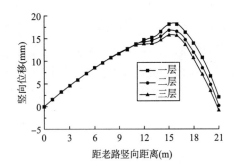 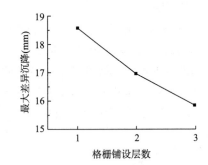

图 2.5-26　路基顶面竖向位移　　　　图 2.5-27　格栅铺设层数对路基顶面最大差异沉降的影响

3. 格栅种类的对比

本次设置 3 种不同种类的格栅,分别为双向拉伸格栅、金属格栅和排扣式嵌固格栅,对应工况 1 到工况 3。不同种类的格栅在数值计算中主要体现在格栅自身力学参数和筋土界面力学参数的不同,其力学参数见表 2.5-9。

各工况格栅力学参数　　表 2.5-9

工况	工况 1	工况 2	工况 3
轴向刚度(kN)	4×10^3	5.5×10^3	1.5×10^4
极限轴力(kN)	100	120	400

各工况路基顶面竖向位移如图 2.5-28a)所示,可以看出土工格栅种类不同,对新旧路基差异沉降的处治效果不同,工况 3 对应的格栅对新旧路基间的差异沉降处治效果最好,但 3 种

工况对路基顶面沉降影响范围的影响相差不大,对老路基几乎没有影响。工况3与工况1相比,差异沉降减少了15.1%。各工况路基顶面水平位移如图2.5-28b)所示,可以看出3种工况下新旧路基顶面范围内的水平位移都受影响,影响程度不同。工况3较工况1路基顶面水平位移减少13.7%。

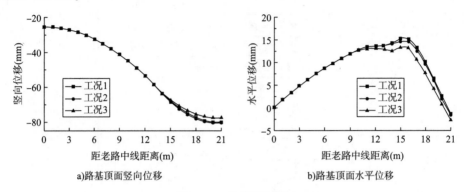

a)路基顶面竖向位移　　b)路基顶面水平位移

图2.5-28　路基顶面位移

综上所述,工况中格栅铺设的最佳工况为应用排扣式嵌固格栅,铺设长度为6m,层数为3层,相应的新路基顶面差异沉降为16.13mm,横坡率为0.23%,对应的差异沉降控制等级为Ⅱ级;老路基顶面差异沉降为38.34mm,横坡率为0.27%,对应的差异沉降控制等级为Ⅰ级。公路拓宽工程中采用土工格栅处治措施,对于老路基部分达到了差异沉降控制标准的要求,新路基不会产生早期破坏,但运营期应该注意加强路面检测。

三、工程应用优化工艺及监测

(一)优化工艺

1. 施工流程

在实际加筋土工程中,PQSG格栅-填料界面优化的具体施工步骤如下:

(1)首先,详细参照《公路路基施工技术规范》(JTG/T 3610—2019)中规定的方法及步骤,依次开展加筋土的施工工作、基础工程和面板安装工程(加筋路基无需面板工程)。

(2)根据《公路土工试验规程》(JTG E40—2007)进行现场土工试验及拉拔摩擦试验,确定回填土干重度γ_d、PQSG格栅的极限拉拔力及相应的击实方案。

(3)按照PQSG格栅-填料界面工程优化原理中所提供的夹层埋置深度的计算方法,确定夹层填料的埋置深度h_b。

(4)进行黏土的分层摊铺、压实,至铺设夹层填料处,摊铺一层厚度为3~9cm的填料并压实。在填料垫层上铺设PQSG土工格栅,铺设时使用专用夹具将其两端拉紧并锚固在面板上。PQSG格栅铺设完毕后,摊铺一层3~9cm的填料并压实;如此往复分层填筑,填筑至计算所得的埋置深度h_b处,不再铺设界面填料,改用黏土填筑并压实。

(5)加筋土工程中的防水、排水工程应按设计要求与加筋体施工同步进行,施工完成后,检测加筋土结构顶部高程是否满足施工要求,具体流程见图2.5-29。

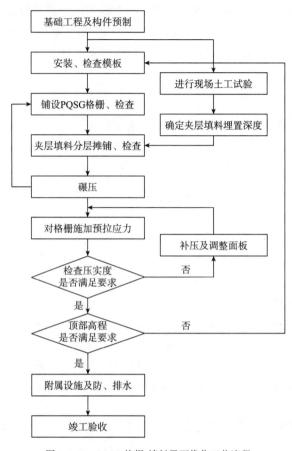

图 2.5-29 PQSG 格栅-填料界面优化工艺流程

2. 注意事项

（1）采用单一级配碎石作为夹层填料时，碎石粒径越大，颗粒间相互作用就会越强，对格栅产生的摩阻力也就越大。

（2）采用连续级配碎石作为夹层填料，其对格栅的嵌固咬合效果比单一级配碎石更显著。连续级配碎石中过多的细粒集料不利于提高筋土界面的摩擦强度，在实际工程中应当适度控制细粒集料的含量。

（3）碎石夹层填料并不是越厚越好，其存在一个最优厚度值。在实际工程中，必须结合夹层填料埋置深度的不同，进行相应竖向应力下的格栅拉拔试验，以确定最优夹层厚度，避免夹层填铺过厚造成不必要的材料浪费。

（二）安全监控系统的应用及评价

1. 安全监控数据分析

京台高速公路改扩建项目 K578+220～K578+430（右幅）现场铺设足尺试验段，以 SEGB（传感型土工带）为变形监测材料，投入使用 4 套采集单元。每套采集单元共有 6 个通道，每个通道可测量 7 个应变区。通常每个通道对接一条 SEGB（即每条 SEGB 均布 7 个测区）。采集单元通道分配如表 2.5-10 所示,在监测断面设置 3 层,接入 20 条 SEGB。数据每 2min 采集一次,并自动上传至云后台永久保存。

SEGB 与采集单元通道编号分布情况　　　　表 2.5-10

采集单元编号	通道编号	SEGB 分布位置	备注
采集单元 1	1	第一层	层数由底部向上;每层由南向北排列;每条 SEGB 均布 7 个测量区域,由内向外依次排列
	2,3	第二层	
	4,5	第三层	

2. 当前测量数据分析

截至 2021 年 11 月 19 日 20:30,2 号采石坑路基内部 SEGB 分布式监测结果如图 2.5-30 所示。每个图代表一个监测断面。图中横坐标为 SEGB 的铺设长度,从左至右依次对应路基边坡至路基内部(与采集单元通道编号顺序相反,采集单元通道 1 在路基内部,通道 2 在路基边坡处)。数据标签对应采集点的平均应变值(%)。

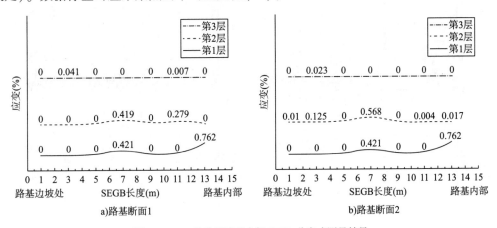

图 2.5-30　2 号采石路基内部 SEGB 分布式测量结果

从监测数据来看,SEGB 的最大应变为 0.762%,其余部分应变水平基本在 0.5% 以下,大多数应变值接近于 0。在实际工程中,施工荷载(例如上层土体夯实碾压等)会引起筋土界面存在一定的剪应力,此时 SEGB 存在一定的微小变形,但是并不能确定一定存在局部裂缝。因此可以判断整体应变仍然较小,2 号采石坑路基目前比较稳定,尚不存在滑裂面的安全隐患。

3. 历史测量数据分析

现场采集单元的采集间隔为 2min,每天产生海量数据。为方便分析历史测量数据,以 2021 年 11 月 9 日 12:00 至 2021 年 11 月 10 日 12:00 期间、1 号采集单元的通道 1~通道 3 为例进行说明。根据采集单元通道编号分布表,1 号采集单元的通道 1~通道 3 的数据对应 3 号坑第一层(即最底层)的 3 条 SEGB。每个通道对应一条 SEGB,分布有 7 个变形值。变形值编号 1~7 为由内而外依次编号(即变形 1 指 SEGB 在路基内部方向的端部变形,变形 7 指 SEGB 在路基边坡方向的端部变形)。1 号采集单元通道 1~通道 3 的测量数据如图 2.5-31 所示。

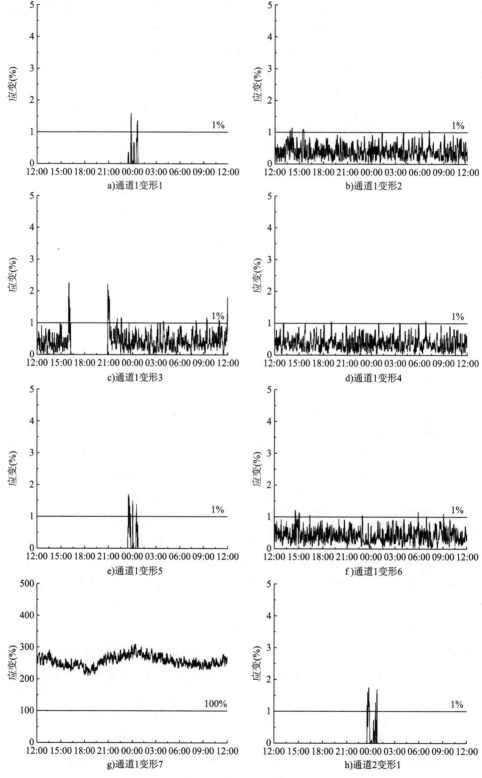

图 2.5-31

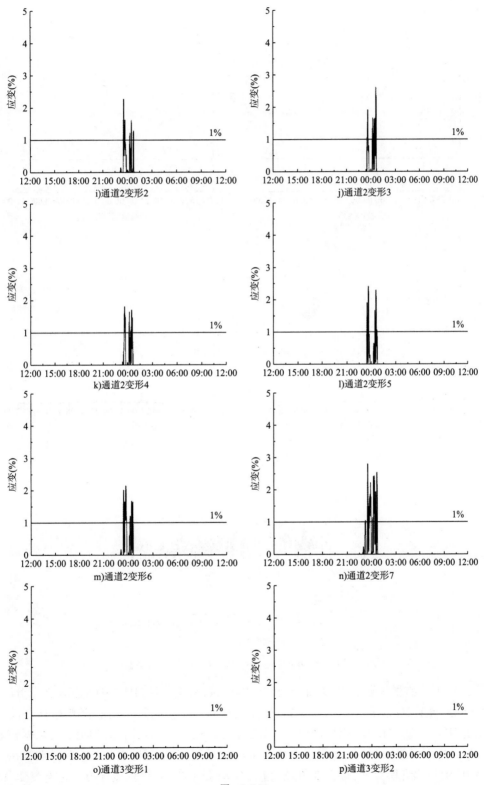

图 2.5-31

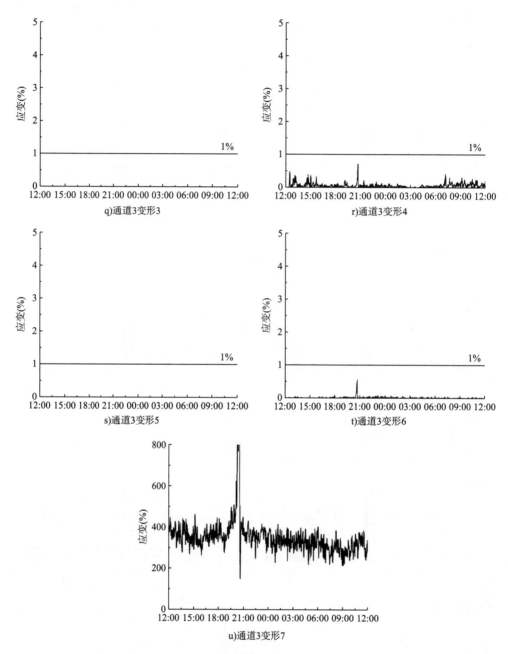

图 2.5-31 24h 内 1 号采集单元通道 1～通道 3 的监测数据

图 2.5-31 的监测数据表明,大部分监测数据值较小,均未超过 1% 的应变。在部分时间点数据有突变,增至 2% 左右,但几分钟内数据恢复原有水平。通道 1 的数据普遍存在波动,但是波动范围较小,基本在 1% 应变之内,可以认为该条 SEGB 没有异常。通道 2 的数据较好,大部分采集点的变形值为 0。然而图 2.5-31 中 h)~n) 可以看出通道 2 的 7 个测量数据在 11 月 10 日 0:00 前后均有所突变,且突变值最大在 2% 应变左右,而后恢复于 0。此类突变具有同

时同步、无差别、可恢复的特点,应是系统误差所致,而非 SEGB 变形所致。

需要注意的是,通道 1 变形 7 和通道 3 变形 7 这两处的测量数据异常,其变形值广泛在 300% 左右,远远超出了 SEGB 自身变形范围。该处异常变形值可判断为由 SEGB 断裂所致。变形 7 位于所测量 SEGB 的路基边坡处,该处 SEGB 在施工过程中受到了损坏。

通过监测结果可知,在京台高速公路改扩建项目中应用高摩阻超静定土工格栅进行拓宽路基加固可以达到优异的工程效果。

第三章 高速公路改扩建路面拼宽施工技术

第一节 路面拼宽研究现状

我国早期高速公路建设中,由于国产沥青产量和质量较低,同时,更多受到经济发展水平限制,"强基、薄面、稳土基"的发展思想成为当时公路建设的主导思想,并积极推动了我国公路事业的发展。很多高速公路在进行改扩建时针对各自的主要病害形式和关键问题,对不同的路面处治方案、结构类型等进行了诸多研究。改扩建工程设计不同于新建路面结构,有其自身的特点,这主要表现在以下几个方面:

1. 旧路面的科学评价与合理利用

旧路需要进行改扩建一般都是其现有通行能力不能满足交通需要,也就是说既有路面结构已经在超负荷服役,车辆荷载作用已经超过自身的承受能力。同时,改扩建工程一般也都经历了多年的运营,路面不可避免会出现大量的病害,如何针对这些病害,或者其他检测指标对既有路面进行合理评价是改扩建项目首先要面对的问题。

这样就延伸出多种情况,一是表现为路表病害严重,承载力严重不足,这种情况多数已经发生结构性破坏,原路面结构强度完全丧失。二是路表病害不显著,但结构强度检测指标较低。出现第一种情况,大多是由于公路运营养护部门养护作业不及时,未对路表病害及时处理;由于交通荷载对路面造成了结构性破坏,表现为路面承载力不足。三是路表病害较重但强度指标良好。这种情况在我国早期修建的高速公路中表现得比较典型。这是因为早期修筑的半刚性基层沥青路面比较重视基层的强度指标,因此能够提供足够的承载能力,然而对于沥青面层的处理往往过于简单,或者是由于经验不足造成沥青标号、级配设计、结构选择不恰当而导致沥青层比较薄弱。这样,由于半刚性基层干缩、温缩产生的裂缝会很快发展到面层并表现为路表病害。因此,在选择改扩建工程旧路处理方案时,需要首先对旧路面进行科学的评价。

2. 筑路材料的再利用

根据现阶段国内外的工程经验,改扩建工程考虑到旧路特性和新旧路的搭接,往往会根据情况对旧路铣刨面层甚至是基层,这样就产生了大量的旧路建筑材料。早期进行的改扩建工程由于技术手段受限,对铣刨出的材料往往予以废弃。随着工程技术的不断发展,针对沥青混合料、半刚性基层铣刨料的各种再生成、再利用成为可能。沥青路面再生技术就是将旧沥青路面经过路面再生专用设备的翻挖、回收、加热、破碎、筛分后,与再生剂、新沥青、新集料等按一定比例重新拌和成混合料,满足一定的路用性能并重新铺筑于路面的一整套工艺。沥青路面经再生技术处理后不仅能提高沥青路面使用性能,延长路面使用寿命,而且可节约集料和沥青,降低工程成本。沥青路面再生技术符合我国经济发展的战略方针和规划要求,符合构建资源节约型、环境友好型社会的要求,也符合我国新发展理念。

目前,较为成熟的再生技术手段有冷再生和热再生两种。热再生技术包括就地热再生和厂拌热再生,冷再生技术包括就地冷再生和厂拌冷再生。热再生技术主要用作恢复老化沥青的黏结性能,重新发挥沥青的胶结料作用后将沥青和集料再生利用;冷再生技术主要是将原有的路面铣刨料作为集料重复利用。

3. 新老路面的合理搭接

防止新老结合部不均匀变形导致的纵向开裂是高速公路改扩建工程的一项重要课题。长期以来,国内外针对这一问题进行了大量的研究,从对国内外研究现状的分析可以看出,这些研究大多针对路基部分的理论和工程措施研究,路面方面如何合理处治尚缺少系统、全面的研究。对于路基部分,往往会通过开挖台阶、铺设土工格栅等措施防止和控制新旧路基的差异,对于路面部分尚没有深入的研究成果,这也导致在具体的工程应用中采取不同的处理措施。有的项目选择路面部分只留一条接缝,有的却采取各种搭接方式、铺设土工织物等。

4. 新老路面、路基路面的协调变形

为了避免拼宽道路出现纵向裂缝,除了从新旧路基、路面搭接着手外,新老路面的结构组合和材料选择也影响路面裂缝的发生和发展。目前在国内外文献中较少对其进行说明,如美国设计方法中,老路拓宽部分的设计中强调了新路和老路必须良好结合,要求新拓宽的路面结构性能尽可能和原有路面相近,只是提出了一些原则性的概念,缺少具体的研究。事实上,不同的路面结构和材料组合对路基变形的适应性也是有所不同的。因此对于拼宽道路的路面方案应综合考虑新老路面结构搭配、路基路面的协调变形,在进行路面方案选择时应充分考虑到改扩建工程的特殊性。

第二节 既有路面常见病害及机理

一、既有路面常见病害类型

1. 轻微裂缝处理

沥青层裂缝宽度在 3mm 以下,对老路表面层不做特殊处理,通过撒布改性乳化沥青黏层封闭裂缝,设置 SBS❶ 改性热沥青封层后进行加铺层施工。

对于铣刨后下承层存在单条轻微裂缝病害的情况,裂缝位置采用改性乳化沥青灌缝,要求

---

❶ SBS 是指苯乙烯-丁二烯-苯乙烯嵌段共聚物。

必须将缝灌满为止。改性乳化沥青灌缝后设置改性沥青同步碎石封层,再对上层进行填补施工。

2. 中度裂缝处理

裂缝宽度在 3~5mm 的地方,或裂缝宽度虽然大于 5mm 但缝壁无散落或轻微散落,无或少支缝,采用开槽工艺处理,加铺聚酯玻璃纤维布;槽内回填 SBS 改性沥青砂,要求必须将缝灌满为止。

对裂缝进行贴缝时,先将裂缝进行清洁干燥处理,并将裂缝两侧各 16cm 范围内路面清洁干净。防裂贴结合处,宜形成 80~100mm 的重叠。

防裂贴技术指标见表 3.2-1。

防裂贴技术检测项目及技术指标　　　　表 3.2-1

检测项目		单位	技术指标
拉力		N/100cm	8000
伸长率		%	40
软化点		℃	85~115
低温柔韧度		—	-15℃,无裂纹
不透水性	压力	MPa	0.2
	保持时间	min	30
黏附性		—	≥4.0 或黏结面外断裂
高温抗剪 50℃		MPa	0.12

3. 严重裂缝或裂缝伴随支裂纹

对于裂缝宽度 L 大于 5mm 或裂缝伴随 3 条支裂纹以上的地段采取铣刨扩槽处理,扩槽最小宽度为 2.0m,同时满足适宜长度,保证摊铺机和压路机能摊铺和碾压。

铣刨裂缝两侧各 100cm 范围内上面层,然后沿裂缝灌入密封胶。

对于扩槽的病害路段,在进行混合料填补时,必须将路面清理干净,撒布改性乳化沥青,并铺设 200cm 聚酯玻璃纤维布,在槽壁喷洒改性乳化沥青。

4. 灌缝施工工艺

1)灌缝胶质量要求

路面裂缝密封胶技术要求:针入度(25℃)为 30(0.1mm)~70(0.1mm),弹性恢复≥30%,软化点≥80℃,流动值≤5mm,延展性(25℃)≥30cm,黏着张力≥500%,安全加热温度 204℃,与沥青兼容性良好。

施工时密封胶的温度应达到 193℃,但不能超过 204℃;槽口应满足最低的设计要求,即宽度≥1cm;灌缝前应保持槽内及两壁绝对清洁,施工时路面温度应保持在 4℃以上,否则进行预热;保证密封胶有足够的冷却时间。

2)灌缝胶施工工艺

(1)开槽采取方槽,对开槽的部位采用空压机进行清理,空压机压力控制在 0.6MPa±0.1MPa,风量为 4~5m³/min,要完全吹掉缝中的灰尘、碎屑、杂物和少量的水分。

(2)条件许可的话,还可以用热风枪对裂缝两侧进行预热,将裂缝中的水分潮气蒸发掉,以改善封缝效果。

(3)在灌缝胶达到灌入温度时,用灌缝机压力喷头将密封胶均匀灌入槽内。

(4)在刚灌满的灌缝胶表面撒布细砂,待灌缝胶冷却至常温后开放交通。

(5)采用改性乳化沥青灌缝施工工艺,分次灌缝。

(6)检验改性乳化沥青质量关键指标(蒸发残留物含量、软化点)。

(7)将缝隙内的杂质清扫干净,并用空压机将缝隙内的灰尘清除干净。

(8)使用改性乳化沥青进行灌缝,均匀浇到缝隙中,要浇灌饱满。

(9)破乳后采用干净的细砂填满缝隙,用毛刷或扫帚把砂扫到缝隙中,原路面无多余的细砂。

(10)在细砂充满缝隙后再用改性乳化沥青进行第二次灌缝,改性乳化沥青应将缝隙完全充满。

5. 车辙处治

车辙深度在10mm以下,表面拉毛,通过加铺进行改善,不做特殊处理。车辙深度在10~15mm,铣刨罩面层4cm深,宽度为行车道宽,填补材料采用一层厚度4cm的SBS改性SMA-13,然后统一加铺,如图3.2-1所示。车辙深度大于15mm,铣刨罩面层和上面层,宽度为行车道宽,填补材料采用一层厚度8cm的SBS改性AC-20,然后统一加铺,如图3.2-2所示。

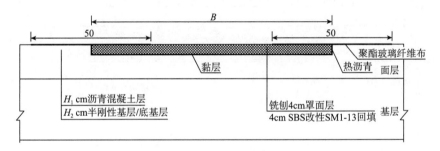

图3.2-1 车辙深度10~15mm车辙处理方案(尺寸单位:cm)

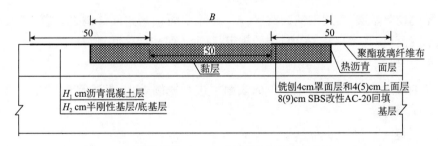

图3.2-2 车辙深度大于15mm车辙处理方案(尺寸单位:cm)

6. 沉陷、唧浆、龟裂处治

对于发生沉陷、唧浆、龟裂的部位,应对该部位的面层进行挖补处理,如发现基层发生松散破坏的也需进行挖补处理,挖补范围应较病害范围四周各延伸至少0.2m,处理深度应保证清除松散软弱夹层,如图3.2-3所示。基层填补材料如面积较大则采用水泥稳定碎石填补,如面积较小可采用 C35 混凝土;对于大型施工机械碾压困难路段,采用人工夯实。

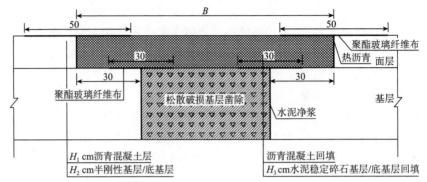

图 3.2-3 沉陷、唧浆、龟裂处治处理方案(尺寸单位:cm)

为增强各结构层的层间黏结性,在基层顶面洒布透层油,洒布量为 $1.2kg/m^2$ 左右;沥青混凝土面层间均匀洒布一层 SBS 改性乳化沥青黏层油,洒布量为 $0.6kg/m^2$ 左右。

7. 坑槽、推移、拥包处治

对发生此类病害的部位,由于病害的产生和影响的深度较浅,仅在沥青面层范围内进行病害处治。根据病害深度,采取挖除沥青层并回填 AC-20、AC-25 或 ATB-25 沥青混合料至原路面,如图 3.2-4 所示。

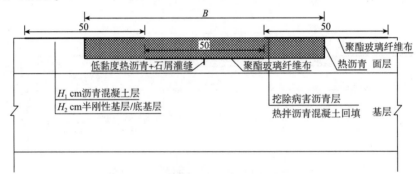

图 3.2-4 坑槽、推移、拥包处理方案(尺寸单位:cm)

对于需要挖除基层、面层重铺的路段,新(挖除重铺)、老路面结构之间参考《公路沥青路面养护技术规范》(JTG 5142—2019)中的规定,对上下结构层之间进行搭接。

8. 松散处治

对于发生松散的部位,应对该部位的表面层进行铣刨处理,挖除沥青层并回填 AC-25 沥青混合料至原路面。

9. 密集裂缝

对于横向裂缝分布间距小于 15m 的段落或非龟裂的裂缝分布密集路段,对其整车道铣刨全部面层处理,采用与原路面结构层相同的混合料回填至原路面,并做好下封层。

10. 开 V 形槽填沥青砂

开 V 形槽填沥青砂针对路面反射型裂缝(裂缝处下部基础稳定,无沉陷或唧浆等水损坏表现)、铣刨重铺处基层顶端裂缝进行抗反射处理的措施。其工艺步骤为:采用专用"V"形开槽机械，沿裂缝走向开出一定规格的"V"形槽，清理、干燥后在槽壁均匀涂刷热 SBS 改性沥青，回填砂粒式抗疲劳型沥青混合料，并采用小型压路机压实。

二、病害产生机理

高速公路改扩建工程路基路面的病害形成原因不是单一的，是多种因素综合作用造成的。以下从两个方面对病害产生机理进行归纳整理：新路基稳定性不足和新旧路基不协调变形。

1）新路基稳定性不足

路基的整体稳定性较差是新路基自身稳定性不足或新旧路基拼接部位强度达不到要求造成的，原因有以下几种情况：

（1）新旧路基结合处强度不足。

当新旧路基结合处处治不合理或强度达不到要求时，搭接处界面会形成薄弱面或潜在滑移面，致使新路基失稳。施工时旧路坡面根植土或松散土没有清理干净或是压实不符合要求，导致出现了薄弱结合面、潜在滑移面。新旧路基结合不足与结合部位的结合效果、开挖台阶的数量和尺寸设计不合理、土工合成材料的数量和层数不合理有关。

填筑新路基的填料差。改扩建工程新路基的获取途径是就近从挖方断面取得的，挖方路面上的填料常常较差且夹杂腐殖土，抗风化等性能不足，物理力学性能不符合要求。若填料经处理不达要求就使用，则会引起大变形或强度失稳。

（2）新路基位于陡坡或高填方路基。

一些山区公路地形较为复杂，需要在陡坡填筑路基或填筑较高的路基。在外部载荷、水等影响因素作用下，新建路基陡坡很容易在地表横坡较大且坡脚土质较软位置，沿陡坡发生整体下滑等破坏。新建的高填方路基由于填方数量多、自重大，如果地基承载力较低，施工和通车过程中会产生大量的沉降以及各种病害，路基的正常使用会因此受到影响。

（3）存在软弱地基。

当压缩性大、流变性明显的软土作为软弱下卧层位于基底以下地基时，自结合面至软弱下卧层底面的滑移面会因新旧路基结合部结合强度不满足要求而产生，地基土逐渐向路基外侧挤出，慢慢就会导致位于新路基坡脚处的地基拱起，伴随着塑性区域的发展，最后导致路基失稳。

（4）水的作用。

沉降增加的原因可能是雨水渗入，雨水持续渗入会使沉降变大。在道路施工中出现防排水系统配置不完善、布局不合理、排水不够及时等情况时，路面水会沿着新旧路基拼接处产生的裂缝渗入，使路基土受潮变软，强度急剧下降，加速路基的变形和失稳。路基失稳也可能是由地下水位下降引起的。抽水后会通过降低地下水位来让土的有效应力增加，随着土的有效应力增加，地表附加下沉不断发生，影响老路稳定性。存在河塘的拓宽工程中常常为了提高地基承载力，使用抽水清淤的方法来实现预压固结。

2）新旧路基不协调变形

所谓的新旧路基不协调变形主要是指不均匀沉降。其产生的主要原因如下：

（1）行车荷载。

车辆在路面上行驶，这种长时间持续性行驶会对路基、路面产生附加影响，加速对路面的破坏,直接影响行车的稳定性和安全性。因此,车辆荷载应作为加宽路基沉降分析的一个重要因素。

(2)新加宽路基自身的压缩变形。

老路基经过多年运营,完成固结变形等,几乎不再发生沉降。新旧路基不可避免会发生差异沉降,不协调变形所占比重较大的情况是:填筑顺序不当,分层压实厚度过大,土石混填不满足规范,施工中未按要求做好排水措施,压实不足,填挖交界未按设计要求设置台阶和布置土工格栅等。

第三节 拼宽路面结构拼缝处理技术

一、路面拼接技术

1. 基层拼接

(1)新旧基层层间拼接:新旧基层层间应喷洒水泥浆,以增加层间黏结效果。喷洒的水泥净浆水灰比宜为1.2∶1,喷洒的水泥净浆的量宜为$2.0 \sim 3.0 kg/m^2$,水泥净浆稠度以洒布均匀为度,洒布长度以摊铺机前$30 \sim 40m$为宜,新水稳层的摊铺施工可以紧跟在水泥净浆洒布之后立即开展。

(2)新旧基层侧向拼缝拼接:在侧向拼缝时使用水泥混凝土界面剂,界面剂涂刷要均匀,并在拼缝侧人工填补细集料混合料。

(3)碾压:碾压时在距离接缝约50cm处将新铺料碾压密实,然后每次10cm向里碾压,将新铺料不断向接缝处推挤,从而使接缝处嵌挤密实。

(4)用玻璃纤维格栅处置上基层接缝:在基层顶面接缝铺设玻璃纤维格栅,玻璃纤维格栅宽度为1m。玻璃纤维格栅规格采用《玻璃纤维土工格栅》(GB/T 21825—2008)规定的EGA2×2(50×50)型,经170℃、1h热处理后,其经向和纬向拉伸断裂强度应不小于原强度的90%。玻璃纤维格栅铺设如图3.3-1所示。

图3.3-1 玻璃纤维格栅铺设

2. 面层拼接

面层拼接施工可采取以下拼接措施:

(1)新旧面层层间拼接:先清理接缝面,不允许有松动抛散的集料、无灰尘、无污染,台阶面上不应有上层留下来的夹层和杂物;之后喷洒黏层油,洒布量为 $0.6kg/m^2$ 左右,要求喷洒均匀,接缝面不露白,不流淌,如图 3.3-2 所示。

图 3.3-2　面层拼接处理

(2)新旧面层接缝处理:使用 SBS 改性热沥青作为新旧面层接缝的黏结料,并采用冷拼接方式处理新旧面层接缝,涂刷量为 $0.3 \sim 0.5kg/m^2$。

(3)拼接缝处压实:采用跨缝碾压方法进行接缝处压实。

3. 注意事项

(1)台阶开挖宽度及横向位置以拼接设计图为准。由于旧路路面需进行找平,新旧路面拼接时台阶高度将存在变化,台阶开挖厚度应以旧路就新路的原则,根据新建路面底基层、下基层、上基层、下面层顶面高程确定。

(2)旧路台阶铣刨后,清除残留的不稳定或松散的薄弱层,与拼宽新建路面结构层一同摊铺。

(3)待路面拼接完成后,整幅铺设上中面层。中面层为调平层时,可采用分幅摊铺。

(4)对于基层、底基层开挖台阶不成形或松散时,应将旧路台阶移至第一行车道对应位置。如开挖后仍存在台阶不成形或松散,说明该段基层、底基层破坏严重,已不能提供足够的路用性能,应将该段落基层、底基层全部挖除,按病害集中段落处治方案的路面结构重新铺筑。

二、路面大断面抗离析摊铺机的应用

随着高速公路施工质量的提高,沥青路面摊铺技术越来越得到人们的重视,沥青混凝土摊铺机对路面的影响也越来越大。京台高速公路改扩建施工过程中,从沥青混凝土路面离析成因分析入手,探讨大宽度摊铺机抗离析机理,对螺旋分料器的结构进行抗离析优化,并通过工程实际应用,对路面密实度与摊铺过程中温度离析进行检测,证明这种优化措施的可行性。

(一)大宽幅摊铺机设计理念

大宽幅摊铺机设计理念:在半刚性基层和面层中都能够应用,在宽幅摊铺设备上采用改变传统的螺旋装置,增大摊铺设备的功率,把螺旋装置全部埋在物料之下,使物料能够在低转速下再次搅拌,最终实现横向和纵向的物料分布;实现单机大宽幅、抗离析一次成型摊铺作业,改善各种离析,改善双机并幅摊铺的工艺规范(除离析外,基层分层摊铺还与压实能力有关),同时利于提高路面平整度,为现代大型摊铺机的技术发展探索一条捷径。

(二)大宽幅摊铺机的防离析措施

1. 横向离析产生的原因

横向离析产生的主要原因来自螺旋布料机构高速旋转时产生的抛扬,这种离心力的作用造成大粒径物料容易被送往两边,摊铺越宽离析越严重。摊铺越宽,出现两边物料粒径越大的状况。常规摊铺机在宽幅摊铺时集料最多只能埋螺旋叶片的2/3,一般处于半埋螺旋工作状态。只有螺旋高速旋转才能满足输料量大的需求。

2. 防治横向离析的设备改进方法

(1)加大输料量,降低螺旋转数:满埋螺旋低速输料、加大螺旋直径(由大到小梯形排列)、加大输料槽宽度、加大输料槽高度、满埋螺旋大量输料、降低螺旋布料转速,避免螺旋高速旋转抛扬造成的横向离析。满埋螺旋实现了集料的二次搅拌,有效改善了前道工序(装卸、收斗等)形成的集料离析。

(2)采用带重载荷平稳启动的低速大扭矩马达,率先把宽幅摊铺设备中普遍的 700mL/r 左右的马达排量换成 1300mL/r 左右,增大摊铺机的扭矩和功率。螺旋分料器转速降至 80~90r/min,可以减少大粒径物料在螺旋分料槽内分料距离增大而运动加剧的横向离析,同时由于螺旋埋于物料底部增加二次搅拌,改善前期工序产生的物料离析。

(3)物料满埋螺旋工作时,物料高于螺旋,在螺旋低速运转情况下,使物料再次得到搅拌。提高刮板和螺旋料位传感器料位控制点,是实现这一理念的外部形式,其实质是增加大螺旋驱动转矩,并改变驱动方案。物料满埋螺旋工作行走驱动低速马达不仅能够实现把螺旋全部埋在集料下面所需要转矩,而且大扭矩低速马达还能够避免采用高速马达加减速机方案启动效率低、在频繁间断工况下产生的冲击启动现象,减小有害的冲击抛扬离析,具有启动平稳的优点。

(4)增加摊铺机的功率配置。宽幅摊铺机在半刚性基层集料满埋螺旋工作时,集料之间的摩擦力迅速加大,这时螺旋分料器输送集料将消耗宽幅摊铺机一半以上的功率,所以,宽幅摊铺机需要配置电子调速发动机,避免在摊铺作业过程中因超载引起摊铺速度降低的现象。

3. 竖向离析与控制

竖向离析产生机理是在螺旋料槽内由于物料粒径规格不同,在螺旋分料槽前挡板离地间隔过大且缺料的情况下大粒径物料向下滚落,同样在分料槽外端料槽边缘的卸荷口处也会产生这样的现象。这一现象的直接后果是大物料滚向摊铺层的下部,使物料在摊铺层竖向方向上粒径不同,造成竖向离析。

防止竖向离析的设备改进方法:采用弹性橡胶板结构、设计宽幅摊铺机、采用物料满埋螺旋设计。为了减少集料大粒径滚落到摊铺层下面,在前挡板下方安装好高度可以调节的弹性橡胶板,摊铺作业时根据铺层厚度和不同的材料类型作恰当的调整;采用弹性橡胶板这样的结构之后,离地距离能够调整到最小,利用弹性橡胶板的外张作用来减小宽幅螺旋在输送集料过程中的阻力。

在螺旋分料器的边缘带，同样采用弹性橡胶板悬臂式结构，既防止大粒料向下滚落，又起到防止螺旋卡死而卸荷的作用，也避免了因螺旋卸料不畅顶起熨平板影响平整度的现象。

4. 纵向离析防治

摊铺机在链轮箱（中缝处）左右根据需要各加装一组角度可调数量可变的反向螺旋叶片，根据摊铺厚度和材料的变化来调节反向叶片数量和角度，使大小粒料均匀向螺旋链轮箱下方填充，保持摊铺层中缝处混合料均匀、充足、密实，以避免纵向带状离析。

减小螺旋支撑（螺旋吊挂）横截面尺寸、加装过渡叶片，加宽料槽，以减少集料在螺旋输送过程中形成的阻滞、堆尖及填塞不实的现象。

5. 防治片状离析

半埋螺旋叶片或输料槽缺料状况下，运输装卸、收斗等前道工序造成的离析集料得不到二次搅拌，形成片状、V字状离析片或离析窝。

增大摊铺机料斗，减少收斗造成的大粒径物料集中产生的局部片状离析。物料满埋螺旋，二次搅拌增强效果，加之大宽幅布料，使前期供给不匀的物料在大宽幅摊铺面上得以均布，避免片状离析。

摊铺收斗后，将剩余粒料暂留料斗中，与料车新倒进的料相掺和，再由刮板输送入螺旋料槽。因物料是满埋螺旋输送，料槽里的物料是满的，当料斗里的大粒料被刮板输入螺旋料槽后会浮在原有物料上面，随着螺旋的搅拌输送，大粒料会逐渐被均匀分布到输料槽中，避免了片状、V字状离析片或离析窝。

6. 自动伸缩的辅助卸料系统

液压伸缩推辊和倾翻灵活控制的辅助料斗衔接配合，减少了料车后门形成的输料不畅，用最短的时间完成卸料工序，既防止了料车卸料抛撒，又提高了刮板输送效率，满足了大厚度一次摊铺作业时输料量的要求，同时由于辅料斗的前后收放，改善了卸料离析。

（三）提高摊铺平整度

摊铺机是一种以作业质量为首要指标的作业机械，其作业指标分为摊铺均匀性（物料不离析）、密实度（保证碾压后的平整度）、平整度，而要实现作业指标，要求摊铺过程及其工况稳定。宽幅摊铺机主要采用如下方法：

1. 刮板料位比例控制

刮板料位比例控制不仅减少了因频繁控制开关通断形成的物料滚落离析，而且能提高摊铺机的平稳性，改善平整度。

2. 超声波多组多探头智能控制系统

超声波多组多探头智能控制系统具有高精度、高可靠性、全面校正偏差的特点，基准准确，提高了平整度，可实现网络化、智能化控制。该系统具有折叠式结构，转场、掉头、过桥涵均不需拆卸，安装迅捷，使用方便。传感器不与地面等基准物接触，避免异常事故发生，大幅度降低维修保养费用。根据施工情况多组多探头或单组多探头任意组合应用，使用广泛方便。

3. 加宽履带板

加宽的履带板使行走更平稳，在上坡或重型料车卸料阻力较大的情况下防止打滑，保证摊铺的平整度。

4. 液压伸缩熨平板加减宽度装置

轻巧的液压伸缩挡料板是对熨平装置功能的完善和扩充，具有操作简单、伸缩自如的特点，适应挖方填方路基桥面等宽度变化的要求以及补救行驶方向的偏差，极大地降低操作员的劳动强度；尤其是在隔离墩预先设置好、传统螺杆无法调节的情况下，更显示其优越性。

第四节　固化土基层应用技术

一、固化土施工技术

1. 施工工艺

固化土施工流程如图 3.4-1 所示。

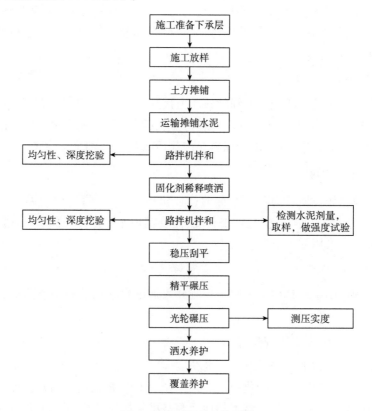

图 3.4-1　固化土施工流程图

2. 固化土施工技术和控制要点

1）准备下承层

（1）施工前对宁阳服务区下承层水泥土进行复检。压实度、弯沉、无侧限等数据达到设计标准,路基表面平整、坚实、无坑洞,高程及路拱符合设计及规范要求。

（2）施工前恢复边桩并复核。

（3）施工前应对施工机具进行全面检查、调整,保证设备处于良好状态。

2）施工放样

在该试验段内按照每20m布置一个断面,用全站仪对该段进行放样,打入木桩,用红油漆清晰标记里程桩号,测出纵断面高程及横断面高程,按照设计路床顶高程计算出各桩号路基填筑宽度,放出路基边坡线。为保证修整边坡后的路堤边缘有足够的压实度以及施工机械的作业安全,每层填料的摊铺宽度均要超出路堤设计边线不小于30cm,用白灰撒出两条明显的路基填筑边线,并插杆明示,以便清晰正确地标示填筑宽度。根据试验段平面布置图布设测点,实测各点高程,以便进行松铺厚度的计算。

3）摊铺土方

填料经试验室检验合格后方可使用。采用水平分层填筑,填筑时控制填土高程。根据经验暂定松铺系数为1.23,填土高度控制在25cm。依据自卸汽车的实际每车土方运量,先在下承层路基填筑范围内用石灰定出相应的方格,汽车将土运至填筑路段后,在专人指挥下每格一车进行卸料（方格尺寸4.9m×17m,每车方量约21m³）,然后用推土机、平地机对路床土方进行整平,表面应平整,并有规定的横坡；测量人员进行跟踪测量,控制误差±1cm,必要时进行增减料工作；填料粒径小于10cm,摊铺时应将土块、超尺寸颗粒及其他杂物拣除。

整平后用振动压路机静压一遍,最后用洒水车洒水两遍,闷料一晚。控制好填土的最佳含水率,是保证路基压实度的关键。

洒水量按式(3.4-1)控制：

$$m = \frac{(\omega_1 - \omega_0) \times Q}{r_w} \tag{3.4-1}$$

式中：m——所需加水量（kg）；

w_0——实测含水率,以小数计；

w_1——最佳含水率,以小数计；

Q——加水前集料质量（kg）；

r_w——水的相对密度。

集料经过预湿之后,用压路机碾压1~2遍,使集料层具有平整光滑的表面,同时具有一定的密实度,以便摊铺水泥。

4）水泥撒布

固化土的水泥剂量为10%,水泥用量计算公式为：面积×厚度×最大干密度×10%。经计算,所需水泥量为40.6kg/m²。

（1）为方便、快捷、准确地撒布水泥,采用新型自动水泥撒布车进行施工,先把散装水泥加入布灰车的罐里,然后根据设计水泥含量计算出处治层每平方米需要的水泥量,在撒布车上输入撒布量,撒布车就可以按设定值进行水泥撒布。

(2)撒布时在处治层上摆放一个100mm×100mm的容器盘,等设定好剂量的撒布车从其上面通过后,称其容器里的水泥质量来控制水泥剂量。

(3)拌和后,由试验室取样,采用滴定法进行水泥剂量测定。

5)拌和

拌和深度要求达到本层底层(拌和机的最大拌和深度为30cm),设专人跟随拌和机随时检查拌和深度,并配合拌和机操作员调整拌和面深度。拌和机应略破坏下承层表面(约1cm,不应过多),以利上下层黏结。拌和层应避免"素土"夹层。

水泥撒布及路拌过程中,土方含水率损失较大,上述拌和过程结束时,及时检查含水率,如果混合料的含水率达不到最佳含水率,用喷管式洒水车补充洒水,使含水率略大于最佳含水率(1%~3%)。洒水车起洒处和另一端"掉头"处都应超出拌和段2m以上。禁止洒水车在正进行拌和以及当天计划拌和的路段上"掉头"和停留,以防局部水量过大。

拌和完成后应达到混合料色泽一致,没有灰条、灰团和花面,没有粗细集料"窝",水分均匀的标准。第一遍拌和满足不了均匀性的要求时应进行第二遍拌和,拌和前,宜用平地机粗平一遍,然后实施第二遍拌和。一般完成二三次拌和即可满足要求。拌和时各行程之间的搭接宽度不小于30cm。

采用滴定法及时进行水泥掺量检测,灰剂量达不到设计要求的3%时,根据检测数据计算出需要补加的水泥用量,均匀摊铺进行再次拌和。

6)稀释喷洒固化剂

测量拌和后含水率,计算出与最佳含水率差值,将固化剂加入补充水分中稀释,稀释比例不能大于1∶200。根据天气原因等,现场实际施工含水率应略大于最佳含水率2%左右。将稀释后的固化剂均匀喷洒到施工区域中,喷洒过程中水车应缓慢喷洒,不能停留喷洒,避免造成局部含水率过高,出现翻浆现象。

7)再次拌和

静待10min左右让其渗入分散,10min后采用路拌机或冷再生拌和机拌和均匀。

8)碾压

整型后当填料的含水率等于或略大于最佳含水率(2%)时,立即依照拟定的压实程序进行碾压。按照97区的标准进行压实,记录达到97区压实要求的压实遍数。试验段采用下列组合方式进行碾压,即一遍静压、二遍弱振、N遍强振、一遍静压。碾压步骤如下:

(1)先用压路机静压和弱振,压实时先压路肩部分后压中间,根据静压后的表面压实情况,对低洼地段人工补料,使表面达到均匀压实的程度。

(2)然后用重型压路机进行第一遍和第二遍振动压实,对于低洼处,仍使用人工补料。当重型压路机第二遍碾压完成后,在标识的白灰点附近分别用灌砂法测定压实度和使用水准仪测量高程。将检测结果按照编号、层次及振动压实遍数记录在相应的记录表中。

(3)进行压实度检测,如压实度满足要求,再进行一遍静压;如压实度不满足要求,则重复第二步程序,每次强振碾压之后进行一次压实度检测,直至压实度检测合格后停止强振。

(4)达到设计压实度后,用压路机弱振一遍,静压一遍进行收面。

如果振动碾压遍数超过6~8遍,仍不能达到设计要求的压实度,则更换碾压设备,重新进行本项目试验段施工。

碾压遵循先轻后重、先边后中、先静压后振压的原则进行，压路机静压行走速度控制在3.4km/h左右，振动碾压行走速度控制在3.7km/h左右。碾压时重叠宽度静压为1/1轮宽。压路机在改变行驶方向、减速或停驶前应先停止振动，应平稳地改变运行方向，不允许压路机在惯性滚动的状态下变换方向。

碾压前对填筑层厚度和平整度进行检查，依据填筑层碾压前所布的控制桩进行松铺系数观测点的布置，以及高程测量；从碾压第4遍开始，按平面图在规定的位置附近进行高程测量和压实度检测，每增加一遍碾压次数，就分别测定一次高程和压实度，直至压实度符合要求为止，记录碾压遍数和组合方式、压实度。碾压完毕，在布设的测点处进行高程测量，以此进行压实厚度和松铺厚度的计算。

9) 接缝和"掉头"处的处理

两工作段的搭接部分，应采用对接形式。前一段拌和后，留5~8m不进行碾压；后一段施工时，先计算前段拌和未压实段水泥凝结时间是否满足要求，不能满足时将前段未压部分重新撒布水泥，再进行拌和。拌和机械及其他机械不宜在已压成型的固化土上"掉头"。

10) 养护

碾压完成并经压实度检测合格后，立即覆盖土工布洒水养护，养护期间应封闭交通，保持固化土的潮湿，养护期不应少于7d。

11) 试验段检验验收记录

固化土道路工程检查验收的主控项目是原材料质量、压实度和无侧限抗压强度三项。本项目现场取芯(图3.4-2)，做了三组无侧限抗压强度，压实度平均值98.1%，强度代表值为4.8MPa，均满足设计要求。

图3.4-2 现场取芯

二、固化土道路基层应用工艺优势

1. 工艺对比

对固化土道路基层应用工艺与水泥稳定碎石工艺进行对比，如表3.4-1所示。

固化土道路基层应用工艺与水泥稳定碎石工艺对比　　　　　　　　　表 3.4-1

序号	项目	水泥稳定碎石工艺	固化土道路基层应用工艺	备注
1	原材料构成	水泥、石子、水	水泥、固化剂、水	
2	施工工艺	厂拌法	路拌法	
3	质量控制	无侧限抗压强度代表值 3.8MPa,压实度代表值 97.8%	无侧限抗压强度代表值:4.8MPa,压实度代表值 98.1%	
4	施工成本	需外运土方及建筑垃圾,产生二次运输及渣土管理费用	就地利用原有土壤	
		需购买不同粒径石子,并按配合比(试验得到)掺拌	需采购固化剂,并按比例(厂家给定 0.04%)掺拌	
		综合成本(不含外弃土方和建筑垃圾):65360 元/km²	综合成本:53270 元/km²	成本降低率为 18.5%
5	环保因素	产生大量建筑垃圾及废弃土方,对生态环境造成一定的损害	就地取材,不产生建筑垃圾,减少运输及采购成本	
6	施工功效	需厂拌、运输 摊铺速度:3~5m/min	需布料、闷料 拌和速度:5~7m/min	

2. 对比分析

(1)10% 水泥掺量、0.04% 固化剂掺量下,固化土施工质量好于 3% 水稳碎石。通过试验检测,本固化土试验段取芯实测压实度平均值高于水泥稳定碎石压实度代表值,均为 97.8%,都高于 97% 压实度要求;标准养护试块无侧限抗压强度代表值为 4.8MPa,大于水泥稳定碎石的 3.8 MPa。因此,固化土和水泥稳定碎石工艺施工质量均可满足设计要求,且在标准养护试块无侧限抗压强度方面,固化土表现更优。此外同等天气条件下,路拌法施工质量受天气影响小于厂拌法。

(2)成本分析方面,固化土整体成本低于水泥稳定碎石。经测算,水泥稳定碎石施工综合成本为 65360 元/km²,固化土施工综合成本为 53270 元/km²,采用固化土施工工艺代替水泥稳定碎石,成本降低率达 18.5%。并且水泥稳定碎石施工过程中产生大量需外运土方及建筑垃圾,产生二次运输及渣土管理费用;采购不同粒径石子产生的采购和运输成本、调配配合比的时间成本等明显多于固化土施工工艺。此外采用固化土工艺,可高效转移采购水稳地材成本波动较大的风险。

(3)施工效率方面,固化土总体施工功效略高于水泥稳定碎石。水泥稳定碎石施工摊铺机摊铺速度为 3~5m/min,且摊铺速度和每日施工量更大程度取决于拌和楼产能和运距。固化土施工拌和速度以 5~7m/min 为宜,较水泥稳定碎石施工速度更快,但需提前布料和闷料。因此,在工程量较大、工期较紧时,采用固化土工艺施工,总体施工功效略高于水泥稳定碎石。

(4)固化土工艺在节能环保方面优于水泥稳定碎石。固化土施工环保隐患主要存在于粉料撒布和路拌过程中,采用新型的自动水泥撒布车可有效避免撒布过程中的扬尘问题;水泥稳定碎石施工环保隐患主要存在于拌和料运输过程,运输线路长时扬尘较难控制。此外,相较于水泥稳定碎石施工前需将多余土方和建筑垃圾外弃,固化土施工就地取材,利用土方,真正符合"五节一环保"中节约材料和材料利用要求。因此，固化土工艺在节能环保方面优于水泥稳定碎石。

第五节 高速公路全厚式厂拌热再生路面结构研究

沥青路面表面层直接受到紫外线、氧气、水等因素侵蚀，这些影响导致沥青混合料老化，路用性能下降。加之车轮荷载同时作用，更易产生破坏，进而影响下部结构层稳定性。将所研发的一种用于沥青混合料的抗老化剂接枝在矿粉上，制备了抗老化矿粉，并验证其性能。

一、抗老化表面层材料设计方法

（一）材料参数

1. 集料性质

表面层所采用的新集料为玄武岩，分为 10～15mm、5～10mm、0～3mm 三种规格。根据《公路工程集料试验规程》（JTG E42—2005）中规定的方法，对粗细集料相关技术指标进行检测，结果见表3.5-1～表3.5-3。

10～15mm 玄武岩性质　　　　表3.5-1

检验指标	技术要求（高速公路）	试验结果	试验方法
表观相对密度	≥2.60	2.874	T0330
针片状颗粒含量（%）	≤15	4.4	T0312
吸水率（%）	≤2.0	1.02	T0330
石料压碎值（%）	≤26	11.7	T0316
黏附性（级）	≤4	5	T0616
<0.075mm 颗粒含量（%）	≤1	0.4	T0310

5～10mm 玄武岩性质　　　　表3.5-2

检验指标	技术要求（高速公路）	试验结果	试验方法
表观相对密度	≥2.60	2.902	T0330
针片状颗粒含量（%）	≤15	4.5	T0312
吸水率（%）	≤2.0	0.88	T0330
<0.075mm 颗粒含量（%）	≤1	0.6	T0310

0～3mm 玄武岩机制砂性质　　　　表3.5-3

检验指标	技术要求（高速公路）	试验结果	试验方法
表观相对密度	≥2.60	2.922	T0330
砂当量（%）	≥60	66	T0312
<0.075mm 颗粒含量（%）	10～15	10.8	T0310

2. 抗老化剂

如图3.5-1所示,研究选取了5种与沥青具有良好相容性,能有效抑制沥青与氧气、臭氧作用,且具有链阻聚功能的抗老化剂。

图3.5-1　选取的5种抗老化剂

如图3.5-2所示,研究选取了光屏蔽剂炭黑和光稳定剂受阻胺,来提高沥青抵抗紫外线老化的能力。

a)炭黑　　　　　　　　b)受阻胺

图3.5-2　抗紫外线老化剂

3. 矿粉性质

研究选取了两种矿粉:一种是花岗岩矿粉,定义为1号矿粉;另一种是京台高速公路所使用的矿粉,定义为2号矿粉。

4. 沥青性质

所用沥青与其他面层相同,为京台高速公路改扩建项目提供的SBS改性沥青。

(二)基于星点设计-效应面优化法的抗老化剂配方优化

在抗老化剂的优选结果上,应用星点设计-效应面优化法,选取中心复合模型(Central Composite Design,CCD),做3因素5水平的响应面分析试验。三个自变量的水平极值分别为: X_1,0%~2%;X_2,3%~5%;X_3,0%~0.7%。三个考察因素的代码水平及对应物理量如表3.5-4所示。

三个考察因素的代码水平及对应物理量　　　　表3.5-4

因素	-1.732	-1	0	1	1.732
X_1(2号抗老化剂)(%)	0	0.42	1	1.58	2
X_2(5号抗老化剂)(%)	3	3.42	4	4.58	5
X_3(抗紫外线老化剂)(%)	0	0.15	0.35	0.55	0.7

2号抗老化剂可以降低5号抗老化剂对未老化沥青性能的影响,这也是2号抗老化剂的主要目的。添加抗紫外线老化剂重要的原因是为了削弱添加2号和5号抗老化剂对原样沥青高温抗车辙性能的不利影响。因此,在选择评价指标时选择了沥青黏弹特性影响指数IG(45℃,10rad/s)、沥青高温抗车辙性能影响指数IH(64℃)。对于抗老化剂而言,核心任务还在于提高沥青的抗老化性能,因此抗老化指数更是重要的评价指标。本节选取了基于黏弹特性抗老化指数AG(45℃,10rad/s)、基于低温性能抗老化指数AL(-12℃)以及基于抗疲劳性能抗老化指数AR作为性能评价指标进行分析。将每个评价指标统一为0~1之间的"归一值",然后计算各"归一值"的几何平均数,作为总评"归一值",试验结果如表3.5-5所示。

CCD 试验结果表　　　　　　　　　　　　　　　表3.5-5

试验号	X_1	X_2	X_3	OD
1	-1	-1	-1	0.0000
2	1	-1	-1	0.3238
3	-1	1	-1	0.5092
4	1	1	-1	0.4068
5	-1	-1	1	0.0000
6	1	-1	1	0.3771
7	-1	1	1	0.0000
8	1	1	1	0.4931
9	-1.732	0	0	0.0000
10	1.732	0	0	0.4164
11	0	-1.732	0	0.6152
12	0	1.732	0	0.5295
13	0	0	-1.732	0.5646
14	0	0	1.732	0.5291
15~20	0	0	0	0.4350

应用SPSS软件作总评"归一值"对各因素的非线性回归分析,拟合后得方程:$OD = -0.7 + 0.728X_1 + 0.083X_2 + 1.582X_3 - 0.146X_1^2 + 0.36X_2^2 + 0.273X_3^2 - 0.077X_1X_2 - 0.733X_2X_3 + 0.666X_1X_3$。复相关系数$R^2 = 0.745$,表明三个因素间存在相关关系且回归相关性较高。应用Design Expert软件,以OD为因变量,2号抗老化剂掺量、5号抗老化剂掺量以及抗紫外线老化剂掺量,两两组合为自变量描绘效应面,如图3.5-3所示。

如图3.5-3所示,在效应面中突起的地方即筛选结果的最优区域。软件分析结果显示OD值最大时为0.7975,此时各因素实际值即三种抗老化剂的最佳用量:2号抗老化剂含量为1.89%,5号抗老化剂含量为3%,抗紫外线老化剂含量为0.7%。

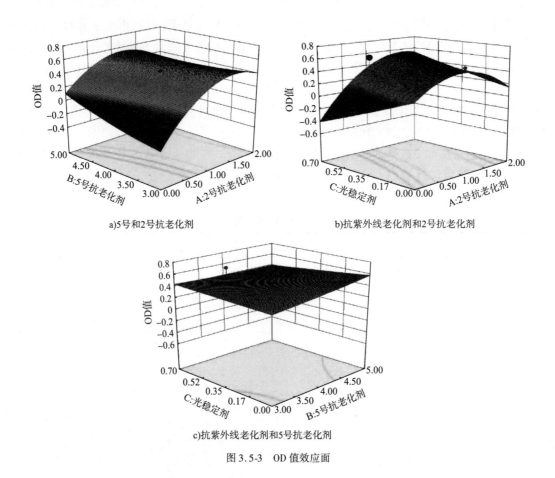

图 3.5-3 OD 值效应面

(三) 全天候复合型抗老化剂性能验证

根据效应面优化法得到 2 号抗老化剂、5 号抗老化剂含量以及抗紫外线老化剂复配时最佳掺量分别为 1.89%、3%、0.7%。根据上述掺量复配得到全天候复合型沥青抗老化剂,并将其与沥青混合制备得到全天候抗老化沥青。

1. 三大指标

三大指标是工程中用来评价沥青最为常规的手段,也能最直观地反映沥青的基本性能。本研究测试了抗老化沥青未老化时的三大指标,以评价全天候复合型抗老化剂对原样沥青的影响,试验结果如表 3.5-6 所示。

不同沥青的三大指标　　　表 3.5-6

	针入度(0.1mm)	软化点(℃)	10℃延度(cm)
原样沥青	67.8	48.0	24.55
抗老化沥青	75.7	46.5	44.60
《公路沥青路面施工技术规范》(JTG F40—2004)	60~80	不小于 45	不小于 20

抗老化剂的加入对沥青有一定的软化作用,但均能满足 70 号基质沥青规范要求。其中,软化点降低,针入度变大,但影响相对较小;对于延度,抗老化剂的加入有较好的改善作用,延

度提升幅度将近一倍。

2. 高温性能

进一步对抗老化沥青和原样沥青进行短期老化,通过多应力蠕变恢复(MSCR)试验探究抗老化沥青在老化前后高温抗车辙性能的变化情况。MSCR 试验过程如图 3.5-4 所示。

沥青会在 1s 的应力加载作用下产生变形,在后续 9s 应力卸载过程中产生的弹性形变会逐渐恢复,而黏性形变则不会随时间恢复。在经过应力卸载加载卸载过程后,老化前后的沥青形变恢复都不明显,可见原样沥青及抗老化沥青产生的形变均为黏性形变。相比较而言,经过同样的老化作用,原样沥青应变曲线有明显的下降,而抗老化沥青下降幅度较小,仍与未老化沥青相接近。可见,全天候复合型抗老化剂在抵抗老化作

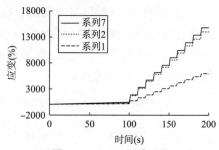

图 3.5-4 MSCR 试验过程

用对沥青高温抗车辙性能影响上有较好的作用效果。基于 MSCR 试验得到的恢复率 R 和不可恢复蠕变柔量 J_{nr} 的变化来分析沥青性能,其中 R 反映了沥青的弹性水平,可用于评价沥青的抗疲劳性能;J_{nr} 反映了沥青抗变形能力,可用于评价沥青高温抗车辙性能。MSCR 试验结果如表 3.5-7 所示。

不同沥青老化前后的 MSCR 试验指标　　　　　表 3.5-7

老化状态	温度 (℃)	R(0.1kPa) (%)	R(3.2kPa) (%)	J_{nr}(0.1kPa) (kPa^{-1})	J_{nr}(3.2kPa) (kPa^{-1})
未老化沥青	64	-1.2699	-4.3832	4.1049	4.4894
原样沥青长期老化	64	3.2922	-2.1336	1.6238	1.8050
抗老化沥青长期老化	64	0.3705	-4.1949	3.6658	4.2663

由表 3.5-7 可知,在 0.1kPa 和 3.2kPa 的加载水平下,沥青老化后 R 值均有较大幅度的下降,说明老化沥青弹性形变比例增多,对应的黏性形变比例降低,沥青抗疲劳性能降低,而添加抗老化剂的沥青老化后 R 值只有轻微降低,抗老化效果显著。J_{nr} 值表现出相同的规律,沥青老化后 R 值均有较大幅度的下降,而抗老化剂的加入有效遏制了 R 值的降低。在 0.1kPa 时,抗老化沥青老化后不可恢复蠕变柔量的下降量仅是原样沥青老化后的 17.7%;在 3.2kPa 时,其值仅为 8.3%。可见抗老化剂基于高温抗车辙性能的抗老化作用效果良好。

3. 低温性能

通过沥青弯曲蠕变劲度测定法(BBR 法)计算得到的劲度模量以及蠕变速率来评价低温抗老化性能,试验结果如表 3.5-8 所示。

不同沥青老化前后的劲度模量 S 值及蠕变速率 m 值　　　　　表 3.5-8

老化状态	劲度模量 S 值			m 值		
	-12℃	-18℃	-24℃	-12℃	-18℃	-24℃
未老化沥青	87.611	246.046	584.211	0.482	0.381	0.275
原样沥青长期老化	190.203	380.938	754.042	0.346	0.279	0.225
抗老化沥青长期老化	126.734	290.297	708.684	0.417	0.318	0.247

由表3.5-8可知,抗老化沥青老化后不同温度下的劲度模量均小于原样沥青老化后,抗老化沥青老化后劲度的增幅除在-24℃时为原样沥青老化后的72.9%,其他温度下仅为原样沥青的35%左右。经长期老化后,抗老化沥青m值也均大于原样沥青,抗老化沥青老化后m值降幅是原样沥青降幅的50%左右。虽然相对于高温性能来说,对低温作用下沥青抗老化效果一般,但仍发挥了较好的作用;综合抗老化沥青老化前后高低温性能的变化情况来看,抗老化剂能有效延缓沥青老化过程中50%左右的性能衰退,至少能将沥青服役寿命提高一倍。从是否添加抗老化剂的沥青在高、低温性能上的表现可以认为,复配得到的全天候复合型沥青抗老化剂有较好的抗老化效果。

(四)抗老化剂对沥青老化过程的影响

老化过程中氧元素的大幅增加是沥青老化的主要诱因之一。为了评价抗老化剂对沥青氧化过程的抑制作用,对于不同沥青老化前后元素组成也进行分析,如表3.5-9所示。

不同沥青老化前后元素分析结果　　　　　　　　　　表3.5-9

老化状态	N(%)	C(%)	H(%)	S(%)	O(%)	H/C(原子比)
原样沥青	1.24	85.73	9.04	2.96	1.03	1.27
原样沥青长期老化	1.04	85.98	9.01	2.06	1.92	1.26
抗老化沥青长期老化	0.99	84.29	9.73	4.33	0.64	1.39

从表3.5-9可以发现,抗老化剂的加入使得原样沥青老化后O元素比例明显降低,氧元素的比例甚至低于未老化沥青,说明沥青的氧化过程得到了一定程度的抑制。但是抗老化剂引入较多比例的S元素,C含量稍有降低,氢碳原子比增加,再次说明沥青老化过程中缩合、脱氢等反应受到抑制,沥青中多为饱和碳链的形式,芳香结构数量较少。

抗老化剂的加入有效抑制了环结构的复杂化,同时降低了老化过程中含氧极性官能团的增加,抗老化沥青老化后分子量也必然会小于原样沥青老化后。研究使用凝胶色谱(GPC)技术对沥青老化前后的分子量信息进行测量,结果如表3.5-10所示。

不同沥青老化前后组分分子量　　　　　　　　　　表3.5-10

老化状态	数均分子量M_n	重均分子量M_w	峰位分子量M_p	分布宽度D
原样沥青	726	2332	685	3.2121
原样沥青长期老化	804	3391	705	4.2150
抗老化沥青长期老化	770	3223	10828	4.1863

由表3.5-10可知,根据不同的统计方式来看,抗老化沥青老化过程中分子量均有一定的提升,但平均分子量增加幅度均小于原样沥青。根据数均分子量M_n来看,原样老化后沥青分子量提升了10.7%,抗老化沥青为6.1%;根据重均分子量M_w来看,原样老化后分子量增幅为45.4%,抗老化沥青为38.2%。说明抗老化剂的加入对于沥青老化过程中分子量的增加也有一定的作用效果。从数均分子量来看,抗老化沥青老化后分子量的增幅仅为原样沥青的57%。

使用沥青组分高效分离技术,得到的不同沥青老化前后组分比例变化如图3.5-5所示。

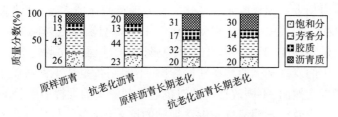

图3.5-5 不同沥青老化前后组分比例变化

由图3.5-5可知,添加抗老化剂前后组分分布情况基本相似,抗老化剂发挥抗老化作用时并不是凭借引进更多的轻质组分。老化前后,抗老化沥青重质组分增加了11%,是原样沥青重质组分增加量的64.7%。长期老化后,抗老化沥青重质组分也有一定程度的增加,沥青质和胶质的总含量由原来的33%变为44%。轻质组分含量有所降低,饱和分的变化相对较小。与原样沥青老化相比,轻质组分向胶质等重质组分的转变率降低,芳香分仅减少了8%;老化后沥青质的质量分数没有明显的差异,说明抗老化剂的加入对沥青质含量变化影响不大;胶质的质量增幅有明显减小,说明抗老化剂主要抑制了胶质的生成。原样沥青老化后胶体指数由1.27变为0.96,抗老化沥青老化后胶体指数由1.33变为1.00,抗老化沥青的胶体指数在老化前后均小于原样沥青。

抗老化剂可以有效抑制氧化作用,沥青中芳香环、极性官能团等大分子的形成受到限制,使得抗老化沥青体系中的分子间的作用力弱于原样沥青,在组分分布上也限制了轻质组分向重质组分的转变,虽然沥青质含量依然较多,但胶质的含量有所降低。重质组分的含量相对降低也使得沥青胶体结构稳定性有所优化,沥青宏观物理性能以及路用性能下降速度变慢,提高沥青路面的服役水平,使用寿命至少增加一倍以上。

(五)全天候抗老化剂施工工艺优选

动态流变试验是在周期性应变、应力作用下对试验样品进行振荡剪切测试,复数模量G^*可用来表征沥青胶浆的黏滞阻力,即沥青胶浆抵抗变形的能力;沥青胶浆动态黏弹性能遵循时间-温度等效原理,通过将不同温度的曲线移位,可以得到沥青胶浆在更大温域范围、频率区间的黏弹特性。对不同原样矿粉、不同制备工艺制备得到的沥青胶浆进行长期老化,并对老化前后的沥青胶浆样品进行频率扫描试验,得到不同沥青胶浆的复数模量主曲线如图3.5-6所示。

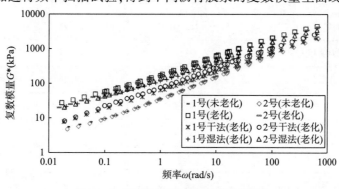

图3.5-6 不同沥青胶浆的复数模量主曲线

由图 3.5-6 可知,两种原样矿粉得到的沥青胶浆在未老化时复数模量相近,可见两种沥青胶浆抵抗变形的能力相近。沥青胶浆在老化后复数模量明显增大,其黏性成分相对减少,弹性成分增加,黏弹特性劣化,其中 1 号矿粉受老化作用的影响幅度更为明显。老化前后,不同改性工艺下的抗老化矿粉均能起到抗老化作用,说明老化过程中抗老化剂发挥了抗老化作用。抗老化剂抗老化作用的发挥不受原样矿粉的影响,不同制备工艺下两种抗老化矿粉的抗老化作用效果均较为相近。然而,不同改性工艺对抗老化剂效果的发挥有明显的影响,干法得到的抗老化改性矿粉抗老化效果要明显优于湿法得到的抗老化矿粉,尤其是在低频(高温)时。干法抗老化沥青胶浆的复数模量位于老化前后原样沥青胶浆复数模量主曲线的中间偏下位置,说明其有效抵抗了沥青老化作用对沥青胶浆黏弹特性的劣化。

抗老化剂作用效果的发挥主要受抗老化矿粉制备方式的影响,干法明显优于湿法,且干法在施工过程中更简单易行,干法抗老化改性矿粉更易于大规模生产;原样矿粉对抗老化剂抗老化效果的发挥影响较小,1 号抗老化矿粉和 2 号抗老化矿粉均在干法工艺下发挥较好的抗老化作用,且抗老化效果相近。为了降低原料的差异性对沥青混合料性能的影响,研究建议采用京台高速公路使用的 2 号矿粉进行下一步试验。因此,最终确定抗老化改性矿粉原材料为 2 号矿粉,工艺为干法。

二、抗车辙中面层材料设计方法

面层以下厚度为 10~18cm 的模量较高的传导、分散荷载的沥青层,根据大量的分析及工程实际研究,这一层对车辙产生的影响最大。对该层不同再生沥青混合料(RAP)掺量沥青混合料进行了材料设计。

(一)材料参数

1.集料性质

所采用的新集料为石灰岩,分为 10~20mm、5~10mm、0~5mm 三种规格。根据《公路工程集料试验规程》(JTG E42—2005)中规定的方法,对粗细集料相关技术指标进行检测,结果见表 3.5-11~表 3.5-13。

10~20mm 石灰岩性质　　　　表 3.5-11

检验指标	技术要求(高速公路)	试验结果	试验方法
表观相对密度	≥2.50	2.741	T0330
毛体积相对密度	—	2.707	T0330
针片状颗粒含量(%)	≤15	4.2	T0312
吸水率(%)	≤3.0	0.46	T0330
石料压碎值(%)	≤28	19.3	T0316
黏附性(级)	≥4	5	T0616
水洗法<0.075mm 颗粒含量(%)	≤1	0.9	T0310

5～10mm 石灰岩性质 表3.5-12

检验指标	技术要求(高速公路)	试验结果	试验方法
表观相对密度	≥2.50	2.746	T0330
毛体积相对密度	—	2.705	T0330
针片状颗粒含量(%)	≤18	5.2	T0312
吸水率(%)	≤3.0	0.55	T0330
水洗法<0.075mm 颗粒含量(%)	≤1	0.9	T0310

0～5mm 石灰岩机制砂性质 表3.5-13

检验指标	技术要求(高速公路)	试验结果	试验方法
表观相对密度	≥2.50	2.716	T0330
砂当量(%)	≥60	7	T0312

试验结果表明所用集料相关指标基本符合《公路沥青路面施工技术规范》(JTG F40—2004)关于高速公路沥青混合料中面层集料质量要求。

2. 矿粉性质

矿质填料由优质石灰岩磨细而成，干燥、洁净，不含泥土、杂质和团粒，亲水系数小，安定性好。矿粉性质检测结果见表3.5-14。

矿粉性质检测结果 表3.5-14

检验指标	技术要求(高速公路)	试验结果	试验方法
表观相对密度	≥2.50	2.729	T0352
含水率(%)	≤1	0.2	T0103 烘干法
亲水系数	≤1.0	0.2	T0353
塑性指数(%)	<4	0.7	T0354
加热安定性	实测	加热无变色	T0355
外观	无团粒结块	无团粒结块	—

试验结果表明，该矿粉符合《公路沥青路面施工技术规范》(JTG F40—2004)沥青混合料用矿粉质量要求。

3. 沥青性质

本章采用岩沥青/SBS 复合改性沥青作为新沥青进行旧料再生试验，根据《公路工程沥青及沥青混合料试验规程》(JTG E20—2011)规定的试验方法，对其各项性能指标进行检测，如表3.5-15 所示。

岩沥青/SBS 复合改性沥青性质 表3.5-15

评价指标	单位	技术要求	试验结果	试验方法
针入度(25℃,100g,5s)	0.1mm	25～35	30	T0604
软化点(TR&B)	℃	≥70	77	T0606

续上表

评价指标	单位	技术要求	试验结果	试验方法
延度(5℃,5cm/min)	cm	≥20	25	T0605
运动黏度(175℃)	Pa·s	≤1	0.7	T0625
弹性恢复(25℃,5cm/min,1h)	%	≥90	90	T0662
针入度比(25℃,100g,5s)	%	≥70	80	T0604
延度5℃	cm	≥10	11	T0605

试验结果表明,该沥青符合《公路沥青路面施工技术规范》(JTG F40—2004)沥青混合料用聚合物改性沥青技术要求。

(二)中面层级配

1. 中面层矿料级配

马歇尔设计方法是目前我国沥青混合料级配设计常用方法,试验级配为AC-20,设计原则是尽量靠近规范中值。根据所提供的矿质材料的筛分结果及《公路沥青路面施工技术规范》(JTG F40—2004)对AC-20型沥青混合料矿料级配范围的要求,设计不同RAP掺量的矿质混合料级配,RAP掺量分别为45%、35%、20%,具体方案见表3.5-16,级配曲线见图3.5-7~图3.5-9。

AC-20型沥青混合料矿料级配组成及要求　　　表3.5-16

级配类型	通过下列筛孔(方孔筛mm)的质量百分率(%)										
	26.5	19	16	13.2	9.5	4.75	2.36	1.18	0.6	0.3	0.15	0.075
级配上限	100	100	92	80	72	56	44	33	24	17	13	7
级配下限	100	90	78	62	50	26	16	12	8	5	4	3
45%RAP掺量	100	98	90	80	60	39	27	20	15	11	9	7
35%RAP掺量	100	98	91	80	63	39	26	20	15	11	9	7
20%RAP掺量	100	98	90	80	59	38	25	19	13	10	8	6

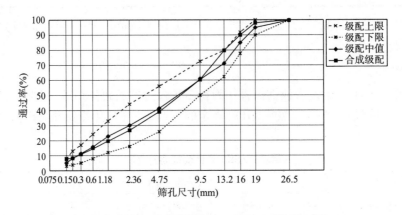

图3.5-7　45%RAP掺量的AC-20型中面层矿料级配曲线

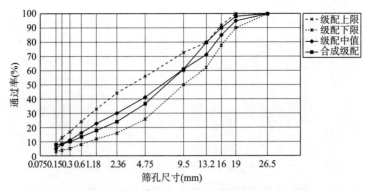

图 3.5-8　35% RAP 掺量的 AC-20 型中面层矿料级配曲线

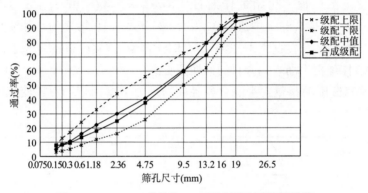

图 3.5-9　20% RAP 掺量的 AC-20 型中面层矿料级配曲线

2. 不同 RAP 掺量再生沥青混合料的最佳油石比

（1）45% RAP 掺量再生沥青混合料的最佳油石比

图 3.5-10 为 45% RAP 掺量再生混合料各项物理力学指标随油石比变化的情况，以确定最佳油石比。

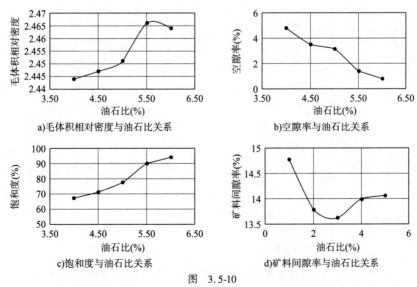

图 3.5-10

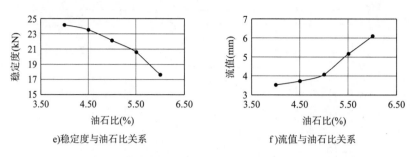

e)稳定度与油石比关系　　　　　　f)流值与油石比关系

图 3.5-10　45%RAP 掺量的 AC-20 型沥青混合料目标配合比体积参数曲线

根据图 3.5-10,找出对应毛体积相对密度最大值、稳定度最大值、目标空隙率(或范围中值)、沥青饱和度范围中值。初始最佳油石比 $OAC_1 = 1/4(a_1 + a_2 + a_3 + a_4) = 4.86\%$;$OAC_{min} \sim OAC_{max} = 4.0\% \sim 4.8\%$,中值 $OAC_2 = 4.4\%$,45%RAP 掺量的最佳油石比 $OAC = 1/2(OAC_1 + OAC_2) = 4.63\%$。在这之中,RAP 所含旧沥青为 1.83%,新沥青为 2.8%。

(2)35%RAP 掺量再生沥青混合料的最佳油石比

图 3.5-11 为 35%RAP 掺量再生混合料各项物理力学指标随油石比变化的情况,以确定最佳油石比。

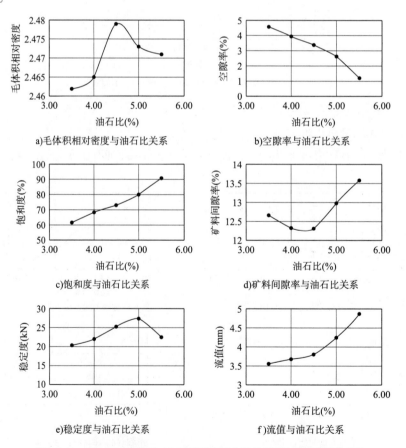

a)毛体积相对密度与油石比关系　　　　　　b)空隙率与油石比关系

c)饱和度与油石比关系　　　　　　d)矿料间隙率与油石比关系

e)稳定度与油石比关系　　　　　　f)流值与油石比关系

图 3.5-11　35%RAP 掺量的 AC-20 型沥青混合料目标配合比体积参数曲线

由图 3.5-11 可知,找出对应毛体积相对密度最大值、稳定度最大值、目标空隙率(或范围中值)、沥青饱和度范围中值。初始最佳油石比 $OAC_1 = 1/4(a_1 + a_2 + a_3 + a_4) = 4.46\%$；$OAC_{min} \sim OAC_{max} = 3.7\% \sim 4.7\%$,中值 $OAC_2 = 4.2\%$,35% RAP 掺量的最佳油石比 $OAC = 1/2(OAC_1 + OAC_2) = 4.33\%$。在这之中,RAP 所含旧沥青为 0.955%,新沥青为 3.375%。

(3)20% RAP 掺量再生沥青混合料的最佳油石比

图 3.5-12 为 20% RAP 掺量再生混合料各项物理力学指标随油石比变化的情况,以确定最佳油石比。

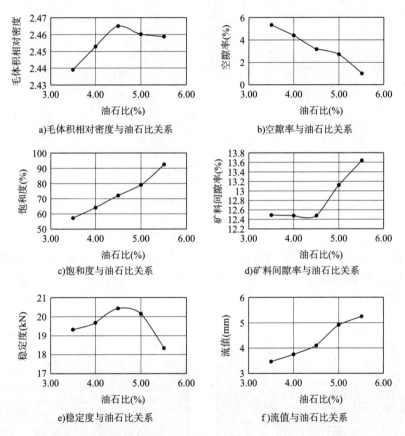

图 3.5-12　20% RAP 掺量的 AC-20 型沥青混合料目标配合比体积参数曲线

由图 3.5-12 可知,找出对应毛体积相对密度最大值、稳定度最大值、目标空隙率(或范围中值)、沥青饱和度范围中值。初始最佳油石比 $OAC_1 = 1/4(a_1 + a_2 + a_3 + a_4) = 4.47\%$；$OAC_{min} \sim OAC_{max} = 4.0\% \sim 4.7\%$,中值 $OAC_2 = 4.35\%$,20% RAP 掺量的最佳油石比 $OAC = 1/2(OAC_1 + OAC_2) = 4.41\%$。在这之中,RAP 所含旧沥青为 1.18%,新沥青为 3.23%。

三、工程应用优化及监测

将研究成果应用于京台高速公路改扩建工程泰安至枣庄(鲁苏界)段,铺筑了全厚式厂拌热再生试验路,并埋置了传感器。

(一)试验路概况

试验路依托京台高速公路泰安至枣庄(鲁苏界)段改扩建工程铺筑,位于枣庄南互通立交 B 匝道。B 匝道线形为回旋线-圆曲线-回旋线,如图 3.5-13 所示,桩号 BK0 + 000 ~ BK0 + 249.044。由于匝道两端和桥头、主线衔接部分后续要做处理,试验路铺筑在 B 匝道中心段,长度 160m。

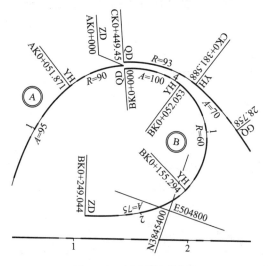

图 3.5-13　试验路地理位置

试验路为全厚式沥青路面,沥青层厚 50cm,自下向上分别为耐疲劳应力吸收层、ATB-25 沥青稳定碎石、高模量中面层和抗老化磨耗层。试验路与京台高速公路改扩建工程中新建路面结构比较如图 3.5-14 所示。

a)京台高速公路改扩建项目新建路面结构

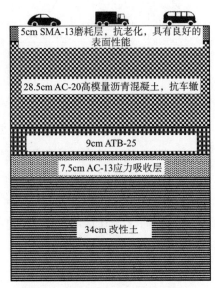

b)基于层位功能需求设计全厚式沥青断面

图 3.5-14　试验路与京台高速公路改扩建工程中新建路面结构比较

(二)传感器埋设方案

AC-20 高模量沥青混合料分三层铺筑,每层层底埋设振弦式传感器监测路面内部应力应变变化。在应力吸收层底也铺筑了一层应力-应变传感器,来监测材料变化引起的路面内部力学响应变化。试验路传感器立面布置示意图如图 3.5-15 所示,AC-20 层底和 AC-13 层底传感器平面布置示意图如图 3.5-16 所示。

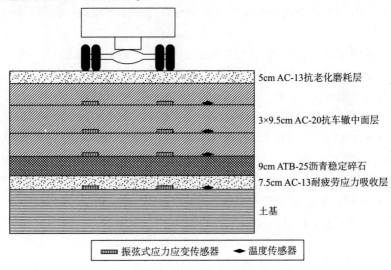

图 3.5-15　试验路传感器立面布置示意图

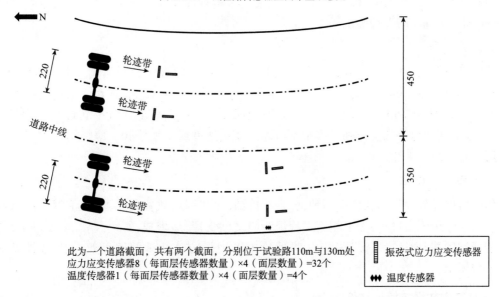

图 3.5-16　AC-20 层底和 AC-13 层底传感器平面布置示意图(尺寸单位:cm)

(三)施工过程质量把控

1.施工机具

施工前应对各种施工机具做全面检查,摊铺机、运料车、压路机,包括拌和站系统都应调试证明处于性能良好状态,保证机械数量足够、施工能力配套,重要机械宜有备用设备。

2. 混合料质量

各种矿料应分别堆放,不得混杂。矿粉等填料不得受潮。集料堆放场地必须硬化,细集料应设置防雨顶棚。二次除尘设备排放的粉尘应采用湿法排尘并尽快清理出场,以免集料受到二次污染。拌和厂的场地必须进行有效硬化并应有良好的排水设施。拌和厂应有可靠的电力供应。

沥青材料应采用导热油加热,沥青与矿料的加热温度应调节到能使拌和的沥青混合料出厂温度符合本规定的要求。改性沥青使用前应升温至170~175℃,矿料的加热温度为180~185℃;拌和温度应控制在175~180℃,混合料的摊铺温度为165℃。

对于热再生沥青混合料 AC-20,拌和过程中的集料加热温度为200~205℃,RAP 加热温度为130℃,熨平板加热温度>110℃,出料温度178~185℃,摊铺温度165~170℃,初压温度155~160℃,复压温度110~120℃,终压温度90℃,开放交通温度≤50℃。

沥青混合料拌和时间由试拌确定,应以混合料拌和均匀、所有矿料颗粒全部裹覆沥青结合料为度,并经试拌确定。间歇式拌和机每锅拌和时间宜为30~50s。

对于热再生沥青混合料 AC-20,拌和工艺为:旧料+新集料干拌10s,加入沥青湿拌45s。

间歇式拌和机热矿料二次筛分用的振动筛筛孔应根据矿料级配要求选用,其安装角度应根据材料的可筛分性、振动能力等由试验确定。除非有特殊理由,拌和机均应安装有对应于2.36mm 和4.75mm 的振动筛。

3. 摊铺过程

摊铺机熨平板需预先加热后方可工作,特别注意改性沥青混合料运输过程中的温度离析。前场每台摊铺机前应限定一辆运料车等候。遇机械故障、降雨等情况时,运料车内混合料温度降低至160℃(改性沥青)以下,则混合料应予废弃。沥青混合料必须缓慢、均匀、连续不间断地摊铺。摊铺过程中不得随意变换速度或中途停顿。应特别注意不得污染沥青层。

4. 传感器埋设

传感器埋设分为预埋和后埋两种,分别在摊铺前、摊铺后放置传感器;无论哪种传感器埋设方式都会经历压实过程,参考相近工程经验与文献支持,后埋成活率更高。本项目中,考虑到要避开摊铺机履带的情况,采用这两种传感器埋设方式。试验路铺筑及传感器埋设如图3.5-17所示。

(四)实测数据与模拟结果对比

根据前述模拟结果,选用结构 I 作为试验路结构进行铺设,同时在路面内部埋设传感器,用以监测道路信息。采用的传感器包括温度传感器和应变传感器,分层埋置于普通试验路面和添加了抗老化材料的抗老化路面面层中,沿道路纵向和横向分别布置。普通试验路和抗老化路面中存活的传感器得到的数据分别如表3.5-17、表3.5-18所示。

图 3.5-17 试验路铺筑及传感器埋设

普通试验路面传感器(1~8号)应变数据(10^{-6})　　表3.5-17

距离(m)	1号	2号	3号	4号	5号	6号	7号	8号
-1.2	96.4	-84.8	66.6	-49.4	85.6	-81	-10.2	38.4
-0.9	126.2	-139	108.2	-91	138.8	-109.8	-38.4	52.8
-0.6	282.8	-216.2	162.4	-145.8	174.2	-203.4	-79.8	76.8
-0.3	367.2	138.4	199.4	42.8	223.2	74.4	-43.8	98.4
0	456.6	355.2	277.2	126.2	312.6	208.8	76.2	112.8

续上表

距离(m)	1号	2号	3号	4号	5号	6号	7号	8号
0.3	331.4	-36.8	217	18.2	174.6	-23.4	19.2	84
0.6	247	-253.4	132.4	-199.2	108.4	-178.2	-95.4	67.2
0.9	114.8	-102.4	96.6	-103.4	72.2	-85.8	-66.6	38.4
1.2	78.2	-91.4	49	-79.2	67.4	-70.2	-32.4	21.6

抗老化试验路面传感器(9~16号)应变数据(10^{-6}) 表3.5-18

距离(m)	9号	10号	11号	12号	13号	14号	15号	16号
-1.2	111.8	-135	-23.8	100.4	-51.2	27.6	-7.8	-3.5-4
-0.9	156.4	-169.2	-60.2	154.6	-82.6	53.8	-33	-46.4
-0.6	248.6	-228.2	-132.4	185	-169	70.8	-95.4	-63
-0.3	320.2	68.4	74.8	228.6	27	106.2	-22.4	12.8
0	399.4	314.6	111.8	359.6	165.2	157.2	74.2	57.4
0.3	345.8	-67.2	-27.2	264.4	-16.6	127.4	-23.2	4.4
0.6	222.8	-275.6	-166.4	203.2	-104.2	83.6	-78.6	-56.6
0.9	152.2	-147.2	-82.6	120.8	-64.2	51	-49.6	-34.4
1.2	89.2	-82.2	-57.4	75.8	-43.4	34.4	-17	-22.2

在表3.5-17、表3.5-18中,单数序号的传感器为横向布置,双数的为纵向布置。在前述模拟中,静载模拟分析仅取路面横断面为主体,因此在对比时需选取单数序号的传感器数据。传感器布置于路面面层,根据结构Ⅰ各层形式,1号传感器布置深度为14.5cm,3号与5号传感器布置深度为24cm,7号传感器布置深度为33.5cm。选择传感器距0m处的数据,在静载模拟中提取轮载正中心相应深度位置处的横向应变,得到如表3.5-19所示的模拟与实测数据对比。

模拟与实测应变部分数据对比(10^{-6}) 表3.5-19

深度(cm)	模拟数据	普通路面数据	抗老化路面数据
14.5	324.9	456.6	399.4
24(1)	128.5	277.2	111.8
24(2)	128.5	312.6	165.2
33.5	101.88	76.2	74.2

根据表3.5-19所示的结果,普通路面与抗老化路面传感器测得的横向应变与模拟所得数值有所差别,但相差不大,证实了所用模型与材料参数的正确性。实测得到的应变数值在深度较小时比模拟数值稍大,深度达到面层底部时比模拟数值小。其中添加了抗老化材料的路面结构应变值与模拟更加接近,说明其材料参数更加接近模拟用参数。同时,添加抗老化材料的路面中面层底部应变比普通路面小,对路面的路用性能和疲劳寿命更有利。

(五)试验路经济与社会效益

1. 经济性分析

1)原材料费用

中面层利用RAP,在保证性能的前提下同时节省了新集料和沥青的用量,降低了工程造价。作为沥青层达到50cm厚的全厚式路面而言,在结构组合和材料设计同时优化的情况下,材料成本相较6标段主线工程仅提高了8%左右,具体见表3.5-20。

试验路材料调整前后成本经济性比较　　　　　　表3.5-20

	细目名称	长度(m)	宽度(m)	厚度(m)	工程量(m^3)	单价(元/m^3)	合计(元)	总计(元)
调整前	水稳底基层(20cm)	160	8.0	0.2	256	387	99072	674534
	水稳基层(18cm)			0.18	230	387	89165	
	ATB-25(10cm)			0.1	128	966	123648	
	AC-25(8cm)			0.08	102	966	98918	
	AC-20(6cm)			0.06	77	1110	85248	
	SMA-13(4cm)			0.04	51	1744.5	89318	
调整后	改性土			0.34	435.2	83	36122	731170
	AC-13(7.5cm)			0.075	96	1200	115200	
	ATB-25(9cm)			0.09	115.2	966	111283	
	AC-20(9.5cm)			0.285	364.8	941.9	343605	
	SMA-13(5cm)			0.05	64	1952.5	124960	

由于沥青结构层较厚,建造成本的提高是必然的,中面层RAP的使用一定程度上缓解了造价问题,且获得了抗车辙的性能。原材料费用方面,全厚式厂拌热再生试验路较同标段成本增加,增加数额为(73.1170 - 67.4534)/(1000/160) = 35.3975(万元/km)。

2)施工费用

一方面,全厚式路面施工过程无需养护,工期缩短的同时降低了人力成本。另一方面,省去了一部分半刚性基层路面的压实过程。以双车道减少三次压实计算,综合费用可节约施工成本4.5万元/km。

3)养护维修费用

全厚式试验路表面层应用沥青路面抗老化技术,可有效延长沥青路面使用寿命2倍以上,减少沥青路面寿命周期内日常养护费用和大中修费用。高模量中面层抗车辙能力提升34%。以双车道为例,按照服役周期20年计算,沥青路面日常养护费用可以减少8万元/km,大中修费用可以降低19.65万元/km,按照减少1次旧路面的铣刨及翻新工作计算,可节省旧路面铣刨及翻新费用130万元/km左右,可节省养护维修费用共157.65万元/km。

综合考虑原材料费用、施工费用和养护维修费用,直接经济效益为节约工程费用4.5 + 157.65 - 35.3975 = 126.7525(万元/km)。

2. 社会价值

按照山东省高速公路建设传统经验,沥青路面结构总厚度通常在80cm以上。本研究提供了一种合理且科学的全厚式路面结构形式,厚度50cm,相较传统半刚性基层路面大幅减少了结构层厚度,且其中28.5cm为热再生结构层,体量超过半数。旧路铣刨料的利用缓解了建筑废料堆放与环境污染的问题,对于中面层利用RAP,在大量试验验证的前提下将RAP掺量由保守的20%提升至40%,预计节省新集料1900吨/km。对其中的各结构层而言,添加剂的开发与油石比的改良降低了特定病害产生的可能性,使得实验室内材料设计阶段更富针对性和目的性。该研究中整体与部分紧密契合,从路面结构优选和材料设计方面提高了道路质量和服役寿命。在道路的全寿命周期中,结构层施工阶段不需要养护,有效降低了施工工期,大幅度降低了施工难度和施工成本;服役阶段无需大规模重修,抗老化磨耗层的存在使得表层环境老化寿命提高,大幅提升了路面耐久性。这些都是隐性的成本降低,不易计量,却真实存在。本研究中全厚式路面结构的优选与材料设计过程有较好的实用价值,可为其他相似工程提供参考,社会效益远大于直接经济效益。

第六节 大掺量RAP高性能沥青路面温再生技术研究

一、沥青的老化分析

(一)沥青的老化机理

沥青路面在长期使用过程中,经受环境因素,如热、氧气、阳光和水的作用,其中的沥青会发生一系列复杂的挥发、氧化、聚合等物理化学变化,逐渐改变了其原有的性能(黏性和韧性)而变硬变脆,形成老化沥青。老化的沥青也必然导致沥青路面混合料技术性能的降低,从而出现相关的病害。

沥青的老化机理目前主要存在两种理论,分别是"相容性理论"和"组分移行理论"。

1. 相容性理论

相容性理论从化学和热力学出发,认为沥青产生老化的原因是沥青中各组分相容性降低,组分间溶度参数差增大。假设沥青为高分子浓溶液,沥青质是溶质,软沥青组分则是溶剂。沥青能否形成稳定的溶液取决于沥青质在软沥青组分中的溶解度和溶解能力。学者提出了溶质的溶解度参数与溶剂的溶解度参数之差,即式(3.6-1)。

$$\Delta\delta = \delta_{At} - \delta_M \tag{3.6-1}$$

式中:$\Delta\delta$——沥青质与软沥青质溶解度参数之差$(cal/cm^3)^{1/2}$;

δ_{At}——沥青质的溶解度参数$(cal/cm^3)^{1/2}$;

δ_M——软沥青组分的溶解度参数$(cal/cm^3)^{1/2}$。

老化前的沥青,其沥青质与软沥青组分应有很好的相容性,即沥青质与软沥青组分的溶解度参数很接近(或溶解度参数差值很小),它们能形成稳定的溶液。随着沥青的老化,沥青及其组分中各种化合物产生脱氢、聚合和氧化等化学变化。由于化学结构的变化,使其溶解度参数亦随之变化。通常沥青质的溶解度参数的提高速度较软沥青组分要快,所以老化后沥青的沥青质与软沥青组分溶解度参数差值增大,破坏了沥青中沥青质与软沥青组分的相溶性,因而引起沥青路用性能的降低,即产生老化。

2. 组分移行理论

组分移行理论从化学组分移行出发,认为沥青老化后组分发生移行,导致各组分间比例不协调,沥青性能降低。也就是说,沥青老化就是在空气、温度和阳光的作用下沥青组分和胶体性质的变化。沥青中的油分主要包括芳香分及饱和分,其中芳香分的分子量最小,也最不稳定,它在自然条件下极易挥发;同时芳香烃的分子结构由于存在不饱和键,很多是以单体的形式存在,所以在光、热、氧等自然因素的长期作用下芳香烃分子间发生极其复杂的氧化、缩合、共聚等反应,从组分上看,实质是芳香分向胶质的转化。而饱和分在结构上以饱和键占优势,自然条件下比较稳定,一般不参与反应,所以其结构不发生变化。胶质相对于沥青质来讲,其能级与活性要高,自然状态下也会向沥青质转化,而沥青质分子则会向更大分子量转化。所以沥青老化的整个过程也就可以表示为芳香分→胶质→沥青质的转化过程,并且此化学反应是不可逆的。沥青各种化学成分转移程度越高,沥青老化程度越大。

上述两种老化理论中,都伴随着化学组成的变化,而沥青的物理-力学性质和化学组成有着密切的关系;化学组成的变化,必然伴随着沥青技术指标的变化,成为其老化的宏观表现。通过测试回收沥青的常规指标可以发现,沥青的针入度下降,软化点上升,延度降低和绝对黏度的提高,沥青非牛顿流体特性越来越明显。

(二)影响沥青老化的过程和因素

旧路面中沥青的老化可以分成两个阶段,以路面施工完毕作为分界点,分别是短期老化和长期老化,其中长期老化又可以称为沥青路面的老化。

1. 沥青的短期老化

促进沥青材料老化的主要条件有热、水、氧和光等。根据沥青材料的黏温特性,沥青材料需要在热态下(150~180℃)进行运输、拌和、摊铺及碾压,在此过程中发生的老化较为剧烈,主要是热老化和氧化老化。

影响氧化程度和快慢的主要因素是温度条件。沥青的氧化可以在任何温度下发生,但低温下,氧化速度非常缓慢。有研究表明,随着温度的升高,沥青氧化速度逐渐加快,到100℃以上时,每升高10℃氧化速度可提高一倍;至135℃以上时,沥青同时发生了轻组分的高温蒸发损失和热缩,结合沥青的氧化,几分钟就会引起显著的硬化。

拌和完成的热态沥青混合料中,沥青胶结料以薄膜的形式裹覆在矿料的表面,能够接触到更多的氧气,从而发生更多的氧化老化。热态沥青混合料与热环境因素交织在一起,效果比单一因素造成的沥青老化速度要快速许多,氧化作用、挥发作用、聚合作用和触变等作用下共同形成沥青的剧烈短期老化。研究表明:沥青混合料经拌和后,50号沥青针入度下降到原沥青的85%,70号沥青针入度下降到原沥青的80%,90号沥青针入度下降到原沥青的75%或63%,综上可知沥青针入度随着拌和过程将下降20%~50%,因此该过程是沥青老化的最严重的一个阶段。实验室内通常以薄膜加热烘箱或旋转薄膜烘箱试验对这一阶段沥青的老化进行模拟。

2. 沥青路面的老化

碾压完成之后的沥青路面,随着温度的下降,沥青材料恢复了较大的黏度水平,开始发挥对矿质混合料的黏附和黏结作用,成为沥青混合料强度的重要组成部分。路面中沥青的老化也进入长期老化的阶段。在路面使用的前2~3年间老化程度稍快一些,随着时间推移老化速度变慢。

这一阶段,气温对沥青硬化的影响在短时间内认为是可逆的,但在长期作用下氧、光照和其他因素综合产生的累积影响成为永久的、不可逆的硬化。

除此之外,沥青暴露在自然环境中,直接受到阳光紫外线的照射,也是造成沥青老化的重要原因。特别是在道路表面,沥青中的油分、胶质、沥青质在光照条件下都能很快发生氧化反应。紫外线可以使沥青中的羰基和羧基基团进一步加速形成更大的分子;紫外线辐射强度越大,沥青老化的速度越快。水在光、氧和热共同作用时,也能起催化剂的作用。加之沥青路面受到连续不断的车辆荷载作用,引起沥青材料不可逆的疲劳变形,从而导致沥青路面出现各种与沥青老化有关的病害。

由此可以看出,沥青路面的老化取决于沥青的老化,沥青的老化受热、水、氧和光照影响较大,反映在路面老化中,主要的影响因素表现在以下几个方面:

(1)沥青路面使用年限的影响。路面使用年限越长,沥青受各种环境因素影响的时间就越长,累积发生的老化反应就越多。

(2)沥青路面的深度影响。沥青路面结构深度的不同位置,老化程度有着明显的差别。路表面直接受到阳光的照射,其温度比深层沥青混合料的温度要高,我国大部分地区夏季路表面温度可以达到60℃以上。同时,表面层沥青混合料接触空气和水的概率也比深层混合料较大,还会受到太阳光紫外线的照射,从而加速老化反应。因此,表层沥青混合料的老化程度比深层沥青混合料严重。

(3)沥青面层的现场空隙率。空隙率越大,结构层中沥青混合料受到热空气、水,甚至是光照的作用就越明显,回收得到的沥青技术指标衰减就越严重。

(4)沥青含量。常用的沥青混合料沥青膜厚度在 5~15μm 之间。研究表明,现场高温状态为40~60℃时,沥青膜的氧化大约局限在4μm 的深度以内。材料设计过程确定的沥青含量越高,形成的沥青膜厚度就越大,老化沥青膜所占比例也就越小。

(5)沥青混合料类型。受空隙率和沥青膜厚度大小差别影响,混合料级配类型对于老化速度也有很大的间接作用。尽管连续密级配和间断级配混合料都被认为是密实的,但间断级配如 SMA 沥青混合料的空隙更加分散且互不贯通。同样在最佳沥青用量下,间断级配混合料的沥青膜厚计算值可达 8μm 以上,连续级配则可能只有 6μm。而骨架空隙类混合料,如 OGFC[1]和 LSPM(即大粒径透水性沥青混合料)混合料在设计时,要求沥青膜厚度不小于 12μm,也是为了可以保证混合料的耐久性。

---

[1] OGFC 的英文全称为 Open Graded Friction Course,即开级配抗滑磨耗层,是一种嵌挤型热拌沥青混合料。

(三) 老化沥青的回收与组分、技术分析

1. 老化沥青的回收

将沥青从抽提液中回收的方法有两种：一种是阿布森法，另一种是旋转蒸发器法。国外研究认为，阿布森回收方法可能使沥青中剩余较多的残余溶剂，会显著减小沥青混合料的劲度；而旋转蒸发器法由于较少残留溶剂和较低的加热温度，自1970年以来逐渐使用较多。因此本试验采用旋转蒸发器（图3.6-1）对抽提液中的沥青进行蒸发回收。首先将400mL的沥青抽提液装入洁净的1000mL旋转烧瓶中，开动真空泵使得整个系统形成负压，真空度为94.7kPa。开动旋转烧瓶，在没有浸入加热油浴的情况下，以50r/min的速度旋转5~10min后，缓慢地将旋转烧瓶底部浸入60℃的油浴中，等待冷凝装置冷却的三氯乙烯流入回收烧瓶；达到稳定状态后，逐渐增加旋转速度，并增大旋转烧瓶浸入油浴的加热面积，加快蒸馏速度，直至没有三氯乙烯回收后，蒸馏结束；将旋转速度降低至20r/min，继续保持旋转烧瓶处于旋转状态，将油浴在15min内上升到155℃，并在此状态下保持15min，然后开放CO_2阀门，以1000mL/min的流速通过2min；最后关闭CO_2阀门，逐渐使旋转烧瓶恢复至常压，将烧瓶内的残留沥青倒出，进行回收沥青的各项试验。

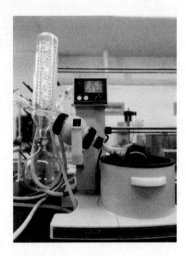

图3.6-1 旋转蒸发回收沥青

由于回收沥青难度较大，如果回收条件控制不好，沥青本身便容易发生老化。因此，为了检验回收过程是否会对沥青的各项指标产生影响，本项目采用基质沥青进行了空白样试验。试验步骤如下：首先选用70号沥青，测定其三大指标和135℃黏度；然后将基质沥青和三氯乙烯溶液混合，使得沥青完全被溶解；最后对含有沥青的三氯乙烯溶液进行蒸馏，得到回收沥青。对回收沥青测试其三大指标和135℃黏度，并对比回收前后沥青各指标的变化，评价该回收过程是否会对沥青的性能产生影响。基质沥青与回收沥青性能指标对比如表3.6-1所示。

基质沥青与回收沥青性能指标对比　　　表3.6-1

检测指标	25℃针入度(0.1mm)	软化点(℃)	10℃延度(cm)	135℃黏度(Pa·s)
基质沥青	70.1	50.2	45.3	0.398
回收沥青	70.8	50.4	43.1	0.386
规定值	60~80	≥46	≥20	>0.180

由表3.6-1可以看出，回收沥青和基质沥青的性能指标相近，甚至软化点指标还有所增加；考虑到试验本身存在一定的误差，基本可以认为旋转蒸发回收沥青的方法可以忽略三氯乙烯的极少量残留，对沥青的性能指标影响较小。使用该方法对老化沥青进行回收具有一定的可行性。

2. 老化沥青的组分分析

众所周知，沥青技术性能的变化主要与其组成的变化有关。由于沥青的化学成分十分复杂，对沥青的组分划分及分离分析非常烦琐，所以选择将物理和化学特性相似的化合物作为一

个组分,利用分离分析方法进行研究。经过多年的研究和演变,形成了比较常用的四组分分析法。本项目采用此方法分析老化沥青和新沥青(70号沥青)的四组分含量,结果汇总见表3.6-2。

沥青四组分分析测定结果　　　　　　　　　　　　　　表3.6-2

沥青样品	沥青质(%)	胶质(%)	饱和分(%)	芳香分(%)
回收老化沥青	17.91	30.62	12.79	38.68
70号沥青	12.24	26.85	16.44	44.44

有研究表明,如果沥青质量优良,其组分的大致比例是:饱和分含量3%~13%,芳香分含量32%~60%,胶质含量19%~39%,沥青质含量6%~15%。由表3.6-2中可以看出,70号沥青四种组分含量均介于上述含量范围内,而回收老化沥青的沥青质和胶质含量明显高于新的70号沥青样品,且沥青质含量高于15%,严重影响沥青的低温性能;芳香分含量和饱和分含量则明显减少,反映了沥青老化过程中组分比例的变化规律。

3. 老化沥青的技术分析

对回收得到的沥青进行技术指标分析,25℃针入度、软化点、10℃延度、135℃黏度的指标测试结果如表3.6-3所示。

回收沥青技术指标分析结果　　　　　　　　　　　　　表3.6-3

检测指标	25℃针入度(0.1mm)	软化点(℃)	10℃延度(cm)	135℃黏度(Pa·s)
抽提沥青	21.9	65.4	1.18	1.760
新沥青技术指标要求	60~80	≥46	≥20	—

由表3.6-3可以看出,回收得到的老化沥青的检测指标结果符合老化的一般规律。针入度值水平明显很低,但大于《公路沥青路面再生技术规范》(JTG/T 5521—2019)中不小于20(0.1mm)的技术要求;软化点结果为65.4℃,明显高于新沥青技术要求,几乎达到了SBS改性沥青的水平;10℃延度指标为1.18cm,几乎可以认为,试验一开始就发生试件断裂,老化沥青的低温延性已经全部丧失。

二、温再生剂的开发研究

(一)老化沥青的再生机理

沥青的老化是由于化学组分的变化导致的"失衡",而沥青的再生过程可以说是老化过程的逆反应。目前主要的再生理论有"相容性再生理论"和"组分调节再生理论",还有一种"黑石"理论。

1. 相容性再生理论

相容性理论的核心内容是溶解度参数 $\Delta\delta$,它衡量溶剂对溶质的溶解能力,$\Delta\delta = \delta - \delta_m < K$。就沥青而言,$\delta$ 表示沥青质溶度,δ_m 表示软沥青质溶度,而国产沥青 K 值一般为0.76,即溶解度参数小于0.76时沥青的相容性较好。沥青老化后,沥青质增多,饱和分、芳香分和胶质减少,使得沥青质在软沥青质中溶解度减小。另一方面,老化沥青的沥青质和软沥青质的溶度参数

差值 $\Delta\delta$ 增大,直至超过相容性要求的标准。依据这一理论,沥青再生就是使老化沥青中沥青质与软沥青质的溶度参数 $\Delta\delta$ 减小,直至恢复到原来相容性要求的水平。目前使用的再生剂提高沥青相容性的办法主要是使软沥青质对沥青质的溶解能力提高,即降低了溶解度参数 $\Delta\delta$,并使沥青质的相对含量降低,从而使其在软沥青质中的溶解度增大。

因此,相容性再生的主要任务是寻找合适的再生剂,使其溶度参数差降低,沥青性能可得到有效恢复,接近老化前的水平,所添加的再生剂起到增大溶解度、提高分散能力的作用,一般可以使用聚合物类表面活性剂等。

2. 组分再生理论

组分再生理论是目前应用最好的技术理论,通过添加再生剂(主要成分是芳香酚类物质)调节老化沥青的组分,使旧沥青恢复到老化前较好的配伍比例和胶体结构状态,从而恢复沥青的性质。

在掌握沥青再生的基本原理以后,就需要研究相应工艺,使沥青再生得以实现。沥青材料是由饱和分、胶质和沥青质等组分组成的混合物,就沥青中的某一组分而言,如芳香酚也是由分子量大小不等的碳氢化合物所形成的混合物。在石油工业中,根据沥青是混合物的原理,将几种不同组分加以调配,以获得具有不同性质的新沥青材料。用这种方法生产的沥青,在石油工业中称之为调和沥青,而调和工艺是石油工业中一种重要工艺方法。

旧沥青再生就是根据生产调和沥青的原理,在旧沥青中加入某种组分的低黏度油料,或者加入适当黏度的新沥青进行调配,使调配后的再生沥青达到适当的黏度和所需要的路用性能,以满足铺筑路面的要求。由此可见,旧沥青再生的过程也是一种沥青调和的过程,再生沥青同样可以看作一种调和沥青。在这一过程中所添加的低黏度油料,也就是通常所说的再生剂。

从流变学的角度出发,沥青再生剂的加入可以将老化沥青的黏度降下来,将其调节到适合的范围内。这一黏度(60℃)范围为 150~300Pa·s,再生沥青的胶体结构处于溶-凝胶状态,在这种情况下再生沥青的黏度控制指标就可以选用沥青的黏度。

从调节老化沥青的常规指标出发,沥青再生可以通过改变再生剂的掺量来控制沥青的针入度、软化点等指标,使再生沥青的针入度(25℃)和软化点值控制在期望的范围内。

3. 黑石理论

RAP 由旧集料和旧沥青两个部分组成。所谓"黑石"是指在旧集料上裹覆着一层老化沥青,形成一种形似黑石的黑色集料。再生时,RAP 与新沥青、新集料和再生剂等进行拌和,旧沥青与新沥青的融合程度是再生技术能否成功的关键因素之一,也是再生沥青混合料级配设计的关键。若旧沥青与新沥青发生融合,应具体分析融合程度,计算新沥青的掺量,进而得到沥青用量(发生融合的旧沥青与新沥青);若旧沥青与新沥青没有发生融合,则可把 RAP 看作黑石集料,再生沥青混合料的沥青用量即为新沥青用量。美国公路战略研究计划(SHRP)研究表明,热再生工艺中 RAP 的旧沥青与新沥青更接近于完全融合,"黑石"研究并不适用。本项目研究的温再生技术也是基于热再生工艺,一方面采用再生剂、相容剂对老化沥青进行高效再生,恢复技术性能和路用性能;另一方面采用温再生剂提高 RAP 的掺量,降低施工温度,提高再生沥青混合料的施工和易性。因此,提高新旧沥青融合也是温再生剂和温再生沥青开发的主要目标之一。

(二) 老化沥青的模拟制备

老化沥青的性能对研究再生沥青具有很大的影响。目前道路沥青老化试验方法分为自然老化法和室内模拟老化法两大类。虽然自然老化法能够比较真实地反映实际老化条件和老化规律,但是由于 RAP 在来源、铣刨、分档和堆放等过程中经常会出现不规范的情况,老化沥青的回收试验程度控制在不同操作人员之间也存在差异,这就导致老化沥青和再生沥青性能与机理研究的干扰因素较多,获取的试验数据之间的可比性较差。为了短期内得到较理想的老化效果,本书舍弃了路面自然老化沥青,采用室内人工模拟老化法,分别采用薄膜烘箱加热试验(TFOT)模拟沥青的短期老化,采用压力老化试验(PAV)模拟沥青的长期老化。

人工老化沥青具有质量稳定、来源统一、性能稳定等优点,能够更直观研究再生沥青的机理与性能。参照《公路工程沥青及沥青混合料试验规程》(JTG E20—2011),分别将原样沥青先进行 TFOT 短期老化 5h 后,再进行 5h、10h、20h、30h 的 PAV 长期老化,并对原样沥青、模拟老化沥青以及抽提回收沥青分别进行 25℃针入度、软化点、10℃延度、135℃黏度的指标测试,测试结果如表 3.6-4 所示。

不同老化程度沥青的性能对比 表 3.6-4

检测指标	25℃针入度(0.1mm)	软化点(℃)	10℃延度(cm)	135℃黏度(Pa·s)
原样沥青	70.1	50.2	45.3	0.398
TFOT	49.8	51.9	8.0	0.525
PAV 5h	40.5	57.1	3.2	0.652
PAV 10h	29.5	60.5	2.5	0.740
PAV 20h	24.5	63.5	1.6	0.925
PAV 30h	22.3	64.9	1.2	1.210

由表 3.6-4 可知,经过 TFOT 和 PAV 老化后,沥青各项性能逐渐降低,其总体趋势为针入度、延度减小,软化点升高,黏度增大。为了更直观表现沥青的老化规律并探究室内模拟老化和路面实际老化之间的关系,分别作出沥青的各项指标随老化程度的变化规律图,如图 3.6-2 所示。

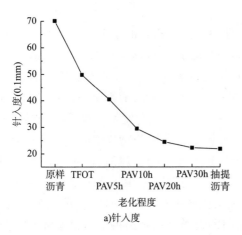
a)针入度

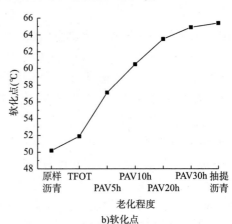
b)软化点

图 3.6-2

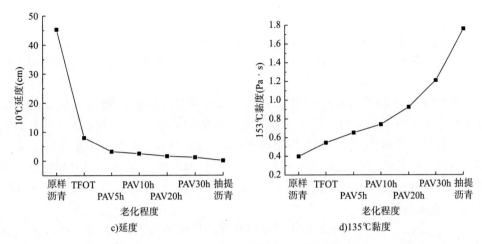

图 3.6-2 沥青的物理性能随老化时间的变化规律

由图 3.6-2 可以看出，沥青的针入度随老化时间的延长逐渐减小，沥青逐渐变硬。在老化初期，沥青的针入度衰减幅度较大，随着老化的继续进行，针入度衰减幅度逐渐减小。沥青的软化点随老化时间的延长逐渐升高，表明老化沥青的高温性能逐渐增强，随着 PAV 老化时间的延长，软化点的上升速度逐渐降低。沥青的延度随着老化时间的延长逐渐减小，沥青的低温性能逐渐变差。在老化初期，沥青的延度衰减速率最快，且经过 TFOT 老化之后延度已经小于 10cm；随着 PAV 老化的进行，延度衰减幅度非常小，几乎可以忽略不计；经过 PAV 老化 30h 后，沥青的延度趋向于 0。随着老化时间的推移，沥青中小分子量的化合物逐步向大分子量的化合物转化，沥青的黏度逐渐增大。在 PAV 老化 10h 之前，黏度的增长幅度逐渐减小，PAV 老化 10h 之后，黏度的增长幅度有增大的趋势。

通过将室内模拟老化沥青和路面实际老化沥青的性能进行对比，发现二者在时间上有较好的对应关系。经过 PAV 老化 30h 老化后，室内模拟老化沥青的针入度和软化点基本与本项目抽提老化沥青相同，但是 135℃黏度却远低于抽提老化沥青。经过 PAV 老化 30h 后，沥青的延度为 1.2cm，抽提老化沥青的延度为 1.18cm，二者较为接近。

综合考虑各项指标来看，PAV 老化 30h 与路面实际使用 20 年的老化程度相当。本项目采用 PAV 老化 30h 进行老化沥青制备，用于后期的温再生沥青的配制。

（三）再生剂

上述最主要的两种再生理论最终都指向再生剂的使用。《公路沥青路面再生技术规范》（JTG/T 5521—2019）将再生剂定义为：掺加到热再生沥青混合料中，用于恢复和改善老化沥青性能的添加剂。根据调和理论，再生剂中应该富含芳香分和胶质组分。与老化沥青混合时，发生旧沥青与再生剂化学组分的重新配伍，吸附和溶解沥青质和胶质，调节沥青的组成并改善沥青的流动性，形成类似于新沥青的"平衡"状态，从而使老化沥青得到再生。添加成分与剂量合适的再生剂，在恢复旧沥青技术性能的同时，还可以提高 RAP 材料的掺加比例，使最大限度地利用旧沥青混合料成为可能，同时使再生沥青混合料与新拌热沥青混合料具有相同路用性能水平。

1. 再生剂的选用

常见的再生剂主要包括软沥青、低黏度的油分和专用沥青再生剂三大类，主要有软化剂、还原剂、改性剂、稀释油、芳香油、增量油、润滑油和抽出油等，科研机构还曾尝试使用植物油作为再生剂。

所谓软沥青即为高标号的沥青。软沥青的适用范围较为局限，主要用于沥青老化程度较小或老化沥青使用低于15%时。故当沥青严重老化或RAP掺量较大时，添加新沥青不能达到路用要求。低黏度的油分类再生剂主要是指废机油、润滑油等。此类再生剂在降低成本和循环利用方面具有一定的经济效益，但其对沥青质的溶解力不足，且轻质油分易挥发，稳定性差。更重要的一点是，根据相容性理论，低黏度的油分中的轻质油分与沥青质的溶度参数相差很大，不易形成稳定的溶液。

图3.6-3 再生剂

本项目采用课题组开发的矿物油再生剂，该再生剂常温下呈墨绿色的可流动液体，如图3.6-3所示。将回收老化沥青加热到135℃流动状态，使用搅拌机以300r/min速率进行搅拌，称取一定质量的再生剂缓缓加入沥青中，继续搅拌30min即可得到再生沥青。其中再生剂掺量分别为0、2%、4%、6%、8%和10%。

2. 再生剂对针入度的影响

针入度的调整是再生剂对再生沥青技术指标调节的主要指标。项目组研究了不同再生剂掺量下再生沥青针入度指标变化，结果见图3.6-4。

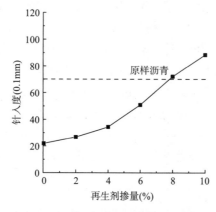

图3.6-4 不同再生剂掺量下再生沥青的针入度

随着再生剂掺量的增加，再生沥青的针入度逐渐增大，沥青逐渐变软。再生剂掺量较低时，针入度变化幅度较小，随着掺量的增加变化幅度逐渐增大。当再生剂掺量为8%时，再生沥青的针入度为72.1(0.1mm)，最接近原样沥青。

3. 再生剂对软化点的影响

不同再生剂掺量对再生沥青软化点的影响见图3.6-5。

由图3.6-5可知，随着再生剂掺量的增加，再生沥青的软化点逐渐降低。再生剂掺量为

9%时,再生沥青的软化点最接近原样沥青。沥青软化点在4%~8%再生剂掺量区间内恢复效果最为明显,当掺量为6%时软化点变化率最大,表明在此掺量下再生剂对再生沥青软化点的恢复效率最高。

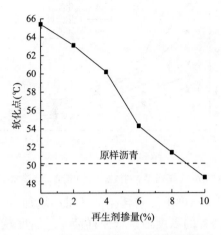

图3.6-5 不同再生剂掺量下再生沥青的软化点

4. 再生剂对延度的影响

不同再生剂掺量对再生沥青延度的影响见图3.6-6。

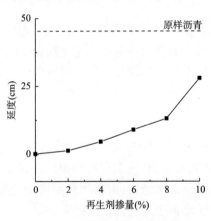

图3.6-6 不同再生剂掺量下再生沥青的延度

由图3.6-6可知,随着再生剂掺量的增加,再生沥青的延度逐渐增大,并且延度的变化幅度也逐渐增大;但当再生剂掺量为10%时,再生沥青的延度为28cm,和原样沥青相比有很大差距,而且此掺量下的针入度和软化点都已经达到了70号沥青的水平,这也说明老化沥青的延度指标恢复的难度很大。再生剂掺量在2%~8%区间内,曲线较为平缓,沥青延度的变化率较小,延度基本和再生剂掺量呈线性关系。再生剂掺量为8%时,延度变化率达到最大,并且随着掺量的继续增加,延度增长率有增大的趋势;表明在8%掺量以上时,再生剂对再生沥青的延度恢复效果最好。

5. 再生剂对再生沥青黏度的影响

不同再生剂掺量下再生沥青黏度的指标变化见图3.6-7。

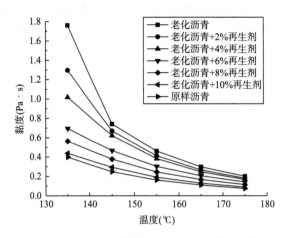

图 3.6-7 不同再生剂掺量下再生沥青的黏温曲线

由图 3.6-7 可以看出,同一温度下随着再生剂掺量的增加,再生沥青的黏度逐渐减小,当再生剂掺量为 10% 时,再生沥青的黏度最接近原样沥青。温度较低时,不同再生剂掺量对老化沥青黏度的影响较大;随着温度升高,再生剂掺量作用差距和效果逐渐减弱,更多地表现为黏度随温度的变化。这也表明,较高温度下拌制再生沥青混合料,再生剂的大小对施工和易性的影响可以忽略;而在较低温度下,如 130~140℃ 下拌制,再生剂的用量也会影响再生沥青混合料拌和的效果。

综上所述,加入再生剂之后,老化沥青的性能逐渐恢复,表现为针入度和延度增大、软化点降低和黏度减小,这说明再生剂中的轻组分降低了老化沥青中的沥青质含量,增加了老化沥青的胶溶能力,使硬度较大的老化沥青得到软化。通过对再生沥青性能分析,确定再生剂掺量为 8%,在该掺量下再生剂对老化沥青有较好的再生效果。

(四)温拌剂

自从热再生技术出现以来,温拌剂始终以"黄金搭档"的身份伴随着再生技术的使用,特别对于就地热再生等路面加热能力有限、施工和易性很难满足要求的工艺类型。大掺量 RAP 沥青混合料再生技术中,为了避免二次老化,旧料加热温度受到最高限制,导致最终的再生沥青混合料温度较低,施工和易性是再生工艺面临的巨大问题。在进行温再生技术研究之前,项目组先对温拌剂进行了一系列的研究。

在考察前人研究结果后可以发现,表面活性类温拌剂,无论在使用方式还是对沥青、沥青混合料性能的影响上,都比其他温拌工艺表现要好,并且具有价格低廉、有效加速施工效率等优势。本项目组采用实验室自主合成的表面活性温拌剂,以棕榈酸和四乙烯五胺为原料,通过酰胺化和环化脱水两个阶段化学反应合成[图 3.6-8a)],在常温下呈棕褐色的可流动液体[图 3.6-8b)]。

对温拌剂进行红外光谱试验,结果如图 3.6-9 所示。

将基质沥青和抽提老化沥青分别加热到 135℃,使其具有较好的流动状态,加入一定质量的温拌剂,在 135℃ 恒温状态下,以 300r/min 速率搅拌 30min 即可得到温拌沥青。其中温拌剂掺量分别为 0、0.2%、0.4%、0.8% 和 1.6%。

a)温拌剂合成示意图

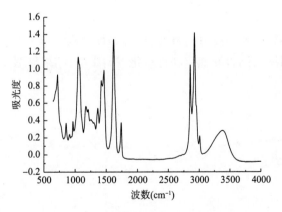

b)温拌剂物理外观

图 3.6-8 表面活性剂型温拌剂

图 3.6-9 表面活性剂型温拌剂红外光谱图

1. 温拌剂对针入度的影响

针入度是反映沥青软硬程度的重要指标,在不同温拌剂掺量下,分析了基质沥青和老化沥青针入度指标的变化规律,结果见图 3.6-10。

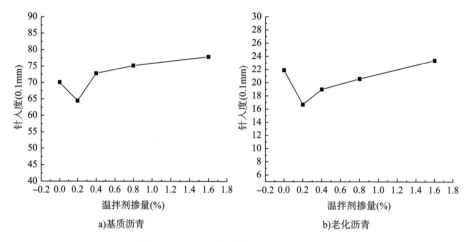

图 3.6-10　不同温拌剂掺量下沥青的针入度

由图 3.6-10 可知,温拌剂使基质沥青和老化沥青的针入度都先减小后增大,当掺量为 0.2% 时针入度都达到最小值,说明少量添加温拌剂,对沥青的针入度有微小的降低作用。随着温拌剂掺量的增加,两种沥青的针入度都有增大的趋势,表明该温拌剂可以降低沥青的稠度,调节沥青黏滞性。

温拌剂在 0%~0.2% 掺量范围内,两种沥青的针入度变化率都为负数,说明此掺量下温拌剂对老化沥青针入度的影响不利。从 0.2% 掺量开始,随着温拌剂的增加,开始出现正向影响,但整体变化幅度都较小,基质沥青的针入度变化幅度稍大于老化沥青,说明温拌剂并不能作为老化沥青技术性能恢复的主要添加剂;当掺量为 0.2%~0.4% 时,两种沥青的针入度变化率最大,这表明该掺量下温拌剂对沥青的稠度影响最为显著;0.4% 掺量及以上对基质沥青和老化沥青针入度的影响将不再敏感。

2. 温拌剂对沥青软化点的影响

软化点作为沥青达到一定黏度时的条件温度,是评价沥青高温性能的一个指标。项目研究了不同温拌剂掺量对基质沥青和老化沥青软化点的影响,结果见图 3.6-11。

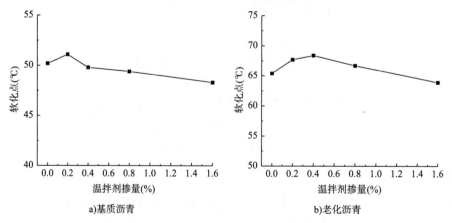

图 3.6-11　不同温拌剂掺量下沥青的软化点

由图 3.6-11 可知,温拌剂使基质沥青和老化沥青的软化点先上升后下降,掺量为 0.2% 和 0.4% 时软化点分别达到最大值,说明低掺量温拌剂对于老化沥青的恢复不利;随着温拌剂掺量的继续增加,两种沥青的软化点才开始有降低的趋势。在 0.2%~0.4% 区间内,基质沥青降幅较为显著,老化沥青软化点仍小幅增加;当温拌剂的掺量超过 0.4% 时,基质沥青和老化沥青软化点同为逐渐降低趋势,且对基质沥青影响小于对老化沥青的影响。说明 0.4% 及以上掺量温拌剂的使用,在一定程度上有助于老化沥青软化点指标的再生和恢复,同时对再生沥青混合料中新添加的沥青软化点影响较小。

3. 温拌剂对沥青延度的影响

延度是评价沥青低温性能的指标,延度越大说明沥青延展性越好,低温性能越优异。不同温拌剂掺量对基质沥青和老化沥青延度的影响见图 3.6-12。

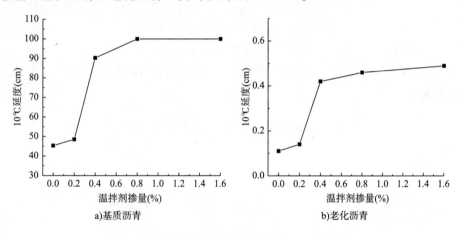

图 3.6-12　不同温拌剂掺量下沥青延度(10℃条件下)

由图 3.6-12 可知,随着温拌剂掺量的增加,基质沥青的延度逐渐增大,变化显著,而老化沥青的延度几乎不发生变化,表明温拌剂可以提高基质沥青的低温性能,但对老化沥青的低温性能影响非常小。基质沥青的延度变化率随温拌剂掺量先增大后减小,在 0.2%~0.4% 范围内最为敏感,表明这一掺量范围温拌剂对改善基质沥青的低温性能效果最为明显;而老化沥青的延度变化率几乎为 0,说明温拌剂对老化沥青恢复延性几乎没有作用。

4. 温拌剂对沥青黏度的影响

黏度是表征沥青黏性流动特性的重要指标,反映沥青本身的黏聚力。一般认为黏度是沥青分子结合程度的反映。对于同一种材料,其分子量越大,黏度越高。不同掺量温拌剂对基质沥青和老化沥青黏度的影响见图 3.6-13。

由图 3.6-13 可知,同一温度下随着温拌剂掺量的增加,基质沥青的黏度逐渐减小,但减小的幅度很小,几乎可以忽略不计,表明温拌剂对基质沥青的高温黏度影响并不大,并不像蜡质类温拌剂,通过降低黏度起到温拌的作用,从而使沥青和沥青混合料高温稳定性指标衰减。而温拌剂对老化沥青黏度的影响大于基质沥青,说明温拌剂对老化沥青中影响黏度的组分进行了补充,对改善和恢复沥青黏度起到了一定的作用。但相同温度下,添加温拌剂的老化沥青黏度仍远大于基质沥青。

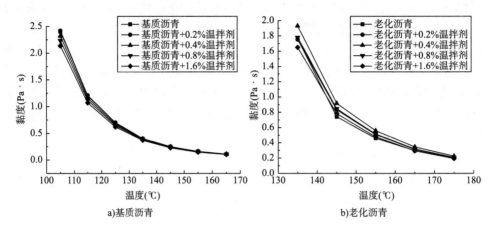

图 3.6-13　不同温拌剂掺量下沥青的黏温曲线

为了更加直观地表现沥青的黏度与温度之间的关系,使用 Saal 公式[式(3.6-2)]进行拟合,得到感温指数 m,用来评价沥青对温度的敏感程度。利用 Saal 公式对沥青黏温曲线的分析结果如表 3.6-5 所示。

$$\lg\lg(\eta \times 10^3) = n - m\lg(T + 273.13) \tag{3.6-2}$$

式中:η——黏度(Pa·s);

　　　T——温度(℃);

　　　m——感温指数;

　　　n——模型相关参数。

温拌沥青感温指数 m 及相关系数　　　　　　　　表 3.6-5

沥青类型	温拌剂掺量(%)	m	n	R^2
基质沥青	0	3.4211	9.3477	0.9998
	0.2	3.4173	9.3380	0.9997
	0.4	3.3977	9.2849	0.9997
	0.8	3.4255	9.3547	0.9997
	1.6	3.4269	9.3555	0.9996
老化沥青	0	3.5954	9.8907	0.9838
	0.2	3.5928	9.8882	0.9956
	0.4	3.5627	9.8154	0.9951
	0.8	3.5827	9.8622	0.9944
	1.6	3.5918	9.9075	0.9945

由表 3.6-5 可知,Saal 公式回归的线性相关系数 R^2 处于 0.9938~0.9998 之间,并且温拌基质沥青的相关系数 R^2 高于温拌老化沥青,表明在该温度区间内,感温指数 m 反映沥青温度敏感性的相关度很高,并且温拌基质沥青的黏温曲线拟合更好。

图 3.6-14 为根据 Saal 公式得到的温拌沥青黏温曲线。

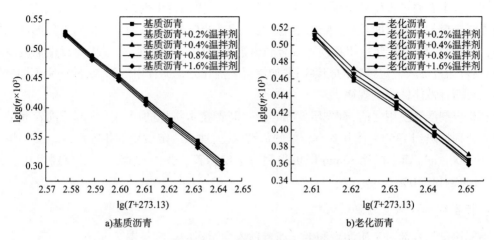

a) 基质沥青　　　　　　　　　b) 老化沥青

图 3.6-14　利用 Saal 公式拟合的温拌沥青黏温曲线

加入温拌剂后,通过 Saal 公式得到的黏温曲线与上文中实测得到的黏温曲线结果一致,温拌剂对沥青的黏温关系影响较小,且对基质沥青高温黏度的影响小于老化沥青。这进一步说明温拌剂没有明显的降黏作用,其温拌机理不是通过降低沥青黏度实现的。将感温指数 m 绘制成图形,如图 3.6-15 所示。

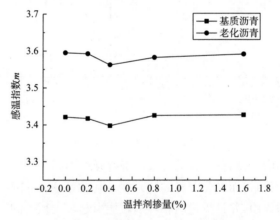

图 3.6-15　不同温拌剂掺量下沥青的感温指数

由图 3.6-15 可知,两种沥青的感温指数 m 随着温拌剂掺量的增加先减小后增大,但整体变化幅度不大,表明温拌剂对两种沥青的温度敏感性影响较小,并且基质沥青的温度敏感性小于老化沥青。随着温拌剂掺量的增加,两种沥青的温度敏感性先减小后增大,当掺量为 0.4% 时两种沥青的温度敏感性最小。

综上所述,通过研究温拌剂对沥青性能的影响规律,并结合各性能指标的变化率,确定温拌剂的最佳掺量为 0.4%。在此掺量下,温拌剂对针入度和延度的作用效果较为明显,对软化点影响较小,并且对沥青的温度敏感性影响最小。

(五) 相容剂

再生沥青混合料是将新旧集料和温再生沥青按照一定比例配合设计而成,老化沥青和再生剂的混合主要通过再生沥青混合料生产过程中的搅拌和再生剂的渗透作用来实现。由于再生沥青混合料的拌和时间较短,普通的再生剂渗透性能较差,难以使新旧沥青在短时间内拌和均匀,导致再生沥青混合料和新沥青混合料性能差距较大。因此,为了提高再生剂的渗透效果,本项目通过加入一定掺量的相容剂来加快再生剂在老化沥青中的渗透,并探究不同掺量的相容剂对沥青性能的影响规律。

在相容剂配制使用之前,首先研究相容剂对沥青技术指标的影响。将基质沥青和抽提老化沥青分别加热到135℃,使其具有较好的流动状态,加入一定质量的相容剂,在135℃恒温状态下,以300r/min速率搅拌30min即可得到渗透型沥青。其中相容剂掺量分别为0、0.2%、0.5%、1.0%和2.0%。

1. 相容剂对针入度的影响

不同掺量相容剂对基质沥青和老化沥青针入度指标的影响见图3.6-16。

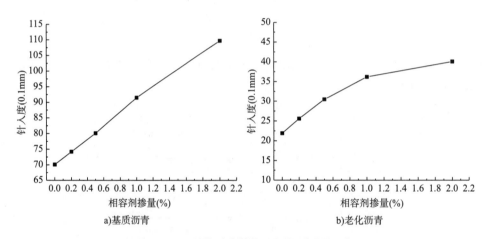

a)基质沥青　　　　　　　　　　b)老化沥青

图3.6-16　不同相容剂掺量下基质沥青的针入度

随着相容剂掺量的增加,两种沥青的针入度都逐渐增加,其中基质沥青的针入度与相容剂之间基本呈良好的线性关系,而老化沥青的针入度变化幅度逐渐减小。说明相容剂对沥青的针入度指标也有提高的作用,并且少量的相容剂就能引起较大程度的改善,因此也可以间接说明,相容剂材料在沥青中的渗透和分布效果很好。

测试掺量范围内,基质沥青的针入度增长率大于老化沥青,表明相容剂对基质沥青的作用效果大于老化沥青。随着相容剂掺量的增加,基质沥青的针入度增长率几乎保持不变,而老化沥青的针入度增长率逐渐减小,表明相容剂对基质沥青始终有较好的作用效果,而对老化沥青的作用效果逐渐减弱。也就说明老化沥青的针入度并不会对相容剂的用量十分的敏感,不会因为使用过量产生较大的不利影响;而相容剂可以用于温再生剂的配制,加速再生剂与老化沥青的渗透速度和渗透效果,但应注意使用过量时对再生沥青混合料中新添加沥青造成的影响。

2. 相容剂对软化点的影响

不同相容剂掺量对基质沥青和老化沥青软化点的影响见图3.6-17。

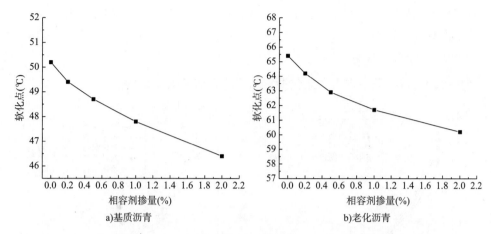

图 3.6-17　不同相容剂掺量下基质沥青、老化沥青的软化点

随着相容剂掺量的增大,两种沥青的软化点逐渐减小,且在测试范围内基质沥青和老化沥青的降低幅度为 3.8℃ 和 5.2℃,表明相容剂对沥青高温性能影响较大。

两种沥青的软化点变化率都随着相容剂掺量的增加逐渐减小,但基质沥青的软化点变化率小于老化沥青,表明相容剂对基质沥青高温性能的影响小于老化沥青,并且随着掺量的增加,两种沥青的软化点变化率有线性下降的趋势。

3. 相容剂对延度的影响

不同相容剂掺量对基质沥青和老化沥青延度的影响见图 3.6-18。

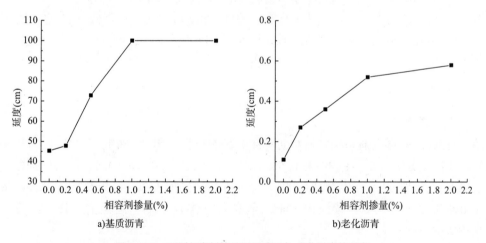

图 3.6-18　不同相容剂掺量下基质沥青、老化沥青的延度

随着相容剂掺量的增加,基质沥青的延度逐渐增大,相比于基质沥青,老化沥青的延度增长幅度很小,几乎可以忽略不计,表明相容剂可以提高基质沥青的低温性能,但对老化沥青的低温性能影响非常小。

在 0.2%~1.0% 相容剂掺量范围内,基质沥青的延度变化较为显著,表明这一掺量下温拌剂对提高基质沥青的低温性能效果最为明显;当相容剂掺量超过 1.0% 以后,对基质沥青的延度几乎没有影响,说明使用相容剂配制温再生剂,将其使用到再生沥青混合料中,并不会对沥青混合料产生不利影响。而老化沥青的延度变化率几乎为0,说明单独添加相容剂对老化沥青延度几乎没有改善作用。

4. 相容剂对黏度的影响

不同相容剂掺量对基质沥青和老化沥青黏度的影响见图3.6-19。

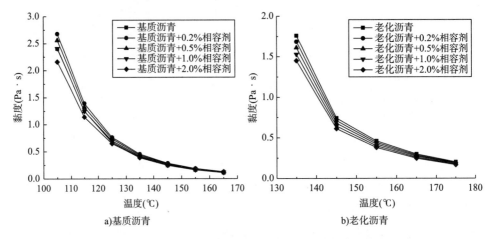

图3.6-19 不同相容剂掺量下基质沥青、老化沥青的黏-温曲线

由图3.6-19可以看出,同一温度下,基质沥青的黏度随着相容剂掺量的增加先增大后减小,掺量为0.2%时沥青的黏度达到最大;老化沥青的黏度随着相容剂掺量的增加逐渐减小。随着温度升高,相容剂掺量作用效果逐渐减弱,沥青黏度几乎趋于同一值。

综上所述,相容剂的加入可以使老化沥青的针入度增大、软化点降低,对黏度有微弱的调节作用,对延度几乎不产生影响。通过研究相容剂对沥青性能的影响规律,并结合生产厂家的指导性建议,确定相容剂的最佳掺量为沥青质量的0.5%,进行再生剂的合成。

(六)温再生剂的合成

1. 温再生剂制备

基于对温拌剂、再生剂和相容剂对沥青性能影响规律的考察,确定了温拌剂、再生剂和相容剂的最佳掺量分别为0.4%、8%和0.5%,即三者的比例为0.4∶8∶0.5。温再生剂的具体制备方法如下:首先取400g再生剂;然后将其加热到100℃,加入20g温拌剂搅拌30min;最后加入25g相容剂,保持100℃继续搅拌30min,制备得到温再生剂。温再生剂具体制备流程如图3.6-20所示。

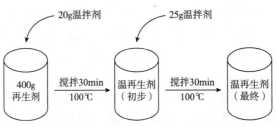

图3.6-20 温再生剂的制备流程

制备完成的温再生剂颜色呈红褐色,常温下具有较好的流动性。

2. 温再生剂的技术指标

根据《公路沥青路面再生技术规范》(JTG/T 5521—2019)中对再生剂的各项指标的规定,对自主调制的温再生剂质量指标进行测定,各项性能指标如表3.6-6所示。

温再生剂的各项性能指标　　　表3.6-6

检验项目	60℃黏度（MPa·s）	闪点（℃）	饱和分含量（%）	芳香分含量（%）	薄膜烘箱试验黏度比（%）	薄膜烘箱试验质量变化（%）
温再生剂	150	230	15	48	1.3	-1.35
规范要求	50~175	≥220	≤30	实测记录	≤3	≤4,≥-4

根据60℃黏度值的大小,调配得到的温再生剂可按照RA-I型进行指标对照。闪点结果为230℃,证明在使用过程中具有较好的安全性。饱和分、芳香分两种成分是老化沥青的主要缺失组分,也是老化沥青性能衰减的根本原因。因此《公路沥青路面再生技术规范》(JTG/T 5521—2019)对全系列再生剂都提出了饱和分含量不低于30%的要求。薄膜烘箱加热试验可以反映再生剂的热稳定性,其黏度比和质量变化分别为1.3%和-1.35%,也符合规范的相关要求。

三、大掺量RAP温再生沥青混合料技术工程应用

(一)京台高速公路泰安至枣庄(鲁苏界)段施工

1. 原路面技术概况

在室内试验和应用经验的基础上,大掺量RAP温再生沥青混合料技术应用在京台高速公路改扩建项目第五合同段,使用层位为沥青稳定柔性基层和下面层,对应的沥青混合料类型与规格为ATB-25和AC-25,体现了改扩建项目路面设计"物尽其用,低碳环保"的设计原则。

原结构沥青路面主要病害为裂缝类病害,其次是车辙,少量为网裂、龟裂和松散。

1)裂缝类病害原因

半刚性基层沥青路面的裂缝对于相对沥青面层较薄的路面几乎是不可避免的。通常情况下,沥青路面的裂缝主要有横向裂缝、纵向裂缝、表面层疲劳开裂。

横向裂缝成因通常情况下可分为两类:一是温度极限裂缝或者温度疲劳裂缝,二是半刚性基层反射裂缝。根据取芯检测,横向裂缝一部分属于温度疲劳裂缝,裂缝主要出现在上层沥青层,下部基层无裂缝;另一部分属于反射裂缝,裂缝贯穿基层和面层。

京台高速公路多数都是采用半刚性基层沥青路面,由于半刚性基层的本身固有特性,反射裂缝现象几乎是不可避免。由于反射裂缝的出现,使路面裂隙水浸入到路面内部,从而加速了路面的早期破坏。在动水压力作用下一部分水分沿着路面的薄弱面进入路面体系中,反复的动水压力导致路面淤泥,从而产生更大的内部损害。

纵向裂缝成因主要有三类:第一类是路基失稳造成的路面滑移而产生的纵向开裂;第二类是路面承载力不足造成的纵向开裂。在本项目工程中,第一类纵向裂缝出现的较少,主要表现为裂缝宽度较大,由于裂缝可以排水,因而唧泥现象较少。第二类纵向裂缝出现较多,一般发生在行车道,往往伴随着沉陷和淤泥现象发生,出现这一类的破坏通常需要进行基层的维修。

第三类是由于路面沥青层与基层的结合不良导致路面沥青层出现纵向疲劳开裂,这种情况一般出现在沥青层。根据检测,出现纵向裂缝的路段,主要的原因可能是基层发生了破坏或者是沥青层与基层结合不良。

2)车辙病害原因

沥青路面出现车辙多数是因沥青混合料的软弱造成塑性流动变形导致沥青路面出现车辙现象。根据路面和桥面的车辙情况,初步分析车辙产生的原因主要是:首先是交通量逐年增加,对高速公路的压力越来越大;其次是受经济条件限制,项目建设年代较早,早期采用的沥青性能相对目前改性沥青性能差,集中表现在沥青混合料高温热稳定性差、抗车辙能力差。

基于上述病害现象,该项目对局部病害进行处治,病害过于密集位置可整段铣刨原路面后再加铺;对于块状裂缝、网状裂缝等可采用挖补的方式。对于前期修补后重新出现病害的部位,也需重新挖补。对于弯沉过大的段落存在基层碎裂的情况,需对沥青路面做全深度铣刨,继而挖除并重做基层。除此之外,对于部分主线纵断面抬高路段,确定了铣刨15~33cm厚度的原路面后加铺新的沥青路面结构。整个旧路处理过程中产生大量的沥青路面回收材料。

2. RAP 分析

RAP 由施工单位从原路面铣刨,按照岩性分层铣刨,经破碎、筛分分档,得到 0~5mm、5~10mm 和 10~20mm 三档 RAP,分别取样进行室内试验。经抽提法分析 RAP 组成情况,结果见表 3.6-7。

RAP 组成分析　　　　　　　　　　　　　　表 3.6-7

RAP 规格	对应下列标准筛孔(mm)的通过百分率(%)											沥青含量(%)
	26.5	19	16	13.2	9.5	4.75	2.36	1.18	0.6	0.3	0.15	0.075	
0~5mm	100	100	100	100	98.4	88.6	65.1	53.2	36.1	25.1	20.3	16.0	6.0
5~10mm	100	100	100	99.9	93.9	53.7	33.7	27.6	20.7	15.9	13.1	10.5	5.4
10~20mm	100	88.0	73.3	55.6	35.0	22.8	18.0	15.9	12.7	10.2	8.7	7.2	3.1

采用旋转蒸发仪,对抽提试验得到的沥青抽提液进行回收,得到老化沥青,并分析老化沥青的基本技术指标,如表 3.6-8 所示。

回收老化沥青技术指标　　　　　　　　　　表 3.6-8

检测项目	针入度(25℃,100g,5s)(0.1mm)	软化点(℃)	10℃延度(cm)	60℃动力黏度(Pa·s)
检测结果	39	53	8	190

从老化沥青技术指标结果可以看出,同前期四标 RAP 回收老化沥青结果相比,本次试验路沥青老化程度较轻,残留针入度为 39(0.1mm),完全符合路面沥青再生利用的要求。

3. 新矿料筛分及技术分析

鉴于 RAP 中矿料的筛分结果中,缺少 26.5mm 以上颗粒组成。因此,配制公称最大粒径为 25mm 的温再生沥青混合料,需要补充必要的粗集料部分。项目最终选用矿料为石灰岩 20~30mm、10~20mm、5~10mm、3~8mm、0~5mm 和矿粉与 RAP 中矿料进行掺配,各档矿料的筛分结果见表 3.6-9。

矿料筛分结果   表3.6-9

矿料名称	对应下列标准筛孔(mm)的通过百分率(%)												
	31.5	26.5	19	16	13.2	9.5	4.75	2.36	1.18	0.6	0.3	0.15	0.075
20~30	100.0	66.0	0.0	0.0	0.0	0.0	0.0	0.0	0.0	0.0	0.0	0.0	0.0
10~20	100	100	75.3	39.2	11.0	1.4	0.1	0.1	0.1	0.1	0.1	0.1	0.1
5~10	100	100	100	100	100	91.2	9.4	1.4	1.2	1.2	1.2	1.2	0.6
3~8	100	100	100	100	100	100	39.0	8.5	4.8	3.4	2.4	2.0	1.6
0~5	100	100	100	100	100	100	99.4	83.6	61.6	43.4	33.6	27.4	22.4
矿粉	100	100	100	100	100	100	100	100	100	100	99.55	96.75	78.80

按照《公路沥青路面再生技术规范》(JTG/T 5521—2019)的相关规定检验粗、细集料和矿粉的技术性质,结果见表3.6-10,均满足规范要求,符合沥青路面再生用集料标准要求。

新矿料各项指标及技术要求   表3.6-10

矿料类型	指标	单位	规范要求	实测值
粗集料	压碎值	%	≤28	21.9
	表观相对密度	—	≥2.50	2.729
	吸水率	%	≤3.0	0.87
	针片状颗粒含量	%	≤18	13.6
细集料	表观相对密度	—	≥2.50	2.722
	砂当量	%	≥60	75
矿粉	表观密度	t/m³	≥2.50	2.712
	亲水系数	—	<1	0.63
	加热安定性	—	实测记录	颜色无明显变化

4.级配设计

因为老化沥青技术指标较好,因此拟定RAP掺配比例都为70%左右。级配设计时参考《公路沥青路面施工技术规范》(JTG F40—2004)中AC-25和ATB-25沥青混合料级配设计范围,合成设计级配结果见表3.6-11和表3.6-12,级配曲线图如图3.6-21和图3.6-22所示。

温再生AC-25合成级配设计结果   表3.6-11

材料名称	20~30mm石灰岩	10~20mm石灰岩	3~8mm石灰岩	5~10mmRAP	10~20mmRAP
组成比例(%)	15	10	5	40	30
合成级配					
标准筛孔(mm)	31.5	26.5	19	16	13.2	9.5	4.75
通过百分率(%)	100.0	94.9	78.9	70.9	62.7	53.2	30.3
标准筛孔(mm)	2.36	1.18	0.6	0.3	0.15	0.075	—
通过百分率(%)	19.3	16.0	12.3	9.5	8.0	6.4	—

温再生 ATB-25 合成级配设计结果　　　　表 3.6-12

材料名称	20～30mm 石灰岩		10～20mm 石灰岩		5～10mmRAP		10～20mmRAP
组成比例(%)	20		10		30		40
合成级配							
标准筛孔(mm)	31.5	26.5	19	16	13.2	9.5	4.75
通过百分率(%)	100.0	93.2	72.7	63.3	53.3	42.3	25.2
标准筛孔(mm)	2.36	1.18	0.6	0.3	0.15	0.075	—
通过百分率(%)	17.3	14.6	11.3	8.9	7.4	6.1	—

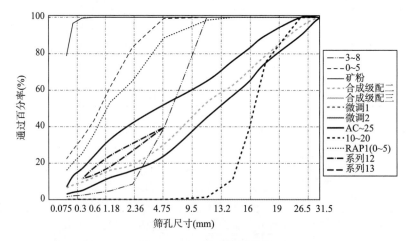

图 3.6-21　AC-25 级配曲线图

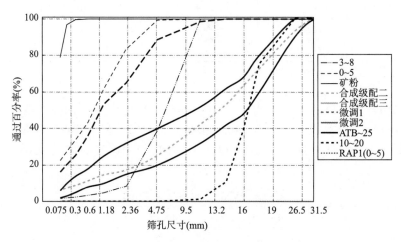

图 3.6-22　ATB-25 级配曲线图

5. 马歇尔试验

本次采用马歇尔试验确定级配的最佳沥青用量,以总沥青含量进行控制,新添加沥青比例为总沥青含量扣除 RAP 中旧沥青含量。最大理论相对密度以实测法确定,见表 3.6-13,试验结果见表 3.6-14。

实测法确定最大理论相对密度 表3.6-13

沥青混合料类型	沥青含量（%）	编号	混合料干质量（g）	容器水中质量（g）	混合料+容器水中质量（g）	最大相对密度	最大相对密度平均值
ATB-25	3.5	1	2623.6	22.8	1628.7	2.578	2.582
		2	2408.1	22.8	1499.6	2.586	
	3.8	1	1696.1	22.8	1055.0	2.555	2.564
		2	1711.3	22.8	1069.3	2.574	
	4.1	1	2341.2	22.8	1446.2	2.551	2.539
		2	2238.3	22.8	1375.4	2.527	
AC-25	3.8	1	2572.8	22.8	1589.6	2.557	2.582
		2	2613.4	22.8	1633.4	2.606	
	4.0	1	2442.2	22.8	1499.2	2.529	2.549
		2	2505.8	22.8	1553.6	2.570	
	4.3	1	2020.4	22.8	1249.5	2.546	2.512
		2	2317.6	22.8	1405.4	2.479	

马歇尔试验确定温再生沥青混合料沥青用量 表3.6-14

沥青混合料类型	沥青含量（%）	毛体积相对密度	空隙率（%）	矿料间隙率（%）	沥青饱和度（%）	马歇尔稳定度（%）	流值（0.1mm）
ATB-25	3.5	2.439	5.5	13.8	59.9	10.42	26.2
	3.8	2.447	4.5	13.5	66.2	11.22	24.3
	4.1	2.456	3.3	13.1	74.9	10.22	22.4
AC-25	3.8	2.447	5.2	14.2	63.1	9.49	32.2
	4.0	2.442	4.2	13.8	69.5	13.37	17.0
	4.3	2.423	3.5	13.7	74.1	11.83	19.8

由马歇尔试验结果,确定温再生沥青混合料ATB总沥青含量为3.8%,新添加温再生沥青1.1%;AC-25总沥青含量为4.0%,新添加温再生沥青1.2%。

6. 路用性能验证

按照规范要求,对AC-25温再生沥青混合料进行路用性能验证,包括高温稳定性、低温抗裂性和水稳定性,结果见表3.6-15。

AC-25温再生基质沥青混合料路用性能验证结果 表3.6-15

技术性质	技术指标	单位	实测值	规范要求
高温稳定性	动稳定度	次/mm	2600	≥1000
低温抗裂性	弯曲破坏应变	10^{-6}	2316	≥2000
水稳定性	冻融劈裂强度比	%	80.9	≥75

由表3.6-15结果可知,各项路用性能满足《公路沥青路面再生技术规范》(JTG/T 5521—2019)对再生沥青混合料的路用性能要求。

7. 温再生沥青混合料生产复核

通过对拌和场 RAP 材料复检和热料仓取样筛分,确定两种沥青生产配合比,见表 3.6-16 和表 3.6-17。

试拌确定 AC-25 生产配合比　　　　　　　　　　　　　　　　表 3.6-16

材料名称	6号 21～28mm	5号 16～21mm	4号 11～16mm	5～10mmRAP	10～20mmRAP	沥青用量
组成比例(%)	15	10	5	40	30	1.4%
合成级配						
标准筛孔(mm)	31.5	26.5	19	16	13.2	9.5	4.75
通过百分率(%)	100	97.3	85.7	77.3	67.8	55.4	33.3
标准筛孔(mm)	2.36	1.18	0.6	0.3	0.15	0.075	—
通过百分率(%)	20.5	16.6	12.5	9.6	7.9	6.4	—

试拌确定 ATB-25 生产配合比　　　　　　　　　　　　　　　　表 3.6-17

材料名称	6号 21～28mm	5号 16～21mm	5～10mmRAP	10～20mmRAP	沥青用量
组成比例(%)	23	7	28	42	1.3%
合成级配					
标准筛孔(mm)	31.5	26.5	19	16	13.2	9.5	4.75
通过百分率(%)	100	96.4	73.7	59.9	47.9	36.3	22.2
标准筛孔(mm)	2.36	1.18	0.6	0.3	0.15	0.075	—
通过百分率(%)	15.8	13.5	10.5	8.3	7.0	5.7	—

8. 温再生沥青混合料的生产和施工

(1)采用沥青罐搅拌的方式制备温再生沥青,按照设计比例计量添加再生剂和热沥青,搅拌均匀后使用。

(2)温再生沥青混合料拌和采用滕州市宏恒建筑材料公司的再生沥青混合料拌和楼(图 3.6-23)。RAP 材料按照配合比设计比例经由 RAP 料仓供给,通过再生加热滚筒加热到 130～140℃;新矿料经主机加热滚筒加热值 160～170℃。

图 3.6-23　温再生沥青混合料生产设备

(3)加热后的 RAP 经由专门的存储和计量仓,按照设计用量加入拌和锅;新集料经热料仓和集料秤计量,投入拌和锅;干拌 10～20s 后,按计量加入温再生沥青湿拌 20～40s;出料温度为 130~135℃。目测无花白料、裹覆效果良好,卸料流动性适中。

(4)本项目沥青摊铺时温度实测在 110~125℃ 之间,无施工烟气,和易性良好,白天及夜间施工场景见图 3.6-24。

图 3.6-24 温再生沥青混合料摊铺

(5)压实工艺:使用振动压路机震动碾压两遍,再用轮胎压路机静压三遍,随后采用关闭振动的钢轮压路机静压赶光的组合及方案,见图 3.6-25。

图 3.6-25 温再生沥青混合料碾压

9. 试验路技术状况检测

对应用路段进行施工质量检测,部分渗水试验如图 3.6-26 所示。

图 3.6-26 应用路段渗水试验

试验路检测结果见表3.6-18。

试验路检测结果　　　　　　　　　　表3.6-18

混合料类型	检测项目	单位	1	2	3	4	5	6	平均值
AC-25	渗水系数	mL/min	132	75	80	93	73	110	93
	现场空隙率	%	6.3	5.1	5.3	5.7	5.5	5.9	5.6
	压实度	%	97.6	98.9	98.7	98.2	98.4	98.0	98.3
ATB-25	现场空隙率	%	6.0	6.3	5.8	5.9	5.9	5.7	5.9
	压实度	%	98.3	98.0	98.5	98.4	98.4	98.6	98.3

从检测结果看,混合料性能指标可靠,试验路效果良好,达到施工质量控制要求。

(二)温再生沥青混合料设计及施工工艺

在温再生沥青混合料试验路实施和路面技术状况检测基础上,总结提出温再生沥青混合料设计和施工工艺要求。

1. 材料

1)RAP材料

(1)根据原路面沥青面层材料性质进行分层铣刨。铣刨前对铣刨鼓刀头数量、刀头磨损情况进行检查并及时更换,铣刨过程中推荐控制铣刨速度在5~8m/min,严格控制铣刨鼓喷水量。

(2)每层铣刨料分别进行运输,到场后分类存放,并搭设料棚进行防雨遮盖。不同的回收沥青路面材料(RAP)应分开堆放,不得混杂。

(3)回收的沥青路面材料(RAP)必须筛分分档后方可使用。RAP的筛分采用大型筛分设备,筛分设备要与拌和站产能相匹配,铣刨料筛不少于2档,推荐筛分孔为0~5mm、5~10mm和10~25mm。

(4)超粒径的RAP或堆积存放时间较长而导致结块的RAP,应采用反击式破碎机或者辊式破碎机进行第二次破碎后筛分,提高铣刨料的综合利用率。

(5)筛分后的RAP材料应堆放在预先经过硬化处理且排水通畅的地面上,多雨地区宜采用料棚遮盖。

(6)处理后的RAP材料需要按照表3.6-19进行试验检测。

铣刨料技术要求　　　　　　　　　　表3.6-19

材料	检测项目	技术要求	试验方法
RAP	含水率(%)	≤3	参照《公路沥青路面再生技术规范》(JTG/T 5521—2019)附录B
	RAP级配	实测	
	沥青含量	实测	
4.75mm以下的RAP	砂当量	≥60	

续上表

材料	检测项目	技术要求	试验方法
RAP中的沥青	回收沥青	—	参照《公路工程沥青及沥青混合料试验规程》(JTG E20—2011)T0726或T0727
	针入度(0.1mm)	≥20	T0604
	60℃黏度	实测	T0620
	软化点	实测	T0606
	15℃延度	实测	T0605
RAP中的粗集料	针片状颗粒含量(%)	≤15	抽提后得到矿料,按照《公路工程集料试验规程》(JTG E42—2005)T0312进行
	最大颗粒粒径(mm)	≤设计级配允许的最大粒径	参照《公路沥青路面再生技术规范》(JTG/T 5521—2019)附录B

2)温再生剂

温再生剂常温下具有较好的流动性,与沥青有较好的相容性。温再生剂技术指标见表3.6-20。

温再生剂技术指标　　　　　表3.6-20

技术指标	单位	实测值
储藏稳定性试验(24h,60℃)	cp	上下黏度差<1cp
黏度(40℃)	cp	20~60
密度(15℃)	g/cm^3	0.90~1.01
闪点(开口法)	℃	>220
pH值	—	8~10

3)新矿料和新沥青

(1)温再生沥青混合料设计需要的新集料和填料技术要求,按照现行《公路沥青路面施工技术规范》(JTG F40)执行。

(2)温再生沥青混合料设计需要的新沥青和改性沥青技术要求,按照现行《公路沥青路面施工技术规范》(JTG F40)执行。

4)温再生沥青的制备

温再生沥青采用小型搅拌罐现场制备,按照设计比例计量添加温再生剂和沥青,搅拌均匀即可使用。

2.配合比设计

1)级配设计

(1)温再生沥青混合料推荐采用连续密级配矿质混合料,级配范围参考现行《公路沥青路面施工技术规范》(JTG F40)要求。

(2)根据RAP材料的品质、温再生沥青混合料的规格和使用层位等选定RAP掺量,推荐掺配比例为50%~70%。

(3)新添加矿料以粗集料为主,恢复主要的骨架结构;根据合成级配情况适量添加其他矿料,调节温再生沥青混合料设计和性能指标。

(4)在级配范围内,设计1~3条级配进行温再生沥青混合料拌和与成型试验。

2)新沥青和再生剂用量

(1)温再生沥青混合料总沥青用量根据相同规格的热拌沥青混合料设计经验预估拟定。

(2)老化沥青总质量应按照不同档的RAP材料的沥青含量,根据掺配比例进行累加计算。

(3)再生剂用量的确定宜根据掺入老化沥青的技术指标恢复情况、经试验确定,以接近70号原样沥青技术为标准;当再生剂与新添加沥青的质量比超过10%,建议取10%计量使用。

3)温再生沥青混合料的成型与体积指标测试

(1)温再生沥青混合料可以采用马歇尔击实仪或旋转压实仪成型。试件制作温度宜符合表3.6-21的要求。其中RAP材料在烘箱中保温不得超过2h。

温再生沥青混合料室内试件制作温度要求　　表3.6-21

工序	温度要求(℃)
温再生沥青加热	140~150
新矿料加热	160
RAP材料加热	130~140
混合料拌和	135
混合料成型	>130

(2)温再生沥青混合料的理论最大相对密度采用真空实测法确定。

(3)温再生沥青混合料试件在常温下养护48h后脱模,测定马歇尔试验技术指标,AC类和ATB类马歇尔试验技术应分别符合表3.6-22和表3.6-23的要求。

密级配沥青混凝土马歇尔试验技术标准　　表3.6-22

试验指标		单位	指标要求					
击实次数(双面)		次	75					
试件尺寸		mm	$\phi 101.6 \times 63.5$					
空隙率VV	推荐值	%	4					
	范围		3~5					
马歇尔稳定度MS		kN	≥8					
流值FL		mm	1.5~4					
矿料间隙率VMA(%)≥	设计空隙率(%)	相应于以下公称最大粒径(mm)的最小VMA和VFA的技术要求						
		26.5	19	16	13.2	9.5	4.75	
	3	11	12	12.5	13	14	16	
	4	12	13	13.5	14	15	17	
	5	13	14	14.5	15	16	18	
沥青饱和度VFA(%)			55~70		65~75		70~85	

密级配沥青稳定碎石混合料马歇尔试验技术要求　　　　表 3.6-23

试验指标		单位	ATB-25	ATB-30	ATB-40
马歇尔试验尺寸		mm	$\phi 101.6 \times 63.5$	$\phi 152.4 \times 95.3$	
击实次数(双面)		次	112		
空隙率 VV		%	4~6		
马歇尔稳定度		kN	≥7.5	≥15	
流值 FL		mm	1.5~4	实测	
沥青饱和度 VFA		%	55~70		
对应于设计空隙率的矿料间隙率 VMA ≥	$V_V = 4\%$	%	12	11.5	11
	$V_V = 5\%$		13	12.5	12
	$V_V = 6\%$		14	13.5	13

(4)采用旋转压实成型方法进行温再生沥青混合料设计时,对于高等级公路,推荐压实次数为100次,控制空隙不大于4%。

(5)根据马歇尔试验结果优选设计级配,以初选沥青用量为中值,分别增加和减少0.5%沥青总量进行马歇尔试验,确定最佳沥青用量。

4)路用性能检验

(1)对公称最大粒径等于或小于19mm 的 AC 沥青混凝土混合料,需要在配合比设计的基础上进行各种路用性能检验,技术指标应符合表 3.6-24 的要求。

温再生沥青混合料路用性能要求　　　　表 3.6-24

技术性能	技术指标	单位	技术要求	试验方法
高温稳定性	动稳定度	次/mm	≥1500	T0719
水稳定性	浸水马歇尔试验残留稳定度	%	≥80	T0709
	冻融劈裂试验残留强度比	%	≥75	T0729
低温抗裂性	低温弯曲试验破坏应变	10^{-6}	≥2000	T0715
渗水性	渗水系数	mL/min	≤120	T0730

(2)不符合要求的温再生沥青混合料,必须复核原材料技术指标,若不满足要求,则更换、优化材料重新进行配合比设计。

5)生产复核与调整

(1)在进行生产配合比设计试拌和正式生产之前,都要对 RAP 进行取样,分析级配组成和沥青用量。

(2)根据 RAP 材料的复核结果与热料仓集料筛分结果,进行设计和调整生产配比,使合成级配与目标级配尽量接近,同时重新计算新添加温再生沥青用量。

(3)每天生产拌和稳定后都应取样进行试验分析,包括抽提试验分析温再生沥青混合料级配组成和沥青总量,马歇尔试验分析体积指标。

(4)根据抽提试验和马歇尔试验结果对后续生产采用的配合比进行微调。

3. 拌和

温再生沥青混合料拌和应采用具备 RAP 独立加热和计量、添加系统的间歇式再生沥青混合料拌和设备。RAP 供给仓数量不少于 3 个。温再生沥青混合料的施工温度参照表 3.6-25 执行。

温再生沥青混合料施工温度 表 3.6-25

施工工序	控制温度(℃)
温再生沥青加热温度	140~150
集料加热温度	160~170
RAP 加热温度	130~140
出料温度	≥125
废弃温度	≥165
混合料摊铺温度	≥110
开始碾压混合料内部温度	≥100

拌和时将 RAP 材料和热集料、常温矿粉按计量比例投入拌缸,干拌 10~15s 后,喷入温再生沥青,湿拌不少于 30s。其他拌制要求应按照现行《公路沥青路面施工技术规范》(JTG F40)的规定执行。

4. 运输

运料车装料时,应按照前、后、中的顺序来回挪动料车位置,平衡装料,以减少混合料离析。运料车运输混合料时宜用苫布覆盖等适当方式保温、防雨、防污染。运料车到工地后,应由专人逐车检测温度,检测结果应满足表 3.6-25 的要求。其他运输要求应按照现行《公路沥青路面施工技术规范》(JTG F40)的规定执行。

5. 摊铺

温再生沥青混合料应采用摊铺机摊铺,尽量避免在摊铺面进行人工补料等操作。温再生沥青混合料的现场摊铺温度应满足表 3.6-25 的要求。摊铺速度应根据摊铺层厚度、宽度等进行调整,并与混合料供应能力保持相对稳定,最大速度不宜超过 4m/min。其他摊铺要求应按照现行《公路沥青路面施工技术规范》(JTG F40)的规定执行。

6. 压实及成型

温再生沥青混合料路面施工配备的压路机数量应与摊铺能力相匹配。初压紧跟摊铺机后进行,宜采用钢轮压路机静压 1~2 遍。经实践证明,采用振动压路机或胶轮压路机直接碾压无明显推移时,可免去初压直接进入复压工序。复压应紧跟初压进行,优先采用 25t 以上胶轮压路机进行复压,也可采用胶轮压路机和钢轮压路机联合作业,并保证每一台压路机进行全幅碾压。终压应紧跟复压后进行,应选用钢轮压路机静压,至无明显轮迹为止。压路机应以慢而均匀的速度碾压,并符合表 3.6-26 的要求。

压路机碾压速度(km/h) 表 3.6-26

压路机类型	初压		复压		终压	
	适宜	最大值	适宜	最大值	适宜	最大值
钢轮压路机	2~3	3	3~4	4.5	3~6	6
	振动或静压		振动		静压	
胶轮压路机	—		3~4	4	—	

在不产生严重推移和裂缝的前提下,初压、复压、终压都应在尽可能高的温度下进行。其他压实要求应按照现行《公路沥青路面施工技术规范》(JTG F40)的规定执行。

7. 接缝处理

温再生沥青混合料路面的施工接缝按照现行《公路沥青路面施工技术规范》(JTG F40)的规定执行。

(三)温再生沥青混合料技术效益分析

1. 经济效益分析

与普通热拌沥青混合料相比,温再生沥青混合料大大提高了沥青路面回收料的再生率,将其转化为性能优良、成本节约的环保型筑路材料,有效降低原材料成本。以70% RAP 掺量的下面层沥青混合料 AC-25 为例进行计算:

(1)新集料均价约为150元/t,RAP材料采购或铣刨、筛分价格约为50元/t,掺量为70%时,每吨节省矿料成本为(150元-50元)×70%×96%=67元。

(2)沥青总用量为4.0%(沥青含量),新沥青价格以2021年行情3400元/t计算;温再生沥青添加量约为1.38%,单价以5000元计算,每吨温再生沥青混合料节省沥青成本3400元×4.0%-5000元×1.38%=67元。

(3)温再生沥青混合料技术中,由 RAP 材料的破碎、筛分及拌和效率降低等因素增加的拌和费用约为110元/t,热拌沥青混合料拌和费用约为50元/t,每吨温再生沥青混合料增加加工成本为110元/t-50元/t=60元/t

(4)由以上(1)~(3)项数据进行汇总可知,每吨温再生沥青混合料可节省材料成本为67元+67元-60元=74元。

其他规格的温再生沥青混合料生产成本一并进行计算,结果见表3.6-27。

温再生沥青混合料计算　　　　　　　　表3.6-27

混合料类型		油石比(%)	沥青单价(元/t)	RAP单价(元/t)	RAP掺量(%)	新矿料单价(元/t)	新矿料用量(%)	拌和费用(元/t)	出料总价(元/t)	节省成本(元/t)
AC-20	热拌	4.5	3400	50	70	150	100	50	340	77
	温再生	1.5	5000	50	70	150	30	110	263	
AC-25	热拌	4.2	3400	50	0	150	100	50	331	73
	温再生	1.4	5000	50	70	150	30	110	258	
ATB-25	热拌	4.0	3400	50	0	150	100	50	325	72
	温再生	1.3	5000	50	70	150	30	110	253	

由表3.6-27可知,在运输、摊铺和施工工艺及成本基本相同的情况下,温再生沥青混合料每吨可节省材料成本72~73元,约占热拌沥青混合料材料成本的22%。

京台高速公路改扩建项目中,外侧加宽宽度为3.75m×2+3.5m=11m,双向每km路面积为11m×2×1000m=22000m^2,温再生沥青混合料压实后密度统一按照2.4t/m^3计算,则:

(1)使用温再生沥青混合料 ATB-25 作为上基层(10cm),每公里可节省成本为22000m^2×

$0.1m \times 2.4t/m^3 \times 72$ 元/t = 380160 元

（2）使用温再生沥青混合料 AC-25 作为下面层（8cm），每公里可节省成本为 $22000m^2 \times 0.08m \times 2.4t/m^3 \times 73$ 元/t = 308352 元

（3）使用温再生沥青混合料 AC-20 作为中面层（6cm），每公里可节省成本为 $22000m^2 \times 0.06m \times 2.4t/m^3 \times 73$ 元/t = 243936 元

在本项目的试验路工程中，采用了温再生沥青混合料 AC-25 下面层和 ATB-25 和柔性基层，则每公里可以节约材料成本 68.8 万元。2020 年山东省内 1300 余公里高速公路实施大中修项目，以 1000km 计算，仅在超车道和行车道推广和应用温再生沥青混合料技术将节约工程成本约 4.6 亿元，具有十分显著的经济效益。另外，随着我国沥青路面再生技术的不断发展，适于 50% 以上 RAP 掺量的间歇式再生沥青混合料拌和设备的性能水平和生产效率也在不断提升，拌和费用也在逐渐降低，经济效益也在进一步扩大，应用前景十分广阔。

2. 社会效益分析

公路沥青路面养护维修每年需要从自然环境中索取上亿吨砂石材料和沥青材料，同时产生的约 1.6 亿 t 废旧沥青混合料成为固废建筑垃圾破坏生态环境，目前各种再生技术存在掺配利用率低、路用性能不足、应用层位约束多等技术难题，限制了上述资源的循环利用效率。本项目在保证温再生沥青混合料路用性能的前提下，可将 RAP 掺量提高到 70%。京台高速公路改扩建项目的应用中，拓宽车道及应急停车带双向 22m 的宽度上，使用温再生沥青混合料 AC-25 下面层和 ATB-25 柔性基层，可利用 RAP 材料 6653t/km，同时将节省 6300t 矿山资源和近 300t 石油沥青资源。以此基础数据计算，推广应用温再生沥青混合料路面，1000km 需要 RAP 材料 665.3 万 t，节省矿山资源 630 万 t，节省石油沥青资源 30 万 t；如果将温再生沥青混合料技术推广至全国，将大量消耗每年因沥青路面维修产生的废旧沥青混合料资源。温再生沥青混合料技术在传统工艺之外，提供了全新的沥青路面再生途径，实现了公路工程固废资源的循环化利用，符合国家对公路交通行业的发展要求。

温再生沥青混合料技术不仅提高了沥青路面回收材料的高效利用比例，还能降低能源消耗，减少污染物排放。项目组前期的研究成果表明，沥青混合料出料温度由 160℃ 下降到 130℃ 时，拌和设备烟气排放速率降低幅度高达 82.3%，烟气实测浓度降幅达 81.9%，说明烟气排放总量及烟气中的废弃物质都降低到了很低的水平。除此之外，降低拌和温度后，随烟气排放的有害气体也大大减少，其中 CO 气体降幅最为明显，达到了 90%；SO_2、NO_x 及苯并芘的降幅也都达到了 60% 以上，有效减少了沥青混合料生产过程对环境和工作人员的影响。因此，温再生沥青混合料技术具有显著的社会效益。

第四章

高速公路改扩建桥梁拼宽施工技术

第一节 桥梁拼宽研究现状

一、我国桥梁拼宽研究进程

自20世纪80年代末中国高速公路建设起步,90年代末进入高速发展时期,到2014年底,全国高速公路通车里程达10.6万km,成为世界上高速公路里程排名第一的国家。高速公路的快速发展缓解了我国交通运输的压力,为我国社会、经济的发展起到了巨大的促进作用,但是随着经济的高速发展,部分高速公路的交通量增速迅猛,既有道路无法满足交通量及社会、经济的发展需求,面临着拓宽改建、升级改造的问题。

对于这些并未达到设计年限的既有桥梁,如采用拆除重建的方案,一方面将造成极大的浪费,不符合可持续发展、环保的原则;另一方面工程造价将会很高。因此,国内外对于旧桥的处置方式多为加固利用。自20世纪70年代开始,旧桥加固、维修技术逐步成为旧桥改造的重要课题。目前,我国形成了较成熟的旧桥检测、评价体系,以及旧桥加固维修理论计算方法和具体措施体系。因此,旧桥可以在检测评价的基础上,尽可能地加固利用。我国高速公路的常规桥梁多为钢筋混凝土桥或预应力混凝土桥,而新旧桥梁间的连接必须保证有效性,植筋技术的发展较好地解决了该问题,为大规模的桥梁拼宽提供了实施的可能性。

随着我国高速公路扩建项目的推行,我国桥梁拓宽的实践经验也在不断进步,并体现在各项目中:

(1)广佛高速公路桥梁扩建

该高速公路于1989年通车,1997年开始改扩建。该项目对于桥梁的横桥向拼接进行了分析,研究了桥梁的拼接构造方式,并且考虑了旧桥加固改造、基础沉降控制等问题。

该项目对于常规桥梁采用了上下部结构均不连接的方案,但通车运营后由于新旧梁的接缝处存在挠度差,产生纵向裂缝和横向错台,导致高速行车非常危险,最终通过采用整体化现浇层的方式勉强解决了这一问题,但是付出了较大代价。在此之后部分改扩建工程也采用钢板包边、桥面连续、纵横伸缩缝连接等对上下部结构均不连接的方式进行了试验性的尝试,但因为新旧桥的挠度差、桥面铺装层病害较多、行车安全性下降,且后期养护工作量大量增加,在我国此后的高速公路桥梁扩建中应用很少。

值得一提的是,广佛高速公路对桥梁的拼宽方案进行了很多有益的尝试,采用了一种适合新旧桥梁连接的特快硬钢钎混凝土,能够减少收缩徐变对桥梁拼接的影响。

(2)沪宁高速公路桥梁扩建

沪宁高速公路改扩建时对于桥梁的拼接方案进行了较系统的研究,充分考虑原桥的技术状况、桥位处的地质情况,对横向连接方式进行对比分析,研究了新旧桥梁结构的变形协调、新旧结构合理的拼接时间的控制,以及在保证旧桥通行的情况下建设新桥的施工方案。

沪宁高速公路原有桥梁结构以简支板、简支T梁、简支组合工资梁为主,还有连续箱梁、连续刚构等;大桥、特大桥主跨多采用了钢筋混凝土或预应力混凝土连续箱梁结构。主线桥梁采取上部构造相互连接、下部结构不连接的方式进行拼接,并采取了以下措施:

①在旧桥中植筋,与新桥预留钢筋连接,并在新旧桥梁拼接处加强配筋。

②采用加长桩基长度、新建桥梁堆载预压、新旧桥拼接时间尽量延长等措施,控制新旧桥梁间的差异沉降。

③使用U型膨胀剂(United Expansing Agent,UEA)混凝土,较好地解决了拼接接缝的收缩徐变问题。

(3)沈大高速公路桥梁扩建

沈大高速公路采用中断交通、全封闭施工,重点研究了上下部构造均连接的适用性、旧桥的加固与利用等。

沈大高速公路原有桥涵总体质量尚好,但存在一些小问题,如桥面相当部分存在坑槽、网裂等病害,桥头路基沉降和渗水严重,大部分梁板存在不同程度的盐腐蚀等。沈大高速公路桥涵加宽时,原桥边梁移至加宽桥外侧利用,上部结构和下部结构均采用了刚性连接,旧梁植筋、新梁预埋钢筋,采用湿接缝和现浇横隔梁将上部结构刚性连接;下部连接中除了对盖梁进行拼接外,在新老桩基顶面设置横系梁加强基础的整体性。

(4)佛开高速公路

总结了广佛高速公路的经验,有针对性地开展进一步的研究,如桥梁设计荷载技术标准、新旧桥梁纵缝拼接专题研究、低收缩徐变混凝土配置技术研究等。

(5)沪杭甬高速公路桥梁扩建

沪杭甬高速公路初始为双向四车道方案,但在开工三年后即开始扩建为双向八车道,边施工边扩建。沪杭甬沿线桥梁采用上部结构连接、下部结构不连接的拼接方法,既满足了上部结构的整体性,又避免了由于基桩不均匀沉降而导致的盖梁开裂。

沪杭甬高速公路为了避免早强高强混凝土产生收缩裂纹的问题,采用钢夹具将新桥和旧桥临时连接,确保接缝处新旧梁变形协调,并采用添加早强剂的一般钢纤维混凝土,在实际应用中取得了比较好的效果。

2015年1月实施的《公路工程技术标准》(JTG B01—2014)提出,桥涵改扩建应符合以下规定:新建桥涵(含拼接新建部分)应满足现行设计标准的要求;拼接加宽利用的原有桥涵,应进行检测评估并满足原设计荷载标准要求,且其极限承载能力应满足或采取加固措施后满足现行标准要求;整体拼接桥梁的桥下净空,不应小于原设计标准;对直接利用或拼接加宽的桥涵,应提出有针对性的运营管理和维护措施。

2015年3月实施的《高速公路改扩建设计细则》(JTG/T L11—2014),在《公路工程技术标准》(JTG B01—2014)等标准、规范的基础上,针对高速公路改扩建的特点,围绕技术标准采用、既有资源利用、改扩建方案选择、构造物拼接、建设和运营协调等方面,充分总结近二十年来国实践的经验,制定针对性的规定、措施,在保障安全的前提下,力求突出"注重实效、和谐环保"的理念。针对桥梁拼接接缝尺寸及形式、梁板的横向布置、施工及交通组织等做了规定。

二、预制装配式桥梁拼装

快速化建造提出的初衷是减少工程建设对现有交通的影响,尤其是在交通繁忙的城市地区。预制拼装技术除满足建造速度快、交通中断小等要求外,还能提高构件质量,从而使结构的耐久性得到提升。预制化施工在桥梁上部结构[图4.1-1a)]中应用了很多年,技术已较为成熟。然而,预制构件在桥梁下部结构[图4.1-1b)]的应用由于设计的不完善,尤其是施工的不熟练,往往会造成连接部位薄弱、施工时间长。

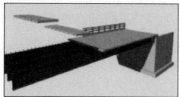
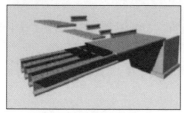
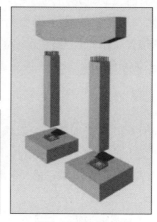

a)桥梁上部结构预制拼装　　b)桥梁下部结构预制拼装

图4.1-1　预制拼装技术在桥梁中的应用

全预制混凝土桥梁是将桥面板和梁体等上部结构,以及盖梁和桥墩等下部结构在预制厂或桥址附近进行预制,在建造时将诸预制部件通过后张预应力筋、混凝土后浇带及孔道灌浆等连接成为整体。因此,全预制混凝土桥梁相比于传统现浇桥梁具有下述四个主要优点:①建造周期大幅缩短,且施工进度受季节和天气影响小;②显著减少了桥梁施工对既有交通系统的干扰;③降低了对桥梁沿线生态环境及居民生活环境的不良影响;④可充分利用人工智能和自动化技术,实现部件预制过程和桥梁装配过程的施工标准化和智能化,进一步提高建造效率和经济性。

但受限于本身结构构造特点,该类桥梁结构在使用过程中存在以下主要问题:①预制构件连接处的开裂问题。预制构件连接处易出现裂缝,特别是铰缝处,开裂现象比较普遍。而对于扩建改造桥梁,在新老桥交接处亦是容易开裂的区域。②新旧桥梁结构整体受力性能的协调问题、接缝处刚度突变的整体受力问题。③支座滑移及脱空导致桥梁受力不均问题。④预制桥墩的抗震性能薄弱问题。⑤全预制桥梁在水平荷载作用下存在受力薄弱区域。尤其我国绝大部分地区位于抗震设防区,在水平向的地震作用下,预制构件拼接缝的存在将导致其抗震性能降低,且关于该类桥梁抗震性能的研究也正处于起步阶段,尚未形成系统的研究成果,也没有相关规范可遵循。

第二节 京台高速公路泰安至枣庄(鲁苏界)段桥梁拼宽技术

一、桥梁拼宽方式

1. 拓宽桥的加宽形式

目前公路桥梁拓宽工程中,按加宽位置的不同可分为在单侧加宽和双侧加宽。

(1)单侧加宽。

在拓宽工程中有时受到地形等因素的影响,只能在桥梁一侧进行拓宽,另外一侧保持原样。在经济上,单侧加宽桥梁的造价要比两侧加宽桥梁更低一些,施工上更为简便,尤其是针对下部结构。遇到位置受限致使双侧加宽特别困难的,应采用单侧加宽。在平原区的低等级公路中,拓宽方案多为单侧加宽。单侧加宽还有一个特点就是改变了桥梁中心线,进而改变了桥梁的荷载横向分布。

(2)双侧加宽。

在旧桥两侧同时对其进行加宽即为双侧加宽。双侧加宽桥梁拓宽后中心线位置不变,线形不变,拓宽后桥梁上的荷载横向分布与旧桥相近,对整个桥梁的受力更为有利。此外,桥拓宽处的路基沉降和固结基本完成,稳定性好,在其上加宽桥梁,对新桥台的受力更为有利。

旧桥加宽时有时要调整横坡。对于横向高程相对容易控制的板或梁式桥,通常要对其上部结构进行一定的拆除,然后改变盖梁或桥台上的横向高程,使其适应横向坡度的变化。拱桥的拱肋等构件一般难以拆除,但是拓宽时一般要拆掉拱上结构物。箱梁桥因已成一整体,通过调整桥面铺装一般很难满足横坡变化的要求,所以箱梁桥一般应拆除。如果桥梁拓宽一边不用改变横坡,多数情况直接进行拼接等工作。

对于拓宽桥梁来说,选用单双侧的原则,一般要综合衡量路线地形的变化和要求、桥梁的使用状况以及施工的难易程度等因素。如对某些城市跨线桥进行加宽时,工程造价等因素区别不明显,但是单侧加宽远不如双侧加宽美观,那么此时应该选择双侧加宽。

综上所述,对于一座拓宽桥采用哪一侧加宽,应在合理规划、认真调研和科学计算的基础上具体分析确定。

2. 拓宽桥的加宽方法

(1)增设钢筋混凝土悬臂挑梁。

一般在单侧加宽或双侧加宽均不大时,可以在旧桥墩台或主梁上直接进行加宽。具体方法是先拆除旧桥加宽侧的人行道板和栏杆及铺装,再浇桥面铺装层,或在墩台上设置人行道和车行道悬臂板,并在其上安设人行道板和栏杆,完成桥梁加宽。这种加宽方法要求旧桥墩台结构完好,且能够承担拓宽部分的荷载,多应用在拱桥和梁桥的拓宽工程中。

(2)增加主梁的拓宽方法。

此方法是在旧桥需要加宽侧的边梁上连接新的主梁,同时需要拓宽相应的桥墩台及基础,也可以在相邻侧新建桥墩台及基础。采用增加连接主梁时应注意,桥梁拓宽后荷载标准一般均会提高,故新主梁的刚度应大于旧桥主梁,这样可以为旧主梁承担更多的荷载,使其横向分布更加合理。

(3)单边新建桥梁的拓宽改建法。

当旧桥存在地形限制、不能紧邻其拓宽,其使用状况不适用于拼接拓宽,或是旧桥不能中断交通及其他限制时,不能将新梁直接拼接在旧桥边梁上,此时应该在旧桥一侧新建一座桥梁。这种拓宽方法易产生拓宽桥新旧部分结构性能差异。

3. 拓宽桥的拼接方式

桥梁拓宽时其基础部分一般不连接,能够进行连接的主要为墩台、盖梁等的下部结构和主梁、横隔板等的上部结构,上部结构与下部结构连接的组合有三种:一是上部结构与下部结构均不连接,二是上部结构与下部结构均连接,三是上部结构连接而下部结构不连接。著名的改扩建高速公路广佛高速公路、沈大高速公路和沪杭甬高速公路上的桥梁分别采用了以上三种桥梁拼接方式。每种拼接方式都有其优点和缺点。

(1)上部结构与下部结构均不连接。

该种连接方式在旧桥和拓宽部分之间留一道工作缝,而桥面的铺装层则连续铺装。这使得拓宽桥新旧部分基本为两个独立的体系,受力基本互不影响,没有相互的约束作用,这就避免了因混凝土收缩徐变差异和基础沉降差造成的次应力,而且上部结构和下部结构不连接也大大简化了施工程序和成本。但是,随着收缩徐变差异和基础沉降差的进一步增大以及长期的荷载等作用,桥梁新旧部分必然产生不同的变形,很可能造成铺装的纵向开裂,导致桥面不平整,如不及时处理,将造成行车舒适性下降,并影响结构安全和美观,而且随着时间的推移,养护成本将越来越高。

广佛高速公路线上桥梁即采用上部结构与下部结构均不连接的方式,长期运营后,拓宽桥新旧部分连接处纵缝和啃边现象日益突出,后期的养护费用不仅越来越高,而且所产生的问题不能够根治。

(2)上部结构与下部结构均连接。

该种连接方式连接时要先处理连接部位,再植筋,最后浇筑混凝土,将新旧部分连接起来。上部结构与下部结构均连接的优点是拓宽后桥梁整体性好,连接处牢固地连接在一起,一般的基础沉降差、收缩徐变、温度梯度和活载作用不会在接缝处产生过大的变形,桥面平整,行车舒适。但是也存在缺点,新旧部分基础沉降差过大时,新基础的下沉受到旧基础的约束,在连接处容易产生过大的应力,造成混凝土开裂,故对地质条件要求较高。此外,上部结构与下部结构均连接将增加施工的难度和成本。

沈大高速公路线上桥梁即采用上部结构与下部结构均连接的拼接方式，因为拓宽桥下部基础地质条件较好，在做了正常的地基处理后，大大降低了其后期的沉降差，拓宽桥服役多年后仍无明显的因拓宽方式产生的问题。

（3）上部结构连接而下部结构不连接。

该种连接方式相当于将以上两种方法进行了结合。上部结构连接增加了桥面的整体性，提高了行车舒适度，下部结构不连接适应了地基的沉降差，避免了因沉降造成下部结构的次应力。

这种连接方式因兼具以上两种连接方式的优点，又在一定程度上弥补前两者的缺陷，因而目前应用比较广泛，沪杭甬高速公路、沪宁高速公路和海南东线等高速公路线上桥梁均为此种拓宽连接方式。

4. 拓宽原则

为使桥梁拓宽工程合理进行并保证使用安全，通常应遵循下述原则：

（1）充分利用旧桥；

（2）在确定拓宽方案时，尤其是交通流量大的路段，应尽可能选用对交通影响小的拓宽形式和施工方案；

（3）在无特殊条件时，拓宽部分上下部结构形式应与旧桥相近；

（4）拓宽桥新旧部分连接后，应受力协调；

（5）在确定拓宽部分形式和施工方案时，应考虑到尽可能降低对旧桥地基基础的扰动，且要控制拓宽部分的基础沉降；

（6）桥梁改扩建应符合美学要求。

二、京台高速公路泰安至枣庄（鲁苏界）段梁板拼接关键技术

针对京台高速公路泰安至枣庄（鲁苏界）段桥梁拼宽，采用"上连下不连"方式进行拼接（图4.2-1、图4.2-2），尽可能延长拼宽桥梁的下部结构沉降时间，使之沉降稳定后进行新旧桥拼接，避免后期差异沉降影响，避免因拼接部位产生裂缝而影响桥梁结构性能。

图 4.2-1　墩柱

图 4.2-2　盖梁

1. 施工流程

上部结构梁板拼接施工流程如图 4.2-3 所示。

图 4.2-3　上部结构梁板拼接施工流程图

2. 梁板拼接施工技术和控制要点

1）拆除和测量控制

（1）桥梁拼接是新建侧与老桥上部梁板的横向连接,湿接缝范围内的老桥混凝土护栏、翼缘板等需进行拆除,拆除方式不得扰动老桥。采用切割或凿除的方法拆除混凝土护栏,先对护栏进行等距竖向切割、开口,然后从桥外侧往内侧进行切割或凿除,护栏根部宜预留 3~5cm。

（2）测量和画出翼缘板拆除边缘线,宜用切割机沿拆除线先切割一道,再沿切缝外侧等距钻孔,穿透翼缘板,然后采用先纵向、后横向凿除翼板混凝土,最后人工修边和凿毛。拆除作业不应破坏连接处的横向钢筋,桥下有地方道路或河流的应提前做好防护,弃渣应及时清理。

2）植筋和梁板架设

（1）老桥侧翼缘板植筋可在拆除作业完成后或拼接梁板安装后进行,应做好老桥横向钢筋、补植钢筋的保护工作。

（2）先检查老桥翼缘板横向钢筋缺失、长度不足等情况,确定植筋位置和数量,再进行钻孔、清孔、孔内注胶、植入钢筋、拉拔试验和整体检查。钻孔应探明避开钢筋的位置,减少无效孔数量；钻孔后应采用压缩空气吹孔法清孔,不应采用水冲法,清孔完成,重新复核孔深；注胶与植筋应衔接进行,注胶应使用注胶枪一次完成,每孔宜注入孔深 2/3,再将钢筋用手旋缓插方式植入,使胶与钢筋全面黏结且无孔隙,施工流程如图 4.2-4~图 4.2-7 所示。

图 4.2-4　电锤钻孔

图 4.2-5　毛刷清孔

图 4.2-6　高压空气吹孔　　　　　　图 4.2-7　注胶植筋

3）湿接缝浇筑与养护

（1）湿接缝应整桥或整联一次浇筑，按照钢筋安装、模板安装、混凝土浇筑的步骤进行。钢筋安装主要包括横向环形连接钢筋安装和纵向通长钢筋安装，应先安装环形连接钢筋，其横向长度应符合湿接缝宽度变化和搭接要求，纵向通长钢筋应设置在环形钢筋重叠环内。

（2）湿接缝采用吊模封底浇筑方式，底模应采用平整、无变形、无破损的胶合板，使用双吊杆进行固定，做到相邻模板顺接无缝，并采用泡沫胶封闭模板与两侧翼缘板底缝隙。清理和冲洗模板、结合面，采用罐车直接卸料浇筑混凝土。湿接缝的振捣与收面应连续进行，做到施工密实。浇筑后及时覆盖一布一膜和洒水养护，夏季宜适当延长养护时间。

三、新旧 T 梁间高强钢筋应力横隔板施工技术

1. 施工工艺流程

新旧 T 梁间高强钢筋预应力横隔板施工流程如图 4.2-8 所示。

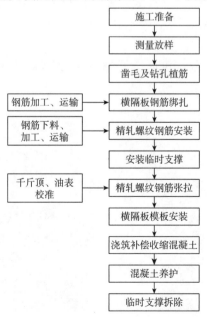

图 4.2-8　新旧 T 梁间高强钢筋预应力横隔板施工流程图

2. 新旧 T 梁间高强钢筋预应力横隔板施工操作要点

1) 施工准备

(1) 材料准备:既有 T 梁与拼宽 T 梁横隔板连接施工需张拉 JL25 精轧螺纹钢筋,考虑横隔板两侧 T 梁腹板厚度,张拉用的精轧螺纹钢钢筋无法单根穿入,需将其截断分别从两端穿入,再利用高强螺栓套筒连接器连接。

(2) 设置吊架或搭设脚手架,并在作业平台四周设置防护栏杆,保证施工人员作业安全。

(3) 根据设计图纸确定端横隔板、中横隔板处间隙大小,并现场校核测量,确定临时支撑槽钢长度,选择合适的可调顶托。

(4) 对张拉用的千斤顶、油表分别进行编号,配套校核,配套使用。

2) 测量放样

(1) 根据设计图纸确定连接横隔板在既有 T 梁与拼宽 T 梁的位置,在新、老 T 梁腹板上放样横隔板位置并做好标记,如图 4.2-9 所示。

(2) 用钢筋探测仪明确 T 梁腹板钢筋或波纹管所在位置,以便能确定植筋及高强精轧螺纹钢筋的位置,如图 4.2-10 所示。准确标注需钻孔的位置,放样并标记出连接横隔板四周边缘线,以及高强精轧螺纹钢筋位置、植筋位置。

图 4.2-9 横隔板放样位置标记

图 4.2-10 T 梁钢筋及波纹管探测

3) 凿毛及钻孔植筋

(1) 梁体腹板凿毛。

目前桥梁大多经历 15～20 年以后进行拼宽施工。桥梁长期暴露在四季变换的环境中,混凝土碳化普遍严重,脆化疏松层一般 3～5mm,甚至达到 6～9mm。为保证横隔板混凝土浇筑与既有 T 梁、拼宽 T 梁腹板连接牢固,须凿掉既有 T 梁脆化疏松层,同时对拼宽 T 梁进行凿毛处理(凿毛采用硬质合金锤),至完全露出新面,并用钢丝刷清除疏松浮层,如图 4.2-11 所示。

(2) 钻孔植筋。

为防止钻孔碰到梁体结构钢筋及预应力管道,钻孔前,必须先探明钢筋位置,以便避让。打孔位置可根据实际进

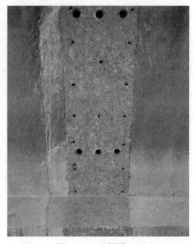

图 4.2-11 钻孔

行适当调整,钻孔时用冲击钻孔,以确保孔表面有足够的粗糙度。钻孔直径、深度等对应要求见表4.2-1、表4.2-2。

植筋钻孔直径对应表(mm) 表4.2-1

钢筋公称直径	钻孔直径	钢筋公称直径	钻孔直径
6	10	18	22
8	12	22	28
10	14	25	30
12	16	28	35
14	18	32	38
16	20	—	—

植筋钻孔深度、垂直度和位置允许偏差 表4.2-2

植筋位置	钻孔深度允许偏差(mm)	钻孔垂直度允许偏差(°)	位置允许偏差(mm)
上、下部结构	+10,0	3	5
承台与基础	+20,0	5	10
连接节点	+5,0	2	5

先将硬毛刷插入孔中,往返旋转清刷3次(图4.2-12);再将喷嘴伸入成孔底部并吹入洁净无油的压缩空气,向外拉出喷嘴,反复3次;最后用干净棉布蘸酒精彻底清洗孔道内部。植筋时必须保持孔内无尘,干燥。若不立即植筋,暂时封闭其孔口,防止尘土、碎油污和水分等落入孔中而影响植筋质量。

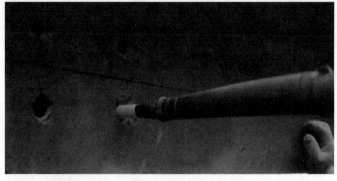

图4.2-12 清孔

植筋前用丙酮或工业用酒精擦拭孔壁、孔底,再植筋。将调好的专用植筋胶装入注胶器内,然后用注胶器将专用植筋胶注入螺杆孔洞,将植筋胶由孔底灌注至孔深2/3处,要求注胶密实、饱满,保证在植入钢筋后有少许胶黏剂溢出。注胶应在气温较高时进行。植入胶黏剂后立即单向旋转插入钢筋,直至达到设计深度,并保证植入钢筋与孔壁间的间隙基本均匀,确保钢筋的位置和垂直度。严禁采用将胶黏剂直接涂抹在钢筋上植入孔中的植筋方式。

在胶黏剂完成固化过程之前,植筋后12h内不得对钢筋进行扰动。植筋胶技术参数应符合表4.2-3要求。

植筋胶技术参数要求 表 4.2-3

序号	项目		技术指标(1 类胶 A 级)
1	劈裂抗拉强度(MPa)		≥8.5
2	抗弯强度(MPa)		≥50,且不得呈碎裂状破坏
3	抗压强度(MPa)		≥60
4	钢对钢拉伸抗剪强度标准值(MPa)		≥10
5	约束抗拔条件下带肋钢筋与混凝土的黏结强度(MPa)	C30,ϕ25,l=150mm	≥11
5		C60,ϕ25,l=125mm	≥17
6	钢对钢冲击剥离长度(mm)		≤25
7	不挥发物含量(%)		≥99

植筋完成后进行拉拔试验(图 4.2-13),检验植筋质量。植筋抗拔力检测标准按照表 4.2-4 进行。

图 4.2-13 T 梁腹板植筋后拉拔试验

植筋抗拔力要求 表 4.2-4

序号	钢筋公称直径(mm)	孔径(mm)	安全拉力(kN)
1	12	16	38.4
2	16	20	71.7
3	18	22	86.5
4	20	25	106.8
5	25	30	166.9
6	28	35	209.3

4）横隔板钢筋制作及安装

根据设计图纸，计算各种型号钢筋的下料长度，利用钢筋调直、切割一体机、智能弯箍机根据下料长度下料。钢筋制作完成后按照钢筋编号、使用部位等分别存放并挂牌标识。使用前，保证钢筋表面无锈蚀、油污、粉尘等。

横隔板钢筋根据设计要求间距进行绑扎安装，间距符合设计及偏差要求。

5）精轧螺纹钢筋安装

根据设计要求，打孔时先对一侧T梁腹板钻孔，对准后再对另一侧钻孔，打孔孔径需比精轧螺纹钢直径至少大5mm，以确保精轧螺纹钢筋安装顺利。

高强精轧螺纹钢筋直径为25mm，钢号为15Mn3SiB，设计抗拉强度标准值为540MPa，每道横隔板设计采用6根精轧螺纹钢筋施加预应力，上下各3根。采用JLM型锚具垫板，锚垫板尺寸为36cm×12cm×2.4cm。

根据设计要求，单根精轧螺纹钢长2.31m。考虑锚具安装长度及张拉端预留长度，现场实际高强精轧螺纹钢下料总长度为2.7m，其中两端工作长度均为19.5cm。

根据现场测量，新、旧T梁腹板中心间距为2125mm，旧桥T梁腹板间距2250mm，拼宽桥T梁腹板间距2400mm。由于高强精轧螺纹钢总长度为2.7m，无法整根穿入，需将其截断分别从两端穿入，再利用连接器连接，连接器采用螺栓套筒，套筒长65mm，如图4.2-14所示。

图4.2-14　钢筋及精轧螺纹钢筋安装

6）临时支撑安装

临时支撑结构采用国家实用新型专利"一种用于既有T梁拼宽连接的临时支撑结构"，能够有效保证既有T梁与拼宽T梁张拉时稳定、无位移。

临时支撑结构根据设计要求，为防止精轧螺纹钢筋在张拉期间梁体发生位移，在新旧T梁腹板间、连接横隔板两侧对称设置4道临时支撑，临时支撑与T梁腹板采用长度可调的顶丝顶紧，在顶丝与T梁腹板之间设置薄铁片，避免顶丝损伤T梁腹板混凝土。

临时支撑均为方形双拼槽钢，双拼槽钢采用钢板帮焊形成整体。在方形双拼槽钢一端四个角焊接四道钢管，钢管与槽钢采用双面连续焊，每道焊缝长度不小于15cm。每个钢管内插入长度可调节顶丝，顶丝插入钢管长度≥15cm，伸出钢管长度≤20cm。

7）精轧螺纹钢筋张拉

精轧螺纹钢筋总张拉力：张拉控制应力为216MPa，每根高强精轧螺纹钢筋锚下控制张拉力为106kN（表4.2-5）。

精轧螺纹钢筋张拉控制应力（kN） 表4.2-5

JL25 精轧螺纹钢筋	张拉力 $\sigma_k = 106$kN				
	20%σ_k	40%σ_k	60%σ_k	80%σ_k	100%σ_k
	21.2	42.4	63.6	84.8	106

新、老桥横隔板连接，在混凝土龄期＞45d，新梁板收缩徐变完成后进行，张拉过程中监测梁体的变形。

考虑单根精轧螺纹钢筋总张拉力较小，张拉设备采用小型手持张拉器械，施工搬运方便。选用量程为30t的千斤顶进行张拉施工（表4.2-6），采用张拉力和伸长量双控原则。

精轧螺纹钢筋张拉控制应力对应压力表读数统计表 表4.2-6

千斤顶（t）	压力表（kN）	回归计算公式	压力表读数 P（MPa）				
			20%σ_k	40%σ_k	60%σ_k	80%σ_k	100%σ_k
30	437	$P = 3.47539 + 0.17010R$	7.08	10.69	14.29	17.90	21.51

张拉千斤顶、油表、液压泵等需配套标定并出具标定证书后，配套标定的组合设备方可进行张拉施工。

精轧螺纹钢筋张拉按照先上后下、先中间后两侧的顺序进行，逐根张拉，每根张拉按照"张拉力值与伸长量双控"原则，单个精轧螺纹钢理论伸长量为：

$$\Delta L = P_p \cdot L/(A_p \cdot E) \quad (4.2\text{-}1)$$

式中：P_p——单个精轧螺纹钢控制张拉力（N）；

L——精轧螺纹钢长度（mm）；

A_p——精轧螺纹钢基圆截面面积（mm^2）；

E——拉伸弹性模量（N/mm^2）。

$\Delta L = P_p \cdot L/(A_p \cdot E) = 106000 \times 2615/(490.9 \times 198 \times 1000) = 2.852$（mm）。

待张拉结束后，向旧、拼宽T梁腹板孔道内注入喜利得HY-150化学胶封孔，再立模浇筑补偿收缩混凝土，横隔板施工完成后需在锚具上涂上环氧树脂。

注意T梁腹板与横隔板拼接部位新旧混凝土之间需涂刷结构界面剂，采用改性环氧界面剂。界面剂满足A级胶要求，界面剂剪切黏接强度≥3.5MPa；界面剂应可在水中固化，经湿热老化检验合格，90d湿热老化测试抗剪强度下降小于10%，环保无毒。

8）模板安装

采用竹胶板制作的模板，表面平整，内侧线形顺直。模板安装前表面涂刷合格脱模剂（严禁使用废机油及不合格脱模剂），以保证拆模顺利并且不破坏混凝土外观。模板用吊绳吊起至预定位置，人工精确定位，横隔板底部采用型钢托盘兜住底模，托盘通过钢丝绳＋可调花篮控制松紧度，用对拉螺栓将侧模板横向箍紧，如图4.2-15所示。

图 4.2-15 模板安装

模板与钢筋之间按图纸及规范要求的保护层厚度设置混凝土垫块,垫块具有足够的强度和密实性,其强度不低于构件强度。垫块厚度不得出现负误差,正误差不大于 1mm。垫块相互错开,分散设置在钢筋与模板之间,垫块布设的数量不少于 3 个/m²,重要部位适当加密。垫块与钢筋绑扎牢固。

模板安装完毕后,对其平面位置、顶部高程、节点联系及纵横向稳定性进行检查,合格后浇筑混凝土。

横隔板模板顶部必须高出湿接缝 5~10cm,以保证翼缘板下方混凝土能够浇筑密实。

9) 混凝土浇筑

补偿收缩混凝土强度等级为 C50,混凝土严格按照批准的配合比进行生产,应拌和均匀,和易性良好。

混凝土浇筑前,再次检查钢筋和模板,保证模板、钢筋上的污垢已清理干净,并对预埋件(预埋钢筋)和支撑加固情况等做进一步检查,确认无误后,方可浇筑混凝土。

混凝土浇筑自由倾落高度不得超过 2m,高于 2m 时要用溜槽配合浇筑,以免混凝土产生离析。

浇筑混凝土期间,安排专人检查模板、钢筋和预埋件的稳固情况,当发现有松动、变形、移位时,及时进行处理。

浇筑时采用 ZN30 插入式振动器振捣,振捣要做到"快插慢拔"(图 4.2-16)。间距保持在其作用半径的 1.5 倍之内,即 30cm,与侧模保持 5~10cm 距离。振动器振捣棒插入下层混凝土 5~10cm,振捣完毕后将振捣棒徐徐提出,避免碰撞模板、钢筋以及预埋件。严格控制振捣时间,加强边角部位振捣质量控制,当混凝土表面停止下沉、不再冒出气泡、表面充分泛浆时停止振捣,以免过振。

混凝土浇筑完毕后,对表面进行修整、收浆抹平,待混凝土初凝后,再进行二次抹面。

10) 混凝土养护及临时支撑拆除

模板拆除后洒水用薄膜严密覆盖,并安排专人负责定期洒水养护,保持混凝土表面湿润,养护期不少于 7d。养护用水采用生活用水,未达到 2.5MPa 前,不得使其承受额外荷载。

图 4.2-16　横隔板溜槽浇筑及振捣

拆模时应小心,防止损伤混凝土表面及棱角,严禁抛扔模板行为发生。

模板拆除后应及时维修整理模板,并分类堆放整齐,清除黏结在模板上的混凝土残渣,并涂上脱模油。

在养护达到设计强度后,临时支撑同底模一起拆除,先拆除模板,后拆除临时支撑。临时支撑拆除时,采用人工扳手转动可调顶丝,严禁猛敲冲击顶丝。

四、桥梁装配式桥梁拼宽施工技术

(一) 预制装配式技术设计

1. 装配式预制构件连接技术

预制构件创新性地采用"卡盾式"承插连接。承插式连接是指将预制桥墩垂直插入承台的槽孔内,在桥墩与预制承台之间灌浆或采用预制承台,实现连接效果,两种节点连接方式如图 4.2-17 所示。"卡盾式"承插连接桥墩与其他预制桥墩类型相比,最大的优势在于施工工序简单、施工精度要求低、现场湿作业量少、施工速度快等。该连接方式由于柱身构造与现浇柱基本相同,具有拼装工序简单、施工精度要求相对较低、现场工作量小优点;由于不需要预留锚固长度的钢筋在柱中,因此具有便于运输的优点。

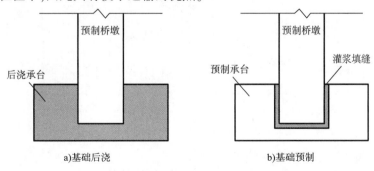

图 4.2-17　承插式节点连接形式示意图

2.预制装配式桥墩连接构造设计及抗震技术

(1)预制装配桥墩承插式精细化分析模型及构造参数分析

建立可准确描述预制拼装承台-桥墩-盖梁体系节点复杂受力-变形行为的拼接部位的精细化有限元模型,如图4.2-18所示。研究连接区域受力特性与变形特征;研究不同连接细节对墩柱体系抗震性能的影响规律,确定影响抗震性能的关键参数和次要参数,并进行参数分析,确定主要参数对下部结构抗震性能的影响程度。

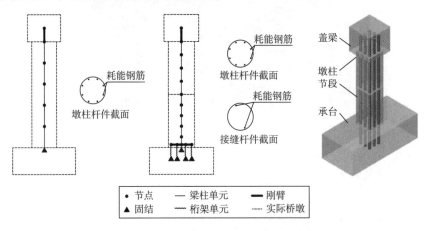

图4.2-18 预制装配式桥墩计算分析模型图

(2)预制装配承插式桥墩低周反复加载试验研究

针对"卡盾式"承插预制拼装桥墩开展低周反复加载试验(图4.2-19),研究预制拼装桥墩在水平荷载作用下的受力机理,对比不同连接形式下塑性铰区域的受力特点。分析采用不同连接形式时,预制拼装桥墩在水平荷载下的滞回特性,评价其抗震性能,确定适用于计算预制拼装桥墩目标位移的方法。

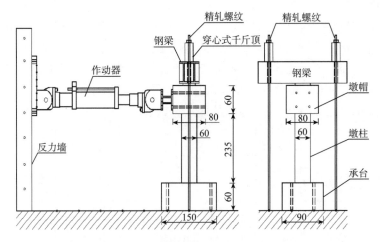

图4.2-19 试验加载装置示意图(尺寸单位:cm)

(3)预制装配承插式桥墩抗震设计方法研究

结合试验研究、数值分析模型以及国内外关于现浇混凝土桥墩抗震性能水准量化指标的既有研究成果,提出预制拼装桥墩不同性能水准下的性能量化标准,综合目标位移与自复位能力提出其基于性能的抗震设计方法,给出预制拼装桥墩基于性能的抗震设计步骤,为设计预制拼装桥墩提供依据。

3. 快速施工的"卡盾式"墩柱承插连接构造技术

结合前述研究成果,从设计、工厂预制、储存、运输、施工等建造全过程,针对各环节进行优化分析,以提高工厂预制质量,实现快速化施工。综合考虑受力性能、预制及现场定位安装便捷性、提升结构耐久性等,重点针对承插式连接构造接头形式、钢筋布置等构造细节等进行研究,使之更为合理和简便,提高施工质量,加快施工进程。

参考目前承插式连接构造的工程实例设计,结合国外的最新研究进展,从设计、工厂预制、储存、运输、施工全过程考量值得优化的环节,主要针对以下几方面的问题对承插式连接构造进行优化:①优化承插处的连接界面,提高结构承载力;②优化承插处的钢筋布置,包括配筋率、钢筋的截断与弯折;③优化承插构造设计,便于构件预制和现场安装快速定位;④从结构长期耐久性出发提出构造优化措施。轴向力及侧向力作用下墩柱-承台节点传力模型如图4.2-20所示。

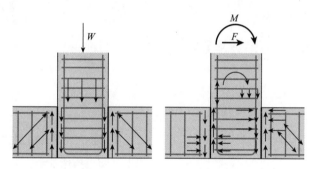

图4.2-20 轴向力及侧向力作用下墩柱-承台节点传力模型

4. 装配式预制场合理规划与布局

根据墩柱、盖梁总体预制件数量和安装位置,合理设置规模相当的装配式预制场;采用建筑信息模型(BIM)模拟建造布局,提前进行预制、运输等阶段碰撞空间检查,场内布局独立、功能集中。按照功能需求,装配式预制场一般呈纵列式设置,按功能划分依次为钢筋加工区、钢筋绑扎区(墩柱在墩柱钢筋翻转台上完成)、混凝土浇筑及养护区、成品预制件存放区。圆形墩柱竖立存放于专用的墩柱存放坑,存放坑宜采用钢筋混凝土圆管涵身作为坑壁。盖梁存放区规划为标准双层存梁区,预制台座数量根据工期和安装龄期规定计算确定。

5. 装配式预制墩柱、盖梁工装设计及施工成套技术

根据双圆形墩柱和单榀盖梁组合装配式施工特点,需解决墩柱的长细比大而存在的竖立状态失稳、成品翻转折断、成品墩柱姿态转换困难、预制盖梁预留承插孔位多及精准定位难等问题。为此,预制件施工需配备有针对性的配套工装及应对措施,如图4.2-21和图4.2-22所示。

工装设计和配置按照预制件的设计尺寸、施工工艺、施工总体工期及单件预制生产周期、施工作业功效等因素综合考虑,同时考虑施工效率进行工装数量组合优化。

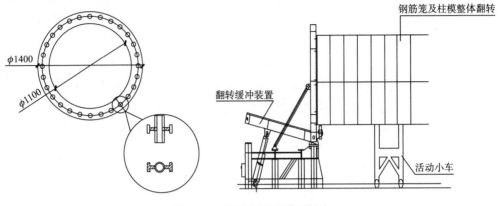

图 4.2-21 装配式墩柱安装预制图

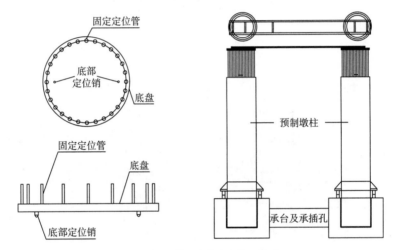

图 4.2-22 装配式墩柱安装工装图

(二)装配式涵洞拼接技术

1. 施工工艺流程图

改扩建装配式涵节预制、安装施工流程如图 4.2-23 所示。

2. 改扩建装配式涵节预制、安装施工技术和控制要点

装配式涵节应在预制场采用专用工装集中预制,宜使用大型组合模板台车,按照"长线法"(长线法施工是以前一节涵节侧壁作为下一节端模顺序施工,以提高涵节间精度的方式)进行预制,再运输至现场安装。预制过程中的钢筋加工、混凝土浇筑控制要点与现浇工艺基本相同。

1)钢筋绑扎和安装

涵节钢筋骨架应在专用胎架上绑扎成型,再使用专用吊具整体吊装入模(图 4.2-24、图 4.2-25)。使用频率高的胎架应进行定期维护和检查间距、尺寸等参数,出现胎架变形、磨损情况应予修复和更换。

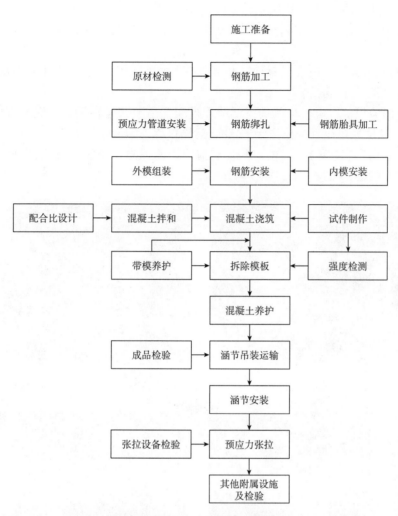

图 4.2-23 改扩建装配式涵节预制、安装施工流程

图 4.2-24 胎具绑扎钢筋

图 4.2-25 钢筋骨架龙门架吊装入模

2）预应力管道布设定位

(1) 涵身预应力管道在入模固定的钢筋骨架内预设聚氯乙烯管（PVC 管）成孔，先间隔设

置部分定位钢筋和调整管道线形位置,再进行全定位固定和临时封口。

(2)定位钢筋应位置准确并焊接牢固,做好防护措施,防止焊伤管道。

3)涵节吊装运输与安装

(1)涵节吊装运输前,应先进行预制涵节混凝土强度回弹试验,混凝土强度满足设计要求后,方可进行涵节吊装运输。

(2)涵节吊装设备应根据单节最重涵节重量配置吊装和运输设备。涵节应缓慢起吊,与运输设备接触摩擦处应设置橡胶垫保护,防止运输过程中涵节受到损坏。

(3)涵节现场安装宜采用顶推施工,安装前应提前弹出四周控制轴线,以便于构件定位,施工流程如图4.2-26~图4.2-29所示。

图4.2-26 台车就位、涵节卸落

图4.2-27 台车安装顶升涵节

图4.2-28 涵节顶推施工

图4.2-29 涵节顶推施工

4)预应力张拉及压浆

按沉降缝设置每3~4个装配式涵节作为一个单元,采用预应力精轧螺纹钢进行螺栓连接,再进行整体张拉。每个单元采用双端张拉方式,具体为对应张拉槽安装和顶紧千斤顶,边张拉边紧固螺栓,直至张拉结束。张拉控制应两端对称,以应力控制为主、伸长量校核为辅,如图4.2-30所示。

通过注浆孔对预应力管段进行压浆处理,浆液采用水胶比为0.28的水泥浆,压浆应使用专用压浆机。压浆的最大压力宜为0.5~0.7MPa;压浆应达到孔道另一端饱满和出浆,并应达到排气孔排出与规定稠度相同的水泥浆为止。

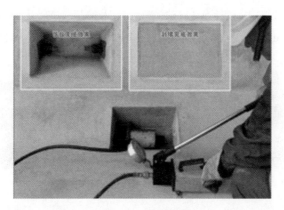

图 4.2-30　张拉

第三节　预制拼宽桥梁上部结构抗裂性能分析与优化

一、新旧拼宽空心板桥铰缝抗裂性能分析及优化

空心板桥在实际工程中大量存在,空心板桥铰缝在实际运营过程中,普遍存在开裂、泛白等病害,而新旧拼宽空心板桥受力更为复杂。本章主要针对新旧拼宽空心板桥的铰缝受力性能进行研究,并提出改善措施。此外,对铰缝存在的病害原因进行调研,在此基础上,从铰缝构造钢筋的优化角度进行研究,提出优化布置方案,并通过试验进行验证。

(一) 有限元模型的建立

以京台高速公路山东某段拓宽工程中空心板桥梁拓宽改建为依托工程,针对量大面广的16m 跨径空心板梁桥进行研究。该高速公路原为双幅分离式,原单幅宽 0.5m(边护栏) +11m(行车道) +11m(中护栏),本次拓宽改造在现有 26m 宽双向 4 车道的基础上左右两侧各拼宽7.75m,成为宽度为 41.5m 的双向八车道桥梁。拓宽部分新增 5 片空心板(边板宽 1.25m,中板宽 1m),外侧边梁悬挑 505mm,拼宽部位与旧桥预留 505mm 的现浇接缝。16m 空心板桥的拓宽横断面如图 4.3-1 所示。

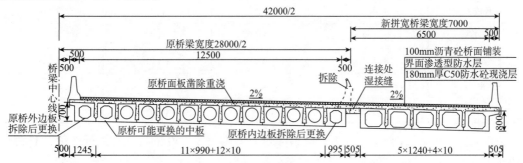

图 4.3-1　16m 空心板桥的拓宽横断面(尺寸单位:mm)

通过大型通用有限元分析软件 ABAQUS 建立实体单元模型,其中铰缝、湿接缝、现浇层与空心板主梁之间采用 Tie 约束、底部采用 Spring 弹簧单元和赋予节点之间大的竖向刚度,达到模拟支座竖向刚度的效果,具体的模型图如图 4.3-2 所示。

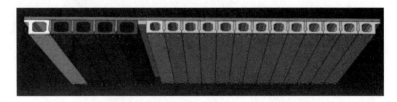

图 4.3-2　拓宽空心板桥实体有限元模型

(二)不利荷载作用影响分析及优化

通过对不同荷载作用工况的对比分析,当车辆处于新桥侧偏压时对铰缝受力相对更为不利。由于车辆荷载影响的范围有限,考虑新桥侧偏压的影响范围,选取靠近新桥侧的 10 个铰缝为分析对象(图 4.3-3),从新桥侧依次编号为 1~10 号铰缝。分别分析自重、正常车辆荷载、新桥偏压车辆荷载超载 50% 和新桥偏压车辆荷载超载 100% 等四种荷载工况下铰缝的横向拉应力分布,如表 4.3-1 所示。

图 4.3-3　车辆荷载布置图(新桥侧偏压)

新桥偏压超载下各工况不同位置铰缝拉应力分布(MPa)　　　表 4.3-1

接缝	自重恒载	正常车辆荷载	新桥偏压超载 50%	新桥偏压超载 100%
1 号铰缝	0.226	0.392	0.484	0.769
2 号铰缝	0.361	0.714	0.913	1.510
3 号铰缝	0.447	0.875	1.106	1.800
4 号铰缝	0.522	1.065	1.340	2.168
5 号铰缝	0.941	1.588	1.910	2.888
6 号铰缝	1.044	1.725	2.110	3.266
7 号铰缝	1.129	1.735	2.044	3.053
8 号铰缝	1.177	1.660	1.901	2.726
9 号铰缝	1.193	1.487	1.632	2.131
10 号铰缝	1.179	1.266	1.309	1.438

由表 4.3-1 可知,在自重恒载下铰缝最大拉应力均小于 C50 的抗拉强度标准值,旧桥侧的 9、10 号铰缝的横向拉应力较大。

新桥偏压超载下接缝横向最大拉应力如图 4.3-4 所示。

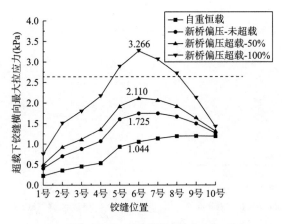

图 4.3-4　新桥偏压超载下接缝横向最大拉应力(单位：MPa)

由图 4.3-4 可知,新桥偏压超载 50% 以内,接缝的横向最大拉应力小于 C50 混凝的抗拉强度标准值(2.64MPa),超载比例达到 100% 时,5、6、7、8 号铰缝的横向拉应力超过限值,铰缝可能受拉开裂。

针对上述问题,调整空心板桥支座竖向刚度及布置方案,经对比分析,当将新桥侧支座及旧桥侧靠近湿接缝位置的边板支座刚度调为原刚度的 50% 时,铰缝拉应力较大部位的应力有所降低,由 3.266MPa 降低为 2.455MPa,小于 C50 混凝的抗拉强度标准值(2.64MPa),减小幅度为 20%~25%,可控制裂缝开裂或改善开裂程度。

(三)不均匀沉降影响分析及优化

对于新旧拼宽桥梁,不可避免会发生新旧桥之间的不同步沉降。沉降模式主要有两种,新桥侧的整体同步沉降及新桥侧的线性沉降。下面分别分析两种不同沉降模式下铰缝的受力情况。表 4.3-2 列出了不同沉降量时铰缝的最大拉应力,最大拉应力出现在与湿接缝相邻位置的铰缝处。新桥侧沉降时铰缝区域最大拉应力分布如图 4.3-5 所示。

新桥侧沉降时铰缝区域最大拉应力分布(MPa)　　　　表 4.3-2

荷载工况		最大拉应力
同步沉降位移	1mm	1.983
	2mm	2.704
	3mm	2.767
	4mm	3.674
	5mm	4.575
	6mm	5.477
线性沉降位移	1mm	0.818
	2mm	0.854
	3mm	0.904
	4mm	0.968
	5mm	1.025
	6mm	1.101

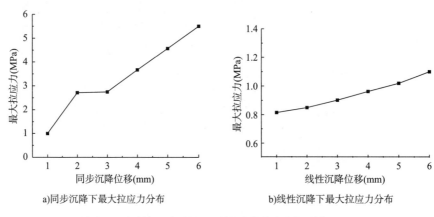

a)同步沉降下最大拉应力分布　　　　b)线性沉降下最大拉应力分布

图 4.3-5　新桥侧沉降时铰缝区域最大拉应力分布(单位:MPa)

由表 4.3-2 和图 4.3-5 可知,随着同步沉降量的逐渐增大,铰缝区域拉应力明显增大,当同步沉降量达到 2mm 的时即可能被拉裂;线性沉降时,铰缝拉应力相对较小,随沉降量的变化幅度较小。

针对上述问题,对支座刚度及布置方案进行了优化。经对比分析,当新桥侧支座和旧桥侧靠近湿接缝位置的支座刚度调整为原刚度的 50% 时,铰缝的横向拉应力降低较为明显,如表 4.3-3 所示。当同步沉降为 5mm 时,横向拉应力降低幅度达到 25% 左右,可减小裂缝宽度。

支座刚度调整对铰缝应力影响对比(MPa)　　　　表 4.3-3

沉降工况	横向拉应力
线性 5mm(优化前方案)	0.874
线性 5mm(优化后方案)	0.800
同步 5mm(优化前方案)	4.574
同步 5mm(优化后方案)	3.384

(四)铰缝横向连接的影响分析及优化

经调研对比,拟从优化铰缝配筋、加强新旧混凝土横向连接的角度进行研究,具体理由如下:空心板的优势在于,构造简单、施工方便、造价低,现阶段如果采取其他优化措施,则其在同类桥型中的优势将大大降低甚至丧失;当前铰缝的配筋构造仍存在一定的问题,不管是结合相关学者的研究成果,还是具体施工情况,都仍有改进优化的空间。

1.铰缝钢筋传力特点

如图 4.3-6 所示,传统铰缝钢筋构造主要由三部分组成:在铰缝内部设置"大剪刀"式交叉筋 N10(包括纵向构造钢筋 N11),其上部在现浇层内与顶板伸出预制钢筋进行构造连接,铰缝底部设置预埋式横向连接钢筋(N9)。但值得注意的是,在实际施工中,由于空间受限,无法焊接,底部连接钢筋存在简单搭接的现象,若铰缝发生受拉破坏,此处钢筋极易发生接触滑移,后续需要考虑该钢筋布设的必要性。

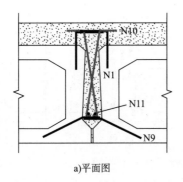 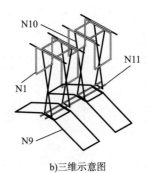

a)平面图　　　　　　　b)三维示意图

图4.3-6　传统铰缝钢筋构造示意图

从铰缝破坏形式看,各处钢筋受力状态及发挥的作用并不相同,且处在接触面上的钢筋受力最为不利,具体如下:

铰缝构造钢筋 N9(底部受拉钢筋):主要承受拉应力,参与界面受拉和受剪,并提高界面黏结强度和延性。铰缝构造钢筋 N1(上部连接钢筋):主要参与受剪,提高铰缝抗剪强度,并对铺装层起一定的约束作用。铰缝构造钢筋 N10:承受拉应力,并起到吊筋和包络混凝土的作用。

2. 铰缝配筋优化设计

针对上文所述现行铰缝构造存在的问题和钢筋的传力特点,本书提出了图4.3-7所示钢筋构造优化布置方案,与原设计方案相比,本方案可以提高钢筋预制率、便于施工,所设置门式和弯起预埋钢筋亦可以较好控制钢筋间距和弯折角度。

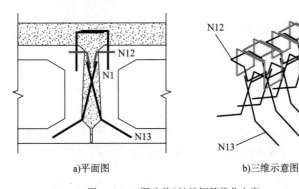

a)平面图　　　　　　　b)三维示意图

图4.3-7　"漏斗状"铰缝钢筋优化方案

1)设计方面

优化后的钢筋布置方案,在每个板梁中增加预埋了门式交叉钢筋 N12 和弯起交叉钢筋 N13,二者交叉焊接后形成整体,起到原"大剪刀"式交叉筋 N10 包络混凝土的作用,并避免了结合面破坏后导致的横向传力失效。另外,考虑到钢筋布置空间和混凝土振捣质量的影响,此处不再保留原设计方案的底部连接钢筋 N9。

2)施工方面

增设的两种钢筋在板梁加工时,同原底部连接钢筋一样,先向内弯折紧贴外模,待脱模后再凿出并扳到指定位置。预制板梁铺设完毕后,将门式交叉钢筋 N12 与相邻且对称的另一侧弯起交叉钢筋 N13 焊接在一起,其上现浇层内钢筋 N1 的布置和施工方法与原方案相同,优化前后的铰缝钢筋施工流程如图4.3-8、图4.3-9所示。

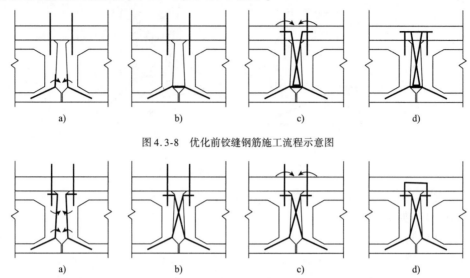

图4.3-8 优化前铰缝钢筋施工流程示意图

图4.3-9 优化后铰缝钢筋施工流程示意图

3. 改进后铰缝施工流程及工艺

同现行方案相比,改进后的铰缝区域施工并无较大改变,其施工流程主要包括铰缝处理、封缝和灌浆养护等。

1)结合面凿毛

空心板吊装前先将铰缝结合面按照设计要求进行凿毛,同时将腹板处预埋铰缝钢筋全部凿出,使之符合规范要求。

2)清洁铰缝

空心板吊装完成后,清除缝内和顶板等混凝土现浇位置的杂物,并用高压水枪冲洗。

3)吊装封缝

采用吊模安装工艺,将勾缝底部封住,并用钢丝固定在现浇层内钢筋上,其内浇灌M15砂浆,待强度达到70%后拆模,成型后的勾缝将作为铰缝的底模。

4)连接钢筋

按照图纸连接铰缝钢筋,应严格控制其尺寸和角度,且在焊接处宜采用点焊方式连接,电流不宜过大,以免烧伤钢筋。

5)浇筑养护

钢筋施工验收完成后,清理并湿润铰缝,并待到一天温度最低时,浇筑各铰缝混凝土。应严格按照先中心、后两边的顺序浇筑,且完成浇筑的铰缝顶面应低于空心板顶面2cm,在全部施工完成后还应及时刷毛并覆盖养护。

二、新旧拼宽空心板桥拼宽湿接缝受力分析与优化

受到新旧拼宽桥梁受到新旧桥刚度差异较大、不均匀沉降、新旧混凝土收缩徐变不同等多种复杂因素影响,使拼宽湿接缝受力较为复杂,易于开裂。针对量大面广的空心板桥以及依托

工程中的 T 梁桥,分别从不利荷载作用、不均匀沉降、收缩徐变对湿接缝受力性能的影响进行研究,并提出优化措施。

(一)有限元模型的建立

空心板桥的铺装层、主梁、铰缝采用三维实体单元,铰缝和桥面板之间采用 TIE 约束进行连接,铺装层与桥面板用 TIE 约束进行连接。

以 16m 跨径的预制拼宽空心板梁桥为例,采用 ABAQUS 有限元软件建立新旧拼宽空心板梁桥的有限元的模型,分析拼宽后湿接缝的内力情况。

新旧拼宽空心板桥梁新旧主梁的边梁、主梁的截面尺寸见图 4.3-10 与图 4.3-11,新、旧桥横断面布置图见图 4.3-12。

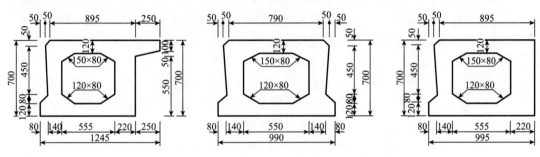

图 4.3-10 旧桥截面尺寸(尺寸单位:mm)

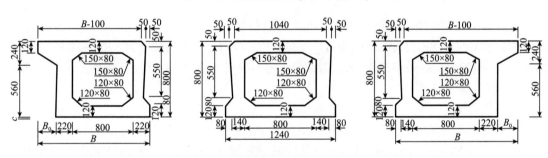

图 4.3-11 新桥截面尺寸(尺寸单位:mm)

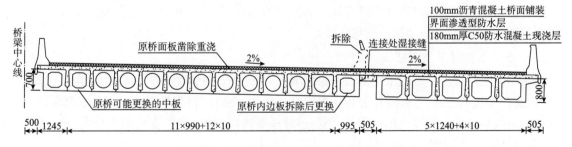

图 4.3-12 新、旧桥横断面布置图(尺寸单位:mm)

(二)不利荷载作用影响分析及优化

1.荷载位置的确定

车辆通过桥梁时,车轮作用在桥面上的位置可以是任意的。基于实际工程跨径 16m 空心板桥,采用数值模拟计算荷载位置变化对接缝受力性能的影响。由于空心板梁桥是一座中、小跨径桥梁,故选用标准车辆荷载55t进行布置,选择后两轴(每轴140kN)进行加载。

(1) 横向荷载位置对湿接缝结构受力性能的影响

经分析得出,湿接缝的最大横向出现在湿接缝的底部,因此湿接缝底部混凝土的开裂主要是由横向正应力引起的,所以需要提高湿接缝混凝土的抗拉能力。竖向剪应力发生在跨中位置,所以应该加大该区域钢筋的布置;纵向剪应力在支座附近达到最大值,可以在局部区域内加入钢纤维防止该区域裂缝的产生。工况二是车轮荷载布置在湿接缝跨中,受到轮载直接作用,故工况二是横向荷载位置的最不利工况。

(2) 纵向荷位对湿接缝结构受力性能的影响

车辆荷载在桥面上行驶时,从前轮作用在桥面上开始到后轮离开桥面为止,车轮在桥面上的位置随时变化。经分析得出,纵向荷载位置变动对空心板桥铰缝应力影响在中跨位置为最不利纵向荷载位置,如图4.3-13所示。

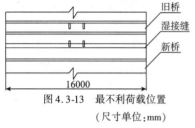

图4.3-13 最不利荷载位置
(尺寸单位:mm)

在不利荷载作用下,为了消除或减少横向正应力对空心板桥拼宽湿接缝板底裂缝的影响,对湿接缝构造进行了优化设计,提出了空心板桥新旧拼宽湿接缝构造的优化方案:湿接缝厚度取为340mm,倒角高度取60mm,高度与长度的比值为1∶2,圆角半径为100mm时,湿接缝受力较优。

2. 超偏载作用对湿接缝结构受力性能的影响

通过对我国超载情况的调查表明,80kN以上载重车占车辆总数的10%~30%,其中超载车占重车的30%~70%,平均超载率为50%~70%,最大超载率达到了177%。在桥梁结构中,湿接缝结构往往是比较薄弱的部分,其工作状况对空心板桥结构的使用具有重要影响。

车辆荷载布置分为三种工况:旧桥侧偏载、中载和新桥侧偏载。结果表明,新旧拼宽空心板桥梁在偏载超载作用下,特别是中载超载作用下,湿接缝的底部会出现比C50混凝土抗拉强度设计值还大的应力值,必然导致湿接缝区域的开裂,影响湿接缝的工作性能,严重时甚至会对整个新旧拼宽桥梁的受力状态造成不利的影响。所以应该对该区域提前进行处理,提高该区域的抗拉能力。同时应该严格有效控制桥梁的超载现象,防止湿接缝出现超过规范规定的裂缝宽度,从而保证桥梁结构的耐久性。

3. 不同湿接缝厚度对接缝内力的影响

为了分析湿接缝区域的刚度对新旧桥之间的变形协调、整体受力的影响,增加湿接缝的厚度,优化湿接缝的配筋,进行对比分析。模拟结果表明,在最不利荷载位置处作用车轮荷载,横向应力值与纵向应力值变化比较明显,当湿接缝厚度达到340mm时,变化趋于稳定,随着湿接缝的厚度的增加应力值呈减小的趋势。

4. 不同倒角深度与圆角半径对接缝内力的影响

将圆角半径控制在100mm,湿接缝厚度控制在340mm,改变倒角深度,模拟表明在最不利荷载位置处作用车轮荷载,在圆角半径和湿接缝厚度一定时,当倒角深度控制在60mm时,横向应力值、纵向应力值、竖向剪应力与纵向剪应力最小,此时推荐倒角高度与长度的比为1∶2。

将倒角深度控制在60mm,接缝的厚度接缝厚度控制在340mm,改变圆角半径,得到最优半径为200mm。

综上所述,在最不利荷载位置处作用车轮荷载,为了消除或减少横向正应力对底板裂缝的影响,将底板做成倒角形式。考虑倒角对横向正应力的影响,分别从倒角尺寸、圆角半径与湿接缝厚度三方面考虑,最合适的倒角尺寸为60mm,比例为1:2,圆角半径为200mm,湿接缝厚度为340mm。

5. 偏载作用下构造优化对接缝内力的影响

对所优化的湿接缝构造与原湿接缝构造进行优化前后(表4.3-4、表4.3-5)对比分析,分别分析偏载与沉降作用下湿接缝处的横向应力值的变化情况。

优化前偏载作用下空心板桥湿接缝处横向应力值(MPa)　　　表4.3-4

偏载工况	支点板顶	支点板底	跨中板顶	跨中板底
旧桥偏载	0.541	1.480	−0.247	1.904
中载	0.401	1.627	−0.345	2.884
新桥偏载	0.267	0.510	−0.228	2.031

优化后偏载作用下空心板桥湿接缝处横向应力值(MPa)　　　表4.3-5

偏载工况	支点板顶	支点板底	跨中板顶	跨中板底
旧桥偏载	0.525	1.492	−0.324	1.524
中载	0.355	1.427	−0.514	2.156
新桥偏载	0.240	0.489	−0.366	1.672

由表4.3-4、表4.3-5可以得出,当采用四车道布载,在旧桥偏载、中载,新桥偏载工况下,优化后的湿接缝应力值明显降低。横向应力值的降幅为3%~31%。而且当中载工况下跨中板底板横向应力值为2.884MPa,超过混凝土抗拉强度设计值,优化以后为2.156MPa。湿接缝的构造优化对改善偏载作用时的受力及控制开裂具有较好效果。

6. 铺装层厚度对拼宽湿接缝受力性能的影响及优化

桥面铺装层保证桥梁的现浇层和桥梁各主梁的行车道板不被车辆磨损、防止桥梁遭受雨雪的渗透,同时也有分散车轮荷载的作用。所以,合适的铺装材料以及合适的铺装层的厚度是非常重要的。因为铺装层能够与桥梁现浇层和主梁之间很好结合,所以能够提高桥梁的承载能力,能够让主梁更好地承受荷载的横向均匀分布。

在车辆荷载作用下,桥面铺装层能够分散部分车轮荷载,也能够产生瞬间的变形,然后将车轮荷载传到桥面板上、湿接缝上以及铰缝上,让桥面板、湿接缝以及铰缝也产生一定的挠度,所以铺装层厚度对桥面板、湿接缝以及铰缝的受力性能有重要的影响。

在增加铺装层厚度下可以使桥梁抵抗变形,特别是能够减少湿接缝处的横向正应力值,以此来减少湿接缝处横向裂缝的产生。但是当铺装层厚度到达140mm之后,应力的下降速度逐渐地减缓。同时挠度减小的速度变缓。所以铺装层厚度定在140mm是比较经济合理的铺装层厚度。同样,增加桥面的整体化层厚度,可以提高空心板桥梁的整体性。

(三)不均匀沉降影响分析及优化

桥梁拓宽拼接后,由于老桥已经建成通车多年,其基础沉降已基本稳定,而新桥的基础沉降尚未完全发生,拓宽部分桥梁随着时间的推移,可能会不断发生沉降,这种持续沉降的发生,使新旧桥形成不同步沉降差,这会引起拓宽部分梁体的下挠,从而会直接影响新旧桥及其连接处产生不可忽视的附加内力,导致新旧桥或接缝处混凝土开裂。若是新旧桥梁的横向拼接刚度比较大,那么新旧桥梁基础的不同步沉降差可能会使桥梁的部分支座出现脱空现象,不利于支座的正常使用,在某种程度上会造成支座损坏。这些问题都是新旧桥梁基础的不同步沉降差引起的。因此,在桥梁拓宽改造中,应采取一定措施,对新旧桥梁基础的不同步沉降差加以控制。

1. 同步沉降

同步沉降模式下湿接缝处应力值见表4.3-6。

同步沉降模式下湿接缝处应力值(MPa) 表4.3-6

沉降值	应力位置			
	支点上	支点下	跨中上	跨中下
1mm	0.512	1.784	-1.433	2.144
2mm	0.829	2.166	-1.341	1.945
3mm	1.145	2.547	-1.204	1.746
4mm	1.461	2.929	-1.068	1.547
5mm	1.777	3.312	-0.920	1.348

由表4.3-6可知,当拓宽部分沉降值达到4mm时,上部结构最大拉应力为2.929MPa,超过C50混凝土抗拉强度标准值(2.65MPa),而沉降不超过3mm时,应力不超限。故对于拓宽部分线性沉降值应控制在3mm以内。

2. 线性沉降

拓宽部分线性沉降模式下各支座沉降值见表4.3-7,湿接缝处应力值见表4.3-8。

线性沉降模式下各支座沉降值(mm) 表4.3-7

沉降值	旧桥	新桥支座								
	1~26	27	28	29	30	31	32	33	34	35	36
6mm	0	0.77	1.54	1.88	2.65	2.80	3.77	4.117	4.885	5.23	6
7mm	0	0.9	1.79	2.20	3.09	3.30	4.39	4.80	5.69	6.10	7
8mm	0	1.03	2.05	2.51	3.54	4.00	5.02	5.49	6.51	6.97	8
9mm	0	1.16	2.31	2.83	3.98	4.50	5.65	6.17	7.32	7.85	9
10mm	0	1.06	2.37	2.96	4.28	4.87	6.1	6.781	8.09	8.69	10

线性沉降模式下湿接缝处应力值(MPa) 表4.3-8

沉降值	支点处		跨中处	
	支点上	支点下	跨中上	跨中下
6mm	1.892	-2.631	0.025	-0.574
7mm	2.183	-3.048	0.224	-0.901

续上表

沉降值	支点处		跨中处	
	支点上	支点下	跨中上	跨中下
8mm	2.532	-3.478	0.433	-1.226
9mm	2.778	-3.895	0.644	-1.552
10mm	3.070	-4.265	0.877	-1.910

由表4.3-8可知,当拓宽部分线性沉降达到9mm时,上部结构最大拉应力为2.778MPa,超过C50混凝土抗拉强度标准值(2.65MPa),而沉降不超过8mm时,在线性沉降模式下空心板梁梁桥拓宽部分容许沉降差边梁支座沉降应控制在8mm;在同步沉降模式下,空心板梁桥容许沉降差为3mm,及湿接缝处新旧空心板梁间的相对沉降差要控制在3mm以内。

3. 低刚度支座对拼宽湿接缝不均匀沉降受力性能优化

低刚度的实现分两种形式。其中对于旧桥13号梁的支座25和支座26分两种形式,第一种形式是让旧桥13号梁最外侧(支座26)那排支座刚度实现低刚度。第二种形式是让旧桥13号梁两排支座(支座25和支座26)刚度都实现低刚度。设置了低刚度支座25和支座26后,拼宽部分同步沉降差值由5片空心板梁增加为6片空心板梁承担,两种形式支座位置变化分别见图4.3-14和图4.3-15。

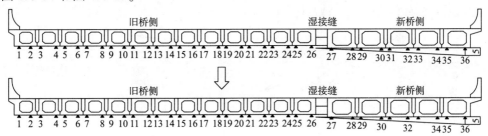

图4.3-14 线性沉降时单排低刚度支座位置变化

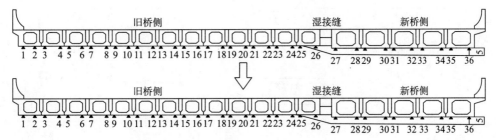

图4.3-15 同步沉降时双排低刚度支座位置变化

1) 无沉降时低刚度支座影响分析

在桥梁拓宽部分尚未发生沉降时,设置低刚度支座是否会对桥梁受力产生不利影响,下面将进行计算分析。在空心板梁桥拓宽连接刚完成时,拓宽部分未发生沉降,全桥荷载组合为自重、二期荷载。对新桥侧采用不同支座刚度进行湿接缝结构受力性能的分析。新桥侧刚度分别为原支座刚度的100%、85%、75%、65%、50%。此时可视为只有轴向刚度较低的支座会发生轻微压缩变形。

单排、双排低刚度支座湿接缝处应力值分别见表4.3-9、表4.3-10。

单排低刚度支座湿接缝处应力值(1)(单位:MPa)　　　　　　　表4.3-9

原支座刚度	支点处		跨中处	
	支点上	支点下	跨中上	跨中下
100%	0.402	0.555	-0.797	1.145
85%	0.354	0.578	-0.800	1.161
75%	0.314	0.607	-0.817	1.202
65%	0.274	0.606	-0.828	1.212
50%	0.229	0.623	-0.831	1.243

双排低刚度支座湿接缝处应力值(1)(单位:MPa)　　　　　　　表4.3-10

原支座刚度	支点处		跨中处	
	支点上	支点下	跨中上	跨中下
100%	0.402	0.555	-0.797	1.145
85%	0.337	0.579	-0.809	1.148
75%	0.304	0.600	-0.837	1.175
65%	0.226	0.567	-0.846	1.190
50%	0.178	0.616	-0.868	1.191

无沉降时低刚度支座影响分析见图4.3-16。

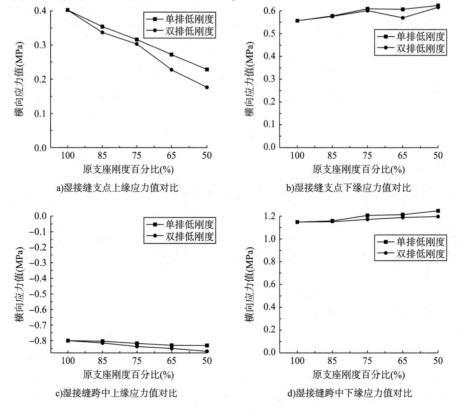

图4.3-16　无沉降时低刚度支座影响分析(单位:MPa)

由表 4.3-9、表 4.3-10 和图 4.3-16 可知,在无沉降时,双支座低刚度比单支座刚度的横向正应力明显减少,单支座低刚度降为原支座刚度的 50% 时,在湿接缝支点上缘应力值为 0.229MPa,比原支座刚度减少了 43%。双支座低刚度降为原支座刚度的 50% 时,在湿接缝支点上缘应力值为 0.178MPa 在湿接缝支点上缘应力值为比原支座刚度减少了 55%。

2) 同步沉降时低刚度支座影响分析

在全桥荷载组合为自重、二期荷载和拓宽部分同步沉降 5mm 后,对支点处与跨中截面的受力进行计算分析。

单排、双排低刚度支座湿接缝处应力值分别见表 4.3-11、表 4.3-12。

单排低刚度支座湿接缝处应力值(2)(单位:MPa)　　表 4.3-11

原支座刚度	支点处		跨中处	
	支点上	支点下	跨中上	跨中下
100%	1.983	1.577	-0.116	0.145
85%	1.876	1.652	-0.136	0.157
75%	1.832	1.668	-0.143	0.205
65%	1.755	1.702	-0.152	0.239
50%	1.656	1.731	-0.18	0.254

双排低刚度支座湿接缝处应力值(2)(单位:MPa)　　表 4.3-12

原支座刚度	支点处		跨中处	
	支点上	支点下	跨中上	跨中下
100%	1.983	1.577	-0.116	0.145
85%	1.850	1.651	-0.156	0.141
75%	1.786	1.654	-0.163	0.166
65%	1.658	1.672	-0.196	0.178
50%	1.541	1.718	-0.2	0.234

同步沉降时低刚度支座影响分析见图 4.3-17 所示。

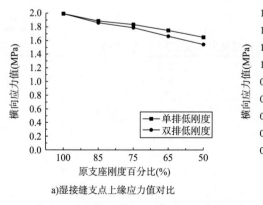
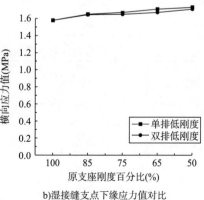

a) 湿接缝支点上缘应力值对比　　b) 湿接缝支点下缘应力值对比

图 4.3-17

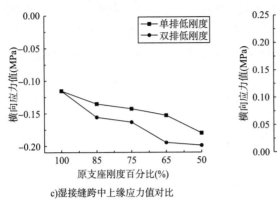
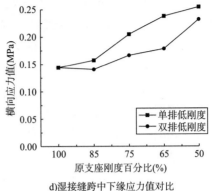

c) 湿接缝跨中上缘应力值对比　　　　　d) 湿接缝跨中下缘应力值对比

图 4.3-17　同步沉降时低刚度支座影响分析(单位:MPa)

由表 4.3-11、表 4.3-12 和图 4.3-17 可知,在有同步沉降时,双支座低刚度比单支座刚度的横向正应力明显减少,单支座低刚度降为原支座刚度的 50% 时,在湿接缝支点上缘应力值为 1.656MPa,比原支座刚度减少 16%。双支座低刚度降为原支座刚度的 50% 时,在湿接缝支点上缘应力值为 1.541MPa,在湿接缝支点上缘应力值为比原支座刚度减少了 22%。

3) 线性沉降时低刚度支座影响分析

在全桥荷载组合为自重、二期荷载和拓宽部分线性沉降 5mm 后,对支点处与跨中截面的受力进行计算分析。

单排、双排低刚度支座湿接缝处应力值分别见表 4.3-13、表 4.3-14。线性沉降时低刚度支座影响分析见图 4.3-18。

单排低刚度支座湿接缝处应力值(3)(单位:MPa)　　表 4.3-13

原支座刚度	支点处		跨中处	
	支点上	支点下	跨中上	跨中下
100%	1.827	-2.481	0.428	-0.910
85%	1.643	-2.309	0.34	-0.782
75%	1.625	-2.282	0.337	-0.757
65%	1.582	-2.218	0.327	-0.746
50%	1.501	-2.105	0.313	-0.727

双排低刚度支座湿接缝处应力值(3)(单位:MPa)　　表 4.3-14

原支座刚度	支点处		跨中处	
	支点上	支点下	跨中上	跨中下
100%	1.827	-2.481	0.428	-0.910
85%	1.564	-2.207	0.298	-0.702
75%	1.545	-2.197	0.271	-0.642
65%	1.437	-2.014	0.258	-0.638
50%	1.360	-1.896	0.233	-0.599

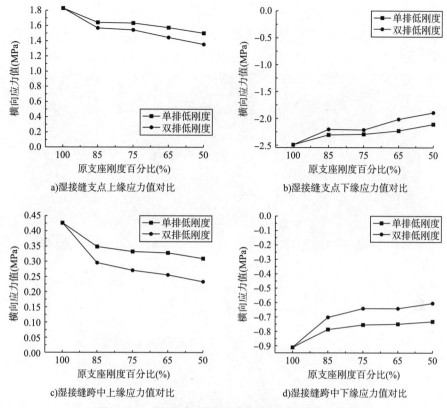

图 4.3-18 线性沉降时低刚度支座影响分析(单位:MPa)

由表 4.3-13、表 4.3-14 及图 4.3-18 可知,在有线性沉降时,双支座低刚度比单支座刚度的横向正应力明显减少,单支座低刚度降为原支座刚度的 50% 时,在湿接缝支点上缘应力值为 1.501MPa,比原支座刚度减少 18%。单支座低刚度降为原支座刚度的 50% 时,在湿接缝支点上缘应力值为 1.541MPa,在湿接缝支点上缘应力值为比原支座刚度减少了 25%。

第四节 预制拼宽桥梁桥墩结构抗裂性能分析与优化

一、预制装配式桥墩连接构造比选

(一)预制装配式桥墩连接构造性能对比

根据预制装配桥墩连接构造形式,将其分为现浇湿接缝连接、灌浆套筒连接、灌浆管道连接、预留槽孔灌浆连接、承插式连接和后张预应力连接等类型。

1. 现浇湿接缝连接

在我国工程实践中,现浇湿接缝连接是应用最为广泛的预制桥墩连接形式之一,即通过搭接预留钢筋,再后浇接缝混凝土形成整体。该连接方式桥墩一般整体性好、受力性能可靠、施工容错率较高,在我国重大桥梁工程中率先使用,如杭州湾跨海大桥、东海大桥等。但该连接方式需要在现场对接接缝处钢筋进行搭接,湿作业的工作量也比较大,接缝处的支模浇筑都需要消耗大量时间,施工速度与其他连接方式相比稍慢。图4.4-1所示为预制拼装桥墩湿接缝现场施工图,图4.4-2所示为预制拼装桥墩超高性能混凝土(UHPC)湿接缝现场施工图。

图4.4-1 预制拼装桥墩湿接缝现场施工图

4.4-2 预制拼装桥墩超高性能混凝土(UHPC)湿接缝现场施工图

2. 灌浆套筒连接

灌浆套筒连接由美国工程院院士余占疏于20世纪60年代发明,多用于钢筋连接。该连接方式多用于钢筋连接,具有传力机制明确、现场湿作业较少、施工速度较快的优点,但该方法对施工精度要求较高。目前灌浆套筒连接已成为我国装配式桥墩应用最为广泛的连接形式。灌浆套筒构造如图4.4-3所示,灌浆套筒连接现场施工如图4.4-4所示。

图4.4-3 灌浆套筒构造图

图 4.4-4　预制拼装桥墩灌浆套筒连接现场施工图

3. 灌浆管道连接

灌浆管道连接一般是将预制桥墩中预留的钢筋深入承台或盖梁的波纹管内,然后像波纹管内注入高强度灌浆料,以达到可靠的连接。与通过连接器在钢筋之间传递力的灌浆套筒连接技术不同的是,灌浆管道连接技术是将钢筋产生的力通过高强灌浆料传递给构件混凝土。这种连接方式具有施工速度快、现场作业量少、施工精度要求不高、连接性能可靠的优点,在我国应用广泛。但由于需要在节点处预埋大量波纹管,对节点处钢筋的布置提出了挑战,同时,预制构件存在外露钢筋,影响构件的运输安全。灌浆波纹管如图 4.4-5 所示,灌浆管道桥墩连接安装如图 4.4-6 所示。

图 4.4-5　灌浆波纹管道构造图　　　　　　图 4.4-6　灌浆管道桥墩连接安装图

4. 预留槽孔连接

预留槽孔连接是指预制柱身预留一定长度的钢筋,连接时将其伸入盖梁或承台预留的槽孔内,然后向槽孔内注入混凝土或者砂浆等灌浆料,从而将预制构件连接成整体的连接方式。为了增强后浇节点部位的整体性,一般通过预埋大直径的波纹管来形成预留的槽孔。采用预留槽孔的灌浆连接方式,对施工精度要求不高,施工工艺简单,但缺点在于现场湿作业较多,对施工进度有所影响,同时预留槽孔的存在使得盖梁或承台中钢筋布置较为复杂。插槽式预制拼装桥墩现场施工如图 4.4-7 所示。

图 4.4-7　插槽式预制拼装桥墩现场施工图

5. 后张预应力连接

多节段后张预应力连接是将整个桥墩沿纵向分成若干节段,预应力筋穿入各节段后,施加张拉力形成整体。预制桥墩在地震作用下的非线性转动主要集中在底部摇摆节点,从而保证预制构件部分基本保持弹性,大大减少了构件混凝土的受拉损伤;无黏结后张预应力的使用也使预制桥墩具有了震后自复位能力。此外,多节段桥墩可以实现定型化、数模化生产,更有助于加快建筑业工业化的进程,满足未来装配式桥墩的发展要求;通过预应力筋和耗能部件的设置,可实现装配式桥墩的功能自恢复和能量消耗要求。目前,多节段后张预应力连接在局部地区有所应用,但是传统多节段桥墩采用竖向拼装接缝,施工难度大,且预应力筋的安装往往需要设置额外的锚具安装井,制约了装配式桥墩快速施工优势的发挥。

对比分析了 6 种常规连接构造形式(现浇混凝土、承插式、预留槽、灌浆管道、灌浆套筒、后张预应力),通过调研不同连接构造的实际工程运用情况(国外 53 座,国内 41 座),比较了不同方式的优缺点,如表 4.4-1 所示,给出了不同地震烈度下的应用建议(表 4.4-2),为预制拼装桥墩连接构造的设计提供了依据。

不同连接构造的优缺点　　　　　　　　　　表 4.4-1

构造类型	结构性能			
	抗震性能	可施工性	耐久性	经济性
现浇湿接缝	○	×	○	◎
承插式	△	○	△	○
预留槽	○	○	○	○
灌浆套筒	△	×	◎	○
灌浆管道	○	△	○	○
后张预应力	◎	○	△	△

注：◎-好；○-较好；△-一般；×-较差。

不同地震烈度下建议使用的连接构造　　　　　　　　　　表 4.4-2

构造类型	连接部位					
	墩柱与盖梁		墩柱节段间		墩柱与承台	
	低烈度	高烈度	低烈度	高烈度	低烈度	高烈度
现浇湿接缝	△	△	△	×	△	△
承插式	×	×	×	×	△	△
预留槽	○	△	×	×	△	△
灌浆套筒	△	△	○	△	○	△
灌浆管道	○	○	△	△	△	○
后张预应力	×	△	△	○	△	○

注：○-推荐；△-可用；×-不推荐。

（二）承插式连接构造

承插式连接是指将预制桥墩垂直插入承台的槽孔内，在桥墩与预制承台之间灌浆或采用预制承台，实现连接效果，承插式节点连接形式如图 4.4-8 所示。

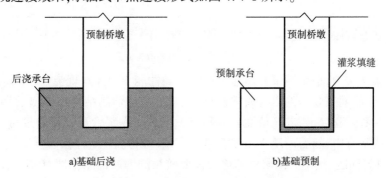

图 4.4-8　承插式节点连接形式示意图

由于在预制桥墩与基础之间没有钢筋连接，因此，预制桥墩的嵌入深度、交接面处粗糙程度、后浇填缝料的黏结强度对连接性能的影响尤为重要。该连接方式由于柱身构造与现浇柱基本相同，具有拼装工序简单、施工精度相对较低、现场工作量小优点；由于不需要预留锚固长度的钢筋在柱中，具有便于运输的优点。在华盛顿州 5 号公路使用了承插式桥墩，安装过程仅花费不到1h,施工进度大大加快。我国北京积水潭的五座桥、上海嘉闵高速公路的部分桥墩也采用了承插式连接技术。但在我国已建成预制桥墩中使用占比仍旧较低,亟须深入研究并推广到实际工程中。

承插式连接桥墩与其他预制桥墩类型相比,最大的优势在于施工工序简单、施工精度要求低、现场湿作业量少、施工速度快等。对于这种连接形式,国外的一些学者提出了几种具体的构造形式,如图4.4-9所示为Selim Pul于2014年提出的几种承插式预制桥墩连接方式,分别为普通承插式连接、采用角钢加固的承插式连接、后浇湿接缝连接、法兰盘连接、柱身与承台采用底部角钢焊接承插式连接和现浇式连接。经过研究,角钢加固的承插式连接和底部角钢焊接式连接,其构件承载力与现浇构件相近,较其他连接形式强。而在国内,对预制承插式连接桥墩的具体构造形式及其抗震性能研究还较为缺乏,需进一步研究。

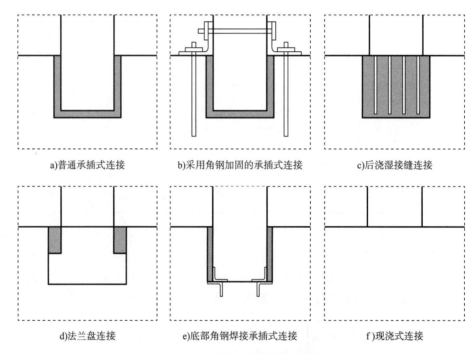

图4.4-9　几种承插式预制桥墩连接方式

在桥墩连接方式中,预制灌浆套筒连接柱的抗震性能与整体式现浇(Cast-in-place,CIP)结构相似。但是,钢筋灌浆套筒的内径通常是有限的,为保证预制结构件伸出的钢筋,需要在相邻结构件中插入灌浆套筒,要求高精度制造和施工工艺。灌浆管道连接通过将预制柱的纵向钢筋插入盖梁或基座中,然后用灌浆填充管道来实现。研究表明,注浆管预制柱的抗震性能与CIP结构是可以等同的。然而,灌浆管道连接需要较长的钢筋锚固长度,在施工过程中需要对延伸钢筋进行特殊保护。后张拉筋连接是预制节段式桥梁柱的常用连接形式,无黏结钢筋束与柱脚节点附加耗能构件的组合,可有效提高预制节段式桥梁柱的抗震性能。然而,对于这种连接形式,桥梁柱的摆动会导致上部结构的横向变形较大,设计缺乏相关解决方法。此外,灌浆管道内和灌浆套筒中灌浆的密实度难以检测,也限制了这两种连接方法在高烈度地震易发区的应用。

承插式连接具有连接结构简单、容许误差大、灌浆密实度保证等优点。当基座中柱的嵌入深度足以在柱中形成塑性铰时,承插连接抗震性能可与 CIP 相媲美。

二、承插式拼装桥墩低周往复荷载试验研究

承插式拼装桥墩具有施工工序简单、施工精度要求低、现场湿作业量少、施工速度快等优点,被广泛应用到我国桥梁工程中,本节通过试验对该连接方式桥墩开展低周往复荷载试验研究。

(一)试验模型设计

山东省京台高速公路泰安至枣庄(鲁苏界)段改扩建工程中开展试验。该工程桥墩采用工厂预制,且墩台之间采用承插式连接。试验共设计四组桥墩试件,包含一个现浇桥墩试件、一个承插深度 0.8D(桥墩横截面尺寸)预制普通承插连接桥墩、一个承插深度 1.0D 预制普通承插式连接桥墩和一个承插深度 0.8D(D-桥墩横截面尺寸)底部钢筒加固承插式连接桥墩,分别命名为 REF、SC-1、SC-2、SC-3,以研究承插深度、轴压比和不同构造对预制承插式桥墩抗震性能影响。四组试件具体结构形式如表 4.4-3 所示。

试验试件结构形式设计表 表 4.4-3

试件编号	承插深度	(mm)	承台预留连接界面	墩柱预留连接界面	钢榫	灌浆料	轴压比
REF	现浇						0.1
SC-1	0.8D	360	钢波纹管	波纹状条纹	—	60MPa	0.1
SC-2	1.0D	450	钢波纹管	波纹状条纹	—	60MPa	0.2
SC-3	0.8D	360	钢波纹管	波纹状条纹	有	60MPa	0.1

(二)试验结果分析

1. 试验现象与破坏形态

1)现浇 REF 试件

试验加载初期桥墩处于弹性状态,表面无明显裂缝。当水平位移达到 6mm 时,靠近加载端(1 号端)与远离加载端(2 号端)首次出现 4~5 条发丝状的可见裂缝,裂缝位置出现在柱脚以及柱脚上 30cm 高度处,当加载位移在 10~40mm 时,墩身裂缝逐渐增多,新增裂缝大部分分布在距离柱脚 90cm 的高度范围内,原有裂缝不断发展延伸,裂缝宽度增大,裂缝逐渐贯通,形成环向裂缝。当加载位移达到 40mm 时,2 号端的一侧,柱脚上 30cm 高度处墩身混凝土保护层剥落,且在 2 号端出现了一些细小的垂直和倾斜的剪切裂缝;1 号端侧柱脚混凝土发生轻微剥落现象;当加载位移达到 60mm 时,竖向裂缝逐渐与一开始的水平裂缝贯通,1 号端柱脚 10cm 高度混凝土保护层完全剥落,2 号端柱脚 30cm 高度范围内,混凝土压溃,出现大面积混凝土剥落,破坏范围不断增大;当加载位移达到 70mm 时,混凝土剥落更加严重,箍筋外露。当位移幅值加载至 100mm 第二循环时,伴随着"砰"的一声,发生纵筋拉断,侧向承载力下降到峰值点的 85%以下,试件破坏。试件破坏形态为弯曲破坏,混凝土破坏区域在柱脚 0~45cm 高度处,沿圆周宽度大约是 40cm。破坏形状为上小下大的金字塔,最终破坏形态如图 4.4-10 所示。

a)靠近加载端(1号端)　　　　b)远离加载端(2号端)

图 4.4-10　现浇 REF 试件最终破坏形态

2)预制 SC-1 试件

预制 SC-1 试件在加载初期试件墩身基本保持完好,表面无明显裂缝。预制墩柱与承台之间的灌浆料也未出现裂缝。当侧向位移达到 6mm 时,近加载端(1 号端)与远离加载端(2 号端)均在柱脚 20cm 高度和 40cm 高度处各出现两条可见裂缝。当加载位移在 10~20mm 时,墩身裂缝逐渐增多,原有裂缝不断发展延伸,新增裂缝主要集中在柱脚 20~110cm 范围内,从加载两侧向圆周范围内延伸,部分裂缝贯通圆周,形成环向裂缝;10~15mm 加载位移时,柱脚灌浆料陆续出现一些裂缝;20mm 加载位移时,试件首次出现竖向裂缝,位于 1 号端一侧,竖向裂缝位于柱脚 15~25cm 高度范围内,长约 10cm;当加载位移在 30~40mm 之间时,柱脚灌浆料裂缝逐渐延伸发展,但并未形成贯通裂缝,竖向裂缝也逐渐增多,在加载位移为 40mm 时,墩身裂缝数量不再增加,随着位移加载,表现为裂缝逐渐加宽,并且部分裂缝形成贯通裂缝。1 号端与 2 号端柱脚 10cm 高度范围内出现混凝土保护层轻微剥落现象。柱脚灌浆料也出现表层混凝土轻微剥离现象,剥离宽度 5~6cm。当加载位移为 50~60mm 时,混凝土剥落严重,出现大面积混凝土损坏,1 号端与 2 号端混凝土剥落高度均为 20cm;当加载位移为 70~80mm,混凝土剥落范围增大,损坏更加严重,不论是 1 号端还是 2 号端,其剥落高度均集中在柱脚 50cm 范围内。当加载到 120mm 时,侧向承载力下降到峰值点的 85% 以下,试件破坏。预制 SC-1 试件依旧为弯曲破坏,混凝土破坏区域发生在柱脚 0~40cm 高度范围处,破坏形状为上小下大的金字塔,最终破坏形态如图 4.4-11 所示。

a)靠近加载端(1号端)　　　　b)远离加载端(2号端)

图 4.4-11　SC-1 试件最终破坏形态

3) 预制 SC-2 试件

在加载初期预制 SC-2 试件处于弹性状态,表面无明显裂缝。当加载位移达到 6mm 时,柱脚 20cm 高度范围内出现两条发丝状裂缝。当加载位移幅值为 10～20mm 时,墩身裂缝逐渐增加,主要集中在柱脚以上 110cm 范围内,原有裂缝不断延伸发展,新裂缝不断出现,且这个时期的裂缝均为水平裂缝,且有一部分裂缝逐渐发展成为贯通裂缝,柱脚灌浆料处也出现两条肉眼可见的裂缝,长度约为 30cm;当加载位移达到 30mm 时,墩身裂缝也在增加,柱脚灌浆料处 2 号端一侧又出现了一条长约 15cm 的裂缝,且 2 号端侧柱脚 5cm 高度范围内出现极其轻微的混凝土剥落现象,1 号端一侧柱脚 10cm 高度范围内出现轻微的混凝土剥落现象;当加载位移在 40～50mm 之间时,由于初始轴压比的增大,其裂缝发展较为迅速,此时期几乎没有新增裂缝,只是其混凝土剥落的区域逐渐增大,剥落区域由柱脚向上延伸,出现大面积混凝土剥落现象,剥落区域集中在柱脚上 25～30cm 范围内。当加载位移达到 60mm 时,混凝土剥落高度范围由前一阶段的 25～30cm 增大为 30～35cm。当加载位移达到 70mm 时,侧向承载力下降到峰值点的 85% 以下,试件破坏停止加载。SC-2 试件为弯曲破坏,混凝土破坏区域发生在柱脚 0～45cm 处,破坏形状为上小下大的金字塔,最终破坏形态如图 4.4-12 所示。

a) 靠近加载端(1号端)　　b) 远离加载端(号端)

图 4.4-12　预制 SC-2 试件最终破坏形态

4) 预制 SC-3 试件

在加载初期预制 SC-3 试件墩身基本保持完好,表面无明显裂缝。水平侧向位移达到 6mm 时,柱脚上 10～50cm 高度范围内出现 2～3 条可见裂缝。当侧向加载位移在 10～20mm 之间时,裂缝数量逐渐增多,主要集中在柱脚上 90cm 高度范围内;且部分裂缝沿圆周方向延伸,形成贯通裂缝。在此阶段,柱脚灌浆料处出现 5～6 条可见裂缝。当加载位移达到 30mm 时,2 号端柱脚混凝土出现轻微剥落现象,裂缝宽度逐渐加宽,旧有裂缝延伸,且在此阶段远加载端一侧首次出现竖向裂缝。当加载位移在 40～50mm 之间时,2 号端与 1 号端均出现柱脚上 5cm 高度范围内混凝土的轻微剥落,且竖向裂缝逐渐增多。裂缝宽度增大至 4.6mm。当加载位移达到 60～80mm 之间时,保护层混凝土大面积剥落,剥落区域为柱脚上 20～30cm 高度范围内,且剥落形状为上小下大的金字塔,且此阶段损坏区域内保护层混凝土完全剥落,箍筋外露。当加载至 100mm 时,侧向承载力下降到峰值点的 85% 以下,试件受弯破坏,最终破坏形态如图 4.4-13 所示。

a)靠近加载端(1号端)　　　　b)远离加载端(2号端)

图 4.4-13　预制 SC-3 试件最终破坏形态

2. 试验现象对比

在弹性阶段,现浇 REF 试件在柱脚 0～90cm 高度处出现 4～5 条水平裂缝。而预制 SC-1 试件在柱脚 0～90cm 高度处出现 3～4 条水平裂缝,柱与承台的竖向接缝未有张开的迹象。预制 SC-2 试件尽管轴压比增大了一倍,但在屈服阶段,也是在柱脚 0～90cm 高度处出现 3～4 条水平裂缝,柱与承台的竖向裂缝未有张开的迹象。预制 SC-3 试件在柱脚 0～90cm 高度处出现 4～5 条水平裂缝,且承台与柱的竖向接缝不张开。

在屈服阶段,现浇 REF 试件的裂缝数量逐渐增多,裂缝宽度增大,部分裂缝沿墩身圆周形成环向裂缝,裂缝也是分布于柱脚上 0～90cm 高度范围内。SC-1 试件出现少量竖向裂缝,竖向裂缝主要分布于柱脚 0～40cm 高度范围内。预制 SC-2 试件由于轴压比的增大,在此阶段试件柱脚 10cm 高度处出现了轻微的混凝土剥落现象。预制 SC-3 试件在柱脚上的裂缝数量逐渐增多,裂缝宽度逐渐增大,承插钢筒的存在并没有影响裂缝发展趋势以及裂缝发展范围。

在破坏阶段,现浇 REF 试件柱脚远加载端纵筋拉断,两侧箍筋轻微向外鼓出,混凝土局部压溃剥落,剥落高度范围在 0～45cm。预制 SC-1 试件柱脚混凝土压碎剥落高度与现浇 REF 试件相当,为柱脚上 50cm 高度内,纵筋屈曲,箍筋外鼓。预制 SC-2 试件由于轴压比的增大,其破坏更为严重,虽然峰值抗力得到了提高,但峰值抗力过后抗力退化迅速,混凝土压碎剥落区域高度为 60cm,也有箍筋外鼓现象出现。预制 SC-3 试件由于承钢筒的约束,其混凝土压碎剥落高度范围为 35cm,出现轻微的纵筋屈曲以及箍筋外鼓现象。在整个试验阶段,预制拼装试件的柱与承台的试件均未张开过,且未出现严重损坏。最终 4 组试件柱脚破坏细节如图 4.4-14 所示。

a)现浇REF试件　　　b)预制SC-1试件　　　c)预制SC-2试件　　　d)预制SC-3试件

图 4.4-14　最终 4 组试件柱脚破坏细节(远加载端)

在整个加载破坏过程中,4组试件破坏的相同点在于:

(1)在加载初期均出现水平裂缝,没有斜向或者竖向裂缝的出现,说明4个试件在加载初期主要是受弯;

(2)混凝土破坏均集中于墩底;

(3)钢筋应变的应变较大处集中于墩底;

(4)3个预制试件均未发生墩柱与灌浆料接缝张开,只是表层浆料轻微剥落。

4组试件破坏的不同点在于:

(1)4组试件中REF试件是以纵筋拉断为试验结束的标志,其他3个试件以承载力下降到峰值承载力85%以下为试验结束标志。

(2)4组试件竖向裂缝或者斜裂缝出现的时期不同,表明试件抗剪的能力存在差异,现浇REF试件斜裂缝出现在加载位移为30mm时,预制SC-1试件斜裂缝出现在加载位移为20mm时,预制SC-2试件由于轴压比的增大,斜(竖)向裂缝出现在加载位移为15mm时,预制SC-3试件斜向裂缝出现在加载位移为20mm时。

(3)4组试件最后形成的破坏区域高度不同,由试件柱脚破坏细节(远加载端)可知,现浇REF试件破坏区域高度为45cm左右,预制SC-1试件破坏区域高度为50cm左右,预制SC-2试件破坏区域高度为60cm左右,预制SC-3试件破坏区域高度为35cm左右。预制SC-2试件破坏区域高度的增大主要是因为轴压比的增大。

各试件在弹性阶段、屈服阶段以及破坏阶段的试验现象对比如表4.4-4所示。

各试件试验现象对比 表4.4-4

试件编号	REF	SC-1	SC-2	SC-3
弹性阶段	柱脚0~90cm高度处出现4~5条水平裂缝	柱脚0~90cm高度处出现3~4条水平裂缝	在柱脚0~90cm高度处出现3~4条水平裂缝	在柱脚0~90cm高度处出现4~5条水平裂缝
屈服阶段	裂缝数量逐渐增多,裂缝宽度增大,部分裂缝沿墩身圆周形成环向裂缝	出现少量竖向裂缝,竖向裂缝主要分布于柱脚0~40°范围内	柱脚10cm高度处出现了轻微的混凝土剥落现象	裂缝数量逐渐增多,裂缝宽度逐渐增大部分裂缝沿墩身圆周形成环向裂缝
破坏阶段	纵筋拉断,箍筋轻微向外鼓出,混凝土局部压溃剥落,剥落高度范围在0~45cm	混凝土压碎剥落高度为柱脚上50cm,纵筋屈曲,箍筋外鼓	混凝土压碎剥落区域高度为60cm,出现箍筋外鼓现象	混凝土压碎剥落高度范围为35cm,出现纵筋屈曲以及箍筋外鼓现象

(1)由现浇REF试件与预制SC-1试件的对比分析可知,现浇REF试件与预制SC-1试件在加载过程中表现出相近的损伤行为,且两者的破坏形态均是以弯曲破坏为主的延性破坏,在墩底形成较为充分的塑性铰。预制SC-1试件具有与现浇REF试件相近承载力及延性。对于弹性阶段、塑性阶段的耗能能力、累积耗能,预制SC-1试件与现浇REF试件相当。在等效刚度以及残余位移方面预制SC-1试件与现浇REF试件相当。就应变来看,钢波纹键齿连接的$0.8D$的承插式连接构造能够提供足够的锚固力,使得预制SC-1试件与现浇REF试件的弹性变形能力相当。所以钢波纹键齿连接的0.8倍截面直径的承插式预制拼装桥墩可以等同于现浇。

(2)由预制SC-1试件与预制SC-3试件对比分析可知,在加载过程中,两者具有相近的损伤行为,且破坏形态都是以弯曲破坏为主的延性破坏;底部设置承插钢筒的预制SC-3试件虽然延性较预制SC-1试件没有提高,但其峰值承载力存在小幅度的提高。预制SC-3试件的耗能能力较预制 SC-1 试件有略微的提高。承插钢筒的设置对于试件的刚度特性、自复位能力以及钢筋应变行为不存在显著的影响,可见承插钢筒的设置能略提升桥墩强度。

(3)对比预制 SC-1 试件与预制 SC-2 试件,预制 SC-2 试件由于轴压比的增大,其峰值抗力得到明显提高,但在其峰值抗力后试件强度迅速退化,轴压比的提高使残余位移降低,自复位能力的提高,且耗能能力也有所提高。

三、承插式桥墩有限元模拟及抗震敏感性分析

(一)装配式桥墩结构构造抗震性能影响参数分析

1. 轴压比

图 4.4-15 为不同轴压比($0.05P$、$0.1P$ 和 $0.2P$)承插式桥墩模拟结果对比。由该图可知,轴压比增大,滞回曲线更加饱满,轴压比由 0.05 增大至 0.1,峰值承载力提高 22.74%,轴压比由 0.1 增大至 0.2 时,峰值承载力提高 31.99%;就累积耗能而言,当轴压比从 0.05 增大至 0.1,累积耗能提升 6.10%;轴压比从 0.1 增大至 0.2,累积耗能提升 18.98%;就等效刚度而言,随着模型轴压比的增大,等效刚度增大。随着轴压比的增大,模型的等效刚度前期增大而后期相近。综上所述,轴压比的增大,其峰值抗力也会随之增大,累积耗能和初始刚度增大。

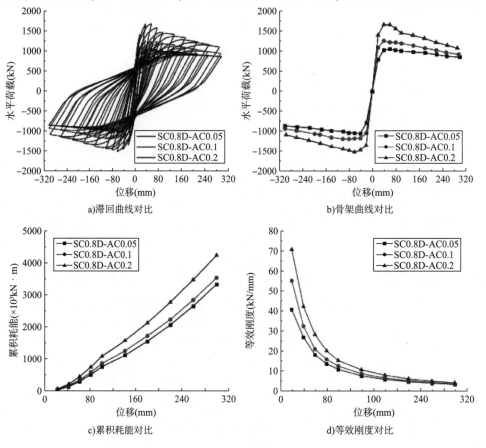

图 4.4-15 不同轴压比情况下承插式桥墩模拟结果对比

2. 纵筋配筋率

图 4.4-16 为不同纵筋配筋率(0.6%、1.2% 和 1.8%)承插式桥墩模拟结果对比。由该图可知,随着纵筋配筋率的增大,模型的滞回曲线更加饱满;纵筋配筋率由 0.6% 提高至 1.2%,其峰值承载力提升 6%,纵筋配筋率由 1.2% 增大至 1.8%,其峰值承载力提高 19.24%;随着配筋率的提高,其累积耗能存在较大的提升,纵筋配筋率由 0.6% 提高至 1.2%,其累积耗能提高 24.86%,纵筋配筋率由 1.2% 增大至 1.8%,其累积耗能提高 27.49%;纵筋配筋率提高,其等效刚度亦随之提高。综上所述,随着纵筋配筋率的提高,峰值承载力以及累积耗能增加,初始刚度小幅度增大。

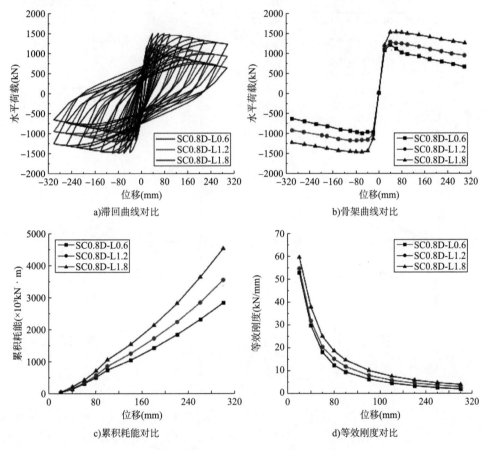

图 4.4-16 不同纵筋配筋率承插式桥墩模拟结果对比

3. 箍筋配筋率

图 4.4-17 为不同箍筋配筋率(0.6%、1.2% 和 1.8%)承插式桥墩模拟结果对比。由该图可知,随着试件箍筋配筋率由 0.6% 提升至 1.2%,其峰值承载力提高 7.30%,箍筋配筋率由 1.2% 提升至 1.8%,其峰值承载力能力 11.40%;箍筋配筋率的提高,其累积耗能的能力有所提高,但提高的幅度并不显著,相差均在 10% 以内。箍筋配筋率对模型初期等效刚度的影响较大,1.2% 箍筋配筋率较 0.6% 箍筋配筋率大 9.4%,1.8% 箍筋配筋率较 1.2% 箍筋配筋率大 6.03%,后期的等效刚度逐渐趋于相近。

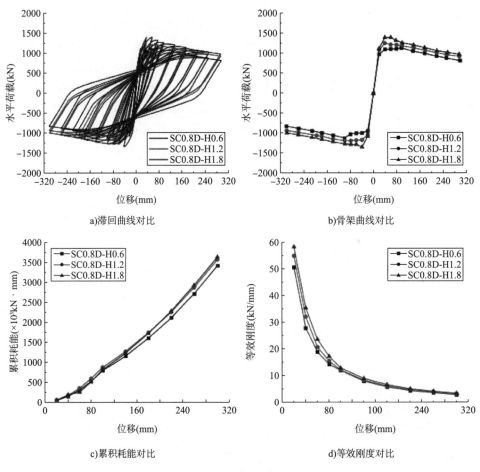

图 4.4-17 不同箍筋配筋率承插式桥墩模拟结果对比

综上所述,随着箍筋配筋率的提高,峰值承载力提升较小,对于累积耗能以及初始刚度的影响不是非常显著。

4. 高宽比

图 4.4-18 为不同高宽比(2、4 和 8)承插式桥墩模拟结果对比。由该图可知,随着高宽比的降低,桥墩趋向于短柱,其承载力与滞回曲线也随之变得更高和更饱满。当桥墩的高宽比由 2 提升至 4 时,峰值承载力由原来的 2070.69kN 降低为 1263.24kN,降低幅度为 38.98%;累积耗能由原来的 5498×10^3kN·mm 降低为 3551.96×10^3kN·mm,降低幅度为 35.41%;初始等效刚度由原来的 92.73kN/mm 降低为 54.70kN/mm,降低幅度为 41.01%。高宽比由 4 提升至 8 时,峰值承载力变为 971.49kN,降低了 23.1%;累积耗能由原来的 3551.96×10^3kN·mm 降低为 1825.82×10^3kN·mm,降低幅度为 48.60%;初始等效刚度由原来的 54.70kN/mm 降低为 18.24kN/mm,降低幅度为 66.67%。综上所述,随着高宽比的增加,其峰值承载力随之显著降低,累积耗能随之显著减小,初始刚度随之大幅度减小。

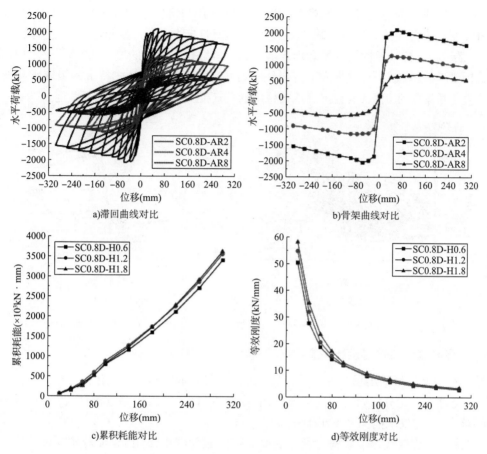

图 4.4-18 不同高宽比桥墩模拟结果对比

5. 墩底塑性铰区材料增强

根据确定的建模方法,现对京台高速公路泰安至枣庄(鲁苏界)段改扩建工程中的直径 1600mm 的原型桥墩进行结构设计优化,如表 4.4-5 所示,主要通过在墩身底部设置钢榫、不同钢榫构造、墩柱与承台连接界面不同比例的波纹尺寸及塑性铰核心区采用超高性能混凝土进行抗震性能提升。比较结构优化前后桥墩的滞回曲线、骨架曲线、耗能能力、等效刚度和残余位移,探究结构优化对承插式桥墩抗震性能的影响,为实际工程中设计或施工条件不足时提出承插式桥墩性能提升措施。

模型结构形式　　　　　　　　　　　　　　　　　　表 4.4-5

模型编号	墩身 UHPC 高度(mm)	埋入部分材料	灌浆料
SCU-1	2000	C40 混凝土	C60 水泥砂浆
SCU-2	2000	UHPC	C60 水泥砂浆

图 4.4-19 为不同 UHPC 混凝土填充高度和位置的预制承插式桥墩滞回曲线和骨架曲线结果对比。由该图可知,相比于普通混凝土桥墩,使用了 UHPC 混凝土滞回曲线更加饱满,耗能能力优异。底部及埋入承台部分使用 UHPC 混凝土的 SCU-2 模型水平极限承载力为 1819.04kN,对比仅底部使用 UHPC 混凝土的 SCU-1 模型极限承载力的 1261.28kN,提高了约

44.22%;对比使用普通混凝土 SC 模型的极限承载力 1085.44kN,提高了约 67.59%。同时,使用 UHPC 混凝土会使桥墩残余位移增大,震后可恢复性能弱,对桥墩的刚度退化速率没有明显影响。结果表明,桥墩塑性铰区域和埋入承台部分桥墩材料强度的提高,能够显著地提高预制承插式桥墩极限承载能力;且埋入承台部分桥墩材料强度对于承插式桥墩的极限承载能力的影响要大于桥墩塑性铰区域,会提高承插桥墩的耗能能力,降低震后可恢复性能。

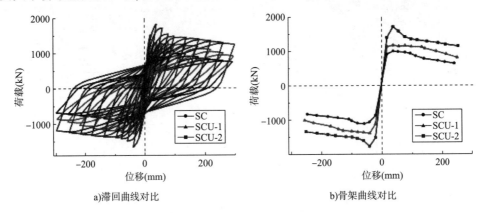

图 4.4-19　不同 UHPC 混凝土填充高度和位置的预制承插式桥墩滞回曲线、骨架曲线对比

(二) 承插式桥墩抗震设计构造建议

结合有限元分析给出承插深度、灌浆料强度、连接界面的选择设计建议。

(1)经过有限元分析以及理论推导可知,在灌浆料保证黏结、强度的情况下,从桥墩抗震性能要求出发,建议承插深度不小于 $0.6D$。

(2)灌浆料强度代表灌浆料对墩柱底部连接区域的约束作用,灌浆料强度对试件承载能力的贡献前提是灌浆料在受地震作用下不发生严重损坏,即损坏不发生在连接区域。经过有限元分析可知,灌浆料强度不应小于墩柱本身混凝土强度,但灌浆料强度也不宜过大。

(3)连接界面的粗糙化有利于大垂直荷载的传递(比如一些重载铁路),而且经过有限元分析,波纹键齿的性能优于梯形键齿,光滑接触面最次。所以,对于高烈度地区,推荐使用波纹键齿连接界面以及梯形键齿连接界面。现将承插式桥墩构造设计建议汇总于表 4.4-6。

承插式桥墩构造设计建议　　　　　　　　　　表 4.4-6

编号	项目	地震烈度 7 度及以下	地震烈度 8 度及以上
1	承插深度	不应小于 $0.6D$	不应小于 $0.8D$
2	灌浆料强度	不应小于主体混凝土强度,灌浆料的其他性能应满足现行《钢筋连接用套筒灌浆料》(JG/T408)的要求	
3	界面剪力键	波纹连接界面或者梯形连接界面[常见尺寸(波距×波高)为 125mm×25mm]	
4	承台底板厚度及配筋	不应小于 30cm,且应配置纵筋	

第五章
高速公路改扩建既有桥梁再利用技术

第一节 既有桥梁再利用研究现状

一、既有桥梁再利用必要性

2015年《公路桥涵设计通用规范》(JTG D60—2015)的颁布,提高了荷载等级,按已废止或作废的《公路桥涵设计通用规范》建造的梁板,因承载力不满足新规范要求,导致无法利用。新规范颁布后实施的改扩建项目,由于缺乏有效检测手段和科学的评价标准,如济南至青岛高速公路改扩建项目的全部梁板均拆除废弃,导致大量浪费,造成经济损失和工期延长。

旧梁板回收利用,首先要解决的问题是如何快速、准确评价大量旧梁板。传统的梁板检测需要荷载试验,在桥下搭设满堂支架,逐个进行人工巡检,系统误差高、数据处理繁杂、效率低、成本高。本项目根据理论计算、模型实验、现场梁板承载能力评定试验,通过数字图像识别融合技术,采用数字摄像设备+系统软件算法,可以快速精准识别病害裂缝,追踪、应变、应力、挠度发展,取代了传统表贴式传感器操作复杂、系统误差大等缺陷,极大简化检测评定流程,提高了评估效率。

在性能评估方面,新的人工智能算法对旧梁板的评估精度提升95%以上,最终实现了桥梁结构性能的快速精准检测和智能化评估。通过评估,旧梁板的应用储备一般都大于原设计标准30%以上,再通过设计优化,加铺桥面铺装,作为安全储备,原旧梁板储备的应用可满足《公路桥涵设计通用规范》(JTG D60—2015)要求,如果检测、评定准确,就可以安全使用旧梁板。

对性能满足《公路桥涵设计通用规范》(JTG D60—2015)要求的在役桥梁,进行同质化利用;对于性能不满足新规范要求的,在改路、改桥或低等级道路上降级利用;对病害重、耐久性差、碳化严重的梁板进行破碎处理,根据集料性能进行精准筛分。用了混凝土再生、台背回填、路基填埋等方式全部实现旧桥梁板绿色回收利用,最终实现了智能检测评价与分级利用,旧桥梁板100%回收,同质利用率70%。

二、既有桥梁再利用研究方向

(一) 荷载研究

对于荷载研究首先需要沿高速公路调查实际通行车辆荷载数据和车辆组成;再根据调研资料分析建立实际荷载车辆模型;最终分析实际车辆荷载在既有板梁桥的作用效应影响,提出指导既有旧桥的现行荷载模型。

(二) 板梁桥整体性传力机理研究

目前对既有板梁桥的荷载作用计算主要依靠有限元简化的梁格模型或者简化公式计算。计算中对跨中的传力采用铰接板,对于支点的剪力则为杠杆法。目前的简化计算会导致板梁桥整体性能的低估,计算偏保守。保守的计算对于指导新桥有价值,在造价提高有限的情况下,极大地提高了结构的安全冗余。但是对于既有旧桥而言,保守的评估会导致大量旧桥的拆除,与绿色环保和节约理念不相符。因此,对于既有旧桥的横向传力机制需要针对性开展研究。

通过京台高速公路全线的桥梁技术评定荷载试验结果,既有板梁桥的实测基频均高于理论计算基频,反映出既有板梁桥的整体性传力效果均好于理论假定。因此,理论计算结果偏为保守。通过对板梁桥进行横向分布系数的计算方法研究,可以准确计算出实际的横向分布系数和整体性传力效果。研究结果能够降低荷载效应,使得既有板梁桥能够得到最大限度利用。

通过对京台高速公路全线典型跨径桥梁进行针对性跨中和支点加载试验,测量实际的横向分布系数,统计和模拟计算验证,最终得出指导旧桥评估的横向分布系数的计算方法。

(三) 既有板梁桥承载力评价研究

既有旧桥经过长期服役,材料性能有所退化,可通过极限承载力加载试验结果获得板梁材料的本构关系。荷载试验将结构作为一个整体,可以考虑所用材料的相对匀质性,不同龄期混凝土不同的力学性能,为后续分析提供符合实际的数据。后续通过有限元分析可以进一步得到既有旧桥的抗弯和抗剪承载力。

目前对既有板梁桥的承载力计算多采用保守的简化方式。整体化层计入一半参与受力,且抗剪和抗弯按照简化公式进行计算过于保守,尤其是既有板梁桥的抗剪计算尚无合适的公式进行准确评价,规范的计算公式用于板梁的计算过于保守。作为既有旧桥的评估利用,需要适当的结合旧桥性能状况进行评价。因此,对于既有板梁桥的实际抗剪和抗弯承载力进行研究具有很重要的意义。通过对典型试验桥梁的既有板梁切割,在实验室进行既有板梁桥的抗剪和抗弯承载力加载试验,并通过模拟计算进行验证,最终得出指导既有板梁桥的承载力评价修正方法或公式,为开展既有板梁桥的承载力评价工作提供指导。

既有板梁桥的抗弯抗剪抗力研究需要依托板梁极限承载力加载试验完成。在试验数据基础上研究板梁桥的本构关系,提出抗力修正计算方法。

(四)既有旧桥的评价方法体系研究

通过对横向分布系数计算方法的研究和旧桥可利用承载能力计算方法研究,对既有板梁桥在使用功能、结构承载力和使用价值三方面进行评价。

使用功能的评价包括既有旧桥是否符合各项技术标准、各部件构造是否完好,规划使用期内能否正常使用、养护难易程度和意外事故分析等。

结构承载力评价一般采用实桥荷载试验的方法来评定,目前工程实践中,多采用无损或半破损检测方法来进行桥梁检测,从而了解桥梁在试验荷载作用下的实际工作状态以及理论上难以精确计算部位的受力状态。

使用价值的评价:从宏观经济角度对桥梁在规划使用期的使用价值进行评价,包括规划期内路线总收益、桥梁维修改造费用、规划期内路线养护总支出、建新桥路线在规划期内总收益、新建桥梁总投资、改建新桥路线养护总支出等。若旧桥改建项收益和支出的差值大于新建桥梁项,则认为桥梁具有宏观实用价值。

第二节　T梁加固非开槽锚具碳纤维板施工技术

一、施工流程

T梁加固非开槽锚具碳纤维板施工流程如图5.2-1所示。

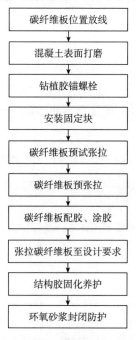

图5.2-1　T梁加固非开槽锚具碳纤维板施工流程图

二、施工工艺

1. 施工放线

用钢筋探测仪探测原钢筋网或波纹管所在位置,以便确定锚具的安装位置。测量固定端和张拉端孔洞中心之间的距离,张拉端后预留的可施工距离必须 >30cm(从孔洞的中心量起),准确标注需钻孔洞的位置。用墨斗弹线方法进行碳纤维板定位放样(图5.2-2),弹出碳纤维板中心线、上下边缘线,以及锚具切槽边缘线、锚栓孔中心线、压条中心线位置。

图 5.2-2　碳纤维板定位放样图

2. 混凝土黏贴表面处理

桥梁钢筋混凝土结构大多没有较好的保护措施,长期直接暴露在有一定湿度的空气中,虽然外表看似光滑平整,但是,混凝土碳化普遍比较严重,脆化疏松层一般少则3~5mm,多则高达6~9mm。如果界面处理时没有打凿掉脆化疏松层,黏结受力破坏往往容易发生在脆化疏松层,这对于单位截面面积受力很大,而黏结面积相对较小的碳纤维复合板材,无疑将严重影响碳纤维复合板材加固补强的效果。因此,对混凝土黏贴面的脆化疏松层,采用硬质合金锤打凿掉且完全露出新面,并用钢丝刷清除疏松浮层。

为了保证碳纤维板与混凝土之间的设计间隙(胶层厚度3~6mm),实现碳纤维板受力张拉时平直、均衡,对混凝土高凸面应采用金刚石打磨片打磨,对混凝土低凹面应采用环氧修补胶修补。假如粘贴时混凝土湿度较大,对混凝土粘贴面尚需进行人工干燥处理。

3. 钻植化学锚螺栓

(1)为防止钻孔碰到梁底板结构钢筋,梁底打孔前必须先探明钢筋位置,以便进行避让。打孔位置可根据实际进行适当调整,钻孔时用冲击钻孔,以确保孔表面有足够的粗糙度。螺栓直径与孔直径、深度对应表见表5.2-1。

螺栓直径与孔直径、深度对应表　　表 5.2-1

锚栓直径(mm)	10	24
钻孔直径(mm)	12	28
钻孔深度(mm)	10	22.5

(2)清孔先用硬毛刷刷走孔内粉尘,再用高压风进行吹孔,最后用干净棉布沾酒精彻底清洗孔道内部。植螺杆时必须保持孔内无尘,干燥。若不立即植筋,暂时封闭其孔口,防止尘土、

碎油污和水分等落入孔中而影响锚固质量。

（3）种植前用工业用酒精擦拭孔壁、孔底，再进行种植。将调好的专用植筋胶（指标如表4.2-3所示）装入注胶器内，然后用注胶器将专用植筋胶注入植螺杆孔洞，将植筋胶由孔底灌注至孔深2/3处，要求注胶密实、饱满。置入锚管，将化学锚栓单向旋转插入，直至达到设计深度，并保证植入锚栓与孔壁间的间隙基本均匀，确保锚栓的位置和垂直度。在环氧材料完成固化过程之前，种植后12h内不得对锚杆进行扰动。

（4）安装固定端和张拉端固定块：

①张拉端固定块与固定端固定块中心线应在一条线上，按碳纤维板全长计算偏差不得超过3mm。

②两端锚具安装或移动的梁面上，纵横方向水平均应位于水平尺中央，两端锚具底部结合面修磨时可以低于梁面1～2mm。

③底板安装孔因钻孔偏差修整后与螺栓出现的间隙，安装时应使用环氧修补胶填补；固定端定位板和张拉端锁固支架与混凝土的空隙，也应采用环氧修补胶填补或找平。

（5）碳纤维板检查及清洗。

①裁剪碳纤维板，重点检查碳纤维板直线度，其全长直线度不得超过20mm。

②对于纤维复合板材粘贴表面的处理同样重要，粘贴表面残留的油污在胶黏剂与纤维复合板材之间容易产生一层油脂状薄膜，导致胶黏剂与纤维复合板材之间黏结失效。同时，纤维复合板材光滑的粘贴表面也不利于粘接。因此，纤维复合板材粘贴表面应采用粗砂布进行糙化处理，并且使用无水乙醇擦拭干净。

（6）碳纤维板安装及混凝土表面涂找平胶。

将成品预应力碳纤维板布置至设计位置，与固定端、张拉端锚具分别连接。同时，连接张拉端工具拉杆、工具挡板等，并安装标定千斤顶，连接油管、油泵和油表。通过千斤顶较小的顶力将预应力碳纤维板拉直。

在混凝土表面涂抹一薄层底胶，表面接触干燥后，方可进行下道工序。

（7）张拉碳纤维板（图5.2-3）。

图5.2-3　碳纤维板张拉

在开始正式张拉前须预紧预应力碳纤维板，使碳纤维板整体绷直，检查两端是否受力均匀。

①张拉端锚具和千斤顶处于水平位置,加压张拉至设计张拉应力值的5%,调整千斤顶水平,检查两端锚具之间碳纤维板与梁表面是否有间隙,如碳板与混凝土有高凸接触点或面,应泄压拆卸打磨后再张拉。

②加压张拉至设计张拉应力值的10%,再次检查是否有障碍物影响,同时,检查固定端是否紧密;然后,拧紧压牢固定端所有螺栓。

③加压张拉至设计张拉应力值的20%,再次检查千斤顶处于水平位置,检查张拉时是否有障碍物影响,再次检查安装螺栓是否紧固。

④加压张拉至设计张拉应力值的40%。

⑤加压张拉至设计张拉应力值的60%。

⑥加压张拉至设计应力值的80%。

⑦加压张拉至设计应力值的100%,锁紧锁固螺母。

所有加压或减压时千斤顶行程速度应控制在20mm/min以内,严禁快速冲、放千斤顶行程。

(8)隐蔽防护。

碳纤维板预应力张拉体系中,锚具为钢构件,容易发生锈蚀;碳纤维板因材质为树脂复合材料,应避免阳光紫外线侵蚀,张拉完成检验合格后,应使用具有较好黏结性、防腐性和较好耐久性的环氧树脂砂浆,对锚具、碳纤维板涂抹不少于3mm厚度的环氧树脂砂浆进行隐蔽防护,如图5.2-4所示。

图5.2-4 涂抹防护胶

4. T梁加固碳纤维板施工质量检验

依据《公路桥梁加固施工技术规范》(JTG/T J23—2008)6.7.3条碳纤维复合材料粘贴质量检验实测项目要求,T梁加固碳纤维板施工检验方法详见表5.2-2。

碳纤维板质量评定指标及检验方法 表5.2-2

项次	检验项目		合格标准	检验方法与频数
1	碳纤维板粘贴误差		中心线偏差≤10mm	钢尺测量/全部
2	碳纤维板粘贴数量		≥设计数量	计算/全部
3	粘贴质量	空鼓面积之和与总黏结面积之比	小于5%	小锤敲击法/全部
		胶黏剂厚度(板材)	2mm±1.0mm	钢尺测量/每构件3件

依据《公路桥梁加固施工技术规范》(JTG/T J23—2008)6.7.4条,T梁加固碳纤维板钢索张拉控制及尺寸偏差应满足表5.2-3要求。

碳纤维板钢索张拉质量评定指标及检测方法　　　　表5.2-3

项次	检验项目		规定值或允许偏差	检查方法与频率
1	钢索坐标(mm)	梁长方向	±30	尺量:抽查50%;各转折点
		梁高方向	±10	
2	张拉力值		符合设计要求	查油压表读数:全部
3	张拉伸长率		符合设计要求,设计未规定时,±6%	尺量:全部

第三节　旧桥空心板粘贴碳纤维布加固技术

一、施工流程

空心板粘贴碳纤维布加固施工流程如图5.3-1所示。

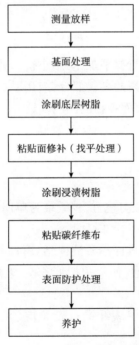

图5.3-1　空心板粘贴碳纤维布加固施工流程图

二、施工工艺

1. 材料准备

碳纤维布采用0.167mm×200mm×895mm及0.167mm×200mm×15200mm两种规格,抗

拉强度标准值不小于3000MPa,弹性模量不小于210000MPa,伸长率不小于1.5%。

2. 测量放样

测量放样用墨斗弹线方法进行放样,在混凝土粘贴碳纤维的位置测放打磨控制线,打磨控制线比实际粘贴位置线每边宽5cm。待打磨工作完成后补加粘贴碳纤维的位置线。

3. 基面处理

(1)用角磨机和圆磨片、钢丝刷在混凝土面上需粘贴碳纤维的部位进行打磨,清除被加固梁表面的剥落、疏松、蜂窝、腐蚀等裂化的混凝土,露出结构层。

(2)裂缝部位应首先进行裂缝封闭处理。用强力吹风机将打磨过的混凝土面吹干净,并用丙酮或无水酒精擦拭表面,待其充分干燥后再进行下道工序。必须做到混凝土表面清洁、干燥、无粉尘。

(3)转角粘贴处进行倒角处理,并打磨成圆弧状,圆弧半径不小于20mm。

4. 涂刷底层树脂

(1)按比例将黏结树脂的主剂和硬化剂放入容器内,用低速旋转的方法搅拌均匀,一次调和量应在可使用时间内(30min左右)用完,超过可使用时间禁止使用。

(2)用滚筒或刷子均匀涂抹,胶的黏度较高,不能涂得太厚。

(3)待底层树脂指触干燥后,进入下一道工序。

5. 粘贴面修补

按照使用说明配置找平材料进行找平工作,用小铲刀将配置好的找平材料刮在混凝土表面凹陷部位,刮严刮实,对于局部较高的突起部分,应用砂轮或磨片磨平,构件表面的小孔、内角用找平材料找平后,用砂纸打磨表面存在的凹凸糙纹,使表面平整。找平树脂的配制要严格按照使用说明,混合后要充分搅拌均匀,TE环氧腻子的配制比例为主剂:硬化剂 = 2:1(质量比)。

6. 涂刷浸渍树脂并粘贴碳纤维布

(1)根据设计尺寸将碳纤维布裁剪成行,碳纤维为单向受力材料,顺着纤维的方向为受力方向,裁剪时要特别注意方向,切忌将纤维斜切断。

(2)在找平材料指触干燥后,立即涂抹浸渍树脂,用特制滚筒按设计要求尺寸裁剪的碳纤维布沿纤维方向多次滚压,挤除气泡,使浸渍树脂充分浸透碳纤维布,滚压时不得损伤碳纤维布。

(3)多层碳纤维布粘贴应待上层碳纤维布表面指触干燥后,再进行下一层碳纤维布的粘贴。

7. 表面防护处理

碳纤维布粘贴完成后,及时在表面涂刷树脂进行防护。

第四节 既有板梁桥利用研究

一、京台高速公路车辆荷载模型

（一）智慧测试技术

1. 200T 电液式智能伺服加载系统

使用 200T 电液式智能伺服加载系统对预应力混凝土空心板梁进行抗弯、抗剪极限承载力试验。该系统最大压试验力 2000kN，试验力测量范围与精度为：4% ~ 100% F.S.，示值的 ±1%，作动器行程 ±500mm，作动器位移分辨率 0.01mm，位移测量精度 0.1% F.S.，采用美国进口 MOOG 伺服阀。

该系统可准确得到试验全过程的荷载-挠度曲线。试验过程中荷载分级进行加载，并能在每个荷载等级工况下进行稳载，同时考虑试验过程中的安全性及试验结果的准确性，该加载系统能够在必要时快速卸载。

2. 自动化数据采集系统

采用国内最先进的自动化数据采集系统，采集加载过程中的试验力、梁体位移、混凝土应变、钢筋应变，为旧桥板梁的智慧评估提供测试依据。

该系统支持多桥路方式的应力-应变测试，软件程控设置；可实现 7 英寸（约 17.78cm）全彩液晶触摸屏独立操作，实现参数设置、数据存储（内置大容量存储卡）和显示；标配以太网接口，可与计算机联机使用，实现长时间实时、无间断记录多通道数据；计算机可控制多台采集仪采样，通过以太网实现无线多通道扩展和实时数据采集。该系统应变量程 $±60000 × 10^{-6}$，应变示值误差不大于 0.5% $±3 × 10^{-6}$，静态最高采样速率 5Hz/通道，减少测量通道，最高动态采样速率 200Hz/通道。

3. 基于数字图像相关（DIC）技术的数字图像采集系统

基于 DIC 技术的数字图像采集系统采用与有限元一样的网格划分，包含相位识别算法和图像相关比对算法，具有更高的位移分辨率、空间分辨率和应变分布率，相比于普通位移、应变采集系统，具有位移场连续、应变场精度更高（可达 1~2 微应变）等优点，能够准确捕捉裂缝，识别裂缝宽度，计算应变大小。能够在试验过程中，对梁体变形进行全过程动态测试，得到加载全过程弯剪区域的位移场、应变场，如图 5.4-1、图 5.4-2 所示。

（二）旧桥极限状态的受力性能智慧评估技术

（1）不同预应力钢筋存在不同的失黏长度，影响板梁剪切破坏模式。对板梁不同设计的失黏率进行分析，提出其对破坏模式的影响机制和判别方法。

（2）研发预应力钢筋应力状态的智慧测试技术，有效评价梁体破坏时的破坏类型。

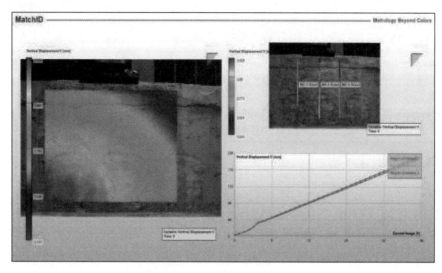

图 5.4-1　基于 DIC 技术的数字图像采集系统旧板竖向位移测试

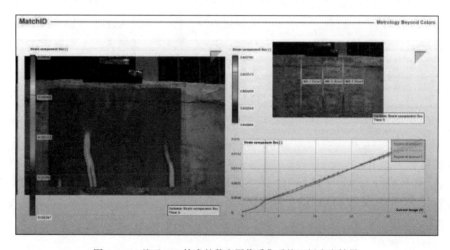

图 5.4-2　基于 DIC 技术的数字图像采集系统旧板应变结果

(3) 桥梁中的梁体尺寸较大, 梁体抗剪存在尺寸效应, 考虑其尺寸折减效应后, 梁体的破坏形态可能不同于设计领域常规认识的"强剪弱弯"。综合考虑不同剪跨比下板梁桥的破坏模式和考虑弯剪组合的结构设计理论, 研究剪切受力状态下剪压区应力的传递路径, 实现对板梁受力模式的准确评估。

(4) 抗弯承载力和抗剪承载力评估公式。

考虑跨径、有无铺装、剪跨比等参数, 开展 22 片板梁承载力试验, 建立钢绞线残余预应力评估方法, 提出抗剪承载力计算公式, 形成整体化层提升既有旧板梁受力性能的计算方法。

对空心板梁进行抗弯承载力的试验和理论结果对比, 发现不同跨径的空心板梁极限抗弯承载力富余度均在 1.2 左右, 说明旧梁的抗弯承载力仍满足使用的要求。对抗弯承载力的评估建议采用现行规范公式, 并给出计算示例。

对于空心板梁进行抗剪承载力的试验和理论结果对比,现行规范的抗剪承载力计算公式与结果离散较大,不能准确评价空心板的抗剪承载力。课题组通过对国内外多个混凝土抗剪公式与试验校验后,发现 Marí 等人开发的模型对空心板钢筋混凝土梁进行预测的结果与试验结果非常一致,吻合度达到 0.971。Marí 模型包含更多的物理意义和现实价值;研究了箍筋配筋率、剪跨比对物体受剪承载力的影响,且随各参数变化,对现实模型的预测有很高的精确度和稳定性。

(三)京台高速公路车辆荷载模型研究

为实现高速公路短时交通流的精准预测,考虑到交通流数据的时间序列特性,以高速公路交通流为研究背景,融合智能算法,分别构建基于粒子群优化的支持向量回归预测模型、基于经验模态分解的门控循环单元高速公路短时交通流预测模型、门控循环单元神经网络和支持向量回归的组合预测模型、考虑注意力机制的双向长短时记忆神经网络高速公路短时交通流预测模型,为高速公路智慧交通管控提供理论支撑和决策依据。

车辆的实际荷载模型作为一种随机变量,需采用概率论和数理统计的方法进行分析,研究其概率分布和统计规律;考虑时间因素,建立随机过程模型;采用最大值分布的 0.95 分位数的荷载反映京台高速公路的荷载水平。通过追踪抽样 2015 年、2017 年、2018 年汽车轴载数据,获得 7000 万辆汽车轴载数据(图 5.4-3),通过大数据分析建立京台高速公路实际的短时交通流预测模型和汽车荷载模型,取得旧桥评估指导车重 58t 的重要成果。通过对现行规范中的车辆荷载模型、"七部委"治超的超载车辆模型、京台高速公路实际车辆模型的综合对比(图 5.4-4),首次提出指导改扩建旧桥利用的荷载选用指导方法。

图 5.4-3 荷载谱调查

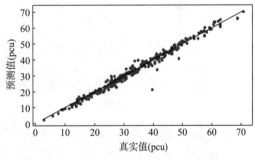

图 5.4-4 PSO-SVR(粒子群算法-支持向量回归机)预测集预测结果与真实值拟合

二、板梁桥整体性传力机理研究

(一)试验桥梁选择

选取具有代表性的 11 座桥梁进行实桥现场踏勘,桥梁的主要信息见表 5.4-1。

现场实桥试验桥梁选取 表 5.4-1

跨径(m)	路段	桥梁里程桩号	跨径组合(m)	斜交角(°)	选择原则
10	泰安段	K487+922	1×10	90	1. 每种跨径桥梁尽量涵盖每个区段； 2. 直桥； 3. 净空低,选定桥孔桥下无水,利于现场试验； 4. 梁板技术状况良好,无结构性病害
10	泰安段	K508+296	1×10	90	
10	曲阜段	K560+287	3×10	90	
13	泰安段	K500+607	3×13	90	
13	曲阜段	K526+087	3×13	90	
13	枣庄段	K572+528	3×13	90	
16	泰安段	K482+594	3×16	95	
16	曲阜段	K551+324	3×16	95	
16	枣庄段	K578+190	4×16	90	
20	曲阜段	K530+317	3×20	85	
20	枣庄段	K575+236	10×20	90	

典型桥梁结构见图 5.4-5,桥梁立面图及横断面图见图 5.4-6。

a) K482+594桥梁

b) K487+922桥梁

c) K500+608桥梁

d) K578+190桥梁

图 5.4-5　典型桥梁结构照片

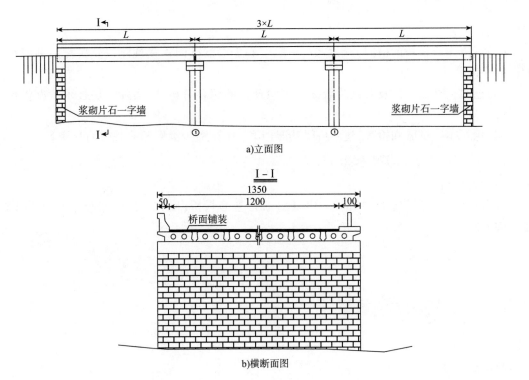

图 5.4-6　空心板主梁总体布置图(尺寸单位:cm)

(二) 静力载荷试验

本次载荷试验在这些桥梁中分路段、分跨径(10m、13m、16m、20m 各 1 座)选取 4 座桥梁进行静力载荷试验,选取的 4 座桥梁主要信息如表 5.4-2 所示。为了研究该线路上空心板桥的横向连接性能和拼宽后新旧桥梁的横向连接性能,于 2020 年 5 月 27 日至 2020 年 6 月 2 日对 4 座桥(表 5.4-2)进行现场静力载荷试验。本节以 13m 空心板桥(K572+528)为例,说明试验分析过程。

试验桥梁和桥跨选择　　表 5.4-2

跨径(m)	路段	桥梁里程桩号	跨径组合(m)	斜交角(°)	试验桥跨
10	泰安段	K487+922	1×10	90	均选择桥台处边跨(便于测试且病害较多)
13	枣庄段	K572+528	3×13	90	
16	枣庄段	K578+190	4×16	90	
20	枣庄段	K575+236	10×20	90	

1. 静力载荷试验目的

本次试验的目的是通过对桥梁结构进行静力载荷试验,检验桥梁结构在试验荷载作用下的实际受力状况是否满足设计及规范要求,并通过现场加载试验,以及对试验观测数据和试验对象的综合分析,对桥梁结构做出总体评价,达到以下试验目的:

(1)通过测定桥跨结构在试验荷载作用下的控制截面应变和挠度,并与理论值比较,以检验结构控制截面应变与挠度值是否与设计要求相符,主要试验测试指标能否符合有关规范、规定的要求。

（2）计算空心板桥的横向分布系数,检验空心板梁的横向连接性能以及拼宽后新旧桥梁的横向连接性能。

（3）通过荷载试验以及对试验数据和试验现象的综合分析,对实际结构技术状况做出总体评价。

（4）通过本次试验和检查,建立桥梁状况档案,为今后的检测、检查提供对比资料。

2.13m 空心板桥（K572+528）静载试验

1）理论分析

采用有限元结构分析软件 midas/Civil 对13m 空心板桥（K572+528）进行空间分析计算,建立梁单元模型,见图5.4-7。

图5.4-7　13m 空心板桥（K572+528）计算模型

2）测试断面

根据现行规范选取 13m 空心板桥（K572+528）第一跨跨中截面 S_1、0 号台近支点处截面 S_2 进行测试。本桥控制截面如图5.4-8,控制截面及测试内容见表5.4-3。

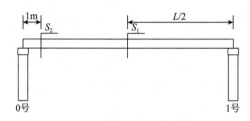

图5.4-8　13m 空心板桥（K572+528）控制截面示意图

13m 空心板桥（K572+528）控制截面及测试内容　　表5.4-3

控制截面	截面位置	测试内容
S_1	第一跨最大正弯矩处	应变、挠度
S_2	0 号台支点附近	应变、挠度

3）试验工况

纵桥向按最不利位置布载,相应的横桥向按中载、偏载位置布载。本桥静力载荷试验共分4 个工况：

工况1:纵桥向按跨中截面弯矩和挠度最不利位置布载,横桥向为对称布载。

工况2:纵桥向按跨中截面弯矩和挠度最不利位置布载,横桥向为偏心布载。

工况3:纵桥向按支点截面剪力最不利位置布载,横桥向为对称布载。

工况4:纵桥向按支点截面剪力最不利位置布载,横桥向为偏心布载。

4) 试验荷载的选择

根据《公路桥梁荷载试验规程》(JTG/T J21-01—2015)的规定,相应的加载车数量及位置应使该检验项目的荷载效率系数 n_q 按下式计算:

$$n_q = \frac{S_s}{S(1+\mu)} \tag{5.4-1}$$

式中:S_s——静力载荷试验荷载作用下,某一加载试验项目对应的加载控制截面内力或位移的最大计算效率值;

S——控制荷载产生的同一加载控制截面内力或位移的最不利效应理论值;

μ——按规范取用的冲击系数值。

为准确进行荷载试验,试验前先进行理论计算。采用 midas/Civil 程序进行结构静力计算、荷载效应计算及相应的加载效率的计算。

经过计算确定,本次试验共需加载车3辆,车辆参数见表5.4-4,车型图见图5.4-9,每辆试验车具体参数见表5.4-5。

试验车辆参数表　　　　　　　　　　　　　　　　　　　　　表5.4-4

车辆编号	车牌号	a(m)	b(m)	c(m)	d(m)	前轴总质量(kN)	后轴总质量(kN)	总质量(kN)
—	—	1.85	3.8	1.4	1.8	120	180	300

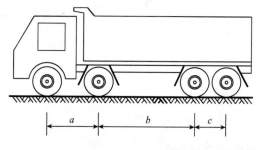

图 5.4-9　车型图

每辆试验车参数表　　　　　　　　　　　　　　　　　　　　表5.4-5

车辆编号	车牌号	质量(kg)		
		前轴质量	后轴质量	总质量
1	鲁H·×××××	6368	23672	30040
2	鲁H·×××××	6905	23115	30020
3	鲁H·×××××	5846	24134	29980

5) 各工况加载效率

本次荷载试验采用分级加载的原则进行静力载荷试验,荷载等级为汽超-20、挂-120,每级加载完毕,观察左右读数正常,再将试验荷载加至下一级。分级加载内力、加载效率见表5.4-6。

分级加载内力、加载效率表 表5.4-6

工况	控制梁	分级加载车辆数	内力		加载效率
			分级加载内力（kN·m）	设计荷载内力（kN·m）	
工况1	中梁	一级:1辆	61.42	241.91	0.25
		二级:2辆	122.83	241.91	0.51
		三级:3辆	184.43	241.91	0.76
工况2	边梁	一级:1辆	69.00	271.79	0.25
		二级:2辆	138.01	271.79	0.51
		三级:3辆	207.22	271.79	0.76
工况3	中梁	一级:1辆	23.48	94.62	0.25
		二级:2辆	46.96	94.62	0.50
		三级:3辆	70.51	94.62	0.75
工况4	边梁	一级:1辆	26.38	106.31	0.25
		二级:2辆	52.76	106.31	0.50
		三级:3辆	79.22	106.31	0.75

6）试验荷载加载位置

试验荷载加载位置纵、横桥向布置分别如图5.4-10、图5.4-11所示。

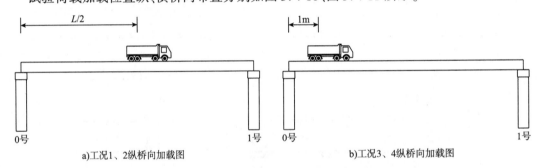

a）工况1、2纵桥向加载图　　　　b）工况3、4纵桥向加载图

图5.4-10　试验荷载纵桥向布置图

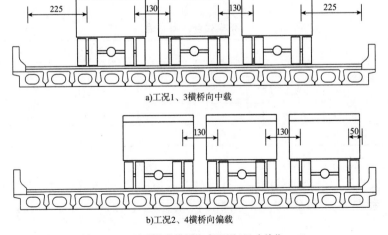

a）工况1、3横桥向中载

b）工况2、4横桥向偏载

图5.4-11　试验荷载横桥向布置图（尺寸单位:cm）

7)测点布设

(1)应变测点布设。

结构应变主要采用无线应变传感器进行测量,各截面应变测点布置如图5.4-12所示。测点编号以控制截面编号加上测点位置编号表示,如1-1表示控制截面S_1的1号测点。

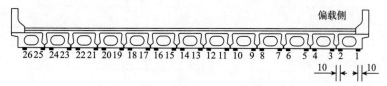

图5.4-12 各截面应变测点布置图(尺寸单位:cm)

(2)挠度测点的布设。

根据静力载荷试验加载工况,位移测量主要测试控制截面位移。根据13m空心板桥(K572+528)的结构特点,控制截面主要为S_1、S_2截面,位移测量主要对象为各工况下控制截面挠度。控制截面挠度拟用挠度计进行测试,静载试验位移测点布置如图5.4-13所示。

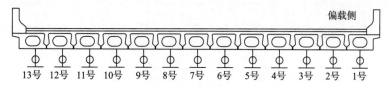

图5.4-13 静载试验位移测点布置图

8)静载试验数据分析

(1)工况1测试结果分析。

①应变测试结果分析。

工况1应变的实测值、理论值与校验系数见表5.4-7,应变实测值与理论值对比图见图5.4-14。

工况1三级加载应变校验系数表　　　表5.4-7

荷载工况	截面位置	应变计号	理论值① (10^{-6})	实测值② (10^{-6})	残余应变值③ (10^{-6})	相对残余应变 ③/(②+③) (%)	校验系数 ②/①
工况1	S_1	1-1号	83	32	3	8.46	0.39
		1-2号	83	37	5	11.85	0.45
		1-3号	89	33	1	2.92	0.37
		1-4号	89	50	3	5.69	0.56
		1-5号	97	53	0	0.00	0.54
		1-6号	97	60	5	7.66	0.62
		1-7号	104	54	7	11.55	0.52
		1-8号	104	37	4	9.72	0.36
		1-9号	109	57	-2	3.64	0.52
		1-10号	109	50	-2	4.16	0.46
		1-11号	112	63	1	1.56	0.57

续上表

荷载工况	截面位置	应变计号	理论值① (10^{-6})	实测值② (10^{-6})	残余应变值③ (10^{-6})	相对残余应变 ③/(②+③) (%)	校验系数 ②/①
工况1	S_1	1-12号	112	62	−2	3.36	0.55
		1-13号	112	80	1	1.24	0.71
		1-14号	112	59	−3	5.36	0.53
		1-15号	112	70	−3	4.51	0.62
		1-16号	112	51	−1	1.99	0.46
		1-17号	109	74	−4	5.71	0.68
		1-18号	109	43	3	6.57	0.39
		1-19号	104	50	−1	2.05	0.48
		1-20号	104	65	−1	1.55	0.63
		1-21号	97	59	−1	1.71	0.61
		1-22号	97	48	−3	6.62	0.50
		1-23号	89	49	1	2.01	0.55
		1-24号	89	58	0	0.00	0.65
		1-25号	83	46	−4	9.52	0.55
		1-26号	83	45	−4	9.73	0.54

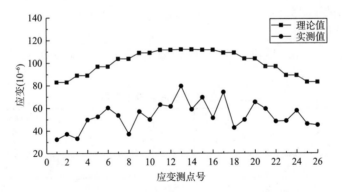

图 5.4-14 工况1应变实测值与理论值对比图

由表5.4-7可见,工况1的应变校验系数在0.36~0.71之间,符合规范要求;相对残余应变在0%~11.85%之间,符合规范要求。

由图5.4-30可知,工况1的应变值实测值曲线与理论值曲线趋势较为一致,能较好地符合桥梁结构的应力分布特性。

②挠度测试结果分析。

工况1挠度的实测值、理论值与校验系数见表5.4-8,挠度实测值与理论值对比图以及横向分布系数实测值与理论值对比图分别见图5.4-15、图5.4-16。

工况 1 三级加载挠度校验系数表　　　　　表 5.4-8

荷载工况	截面位置	位移计号	理论值①（mm）	实测值②（mm）	残余挠度值③（mm）	相对残余挠度③/（②+③）（%）	校验系数②/①	横向分布系数实测值	横向分布系数理论值	横向分布系数误差(%)
工况 1	S_1	1-1 号	−4.68	−3.03	0.12	4.13	0.65	0.20	0.19	6.86
		1-2 号	−5.02	−2.06	−0.14	6.38	0.41	0.14	0.21	32.37
		1-3 号	−5.47	−3.87	−0.16	3.97	0.71	0.26	0.22	17.07
		1-4 号	−5.86	−3.57	−0.36	9.16	0.61	0.24	0.24	0.71
		1-5 号	−6.15	−4.29	−0.16	3.59	0.70	0.29	0.25	15.52
		1-6 号	−6.29	−3.38	0.12	3.68	0.54	0.23	0.26	11.22
		1-7 号	−6.32	−3.96	0.06	1.54	0.63	0.27	0.26	3.67
		1-8 号	−6.29	−4.20	−0.01	0.24	0.67	0.28	0.26	10.48
		1-9 号	−6.15	−3.99	0.06	1.53	0.65	0.27	0.25	7.36
		1-10 号	−5.86	−3.53	−0.07	1.94	0.60	0.24	0.24	0.26
		1-11 号	−5.47	−3.34	−0.05	1.48	0.61	0.23	0.22	0.97
		1-12 号	−5.02	−1.69	−0.09	5.05	0.34	0.11	0.21	44.29
		1-13 号	−4.68	−3.39	−0.02	0.59	0.72	0.23	0.19	19.77

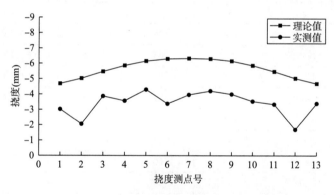

图 5.4-15　工况 1 挠度实测值与理论值对比图

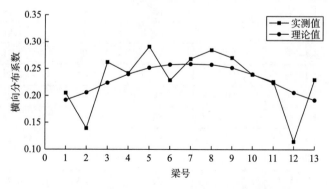

图 5.4-16　工况 1 横向分布系数实测值与理论值对比图

由表5.4-8数据可见,工况1的挠度校验系数在0.34~0.72之间,符合规范要求;相对残余挠度在0.24%~9.16%之间,符合规范要求。

由图5.4-31、图5.4-32可知,工况1的整体挠度实测值与理论值,以及横向分布系数实测值曲线与理论值曲线趋势较为一致,能较好地符合桥梁结构的挠度分布特性,空心板横向传力整体状况较好。但实测值中存在锯齿状,与实际车辆加载时车轮的位置有关。其中,次边板(2号板、12号板)挠度值和横向分布系数偏差较大,且12号板的挠度最大且较对称的2号板大,13号板的挠度较1号板小。结合定期检查报告,试验跨铰缝质量较差,靠近桥台处存在多处渗水泛白现象,L-3-12号铰缝勾缝部分存在脱落现象,边板与次边板间力的横向传递作用较差。

(2)工况2测试结果分析。

①应变测试结果分析。

工况2应变的实测值、理论值与校验系数见表5.4-9,应变实测值与理论值对比图见图5.4-17。

工况2三级加载应变校验系数表 表5.4-9

荷载工况	截面位置	应变计号	理论值① (10^{-6})	实测值② (10^{-6})	残余应变值③ (10^{-6})	相对残余应变 ③/(②+③) (%)	校验系数 ②/①
工况2	S_1	1-1号	137	57	1	1.72	0.42
		1-2号	137	88	0	0.00	0.64
		1-3号	136	56	-1	1.83	0.41
		1-4号	136	65	4	5.83	0.47
		1-5号	135	88	0	0.00	0.65
		1-6号	135	72	3	4.03	0.53
		1-7号	134	81	-1	1.25	0.61
		1-8号	134	57	5	8.08	0.42
		1-9号	130	60	-3	5.25	0.46
		1-10号	130	58	1	1.71	0.44
		1-11号	125	76	4	5.00	0.61
		1-12号	125	65	-2	3.19	0.52
		1-13号	120	65	1	1.51	0.54
		1-14号	120	72	2	2.71	0.60
		1-15号	110	46	-1	2.24	0.41
		1-16号	110	77	1	1.31	0.70
		1-17号	99	50	-2	4.15	0.51
		1-18号	99	62	2	3.13	0.63
		1-19号	79	26	1	3.74	0.33
		1-20号	79	37	-3	8.73	0.47
		1-21号	73	31	0	0.00	0.43

续上表

荷载工况	截面位置	应变计号	理论值① (10^{-6})	实测值② (10^{-6})	残余应变值③ (10^{-6})	相对残余应变 ③/(②+③) (%)	校验系数 ②/①
工况2	S_1	1-22号	73	35	1	2.75	0.49
		1-23号	65	26	1	3.72	0.40
		1-24号	65	33	−1	3.09	0.51
		1-25号	60	42	1	2.33	0.70
		1-26号	60	27	2	6.82	0.45

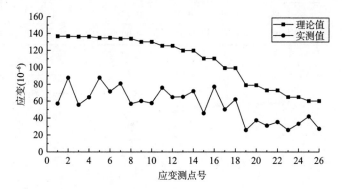

图5.4-17 工况2应变实测值与理论值对比图

由表5.4-9可见,工况2的应变校验系数在0.33~0.70之间,符合规范要求;相对残余应变在0%~8.73%之间,符合规范要求。

由图5.4-17可知,工况2的应变实测值曲线与理论值曲线趋势较为一致,能较好地符合桥梁结构的应力分布特性。

②挠度测试结果分析。

工况2挠度的实测值、理论值与校验系数见表5.4-10,挠度实测值与理论值对比图以及横向分布系数实测值与理论值对比图分别见图5.4-18、图5.4-19。

工况2三级加载挠度校验系数表　　　　　表5.4-10

荷载工况	截面位置	位移计号	理论值① (mm)	实测值② (mm)	残余挠度值③ (mm)	相对残余挠度③/(②+③) (%)	校验系数 ②/①	横向分布系数实测值	横向分布系数理论值	横向分布系数误差(%)
工况2	S_1	1-1号	−7.10	−5.05	0.05	1.00	0.71	0.38	0.29	30.73
		1-2号	−7.07	−3.98	−0.06	1.48	0.56	0.30	0.29	3.53
		1-3号	−7.00	−2.87	0.08	2.86	0.41	0.22	0.29	24.60
		1-4号	−6.95	−3.16	−0.03	0.94	0.46	0.24	0.29	16.38
		1-5号	−6.76	−2.74	−0.02	0.72	0.41	0.21	0.28	25.48
		1-6号	−6.51	−4.87	0.14	2.96	0.75	0.37	0.27	37.35
		1-7号	−6.22	−3.90	−0.04	1.01	0.63	0.30	0.26	15.33

续上表

荷载工况	截面位置	位移计号	理论值①（mm）	实测值②（mm）	残余挠度值（mm）	相对残余挠度③/（②+③）（%）	校验系数②/①	横向分布系数实测值	横向分布系数理论值	横向分布系数误差（%）
工况2	S_1	1-8号	-5.73	-3.82	-0.04	1.04	0.67	0.29	0.24	22.62
		1-9号	-5.15	-1.89	-0.02	1.05	0.37	0.14	0.21	32.71
		1-10号	-4.10	-2.70	-0.03	1.10	0.66	0.20	0.17	21.31
		1-11号	-3.78	-1.27	-0.05	3.79	0.34	0.10	0.16	38.29
		1-12号	-3.37	-1.91	0.01	0.53	0.57	0.14	0.14	4.51
		1-13号	-3.12	-1.47	0	0.00	0.47	0.11	0.13	13.48

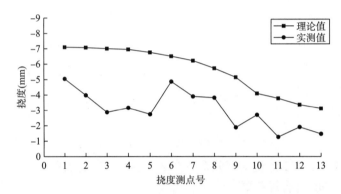

图5.4-18　工况2挠度实测值与理论值对比图

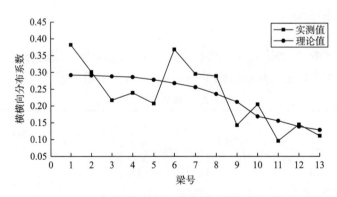

图5.4-19　工况2实测横向分布系数与理论横向分布系数对比图

由表5.4-10数据可见，工况2的挠度校验系数在0.34~0.75之间，符合规范要求；相对残余挠度在0%~3.79%之间，符合规范要求。

由图5.4-18可知，工况2的整体挠度实测值曲线与理论值曲线趋势较为一致，能较好地符合桥梁结构的挠度分布特性；由图5.4-19可知，工况2的整体横向分布系数实测值曲线与理论值曲线趋势较为一致，误差相对较小，能较好地符合桥梁结构的横向分布特性。实测值趋势图中部分存在锯齿状，与实际车辆加载时车轮的位置有关。

(3)工况 3 测试结果分析。

①应变测试结果分析。

工况 3 应变的实测值、理论值与校验系数见表 5.4-11,应变实测值与理论值对比图见图 5.4-20。

工况 3 三级加载应变校验系数表　　　　　表 5.4-11

荷载工况	截面位置	应变计号	理论值① (10^{-6})	实测值② (10^{-6})	残余应变值③ (10^{-6})	相对残余应变 ③/(②+③) (%)	校验系数 ②/①
工况 3	S_2	1-1 号	32	22	0	0.00	0.70
		1-2 号	32	11	-1	9.84	0.35
		1-3 号	33	18	-1	5.95	0.55
		1-4 号	33	13	1	7.05	0.41
		1-5 号	35	20	-1	5.34	0.56
		1-6 号	35	13	1	7.37	0.36
		1-7 号	38	16	-1	6.69	0.42
		1-8 号	38	9	1	9.58	0.25
		1-9 号	40	18	-1	5.89	0.45
		1-10 号	40	26	0	0.00	0.64
		1-11 号	41	26	-1	4.07	0.63
		1-12 号	41	22	0	0.00	0.55
		1-13 号	41	19	-1	5.47	0.47
		1-14 号	41	23	-1	4.62	0.55
		1-15 号	41	20	0	0.00	0.49
		1-16 号	41	27	-1	3.83	0.67
		1-17 号	40	23	-1	4.65	0.57
		1-18 号	40	23	1	4.17	0.58
		1-19 号	38	17	-1	6.23	0.45
		1-20 号	38	16	0	0.00	0.43
		1-21 号	35	18	0	0.00	0.51
		1-22 号	35	15	0	0.00	0.42
		1-23 号	33	13	3	—	0.39
		1-24 号	33	16	0	0.00	0.51
		1-25 号	32	14	0	0.00	0.43
		1-26 号	32	17	1	5.60	0.53

注:"—"为测试数据异常测点,分析过程中将其剔除。

由表 5.4-11 可见,工况 3 的应变校验系数在 0.25～0.70 之间,符合规范要求;相对残余应变在 0%～9.84%之间,符合规范要求。

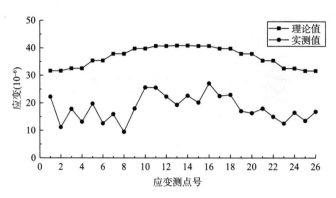

图 5.4-20　工况 3 应变实测值与理论值对比图

由图 5.4-20 可知,工况 3 的应变实测值曲线与理论值曲线趋势较为一致,能较好地符合桥梁结构的应力分布特性。

②挠度测试结果分析。

工况 3 挠度的实测值、理论值与校验系数见表 5.4-12,挠度实测值与理论值对比图以及横向分布系数实测值与理论值对比图分别见图 5.4-21、图 5.4-22。

工况 3 三级加载挠度校验系数表　　　　　　　　　　　表 5.4-12

荷载工况	截面位置	位移计号	理论值① (mm)	实测值② (mm)	残余挠度值③ (mm)	相对残余挠度③/(②+③) (%)	校验系数 ②/①	横向分布系数实测值	横向分布系数理论值	横向分布系数误差(%)
工况 3	S_2	1-1 号	-1.04	-0.68	0.05	7.98	0.65	0.25	0.19	29.45
		1-2 号	-1.11	-0.48	-0.02	4.00	0.43	0.18	0.21	13.87
		1-3 号	-1.21	-0.52	-0.01	1.88	0.43	0.19	0.22	14.36
		1-4 号	-1.29	-0.63	0.03	5.02	0.49	0.23	0.24	3.56
		1-5 号	-1.36	-0.74	0.03	4.25	0.54	0.27	0.25	7.26
		1-6 号	-1.39	-0.99	-0.01	1.00	0.71	0.36	0.26	41.18
		1-7 号	-1.39	-0.52	-0.02	3.72	0.37	0.19	0.26	26.37
		1-8 号	-1.39	-0.56	0.03	5.67	0.40	0.21	0.26	19.93
		1-9 号	-1.36	-0.57	-0.05	8.12	0.42	0.21	0.25	17.49
		1-10 号	-1.29	-0.86	0.01	1.18	0.67	0.32	0.24	32.01
		1-11 号	-1.21	-0.47	0	0.00	0.39	0.17	0.22	21.99
		1-12 号	-1.11	-0.70	-0.01	1.41	0.63	0.26	0.21	25.95
		1-13 号	-1.04	-0.44	-0.02	4.31	0.43	0.16	0.19	14.97

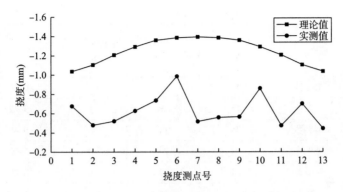

图 5.4-21 工况 3 挠度实测值与理论值对比图

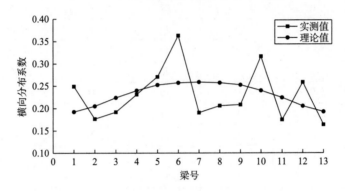

图 5.4-22 工况 3 横向分布系数实测值与理论值对比图

由表 5.4-12 数据可见,工况 3 的挠度校验系数在 0.37~0.71 之间,符合规范要求;相对残余挠度在 0%~8.12% 之间,符合规范要求。

由图 5.4-21 可知,工况 3 的整体挠度实测值曲线与理论值曲线趋势较为一致,能较好地符合桥梁结构的挠度分布特性;由 5.4-22 可知,工况 3 的整体横向分布系数实测值曲线与理论值曲线趋势较为一致,误差相对较小,能较好地符合桥梁结构的横向分布特性。实测值趋势图中部分存在锯齿状,与实际车辆加载时车轮的位置有关。

(4)工况 4 测试结果分析。

①应变测试结果分析。

工况 4 应变的实测值、理论值与校验系数见表 5.4-13,应变实测值与理论值对比图见图 5.4-23。

表 5.4-13 工况 4 三级加载应变校验系数表

荷载工况	截面位置	应变计号	理论值① (10^{-6})	实测值② (10^{-6})	残余应变值③ (10^{-6})	相对残余应变 ③/(②+③) (%)	校验系数 ②/①
工况 4	S_2	1-1 号	46	13	3	18.18	0.29
		1-2 号	46	26	−1	4.00	0.57
		1-3 号	46	29	1	3.30	0.64
		1-4 号	46	24	0	0.00	0.53
		1-5 号	45	30	−1	3.41	0.67

续上表

荷载工况	截面位置	应变计号	理论值① (10⁻⁶)	实测值② (10⁻⁶)	残余应变值③ (10⁻⁶)	相对残余应变 ③/(②+③) (%)	校验系数 ②/①
工况4	S_2	1-6号	45	22	0	0.00	0.49
		1-7号	45	28	1	3.42	0.63
		1-8号	45	14	1	6.49	0.32
		1-9号	44	27	0	0.00	0.61
		1-10号	44	18	0	0.00	0.41
		1-11号	42	13	1	7.22	0.30
		1-12号	42	27	1	3.57	0.64
		1-13号	40	19	1	5.10	0.46
		1-14号	40	19	0	0.00	0.46
		1-15号	37	20	0	0.00	0.55
		1-16号	37	19	0	0.00	0.50
		1-17号	33	21	1	4.53	0.63
		1-18号	33	21	1	4.58	0.62
		1-19号	27	12	3	—	0.47
		1-20号	27	12	0	0.00	0.46
		1-21号	24	17	-1	6.44	0.68
		1-22号	24	8	0	0.00	0.33
		1-23号	22	14	0	0.00	0.64
		1-24号	22	12	1	7.42	0.57
		1-25号	20	10	3	—	0.48
		1-26号	20	9	0	0.00	0.47

注:"—"为测试数据异常测点,分析过程中将其剔除。

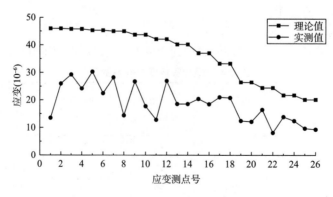

图5.4-23 工况4应变实测值与理论值对比图

由表5.4-13可见,工况4的应变校验系数在0.29~0.68之间,符合规范要求;相对残余应变在0%~18.18%之间,符合规范要求。

由图 5.4-23 可知,工况 4 的应变实测值曲线与理论值曲线趋势较为一致,能较好地符合桥梁结构的应力分布特性。

②挠度测试结果分析。

工况 4 挠度的实测值、理论值与校验系数见表 5.4-14,挠度实测值与理论值对比图以及横向分布系数实测值与理论值对比图分别见图 5.4-24、图 5.4-25。

工况 4 三级加载挠度校验系数表　　　　表 5.4-14

荷载工况	截面位置	位移计号	理论值①（mm）	实测值②（mm）	残余挠度值③（mm）	相对残余挠度③/（②+③）（%）	校验系数②/①	横向分布系数实测值	横向分布系数理论值	横向分布系数误差(%)
工况 4	S_1	1-1 号	-1.57	-0.89	-0.01	1.11	0.57	0.30	0.29	1.95
		1-2 号	-1.56	-1.12	-0.02	1.76	0.72	0.37	0.29	27.89
		1-3 号	-1.54	-0.99	-0.01	1.00	0.64	0.33	0.29	14.97
		1-4 号	-1.53	-0.73	0.03	4.28	0.48	0.24	0.29	14.75
		1-5 号	-1.49	-0.70	-0.02	2.77	0.47	0.23	0.28	15.75
		1-6 号	-1.44	-0.65	0.02	3.16	0.45	0.22	0.27	18.74
		1-7 号	-1.37	-0.74	0.01	1.38	0.54	0.25	0.26	4.08
		1-8 号	-1.26	-0.75	0.03	4.14	0.60	0.25	0.24	6.75
		1-9 号	-1.13	-0.53	-0.01	1.87	0.46	0.18	0.21	17.25
		1-10 号	-0.90	-0.64	0.02	3.23	0.71	0.21	0.17	26.37
		1-11 号	-0.83	-0.32	0.01	3.18	0.39	0.11	0.16	30.50
		1-12 号	-0.74	-0.49	0	0.00	0.65	0.16	0.14	16.93
		1-13 号	-0.69	-0.44	0.01	2.35	0.63	0.15	0.13	13.01

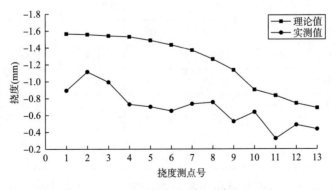

图 5.4-24　工况 4 挠度实测值与理论值对比图

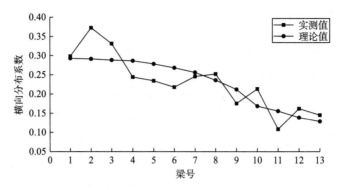

图 5.4-25　工况 4 横向分布系数实测值与理论值对比图

由表 5.4-14 数据可见,工况 4 的挠度校验系数在 0.39~0.72 之间,符合规范要求;相对残余挠度在 0%~4.28% 之间,符合规范要求。

由图 5.4-24 可知,工况 4 的整体挠度实测值曲线与理论值曲线趋势较为一致,能较好地符合桥梁结构的挠度分布特性;由图 5.4-25 可知,工况 4 的整体横向分布系数实测值曲线与理论值曲线趋势较为一致,误差相对较小,能较好地符合桥梁结构的横向分布特性。实测值趋势图中部分存在锯齿状,与实际车辆加载时车轮的位置有关。

9)混凝土材质强度

本次检测采用超声回弹综合法对结构混凝土的强度进行检测。超声回弹综合法是指采用超声仪和回弹仪,在结构混凝土同一测区分别测量声时值和回弹值,然后利用已建立的测强公式,换算该测区混凝土强度的一种方法。因超声回弹综合法检测混凝土材质强度适用龄期为 7~2000d,超过龄期要求需进行试件抗压强度修正,因此本次检测结果仅作参考。

详细检测结果见表 5.4-15。

混凝土强度超声回弹综合法检测结果　　　　　　表 5.4-15

序号	构件名称	设计值	混凝土实测强度推定值(MPa)	推定强度均质系数 k_{bt}	混凝土测区平均换算强度值(MPa)	平均强度匀质系数 k_{bm}	评定标度	构件强度状态
1	1-2 号梁跨中底板	50	54.50	1.09	57.23	1.14	1	良好
2	1-5 号梁跨中底板	50	51.70	1.03	56.83	1.14	1	良好
3	1-8 号梁跨中底板	50	52.20	1.04	56.84	1.14	1	良好
4	1-7 号梁支点底板	50	51.30	1.03	56.44	1.13	1	良好
5	1-11 号梁支点底板	50	51.30	1.03	56.60	1.13	1	良好
6	1-12 号梁支点底板	50	51.80	1.04	56.12	1.12	1	良好

根据《公路桥梁承载能力检测评定规程》(JTG/T J21—2011)的评定规定,所选测区混凝土强度评定标度值为 1,混凝土强度状况良好。

通过整体性传力机理静载荷试验数据分析,得出以下结论:

(1)10m 空心板桥(K487+922)、13m 空心板桥(K572+528)、16m 空心板桥(K578+190)、20m 空心板桥(K575+236)试验过程中未见裂缝及其他异常情况。

(2)10m 空心板桥(K487+922)、13m 空心板桥(K572+528)、16m 空心板桥(K578+190)、20m 空心板桥(K575+236)各工况控制截面各测点应变和挠度校验系数、相对残余应变结果汇总见表5.4-16~表5.4-19。

10m 空心板桥(K487+922)校验系数、相对残余应变结果汇总　　　　表5.4-16

	工况	校验系数	是否符合规范要求	相对残余应变(%)	是否符合规范要求
应变	工况1	0.36~0.66	符合	0~10.11	符合
	工况2	0.33~0.67	符合	0~9.85	符合
	工况3	0.33~0.70	符合	0~17.69	符合
	工况4	0.36~0.69	符合	0~15.46	符合
挠度	工况1	0.46~0.74	符合	0~2.26	符合
	工况2	0.49~0.70	符合	0~2.45	符合
	工况3	0.37~0.69	符合	0~14.55	符合
	工况4	0.43~0.77	符合	0~9.29	符合

13m 空心板桥(K572+528)校验系数、相对残余应变结果汇总　　　　表5.4-17

	工况	校验系数	是否符合规范要求	相对残余应变(%)	是否符合规范要求
应变	工况1	0.36~0.71	符合	0~11.85	符合
	工况2	0.33~0.70	符合	0~8.73	符合
	工况3	0.25~0.70	符合	0~9.84	符合
	工况4	0.29~0.68	符合	0~18.18	符合
挠度	工况1	0.34~0.72	符合	0.24~9.16	符合
	工况2	0.34~0.75	符合	0~3.79	符合
	工况3	0.37~0.71	符合	0~8.12	符合
	工况4	0.39~0.72	符合	0~4.28	符合

16m 空心板桥(K578+190)校验系数、相对残余应变结果汇总　　　　表5.4-18

	工况	校验系数	是否符合规范要求	相对残余应变(%)	是否符合规范要求
应变	工况1	0.39~0.66	符合	0~9.80	符合
	工况2	0.32~0.60	符合	1.64~14.81	符合
	工况3	0.26~0.75	符合	0~10.00	符合
	工况4	0.34~0.68	符合	0~11.11	符合
挠度	工况1	0.53~0.70	符合	0.27~7.68	符合
	工况2	0.36~0.68	符合	0~14.39	符合
	工况3	0.39~0.77	符合	0~5.45	符合
	工况4	0.39~0.73	符合	1.96~5.66	符合

20m 空心板桥(K575+236)校验系数、相对残余应变结果汇总　　　表 5.4-19

	工况	校验系数	是否符合规范要求	相对残余应变(%)	是否符合规范要求
应变	工况1	0.34~0.75	符合	0~10.50	符合
	工况2	0.37~0.69	符合	0~16.80	符合
	工况3	0.21~0.88	符合	0~14.89	符合
	工况4	0.34~0.82	符合	0~13.17	符合
挠度	工况1	0.39~0.77	符合	0.41~8.68	符合
	工况2	0.39~0.68	符合	0~7.42	符合
	工况3	0.42~0.74	符合	0~15.73	符合
	工况4	0.44~0.75	符合	3.73~10.69	符合

由以上汇总表可知,10m 空心板桥(K487+922)在《89 桥规》汽超-20、挂-120 荷载等级下承载能力合格,且具有较大的安全储备系数。

(3)10m 空心板桥(K487+922)、13m 空心板桥(K572+528)、16m 空心板桥(K578+190)、20m 空心板桥(K575+236)各工况各控制截面整体横向分布系数曲线实测值与理论值较为一致,误差相对较小,能较好地符合桥梁结构的横向分布特性。横向分布系数实测值趋势线部分呈锯齿状,与车轮在板上的位置有一定关系。

跨中断面横向分布系数实测值与铰接板法计算出的理论值较为接近,支点断面处横向分布系数实测值与杠杆法理论值偏差较大,较为接近铰接板法。试验过程中发现,当铰缝存在局部脱落或渗水泛白后,对板与板之间力的横向传递有一定的影响,这是在日常养护过程中应当注意的。

(三)远距离桥梁挠度检测技术

1. 10m 空心板桥(K487+922)

跨中截面附近中载挠度测试截面测点信息如图 5.4-26 所示(从外向里测点 1~6),1/2 截面中载、偏载测量数据如表 5.4-20 所示。

图 5.4-26　跨中截面附近中载挠度测点选择(10m 空心板桥)

1/2 截面测量结果汇总(10m 空心板桥)　　　　　　　　　表 5.4-20

测点		测点 1	测点 2	测点 3	测点 4	测点 5	测点 6
跨中中载测值（mm）	中载满载值(3~5)	1.31	1.44	1.75	2.41	2.89	3.07
	残余值(3~7)	0.16	0.13	0.19	0.34	0.22	0.14
跨中偏载测值（mm）	偏载满载(7~9)	1.86	1.86	2.06	2.5	2.74	2.74
	残余值(7~11)	0.3	0.28	0.39	0.39	0.31	0.31

2. 13m 空心板桥(K572+528)

跨中截面附近中载挠度测试截面测点信息如图 5.4-27 所示(从外向里测点 1~6),1/2 截面中载、偏载测量数据如表 5.4-21 所示。

图 5.4-27　跨中截面附近中载挠度测点选择(13m 空心板桥)

1/2 截面测量结果汇总(13m 空心板桥)　　　　　　　　　表 5.4-21

测点		测点 1	测点 2	测点 3	测点 4	测点 5	测点 6	测点 7
跨中中载测值（mm）	中载满载值(3~5)	1.22	1.42	1.62	1.97	2.11	2.3	2.31
	残余值(3~7)	0.45	0.41	0.22	0.23	0.21	0.11	0.16
跨中偏载测值（mm）	一级(7~9)	1.39	0.92	0.58	0.92	0.72	0.52	0.28
	二级(7~11)	1.74	1.91	1.84	2.01	1.94	1.84	1.55
	三级(7~12)	1.89	2.06	1.93	2.33	2.33	2.37	2.43
	残余值(7~14)	0.09	0.05	0.02	0.06	0.06	0.05	0.13

3. 16m 空心板桥(K578+190)

跨中截面附近中载挠度测试截面测点信息如图 5.4-28 所示(从外向里测点 1~6),1/2 截面中载、偏载测量数据如表 5.4-22 所示。

图 5.4-28　跨中截面附近中载挠度测点选择(16m 空心板桥)

1/2 截面测量结果汇总(16m 空心板桥)　　　　　表5.4-22

测点		测点1	测点2	测点3	测点4	测点5	测点6
跨中中载测值 (mm)	中载满载值(3~4)	1.93	2.07	2.22	2.61	2.88	3.06
	残余值(3~6)	0.05	0.13	0.08	0.14	0.04	0.09
跨中偏载测值 (mm)	一级(8~10)	1.43	1.53	1.42	1.26	1.26	1.01
	二级(8~12)	2.23	2.28	2.3	2.39	2.49	2.29
	三级(8~14)	2.63	2.74	2.86	3.06	3.38	3.34
	残余值(8~16)	0.42	0.41	0.35	0.17	0.51	0.57

4.20m 空心板桥(K575+236)

跨中截面附近中载挠度测试截面测点信息如图5.4-29所示(从外向里测点1~6),1/2截面中载、偏载测量数据如表5.4-23所示。

图5.4-29　跨中截面附近中载挠度测点选择(20m 空心板桥)

1/2 截面测量结果汇总(20m 空心板桥)　　　　　表5.4-23

测点		测点1	测点2	测点3	测点4	测点5	测点6
跨中中载测值 (mm)	中载满载值(3~5)	2.33	2.19	2.56	2.54	2.59	2.73
	残余值(3~7)	0.18	0.11	0.11	0.11	0.12	0.22
跨中偏载测值 (mm)	一级(7~9)	1.1	0.85	1.12	0.81	0.66	0.87
	二级(7~11)	1.95	1.71	1.85	1.81	1.81	1.85
	三级(7~12)	2.6	2.35	2.67	2.6	2.69	2.8
	残余值(7~14)	0.05	0	0.01	0.03	0	0.43

为了确保试验的准确性,跨中断面除使用机电千分表外,还使用远距离桥梁挠度检测仪进行对比测量,测量结果显示:两种测量方法得到的挠度值趋势基本一致,挠度值基本接近,部分测点由于受光线等因素的影响,数值略有偏差。

由空心板桥在支点处荷载呈现一定的铰接板传力状态,与杠杆法差异较大。其值与梁格法模型的结果吻合度较高,建议在旧桥评估中采用梁格有限元模型进行内力分析,不建议采用单梁模型进行保守评估。

三、既有板梁桥极限承载力加载试验与评估方法

(一) 既有板梁桥承载力试验

开展既有板梁桥正常使用状态的预应力钢筋应力状态检测和极限承载力试验研究,研究极限状态下旧板梁的抗弯、抗剪性能,提出既有板梁桥的抗力计算修正公式,提出弯剪组合的结构设计理论。

通过选取特征板梁进行既有旧板梁极限荷载下的抗弯、抗剪性能试验,根据实测结果评估板梁极限荷载作用下预应力钢筋的应力状态。试验共进行 24 片空心板梁测试,其中 10m、13m、16m、20m 跨径的空心板各 6 片:3 片进行抗弯试验、3 片进行抗剪试验。试验梁的选取兼顾中梁、边梁、是否有铺装、是否有预应力等典型特征。试验在山东大学(齐河)新材料与智能装备研究院所属基地进行。

(二) 抗弯承载力评价方法

以跨径 20m 空心板梁为例,计算梁体极限抗弯承载力。首先对梁体面积进行等效,截面等效图如图 5.4-30 所示。

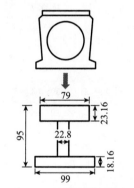 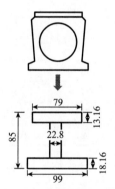

a) 跨径20m带铺装层截面等效　　b) 跨径20m不带铺装层截面等效

图 5.4-30　截面等效图(尺寸单位:cm)

截面计算参数如表 5.4-24 所示。

截面计算参数　　　　　　　　　　　表 5.4-24

参数名称	数值
混凝土抗压强度设计值 f_{cd}	22.4MPa
受压区钢筋抗压强度设计值 f'_{sd}	280MPa
受拉区钢筋抗压强度设计值 f_{sd}	280MPa
预应力钢筋抗拉强度设计值 f_{pd}	1260MPa
受压区钢筋截面面积 A'_s	452mm^2
受拉区钢筋截面面积 A_s	540mm^2
预应力钢筋截面面积 A_p	1960mm^2

跨径 20m 带铺装层梁抗弯承载力:

首先求受压区高度 x 为:

$$x = \frac{f_{sd}A_s + f_{pd}A_p + f'_{sd}A'_s}{f_{cd}b} \tag{5.4-2}$$

式中：b——上翼缘板截面宽度。

求得 $x = 14.09\text{cm} < 23.16\text{cm}$，采用一类截面计算抗弯承载力 M_u：

$$M_u = f_{cd}bx\left(h - a_p - \frac{x}{2}\right) + f'_{sd}A'_s(h - a_p - a'_s) + f_{sd}A_s(a_s - a_p) = 2177.0\text{kN}\cdot\text{m}$$

式中：h——截面高度；

a_p——预应力钢筋到混凝土边缘的距离；

a'_s——受压区钢筋到混凝土边缘的距离；

a_s——受拉区钢筋到混凝土边缘的距离。

同理，求得其他跨径各梁的极限抗弯承载力，如表5.4-25所示。

跨中抗弯强度　　　　　　　　　表5.4-25

梁编号	有/无铺装层	试验值 M_1（kN·m）	计算值 M_2（kN·m）	M_1/M_2
20-1	有	2420.38	2152.94	1.24
20-2	无	2241.88	1825.7	1.22
20-3	有	2376.88	2152.94	1.10
16-1	有	1633.92	1365.23	1.19
16-4	无	1345.86	1179.39	1.14
13-1	有	1078.7	895.64	1.20
13-2	有	1125.15	895.64	1.26
10-1	无	528.6	439	1.20

可以看出，不同跨径的空心板梁极限抗弯承载力富余度均在1.2左右，说明旧梁的抗弯承载力仍满足使用的要求。

（三）抗剪极限承载力评价方法

1. 试验值与《公路桥涵设计通用规范》（JTG D60—2015）对比

将空心板梁截面等效为工字形截面（图5.4-31），进行钢筋混凝土受弯构件斜截面抗剪承载力计算，梁体截面计算参数见表5.4-26。

$$V_u = V_{cs} + V_{sb} \tag{5.4-3}$$

$$V_{cs} = (0.45 \times 10^{-3})\alpha_1\alpha_2\alpha_3 bh_0\sqrt{(2+0.6p)\sqrt{f_{cu,k}}\rho_{sv}f_{sv}} \tag{5.4-4}$$

$$V_{sb} = (0.75 \times 10^{-3})f_{sd}\sum A_{sb}\sin\theta_s \tag{5.4-5}$$

式中：V_u——钢筋混凝土梁斜截面抗剪承载力；

V_{cs}——混凝土和箍筋提供的抗剪承载力；

V_{sb}——弯起钢筋提供的抗剪承载力；

α_1——异号弯矩影响系数，取1.0；

α_2——预应力提高系数，取1.25；

α_3——受压翼缘影响系数,取 1;
b——截面肋板宽度;
h_0——正截面有效高度;
p——斜截面内纵向受拉钢筋配筋率;
ρ_{sv}——斜截面内箍筋配筋率。

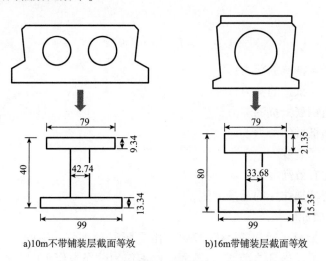

a)10m不带铺装层截面等效　　　b)16m带铺装层截面等效

图 5.4-31　空心板梁截面等效图(尺寸单位:cm)

梁体截面计算参数　　　　　　　　　　　　　　　　　　表 5.4-26

参数名称	10m 梁数值	16m 梁数值
混凝土立方体抗压强度标准值 $f_{cu,k}$	50MPa	50MPa
箍筋抗拉强度设计值 f_{sv}	280MPa	280MPa
受拉区钢筋截面面积 A_s	653mm²	326.56mm²
预应力钢筋截面面积 A_p	987mm²	1480.5mm²
S_v 范围内箍筋各肢总截面面积 A_{sv}	100.6mm²	100.6mm²
箍筋间距 S_v	100mm	100mm

由于各试验梁中不含弯起钢筋,故 $V_{sb}=0$。将上述取值代入得出试验梁斜截面抗剪承载力,与试验值相比较,见表 5.4-27。

斜截面抗剪承载力　　　　　　　　　　　　　　　　　　表 5.4-27

梁编号	剪跨比	试验值 V_1(kN)	计算值 V_2(kN)	V_1/V_2
10-2	2.5	363.0	296.9	1.22
10-3	2.5	406.4	296.9	1.37
16-2	2	631.9	553.7	1.14
16-3	3	500.5	553.7	0.90
13-3	3	488.6	450.7	1.08
13-4	3	490.6	450.7	1.09
20-4	4	457.4	479.7	0.95
20-5	4	495.6	479.7	1.03

2. 试验值与 Marí 等提出的抗剪承载力模型计算值对比

1) 模型计算原理

细长钢筋混凝土梁的抗剪强度为以下强度之和：①未开裂混凝土弦抵抗的剪力提供；②沿裂纹发展的摩擦力和残余拉力；③横向钢筋提供的抗剪强度；④由纵向加强件产生的销钉作用。

$$V = V_c + V_w + V_t + V_s = f_{ct} \cdot b \cdot d \cdot (v_c + v_w + v_t + v_s) \tag{5.4-6}$$

式中： V_c——混凝土抵抗的剪力；

V_w——梁腹板抵抗的剪力；

V_t——纵向钢筋抵抗的剪力；

V_s——箍筋抵抗的剪力；

b——上翼缘宽度；

d——截面有效高度；

v_c、v_w、v_t、v_s——剪切传递作用的无量纲值。

2) 抗剪梁的有效深度

当裂缝张开时，集料互锁和残余张力减小，由受压混凝土弦传递的剪力增加。因此，将假设在极限状态下，在初始破坏之前，临界截面中的剪应力分布类似于图 5.4-32、图 5.4-33 中所示的分布，还示出了每个作用的近似分布，c 是中性轴深度，d 是截面的有效深度。

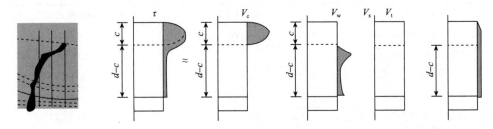

图 5.4-32　剪切破坏时剪应力的定性分布

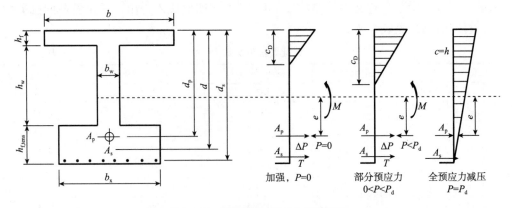

图 5.4-33　钢筋混凝土梁的中性轴深度

有效深度的计算：

$$d = \frac{A_s d_s + A_p d_p}{A_s + A_p} \tag{5.4-7}$$

式中：d_s——受拉钢筋到顶端的距离；

d_p——受拉钢筋质心到顶端的距离。

为了精确计算有裂缝的预应力混凝土截面中的中性轴深度，必须求解混凝土和预应力钢筋中的应力之间的平衡方程，同时考虑平面截面假设提供的应变边界条件。由于轴向荷载的存在，两个平衡方程都是相关的，因此，中性轴深度取决于钢筋的量、弯矩、预应力及其偏心率。

$$\frac{c}{d} = \frac{c_0}{d} + \left(\frac{h}{d} - \frac{c_0}{d}\right)\left(\frac{d}{h}\right)\frac{P k_t}{M - Pe} \tag{5.4-8}$$

式中：k_t——中心到顶端的距离，$k_t = \frac{I_c}{A_c \cdot v_{bot}}$；

I_c——第二惯性矩；

A_c——横截面面积；

v_{bot}——质心和最底端的距离。

$P=0$ 时中性轴深度可由近似表达式(5.4-9)求得。

$$\frac{c_0}{d} = n\rho_1 \left(-1 + \sqrt{1 + \frac{2}{n\rho_1}}\right) \tag{5.4-9}$$

式中：ρ_1——纵向受拉配筋率；

n——模量比。

$n\rho_1$ 按式(5.4-10)方法求得。

$$n\rho_1 = n_s \rho_s + n_p \rho_p \tag{5.4-10}$$

$$n_s \rho_s = \frac{E_s}{E_c} \frac{A_s}{b \cdot d}$$

$$n_p \rho_p = \frac{E_p}{E_c} \frac{A_p}{b \cdot d}$$

最后可以化成式(5.4-11)。

$$\frac{c}{d} = \frac{c_0}{d} + \left(\frac{h}{d} - \frac{c_0}{d}\right)\left(\frac{d}{h}\right)\frac{\sigma_{cp}}{\sigma_{cp} + f_{ct}} \tag{5.4-11}$$

式中：σ_{cp}——预应力在截面质心处产生的混凝土压应力，$\sigma_{cp} = p/A_c$。

3）横向钢筋产生的剪力

在横向钢筋抵抗剪力方面，取与倾斜裂缝相交至中性轴高度的箍筋中的力之和，并假设横向钢筋沿整个裂缝高度屈服，由式(5.4-12)推出。

$$v_s = \frac{V_s}{f_{ct} \cdot b \cdot d} = \frac{0.85 d_s A_{sw} \cdot f_{yw}}{f_{ct} \cdot b \cdot d} \tag{5.4-12}$$

式中：$0.85 d_s$——裂缝起始点和中性轴深度之间的水平投影；

A_{sw}——箍筋截面积。

4）开裂混凝土腹板的贡献

腹板开裂混凝土的剪力被认为是开裂混凝土的残余拉应力，沿拉伸 $\sigma\text{-}\varepsilon$ 曲线达到零时横

截面裂纹区的深度 c_w 分布,并由式(5.4-13)推出。

$$V_w = \int_0^{l_w} \sigma_w \cdot b \cdot \cos\theta \cdot dl \approx \frac{x_w}{\sin\theta} \cdot \sigma_w \cdot b \cdot \cos\theta = x_w \cdot \sigma_w \cdot b \cdot \cot\theta \tag{5.4-13}$$

式中:σ_w——恒定的混凝土拉应力;

θ——裂缝倾斜角度;

x_w——设定的垂直于裂纹方向的变形协调性。

假定钢筋中的应变接近 0.0009,并假设纵向配筋率的平均值为 1.5%,得到如下简化方程:

$$v_w = \frac{V_w}{f_{ct} \cdot b \cdot d} = 167 \frac{f_{ct} b_w}{E_c b} \left(1 + \frac{2G_f \cdot E_c}{f_{ct}^2 \cdot d_0}\right) \tag{5.4-14}$$

式中:b_w——腹板宽度;

E_c——混凝土弹性模量;

G_f——混凝土的断裂能,取决于混凝土强度和集料尺寸;

d_0——截面有效高度。

5)纵向钢筋的贡献

本计算模型假定只有当箍筋存在时,才会考虑纵向钢筋或销钉作用的影响,因为箍筋对纵向钢筋的垂直运动提供了约束,使其能够传递剪力。在预应力混凝土构件的情况下,只有由箍筋支撑的软钢筋或预应力筋被认为产生传力杆作用。为了评估这种贡献,认为纵向钢筋被双重固定在靠近裂缝的两个箍筋上,并且由两个末端之间的相对施加位移而受到弯曲。这种相对垂直位移是由临界裂纹的张开和压缩混凝土的剪切变形引起的。双固定杆两端之间的这种施加的相对位移产生剪切力按式(5.4-15)计算。

$$V_l = \frac{12 \cdot E_s \cdot n_b \cdot I_s \cdot \delta}{s_t^3} = \frac{12 \cdot E_s \cdot n_b \cdot \pi \cdot \phi^4 \cdot \delta}{s_t^3 \cdot 64}$$

$$\approx 0.64 \cdot \frac{E_s}{f_{ct}} \cdot \rho \cdot \frac{\phi^2 \cdot d}{s_t^3} \cdot \frac{\varepsilon_{sx}}{1-\xi} \tag{5.4-15}$$

式中:E_s——纵向钢筋弹性模量;

n_b——钢筋数量;

I_s——纵向钢筋的惯性模量;

δ——总垂直位移;

s_t——箍筋间距;

ϕ——钢筋直径;

ε_{sx}——纵向钢筋处的轴向应变;

ξ——无量纲中性轴深度。

通过假设 $\phi/s_t = 0.15$,$d/s_t = 2$,$\varepsilon_{sx} = 0.0009$ 和 $E_c/f_{ct} = 10000$,以及 $\xi = x/d$,得到式(5.4-16)。

$$v_l = \frac{V_l}{f_{ct} \cdot b \cdot d} \approx 0.23 \frac{n\rho_l}{1 - \frac{c}{d}} \tag{5.4-16}$$

6)未开裂混凝土中抵抗的贡献

在求解未开裂混凝土中抵抗的剪力时,假设纵向弯曲应力呈线性分布,且现有箍筋产生恒定的横向约束应力,则可获得未开裂区域任意点的应力(图5.4-34)。开裂点的位置取决于所考虑的临界截面处的弯矩和剪力之比(M/V_d)。通过莫尔圆分析,破坏开始点处的剪应力可通过式(5.4-17)~式(5.4-19),与主应力和法向应力建立联系。

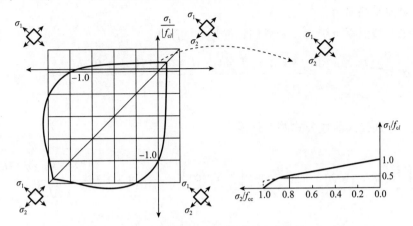

图5.4-34 采用双轴应力状态下混凝土破坏包络线

$$\tau_\lambda = \sigma_1 \sqrt{1 - \frac{\sigma_x + \sigma_y}{\sigma_1} + \frac{\sigma_x \cdot \sigma_y}{\sigma_1^2}} \tag{5.4-17}$$

$$V_c = \int_0^c \tau(y) \cdot b \cdot dy \tag{5.4-18}$$

$$v_c = \frac{V_c}{f_{ct} b d} = \zeta K_\lambda R_t \frac{c}{d} \frac{b_{e,\text{eff}}}{b} \sqrt{1 - \frac{\sigma_x + \sigma_y}{\sigma_1} + \frac{\sigma_x \cdot \sigma_y}{\sigma_1^2}} \tag{5.4-19}$$

式中:ζ——考虑压缩弦尺寸效应的参数;

K_λ——压缩混凝土剪应力与最大拉应力处剪应力关联系数;

$b_{e,\text{eff}}$——翼缘有效宽度。

其中,σ_y通过分析箍筋受力来获得,如式(5.4-20)所示。

$$\sigma_y = \frac{A_{sw} f_{sw}}{b} = \rho_w f_{yw} = \frac{v_s f_{ct}}{0.85} \tag{5.4-20}$$

σ_x通过分析斜裂缝截面受力来获得,如图5.4-35所示。

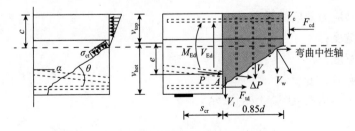

图5.4-35 作用在临界剪切裂缝上的梁的力

平衡方程为:

$$C = T + V_w \tan\theta + P\cos\alpha$$

$$V = V_c + V_w + V_l + V_s + P\sin\alpha$$

$$C \cdot z_s = M_{Ed} + V_c 0.85 d_s + V_w \beta_w d_s + 0.425 V_s d_s + P(d_s - d_p)\cos\alpha \tag{5.4-21}$$

式中：C——未开裂混凝土中水平受力；

T——纵向钢筋受力；

z_s——未开裂混凝土受力点到纵向钢筋形心的距离。

$$\sigma_x = \frac{2\lambda C}{bc} = \frac{2\lambda[M_{Ed} + V_c 0.85 d_s + V_w z_w d_s + 0.425 V_s d_s + P(d_s - d_p)\cos\alpha]}{bc\left(d_s - \dfrac{c}{3}\right)} \tag{5.4-22}$$

将 σ_x、σ_y 分别代入前述公式并简化得：

$$v_c = \zeta\left\{\left[0.88 + \left(0.20 + 0.50\frac{b}{b_w}\right)v_s\right]\frac{c}{d} + 0.02\right\} \times \frac{b_{e,eff}}{b}\left[1 + 0.3\frac{P\cos\alpha\,(c + d_s - d_p)}{f_{ct}bd^2}\right] \tag{5.4-23}$$

7）试验梁极限承载力计算

对 10m 空心板梁横截面等效为工字形截面后，利用 Marí 等提出的抗剪承载力模型进行抗剪承载力，模型方程见式（5.4-24）。

$$V_u = V_{cu} + V_{su} + V_p \tag{5.4-24}$$

式中：V_u——板梁抗剪极限承载力；

V_{cu}——混凝土抵抗的剪力；

V_{su}——钢筋抵抗的剪力；

V_p——预应力筋抵抗的剪力。

首先求混凝土抵抗的剪力，公式见式（5.4-25）。

$$V_{cu} = \zeta\frac{c}{d}K_p\left[0.30\frac{f_c'^{2/3}}{\gamma_c} + 0.5\left(1 + \frac{b}{b_w}\right)\frac{V_s}{bd}\right]b_{v,eff}d \tag{5.4-25}$$

式中：ζ——考虑压缩弦长的尺寸效应的参数；

c——中性轴高度；

d——截面有效高度；

K_p——考虑预应力效应的系数；

b——翼缘宽度；

b_w——腹板宽度；

$b_{v,eff}$——翼缘有效宽度。

求钢筋抵抗的剪力，公式见式（5.4-26）。

$$V_{su} = (d_s - c)\cos\theta \cdot \frac{A_{sw}}{s_t}f_{ywd} = 0.85 \cdot d_s \frac{A_{sw}}{s_t}f_{ywd} \tag{5.4-26}$$

式中：d_s——钢筋有效高度；

c——中性轴高度；

θ——临界裂缝角度；

A_{sw}——箍筋截面面积；

s_t——箍筋间距；

f_{ywd}——箍筋抗压强度。

求预应力筋抵抗的剪力，公式见式(5.4-27)。

$$V_p = P \cdot \sin\alpha \tag{5.4-27}$$

式中：α——预应力筋弯起角度。

将上述模型计算各梁斜截面抗剪承载力，与试验值相比较，统计见表5.4-28。

抗剪承载力比较　　　　　　　　表5.4-28

梁编号	剪跨比	试验值 V_1(kN)	计算值 V_2(kN)	V_1/V_2
10-2	2.5	363.0	363.6	1.00
10-3	2.5	406.4	363.6	1.12
16-2	2	631.9	660.1	0.96
16-3	3	500.5	540.2	0.93
13-3	3	488.6	555.7	0.88
13-4	3	490.6	555.7	0.88
20-4	4	457.4	474.6	0.96
20-5	4	495.6	474.6	1.04

用Marí等人开发的模型对空心板钢筋混凝土梁进行计算，计算的结果与试验结果非常一致。其中跨径10m的空心板梁试验值与计算值之比为1.00、1.12；跨径16m的空心板梁试验值与计算值之比为0.96、0.93；跨径13m的空心板梁试验值与计算值之比为0.88∶0.88；跨径20m的空心板梁试验值与计算值之比为0.96∶1.04。

Marí模型总体表现为试验值和计算值比值平均值为0.971，表明试验结果和计算值基本吻合。

四、空心板桥加固措施对比研究

以5m、6m、8m、10m、13m和16m等6种跨径进行空心板桥荷载效应计算对比。按选用荷载模型，分别施加单车道、二车道、三车道荷载(图5.4-36～图5.4-38)，考虑汽车荷载的纵、横向折减及冲击作用，计算结构的荷载效应以及结构抗力。模型采用单梁模型，按照简化计算考虑。

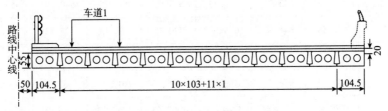

图5.4-36　单车道荷载布置图(尺寸单位：cm)

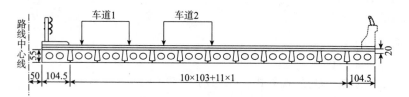

图 5.4-37 二车道荷载布置图(尺寸单位:cm)

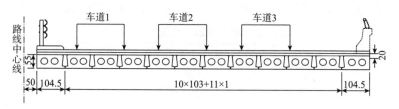

图 5.4-38 三车道荷载布置图(尺寸单位:cm)

1. 空心板端头填充考虑全截面受力的抗剪承载力提高措施效果分析

采用空心板端头填充的剪力提高措施的荷载效应见表5.4-29、表5.4-30(表中抗力考虑全截面受力结果),从结果中可以看出,空心板填充为实心截面仅对空心板结构起作用。对于抗剪承载力不足的跨径5m、6m实心板则没有效果,因此不能满足要求。

空心板跨中荷载效应(1)　　　　　　　　表5.4-29

跨径 (m)	板号	20T-2轴荷载 (kN·m)	30T-3轴荷载 (kN·m)	40T-4轴荷载 (kN·m)	55T-5轴荷载1 (kN·m)	55T-5轴荷载2 (kN·m)	55T-6轴荷载1 (kN·m)	55T-6轴荷载2 (kN·m)	抗力 (kN·m)
5.000	中	145.61	178.73	192.97	195.99	185.84	180.61	187.45	221.965
	边	142.62	168.33	179.39	181.73	173.85	169.79	175.01	221.965
6.000	中	181.40	228.77	246.42	257.40	239.11	237.08	245.71	253.21
	边	188.75	227.31	241.68	250.61	235.73	234.07	241.10	253.21
8.000	中	262.18	334.28	357.89	382.55	350.21	353.63	365.40	384.497
	边	301.83	367.13	388.51	410.85	381.56	384.65	395.31	390.696
10.000	中	346.74	435.35	462.68	497.13	455.04	462.63	476.37	555.131
	边	427.33	513.77	540.43	574.05	532.98	540.39	553.79	562.924
13.000	中	535.38	648.40	675.31	720.15	662.13	675.52	721.37	978.428
	边	681.56	795.07	822.09	867.13	808.86	822.30	868.35	990.685
16.000	中	850.03	986.35	1029.66	1065.85	1012.47	1039.86	1110.60	1440.733
	边	1080.49	1220.46	1264.93	1302.08	1247.27	1275.40	1348.03	1455.265

空心板支点荷载效应(1)　　　表 5.4-30

跨径(m)	板号	20T-2轴荷载(kN)	30T-3轴荷载(kN)	40T-4轴荷载(kN)	55T-5轴荷载1(kN)	55T-5轴荷载2(kN)	55T-6轴荷载1(kN)	55T-6轴荷载2(kN)	抗力(kN)
5.000	中	212.63	244.79	265.88	251.08	259.44	215.94	224.87	234.469
	边	141.79	176.93	190.10	188.58	186.24	168.73	174.46	267.375
6.000	中	220.55	259.91	281.98	268.61	268.72	230.81	240.09	234.469
	边	153.29	192.36	206.08	208.45	201.15	187.73	193.83	272.334
8.000	中	232.91	293.37	317.98	302.98	306.94	265.44	275.64	515.336
	边	174.83	219.15	233.41	238.95	229.12	218.27	224.73	530.697
10.000	中	239.00	308.06	332.93	315.99	323.58	280.44	292.50	390.231
	边	193.04	237.65	251.48	256.96	247.69	237.40	245.27	409.33
13.000	中	265.09	343.94	369.96	368.04	361.55	330.22	341.58	533.92
	边	232.27	278.55	292.59	303.67	301.36	291.13	302.66	559.609
16.000	中	315.18	396.48	425.94	430.57	417.99	393.98	406.31	679.075
	边	295.71	339.80	357.06	366.24	372.70	361.81	366.27	709.342

2. 空心板现浇层考虑 13cm 厚度参与受力方案研究

现浇层设计厚度为 18cm，计算中按照 13cm 厚度考虑，则空心板跨中、支点荷载效应分别见表 5.4-31、表 5.4-32(表中抗力考虑 13cm 现浇层参与受力结果)。从结果中可以看出，通过加厚现浇层，让其参与受力能够提高抗弯和抗剪承载力。对于 5m、6m 跨径，由于板截面较薄(5m、6m 跨径空心板截面高度仅为 30cm)，因此效果显著，能够满足要求。

空心板跨中荷载效应(2)　　　表 5.4-31

跨径(m)	板号	20T-2轴荷载(kN·m)	30T-3轴荷载(kN·m)	40T-4轴荷载(kN·m)	55T-5轴荷载1(kN·m)	55T-5轴荷载2(kN·m)	55T-6轴荷载1(kN·m)	55T-6轴荷载2(kN·m)	抗力(kN·m)
5.000	中	152.23	185.35	199.59	202.6	192.46	187.23	194.07	287.942
	边	149.3	175.01	186.07	188.41	180.53	176.47	181.69	287.942
6.000	中	191.13	238.5	256.16	267.13	248.84	246.81	255.44	330.183
	边	198.57	237.14	251.5	260.44	245.55	243.9	250.93	330.183
8.000	中	279.94	352.04	375.65	400.31	367.97	371.39	383.15	472.467
	边	319.76	385.06	406.44	428.77	399.49	402.58	413.24	478.665
10.000	中	374.92	463.53	490.86	525.31	483.22	490.81	504.55	679.898
	边	455.78	542.22	568.88	602.5	561.43	568.84	582.25	687.691
13.000	中	583.69	696.71	723.62	768.46	710.44	723.83	769.68	1137.222
	边	730.34	843.84	870.86	915.9	857.63	871.08	917.13	1149.478
16.000	中	831.58	967.9	1011.2	1047.39	994.01	1021.4	1092.14	1622.211
	边	1061.85	1201.82	1246.29	1283.45	1228.64	1256.76	1329.39	1636.743

空心板支点荷载效应(2)　　　　　表 5.4-32

跨径(m)	板号	20T-2轴荷载(kN)	30T-3轴荷载(kN)	40T-4轴荷载(kN)	55T-5轴荷载1(kN)	55T-5轴荷载2(kN)	55T-6轴荷载1(kN)	55T-6轴荷载2(kN)	抗力(kN)
5.000	中	218.26	259.78	282.16	270.24	275.41	233.99	243.54	295.969
	边	142.21	186.28	200.19	202.16	196.19	182.18	188.3	329.535
6.000	中	227.38	266.74	288.81	275.44	275.55	237.64	246.92	295.969
	边	160.19	199.26	212.98	215.34	208.04	194.62	200.73	334.622
8.000	中	242.13	302.59	327.21	312.21	316.17	274.66	284.86	508.526
	边	184.15	228.47	242.72	248.27	238.44	227.59	234.04	530.754
10.000	中	250.62	319.68	344.55	327.61	335.21	292.06	304.12	374.487
	边	204.77	249.38	263.21	268.69	259.42	249.13	257.01	402.666
13.000	中	280.3	359.16	385.17	383.26	376.77	345.44	356.79	426.084
	边	247.64	293.91	307.96	319.04	316.72	306.5	318.02	473.358
16.000	中	310.48	391.78	421.24	425.87	413.29	389.28	401.6	538.308
	边	290.96	335.06	352.31	361.49	367.95	357.06	361.52	584.703

3. 现行荷载模型在各补强措施下的适应性评价

各跨径空心板桥在现行汽车荷载作用下采用各补强措施情况下的弯矩和剪力效应结果如图 5.4-39 所示。

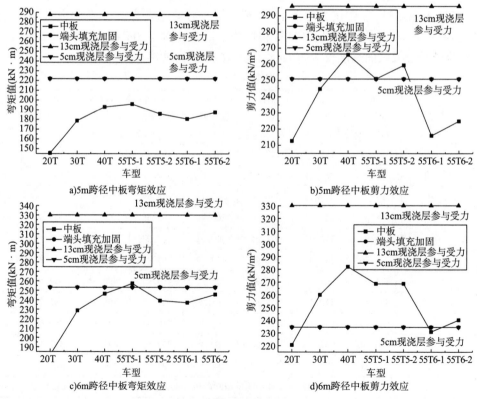

图 5.4-39

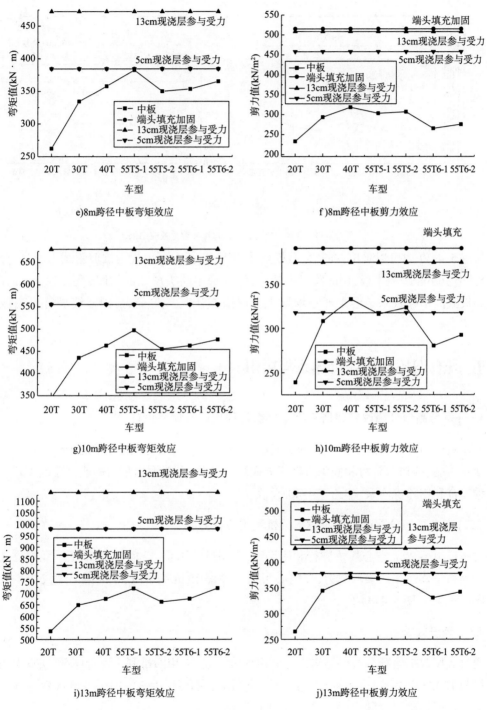

图 5.4-39

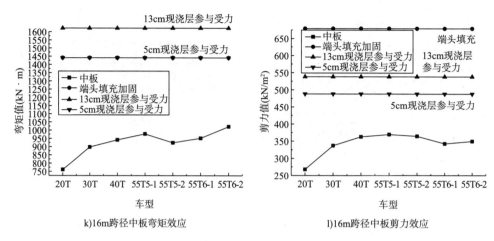

k) 16m跨径中板弯矩效应   l) 16m跨径中板剪力效应

图5.4-39　各跨径空心板桥的弯矩和剪力效应结果

从图5.4-39中可以看出,在超荷载模型作用下,板桥主要表现为抗剪承载力不足,分别为5m跨径中板、6m跨径中板、10m跨径中板。其中,采用端头填充的加固方法,对于5m、6m跨径实心板截面不起效果。但是通过增厚现浇层措施让其参与受力,则能够显著提高截面承载力。

五、既有旧桥利用评价体系与应用

(一)京台高速公路改扩建既有板梁桥综合利用评价体系设计

通过对横向分布系数计算方法的研究和旧桥可利用承载能力计算方法研究,对既有板梁桥在使用功能、结构承载力和使用价值三方面进行评价,最终形成京台高速公路改扩建既有桥梁结构综合利用评价体系,如图5.4-40所示。

(二)京台高速公路改扩建工程板梁桥利用设计方案

对跨径10~20m空心板桥进行利用设计,采用拆除边板,新板拼宽,旧板利用的方式。为进一步提高整体性和板梁承载力,在空心板顶部加铺15cm厚的C50混凝土现浇层。设计方案如图5.4-41~图5.4-44所示。

(三)经济效益

通过应用改扩建既有桥梁结构综合利用评价体系,应用旧桥利用评价体系,实现保留全线旧桥梁板12000余片,旧桥梁板83%进行同质利用,剩余约17%的旧桥外侧边板及施工过程损伤梁板进行拆除回收利用,节省资金约10亿元。

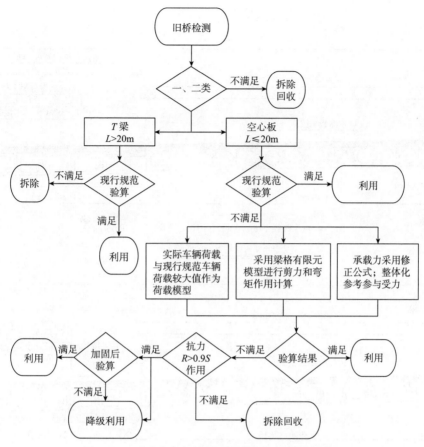

图 5.4-40　京台高速公路既有桥梁结构综合利用评价体系

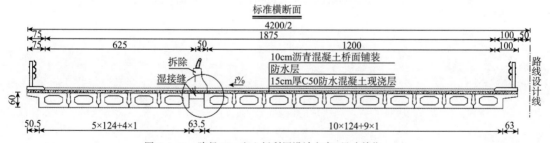

图 5.4-41　跨径 10m 空心板利用设计方案（尺寸单位：mm）

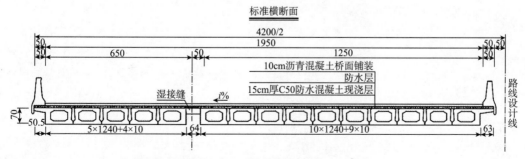

图 5.4-42　跨径 13m 空心板利用设计方案（尺寸单位：mm）

原28m宽桥梁拼宽跨中横断面

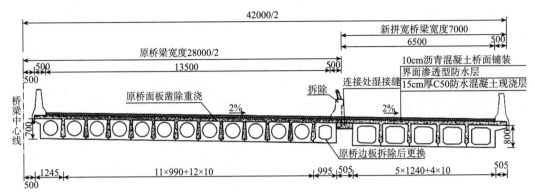

图 5.4-43　跨径 16m 空心板利用设计方案(尺寸单位:mm)

原28m宽桥梁拼宽跨中横断面

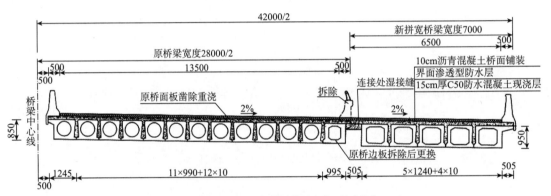

图 5.4-44　跨径 20m 空心板利用设计方案(尺寸单位:mm)

第六章 绿色材料研发及数字化绿色建设

第一节 泡沫铝新型材料研究与应用

一、关键技术

(一) 泡沫铝声屏障关键技术

1. 基于特殊工艺和处理技术的高声学性能泡沫铝材料生产技术

低气孔率泡沫铝材料原始状态阻尼特性有限,降噪系数(NRC)并不高,亥姆霍兹共振机制难以发挥作用。基于高气孔率工艺,通过特殊的工艺微调,产生大量的微裂纹和细小贯穿孔,能够制造出大量的亥姆霍兹共振腔,大幅度提高泡沫铝材料的声学性能。

2. 计算机模拟与实际测试结合构建的声学结构数据模型

通过计算机数值模拟(图6.1-1),确定环境噪声情况,泡沫铝的密度、孔径大小和穿孔率,以及声屏障组合结构的空腔大小和空腔结构对最终声学特性的影响,得到数据库及函数曲线。通过关键点的实际测量,对数值模拟的模型进行修正,并对测量结果进行标定。最终,得到计算机模拟与实际测试结合构建的声学结构数据模型,可以为后续不同环境下的声屏障设计、建造提供定量的数据支撑。

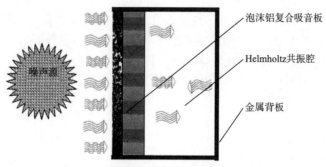

图6.1-1 泡沫铝复合吸音板声学结构数据模型

(二)新型 SA 级波形梁护栏关键技术

新型泡沫铝防撞护栏采用波形栏加泡沫铝防阻块设计,以泡沫铝作为防阻块的主要构成部分(图6.1-2)。泡沫铝为闭孔多孔结构,弥散均匀分布于金属铝的孔隙,使得其组织极不均匀;泡沫铝在受到撞击外力时,由于孔隙的存在,孔壁及实心部分持续压缩变形填充孔隙,使得泡沫铝材料的应变强烈滞后于应力,可实现持续吸能效应。同时,通过对泡沫铝防阻块进行菱形设计(图6.1-3),当发生车辆碰撞时,菱形结构发生变形,带动护栏板提升高度,进而防止碰撞车辆翻越。

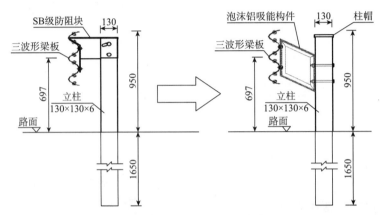

图6.1-2 新型护栏防阻块设计(尺寸单位:mm)

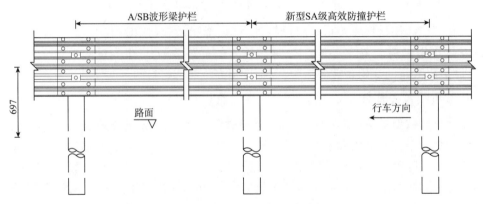

图6.1-3 新型防撞护栏立面图(尺寸单位:mm)

新型泡沫铝防撞护栏设计中采用的高延展性合金钢三波板也会对吸收动能起到一定的作用。经过复合设计的新型泡沫铝防撞护栏吸能性能更加优越,在新型防撞护栏推广应用中具有更大的空间。与传统牛角弯头护栏结构相比(图6.1-4),新型护栏路面以上高度由1300mm降低到950mm,这一设计也可极大减少钢材的使用量。

二、工程应用

1. 泡沫铝声屏障案例

京台高速公路泰安至枣庄(鲁苏界)段泡沫铝声屏障应用如图6.1-5所示。

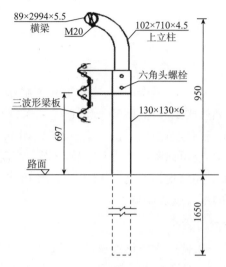

图 6.1-4　牛角弯头护栏(尺寸单位:mm)

图 6.1-5　泡沫铝声屏障案例

2. 新型 SA 级波形梁护栏案例

京台高速公路泰安至枣庄(鲁苏界)段新型 SA 级波形梁护栏应用如图 6.1-6 所示。

图 6.1-6　新型 SA 级波形梁护栏

三、创新点

1. 泡沫铝声屏障创新点

泡沫铝吸声板为金属铝基材料,不吸湿吸潮,遇水体积不膨胀,仍能保持其较高的吸声能力。泡沫铝吸声板不添加玻璃棉或矿渣棉,即使干燥气候下,车辆经过时的振动也不会引起纤维粉尘的散飞,故不会导致飞扬粉尘造成的二次污染。泡沫铝声屏障外表可喷涂成各种颜色,也可喷涂不黏漆防止黏附灰尘,还可以喷涂成广告。泡沫铝具有耐腐蚀、抗日晒的优点,使用寿命长,可以达到30年,故不必频繁更换。泡沫铝吸声板制作的声屏障,可以实现全部回收利用。泡沫铝吸声板是环保型的可持续发展材料。

2. 新型 SA 级波形梁护栏创新点

新型 SA 级波形梁护栏与 SB 级护栏外形协调统一,过渡衔接平顺,景观效果好。仅需更换 SB 级防阻块为泡沫铝防阻块,即可实现由 SB 级的防护能力提升至 SA 级的防护能力,施工方便,适用范围更广。护栏板高度可通过新型防阻块上预留的加高孔或立柱上的预留加高孔进行上下调整,保证护栏有效高度。

第二节 电子档案管理系统研究与应用

一、关键技术

(一)元数据的研究

为建立真实、有效、完整的公路项目电子档案,对电子文件形成、交换、归档、移交、保管、利用等全过程的元数据设计、捕获、著录方法进行研究与实践。档案行业将电子文件元数据划分为档案实体、机构人员实体、业务实体、关系实体四大类型。结合公路建设项目的特点,应用信息技术,实践检验工程电子文件、电子档案元数据的捕获与著录。目前系统中处理的元数据主要有以下类型:

(1)档案实体元数据方面的元数据内容主要包括文件形成单位、文件来源、文号档号、内容描述、工程背景信息、捕获设备、电子属性(文件大小、系统信息诸如此类)、电子签名等。

(2)机构人员实体元数据内容主要包括机构人员类型、机构人员名称、组织机构代码、岗位职务等。

(3)业务实体元数据主要有业务类别、业务名称、业务状态、业务行为、业务开始时间、业务结束时间、行为依据、行为描述等。

(4)关系实体元数据包括实体标识符、关系类型、关系、关系描述等。

系统中各项元数据均在文件形成时自动捕获,并自动作为文件的著录内容,与文件一体封装。

(二) CA 认证电子签名的应用

基于《电子文件归档与电子档案管理规范》(GB/T 18894—2016) 要求,依据《中华人民共和国电子签名法》等法律法规,结合单位及个人证书颁发机构(CA)认证,采用电子签名和电子签章技术,将电子文件完全合规合法化,保证文件在传阅过程中不被篡改且具有法律效力,为电子文件转制电子档案做好准备。避免电子文件伪造和篡改,实现电子文件的真实性和可靠性的验证。目前选用的 CA 签名技术,具备以下能力:支持 PDF、Office 等多种文档格式;支持对数据进行数字签名服务;支持客户端离线/在线、后台、移动端三种签名模式;支持签名签章的制作数字证书颁发服务;提供签名在线验证功能;支持自建 CA 中心;客户端支持 WebSocket(一种网络通信协议)接入方式;支持 HTTP REST(Representational State Transfer,表述性状态传递)架构风格的签名文件源服务接口。

(三) 私有云部署

实现系统存储备份,保障数据安全可靠。电子档案管理系统在开发、部署、运行过程中,始终重视网络安全,并提前考虑系统安全等级要求,为防范信息安全风险进行了有效探索。保护计算机信息系统设备、设施、媒体和信息免遭自然灾害、环境事故、人为物理操作失误或错误,以及各种以物理手段进行违法犯罪行为导致的破坏、丢失。信息安全主要包括环境安全、设备安全、媒体安全等方面。电子档案管理系统采用山东高速集团私有云部署,私有云严格遵循国家信息系统安全相关规范要求,保证项目服务器应用安全。

系统在备份时,对于实时运行子系统,数据备份前应注意将该系统关闭,使数据处于静止状态;对非实时运行的子系统,生产的数据应等期(如每工作日)做数据备份,备份前也应该将系统关闭,防止业务用户在数据备份时联机使用计算机。另外,在数据备份前,必须对整个网络和应用系统进行计算机病毒的清理,防止新病毒出现和传播。系统采用自动备份系统和定期手工备份相结合的方式保证数据安全。

(四) 封装技术的应用

按照国家相关规范要求,采用 XML 封装技术[符合《基于 XML 的电子公文格式规范 第1部分:总则》(GB/T 19667.1—2005)的要求],将电子文件与其元数据按照标准规范结构封装在数据包中。其扩展名为.eep。封装包中包含文件、收文处理单、文件拟稿标签、文件元数据、电子签名、封装描述信息等,实现电子文件自包装、自描述和自证明,实现电子文件完整性。系统通过标准封装技术,可以输出 PDF、XML 格式电子文件,以数据包的形式输出、移交电子档案。

(五) "四性"检测实践

通过参考借鉴档案行业标准《文书类电子档案检测一般要求》(DA/T 70—2018),加深对文书类电子档案真实性、完整性、可用性、安全性的检测指标及实现方案的理解。研究形成工程科技类电子档案在归档环节、移交接收环节、长期保存环节对"四性"检测内容和检测方案的要求,并通过实践尝试公路工程电子文件档案"四性"检测相关方法,以此保障"电子档案来源可靠、程序规范、要素合规"。

探索实践中,通过采用元数据字段验证策略、电子文件完整性校验策略、电子签章有效性校验策略、病毒检测机制,对接收到的电子文件进行真实性、完整性、可用性、安全性检测,确保收集、归档的电子文件、电子档案符合国家和行业相关规范标准。采用业务授权、访问权限控制,实现对项目电子文件的收集、整理、电子签章、归档、移交、统计和利用等全过程信息化管理。保证项目电子文件归档的及时性和准确性,实现档案标准化、无纸化、精细化的管理目标。

二、工程应用

山东高速集团在京台高速公路改扩建工程泰安至枣庄(鲁苏界)段尝试应用电子档案管理系统,应用情况如下:

(1)电子档案管理系统实现了项目建设过程中文件资料的分类、填报及规范化管理,运用工作结构分解进行内业资料的事前计划、事中控制及事后检查,实现公路工程电子文件过程管理和工程档案的编制、管理及数据共享。

(2)项目电子档案数据录入以计算机(PC)端为基础,已经实现过程资料实时录入(图6.2-1),但基于改扩建项目施工条件流动性大、操作环境复杂,PC端录入往往受到诸多限制,尤其给室外工作人员带来诸多不便,项目尝试采用移动平板电脑配合现场质检数据的及时填录、上传,保证一线作业人员能够在工作的同时将第一手数据采集到电子资料当中,并实现现场拍照上传。其次针对部分表格进行移动端数据采集开发工作,实现了施工记录和现场质量检验报告单手机端录入及PC端应用程序(App)导入功能(图6.2-2)。

图 6.2-1　电子档案表格 PC 端填写

图 6.2-2　App 采集数据导入

（3）通过移动式数据采集（工业平板电脑），实现施工现场原始数据的实时填报（图6.2-3），自动生成相应报表，避免原始数据抄录誊写，提高了工作效率。

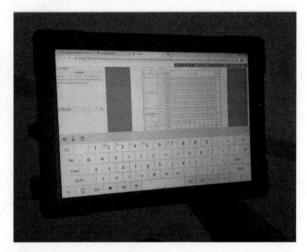

图6.2-3　移动式数据采集现场应用

（4）项目大力推动物联网数据采集，实现从数据采集、归档的全自动化，减少人为过程参与，真正实现电子数据到电子档案的转变。试验系统物联设备数据接入8类试验，包括钢筋原材试验、钢筋焊接接头试验、钢筋机械连接接头试验、混凝土立方体抗压试验、砂浆抗压强度试验、沥青针入度试验、延度试验、软化点试验。

（5）结合现场施工技术特点，进一步探索实用性的数据采集方式，解放现场施工技术人员的双手，针对"现浇墩、台帽或盖梁工程现场质量检验报告单"进行了可穿戴设备适配开发，并在部分标段进行了试用，实现了现场人员通过可穿戴设备进行质检单表格录入（图6.2-4），探索电子档案管理系统试验、质检表格引导式录入，保证内业资料的逻辑性、可靠性与完整性。

图6.2-4　可穿戴设备现场应用及系统录入展示

(6)可以将施工记录表中的数据自动推送至质检表中,如图6.2-5所示。

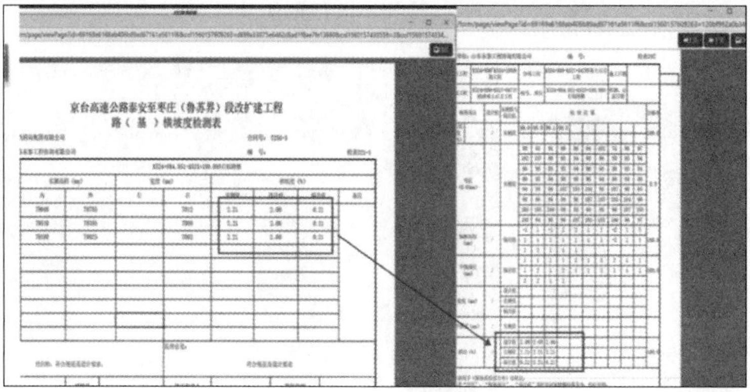

图 6.2-5　数据自动引用与穿透

(7)系统可根据质检表中的数据自动生成评定,保证了评定数据的一致性,如图6.2-6所示。去掉了查阅质检表中检验数据的工作环节,使质检表中检验数据自动引用到评定表,解决了原来分项质保资料做完之后还需要再重复录入数据到评定表的重复性工作问题。

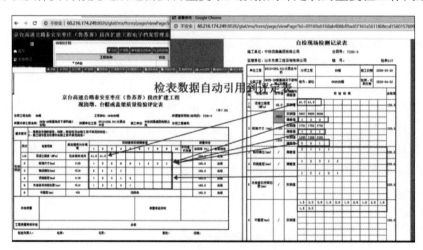

图 6.2-6　数据质检表中的数据自动生成评定

(8)实现数据穿透,为计量支付提供依据,如图6.2-7所示。在平台的使用过程中,通过基础数据的积累,可实现质检、计量与电子档案高度协同。将计量支付、电子档案管理系统进行对接,实现工序资料与中间计量有效联动,使工序资料不仅用于后期归档,也可用于中间计量,提升中间计量审批工作效率。

(9)系统为建设过程管理提供决策支持,如图6.2-8所示。电子档案管理系统可辅助管理人员总揽全局,实时统计汇总内业资料完成数量及资料完成进度情况。可在线调阅质检资料,具备开展工序质检内业资料网上巡查的条件,为建设过程管理提供决策支持。

(10)通过标准的系统接口,实现与质检资料、试验资料等各类电子文件业务系统对接,自动接收各类电子文件业务系统所提交的符合归档要求的电子文件及元数据信息,消除数据孤岛,实现系统间互联互通,如图6.2-9所示。

图 6.2-7　提供计量支付依据

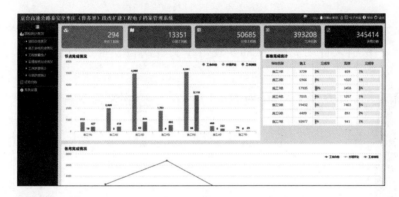

图 6.2-8　建设过程管理

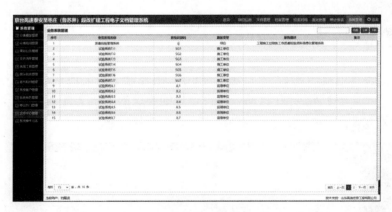

图 6.2-9　不同子系统间互联互通

（11）元数据及"四性"检测技术应用，保证电子文件合规。结合档案行业及国家标准对元数据的相关要求，利用文档信息系统，在文件生成时根据规则自动捕获元数据。之后通过封装技术，将元数据与电子原文进行封装。在文件归档时，利用归档系统设置的电子文件四性检测（图 6.2-10）规则，检测包括电子原文及元数据在内的电子文件，确定可以归档后形成档案。

电子文件元数据，首先伴随文件的形成及时捕获形成；其次根据预设规则进行著录；再次进行文件封装；最后支持档案四性检测，伴随文件归档。由此最终形成有序、完备的电子档案。

图 6.2-10 "四性"检测应用

（12）实现电子文件自动收集与归档，提高归档效率。引用业务系统结构分类，批量快速创建文件分类，一次引入自动关联，从而实现电子文件的自动推送与自动收集，如图 6.2-11 所示。

图 6.2-11 电子文件自动收集与归档

（13）通过设置案卷题名规则、分卷规则、档号规则等电子档案预立案卷规则。系统将按照规则自动生成相应电子案卷，并自动归集符合规则要求的电子文件，实现电子案卷自动组卷，如图 6.2-12 所示。

图 6.2-12 电子案卷自动组卷

(14)探索多途径资料归档,综合考虑纸质文件采集。对各类管理性纸质文件材料,通过手工著录的方式将文件的题名、责任者、文件时间等信息著录到系统中,通过在线扫描挂接或上传挂接电子图像的方式进行采集(图6.2-13)。

图6.2-13 支持纸质扫描件手工著录信息

(15)归档系统引入电子签章,保证电子案卷可靠性。在归档系统中使用经国家权威机构认证的有效的电子签章设备,对电子案卷的立卷人和检查人进行电子签章(图6.2-14),保证电子案卷的可靠性,防止电子案卷被篡改。

图6.2-14 归档系统引入电子签章

(16)标准格式封装,便于电子档案的移交与利用。按照国家相关规范要求,电子档案平台采用PDF/A、XML等标准封装技术,输出用户所需的PDF、XML格式的电子文件、电子档案,同时也可根据项目电子档案接收单位所要求的数据格式,输出相应格式的数据包,便于项目电子档案的移交及利用。

(17)运用大数据思维,探索对高速公路路网及养护历史数据进行分析基础上,充分、深度挖掘建设档案数据(图6.2-15)。利用大数据分析技术,实现"关口前移",变被动养护为主动预测,做到从事后补偿到事前干预,提出具有针对性的养护建议与规划,使整个公路养护管理更具有科学性、追溯性。

图 6.2-15　建设档案数据追溯与查询

三、创新点

(1)管理制度建设与完善。电子档案管理系统上线后,为保障电子档案管理系统顺利运行,项目办公室组织编制了相应的电子文件归档和电子档案管理办法明确所有参与单位和人员的行为要求和准则,包括系统培训要求、对 CA 签章的使用与管理、系统审批要求等。随着试点工作的开展,对电子文件、电子档案要素做了明确要求,结合工程实际遇到的问题,依据国家法律法规、行业标准及规范,在总结多年国家级改扩建工程项目电子文件归档和电子档案管理制度经验的基础上,项目办公室组织编制了电子文件归档和电子档案管理制度。该制度涵盖相关规范标准,电子文件基本元数据的捕获与著录,电子文件收集格式,电子文件的命名要求,公路工程电子文件的内容、电子文件的形成、收集、鉴定、分类、排序,工程电子档案的安全要求,电子文档工作组织管理要求等内容。

(2)探索多元化录入途径,提高数据采集适用性。电子文件的收集作为电子档案形成过程中的首要环节,事关整个电子档案管理系统的运行效率,也影响电子档案管理系统的推广价值。考虑到电子文件形成方式多样,从数据收集便利性出发,为适合一线使用人员更便捷地采集各类电子档案数据,项目尝试了电子扫描件光学字符识别(OCR)技术、PC 端、移动端、可穿戴设备、物联设备等多元化电子档案录入手段,以实现电子文件全时段、全覆盖录入为目标,确保数据的实时收集、实时传输。

(3)完备的审批流程,保障电子文件真实、可靠。目前根据工程实际进度,通过档案管理系统形成了大量电子文件,并将质检审批流程融入电子档案管理系统(图 6.2-16),贯穿至各质量检验审批环节,结合 CA 电子签章,保障电子文件的真实性与可靠性。

(4)有效解决数据穿透,加强档案数据应用。为充分发挥电子档案的数据优势,项目通过京台高速公路改扩建工程全生命周期智慧管理平台的应用,实现跨业务系统的对接,利用电子文件数据结构化实现表格间数据穿透;与其他工程建设业务系统间实现数据穿透。

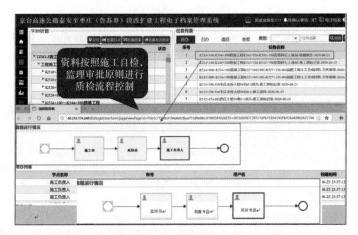

图 6.2-16　质检审批流程融入电子档案管理系统

系统采用多种措施,保障数据达到"四性"要求。元数据保证电子文件信息原始性;采用电子签名和电子签章技术,将电子文件完全合规合法化,保证文件在传阅过程中不被篡改且具有法律效力;将质检制度融入系统,实现统一的信息化流程管理;采用山东高速集团私有云部署服务,保证系统的稳定运行;采用独立冗余磁盘阵列存储数据,通过数据加密、增量备份及异地备份等手段,保证数据安全;使用专有网络,通过前置防火墙、入侵监测与防护、网络安全设备,保障网络环境安全可靠。

(5)应用归档系统,实现电子文件归档。归档系统以电子文件到档案系统的自动转存的方式,实现了系统间数据传递和应用,打通了电子档案管理系统的最后一个环节,实现了电子文件自动收集、四性检测、自动组卷、电子签章、案卷归档等功能。

(6)作为国家档案局电子档案试点项目,在电子档案管理系统的基础上,探索构建高速公路工程建设项目档案大数据分析系统。该系统可对建设项目档案信息进行收集、存储、转换与分析,为施工单位、建设单位、项目竣工接收运营单位对这些档案的利用提供更为便利、快捷和精准查档服务。

第三节　智慧工地建设研究与应用

一、关键技术

在实施国家大数据战略,加快建设数字中国的背景下,企业处于新旧动能转换、数字化转型升级的关键节点。山东高速集团以问题为导向,运用数字化、信息化、智能化的手段,依据山东省《智慧高速公路建设指南》构建了以"建管养一体化"为目标的全生命周期智慧管理平台,应用于山东高速集团及其下属二级公司的日常办公和工程建设项目管理,促进传统的工程项目进行管理升级,实现了项目建设全过程、各阶段、有效衔接,有效提升了投资管理、进度管控、质量监管、安全管控等工程建设管理智能化水平。

着重从桥梁工程、路面工程、试验室的质量管理和特种设备安全管理几个方面开展物联网建设,围绕施工现场的水泥混凝土拌和楼、智能张拉、压浆、水稳拌和楼、沥青拌和楼、沥青摊铺碾压、试验检测、门式起重机和架桥机,实现对工程生产、运输、施工、试验等各建设环节科学有效的监督和管理。智慧工地研究内容如表 6.3-1 所示。

智慧工地研究内容　　　　　　　　　　表 6.3-1

序号	使用部位	设备名称	研究内容描述
1	路面工程	水稳拌和楼	通过安装采集终端,实现拌和楼生产数据实时采集上传、系统自动统计分析,对不合格的质量数据进行实时预警;利用拌和生产管控系统综合智能传感技术、网络通信技术、计算机软硬件开发技术等,实现混合料关键质量参数生产全过程监控。
		沥青拌和楼	其主要目的和功能是对拌和楼生产"事前预控、事中监控、事后分析",保证混合料的生产质量
		沥青混合料摊铺机	沥青混合料的摊铺管控是保证路面平整度与厚度的关键。通过对摊铺过程中关键质量参数如摊铺温度、摊铺速度等进行实时监控,确保摊铺质量可控,为碾压做好准备
		胶轮压路机	通过对压路机的碾压温度、速度、遍数的采集与控制,保证了压实的环境参数稳定,避免了超压、欠压等现象的产生,增强沥青混凝土集料与集料之间的契合度,增大密实度
		双钢轮压路机	通过对压路机的碾压温度、速度、遍数的采集与控制,保证了压实的环境参数稳定,避免了超压、欠压等现象的产生,保障了沥青面层的压实度
		沥青混合料运输车	混合料运输管控系统通过安装在运输车上定位设备及射频识别技术,实时监控混合料运输时长,实现运输时间超标预警功能。对每一车混合料从拌和楼到现场摊铺全过程进行监测,为质量问题回溯提供相应依据
2	桥涵工程	混凝土拌和楼	对水泥混凝土的配合比、拌和时间、运输车辆及路线、施工部位、施工参数、试验数据进行采集,对异常情况进行预警
		智能张拉	自动控制张拉应力、加载速率、停顿点、持荷时间等要素,自动采集并校核伸长值误差
		智能压浆	利用精确控制水胶比、自动调节压力与流量、自动记录压浆数据、浆液连续循环排尽空气等功能,更好地保证压浆饱满密实
3	试验室	试验仪器	通过对各试验室仪器设备的升级改造,可实现试验设备联网监控,实时监督关键试验的检测过程、检测结果,实现试验数据的实时采集、上传、自动分析处理,同步导入电子档案系统,生成试验检测报告,可杜绝试验检测数据造假行为
4	特种设备	门式起重机、架桥机	在危险性较大的门式起重机、架桥机设备安装了"黑匣子"预警监控系统,实现对机械设备运转情况的实时监测,异常状态下进行蜂鸣预警及短信推送,将无声管理变成"有声管理"

对施工中所涉及的设备、设施,如水泥混凝土拌和楼、水稳拌和楼、沥青拌和楼、运输车辆、沥青摊铺机、沥青压路机、试验检测、智能张拉机、压浆机、架桥机和门式起重机,利用物联网技术进行网络化和智能化改造,构建基于互联网监测技术的信息采集系统,实现数据采集。物联网数据采集平台系统集成运算后实现现场监控和智能处理的工作,传感技术综合采用单参数和整合型自动化信号采集仪器,采集点采用相关网络协议,实现组网,以实现质量、安全参数信息实时显示与设备即时控制。

(一) 拌和站质量控制技术

(1) 为克服人为因素影响,对拌和楼进行硬件及软件改造,安装数据采集终端(DTU数据采集模块)、温度传感器硬件,实时抓取(设定每10秒一次)计量温度数据,对比配合比理论值与实时采集的生产值,自动分析判断此时间段内超标数值并实时预警,实现拌和过程定量管理。

(2) 对比每盘料超标数据与设定阈值,设置分级预警机制,以短信形式推送给各级管理人员。一般预警通知施工单位质量负责人进行处理;中级预警信息推送监理单位,由现场监理人员判断后,对混合料进行降级使用或废弃;高级预警信息推送总监理办公室及建设单位质量负责人,立即停工整顿,该盘混合料作废弃处理,查明原因并解决后复工生产。

(二) 沥青路面施工质量控制技术

(1) 通过安装数据采集终端,以及温度、速度、定位等传感器,对摊铺速度、摊铺位置和摊铺时间参数进行实时监控,反映摊铺断面的温度分布情况,每10s自动采集生产数据,并传至后台进行动态展示,消除人为因素干扰。

(2) 在摊铺机安装发光二极管(LED)显示屏实现显示摊铺温度(温度采集精度≤1℃)和摊铺速度(速度采集精度≤0.5m/min),当摊铺速度和摊铺温度超出设定阈值时通过现场预警警报,并且短信通知相关责任人。

(3) 在沥青混合料运输车上安装定位设备,实时监控沥青混合料运输车辆行驶轨迹、运输时长,系统在地图中为运输车辆圈定行驶范围,运输车辆轨迹偏离地图区域时进行报警。在出料仓、摊铺机上分别安装射频识别(RFID)设备,对运输车辆的装料时间、出场时间和卸料时间等进行采集,提前设定理论运输时间,后台判断运输时间超标时进行报警。

(4) 在每台压路机安装施工监测系统、温度传感器、定位装置等硬件,采集碾压温度、速度及遍数(初压、复压、终压),现场信息传输至后台,以图形化形式实时显示碾压温度、碾压速度、压实遍数(不同压实遍数显示不同颜色)。数据实时通过安装在驾驶室内的平板电脑显示屏引导压路机操作手及时对薄弱区域加强碾压。

(三) 智能张拉、压浆管控技术

(1) 改造智能张拉、压浆管理系统,增加数据自动采集设备,采集张拉应力、伸长值、加载速率、停顿点、持荷时间等数据,形成每个构件的预应力布置横断面示意图、力值、伸长量对应示意图,并且按照(应力、生产率)双控要求,自动与设定阈值进行对比,判定是否张拉合格。实现压浆过程中搅拌时间、浆体密度、水灰比、浆体流动度、浆压力、返浆压力、进浆量、保压压力、保压时间、环境温度等数据的自动化采集、分析、评价、预警。

(2)当实时采集的数据超出预警阈值,将分级推送预警信息至相关管理人员,立即进行问题整改。

(四)智慧试验室建设技术

对试验室7类仪器设备(压力试验机、万能试验机、抗压抗折一体机、针入度测定仪、软化测定点仪、延度测定仪、马歇尔稳定度仪)进行升级改造,使其具备数据采集功能。通过试验室委托下单系统,将试验任务下发至试验设备,试验设备启动后对试验数据自动采集,录入原始记录表,同步导入电子档案系统,生成试验检测报告。

(五)项目特种设备安全管理技术

通过对门式起重机、架桥机进行软件安装及硬件设备改造,安装数据采集终端、速度传感器、应力传感器、自动限位装置,定时采集各传感器数据(10s/次),实现工作状态的超载、超速、超风速、限位检测实时报警。

二、工程应用

"智慧工地"管理系统建立了数据采集、数据分析、分级预警的管控流程。通过对33台仪器设备进行数据采集,经过与设定的理论值进行对比,自动分析判断超标数值,并按照提前设定的分级预警机制,分别向施工单位、监理单位、建设单位相关负责人发送预警信息。一般预警由施工单位质量负责人处理,中级预警信息由监理单位负责人处理,高级预警信息由总监理公室及项目办公室相关负责人处理。京台高速公路智慧工地指挥中心面板如图6.3-1所示。

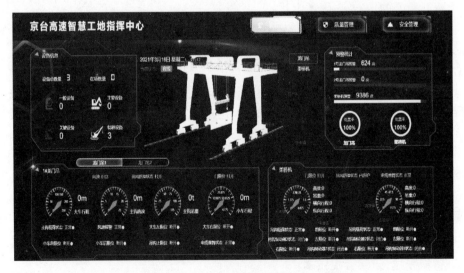

图 6.3-1 京台高速公路智慧工地指挥中心面板

1. 拌和站应用情况

采用拌和站监控系统(图6.3-2)能实时发现问题、自动推送监控信息,应用期间中、高级预警1000条(经排查,紧急情况停机原因预警占50%,设备故障原因预警占30%,下料不通畅原因预警10%,其他原因占10%),解决了生产过程中实际问题。(例如2021年4月14日,项目办公室质量管理人员接到高级预警信息,立即要求现场做废料处理,并停工查找原因,经排查发现,下料口堵塞导致级配超标,通过及时处置,在短时间内恢复了生产。)

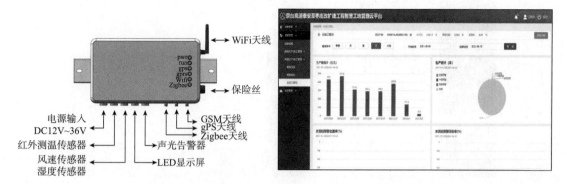

图 6.3-2　数据采集模块示意图、混凝土拌和楼监控界面

"智慧工地"管理系统实时记录混合料的连续产出数据,形成混合料质量合格率走势图,可快速了解各单位近期拌和料质量稳定性情况。该系统极大方便施工单位定期开展成本核算、盈亏分析,可提高精细化管控水平。

2. 沥青摊铺碾压管理

智能压实系统能实时监控碾压速度、遍数,如图 6.3-3 和图 6.3-4 所示,为压路机操作手提供准确的路线引导,现场管理人员可通过移动终端 App 与现场进行联动,随时监控压路机的工作状态。各参建单位可以查看路面碾压形象图,根据颜色判断出薄弱区域,实时对薄弱区域进行着重管控,提高施工质量。

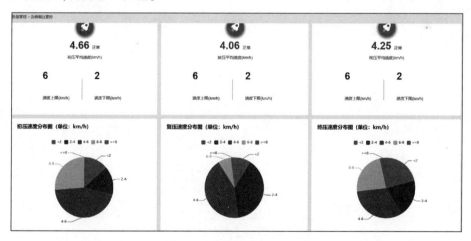

图 6.3-3　压路机速度监控界面

3. 智慧试验室应用情况

通过试验室监控系统的应用,实现了数据自动采集上传、原始记录生成、试验台账统计、数据智能分析等功能(图 6.3-5),有效减少了数据造假情况的发生,建设单位可实时查看后台试验原始记录,了解各单位试验结果。同时,试验数据可自动导入电子档案系统,生成试验检测报告(图 6.3-6),达到电子档案归档条件。

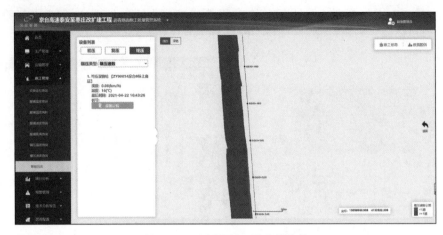

图 6.3-4　压路机压实面积监控界面

图 6.3-5　试验数据提取界面

单桩竖向抗压静载试验检验检测报告

委托单位	中铁九局集团有限公司潍烟铁路ZQSG-5项目部	报告编号	ZKBZ-TJZ222073001
工程名称	新建潍坊至烟台铁路站前工程ZQSG-5标段	委托日期	2022年07月30日
工程部位	南王庄平畅河特大桥	检测日期	2022年08月02日-2022年08月03日
建设单位	/	检测类别	见证检测
勘察单位	/	检测方法	单桩竖向抗压静载试验
设计单位	/	检测数量	1根
监理单位	北京现达监理有限公司潍烟铁路ZQJL-6标	设计参数	桩长42.5m 桩径1000mm 砼标号C40 容许承载力5405kN
施工单位	中铁九局集团有限公司潍烟铁路ZQSG-5项目部	检测依据	TB 10218-2019
委托人	闫树来	委托人证书号	/
见证人	田春霞	见证人证书号	/
检测设备及编号	静载荷测试仪/XC-04、QF-630千斤顶/XC-63、XC-64、XC-65		
检测目的	确定单桩竖向抗压极限承载力；判断竖向抗压承载力是否满足设计要求。		
单位地址及电话	山东省青岛市高新区宝源路780号联东U谷青岛高新国际企业港78101户 电话：0532-58679169		
检测地址	山东省烟台市莱山区		
检验检测结论	依据《铁路工程基桩检测技术规程》(TB 10218-2019)，新建潍坊至烟台铁路站前工程ZQSG-5标段南王庄平畅河特大桥桩基30-9单桩竖向抗压极限承载力≥10810kN，容许承载力取极限承载力的50%，且≥5405kN，满足设计要求。 具体检测数据详见报告正文。		
备注	桩型：钻孔灌注桩		

批准日期：2022年08月05日
检验检测单位：（章）

第1页共9页

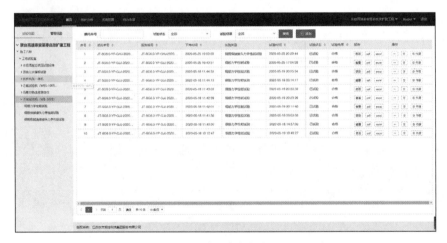

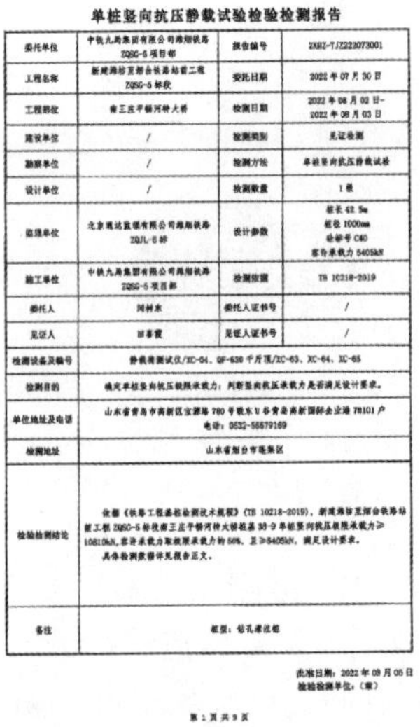

图 6.3-6　自动生成试验检测报告

4. 特种设备管理情况

智慧工地安全管理相比常规的监测管理,完善了门式起重机、架桥机运行状态监控(起重量、高度、横纵向行程、实时记录运行情况),能让操作人员和管理人员从客观数据上判断当前架桥机运行状态,如图6.3-7和图6.3-8所示,避免凭经验主观判断,做到事中控制。应用中共预警1624次(50%为试吊过程超出理论荷载,40%为限位器未闭合,10%为其他预警),均在施工过程中及时解决,避免了违规操作的发生。

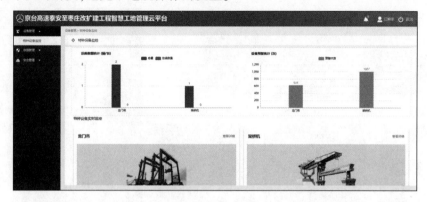

图6.3-7 特种设备运行情况

图6.3-8 门式起重机运行情况

三、创新点

建筑施工已经进入大数据、信息化、智能化时代,智慧工地物联网系统数据采集平台弥补了传统方法在工程建设管理中的不足,实现全方位实时监控,变被动"监督"为主动"监控",把公路施工质量管理从事后把关,转向事前控制,实现预防为主、施工全过程控制的全新管理模式。其主要特点为:①项目建设过程数据展示;②项目建设过程追溯;③项目建设过程汇报;④项目建设过程预控;⑤"智能颗粒"作为一种路面全结构性能的实时监测手段,反映沥青混合料的路用性能,从而为开展典型路面结构路况衰变规律研究提供支撑;⑥特种设备"黑匣子"预警监控系统实时监测设备状态,并及时蜂鸣预警及短信推送,将无声管理变成了"有声管理"。

1. 基于智能颗粒的路面结构监测

智能颗粒由耐高温高强度材料三维（3D）打印而成，具有真实石料类似的形状、大小和棱角度（图6.3-9）。智能颗粒作为一种路面全结构性能的实时监测手段，可实现对路面的力学性能评价，特别是能够用于沥青混合料动态模量的计算（图6.3-10），反映沥青混合料的路用性能，从而为开展典型路面结构路况衰变规律研究提供支撑。

图6.3-9 智能颗粒

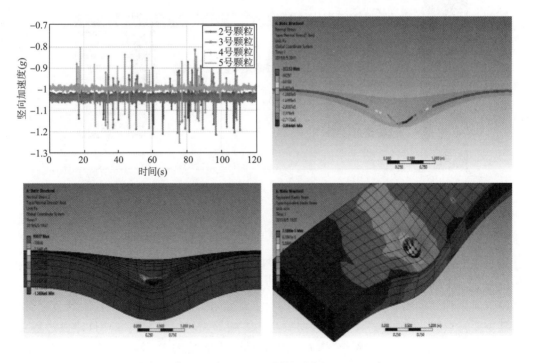

图6.3-10 三维数据分析

智能颗粒具备连续数据自动采集功能,无需人员检测和封路,可以在运营过程中实时采集时间、温度、路面内部三轴正应力、三轴加速度、欧拉角四元素等数据,利用无线(低功耗蓝牙等传输协议)、有线方式将数据传输至路边接收器,由接收器上传至云端数据库分析处理。

2. 预制构件信息跟踪

预制构件信息跟踪:结合预制构件自动化生产系统,采用 RFID 技术、二维码技术,收集并集成预制构件生产、储存、安装、质量验收等全过程信息,形成预制构件的质量追溯档案。预制梁厂生产出的所有梁均配备二维码识别,扫描二维码可识别当前梁的生产工艺过程数据(拌和—布料—蒸养—张拉—压浆—喷淋等过程数据)。

在梁尚未预制生产前,预生成二维码(图 6.3-11),此时二维码中不可读取,无信息,随着工艺生成过程推进,启用一个二维码,并将已完成工艺过程数据注入二维码内,此时二维码即可识别并带有已完成工艺过程的数据,不带有尚未完成的工艺过程数据。

图 6.3-11　预制梁二维码

第四节　全生命周期智慧管理平台研究与应用

一、关键技术

全生命周期智慧管理平台(简称平台)功能满足不同管理层级的业务需求,平台系统架构如图 6.4-1 所示。第一级管理:山东高速集团应用。集团对各建设项目管理过程如前期管理、计划进度、资金使用等实行监管,同时需对项目执行过程中的部分业务进行审批管理,并对项目信息汇总统计分析,实现数据形象化展示。第二级管理:建设单位应用。平台需将项目的各项信息整合到 BIM 模型和三维实景中,便于建设单位对计划进度和各业务进行可视化、精细化管理;此外,平台还需要对各种工程质量安全数据实现基于移动互联网和物联网技术的智能化采集,降低管理成本,提高工作效率。第三级管理:施工单位、监理应用。施工单位负责对项目建设的具体实施,平台需满足施工单位进行各类业务申请上报的功能,包括开工报告、计量支付、进度计划、安全台账、变更申请等;平台需满足监理单位进行各类业务审批以及监理单位申请文件的编制功能。

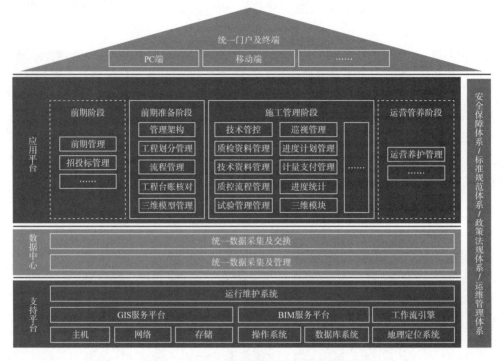

图 6.4-1　全生命周期智慧管理平台系统架构框图

从硬件和软件、应用方面保证整个平台的安全性。综合信息化管理系统中极为重要的是安全保障体系,从物理层安全、网络层安全、数据信息安全以及安全管理等方位考虑。平台应用身份识别、重要数据加密后传输、实时审计、自动备份等一系列安全认证技术。

平台需与山东高速集团原有综合管理平台、原有项目管理系统进行互联互通,实现数据交互。

平台集成了地理信息系统(GIS)技术、BIM 技术、无人机航拍技术与物联网、电子档案、可视化工作流等技术,形成各阶段可交付的数字化成果,并实现各功能模块数据的共享与交互。

(1)实现工程建设项目的可视化全生命周期管理。平台综合运用 BIM 技术、三维 GIS 技术、物联网技术、无人机等技术建立了工程建设项目的三维可视化模型和三维实景,通过参数模型整合工程建设项目的各种相关信息,在前期阶段、准备阶段、实施阶段、工程验收阶段和交付使用的全生命周期过程中进行共享和传递,工程技术人员能够对项目信息和数据做出正确理解和高效应对,工程建设项目的所有参与方能够在可视化的模型中管理工程建设项目全生命周期的各阶段,从根本上改变从业人员仅依靠文字图纸进行工程项目建设和运营管理的工作方式,提高协同工作和生产的效率,缩短工程建设项目的工期,降低建设成本。

(2)运用工作分解结构(WBS)分解技术,实现工程建设项目的精细化管理。平台设立了管理指标体系,分解细化管理指标,制定管理办法、流程和表单格式,采用 WBS 的方法实现管理工作与实务工作的对应统一。特别是运用了 WBS 分解技术,按照相应的分部分项划分标准对工程进行拆分,细化到最小的控制单元,并且能够通过 WBS 将各业务模块进行紧密关联,具体包括计量支付、工程变更、设计图档、质量管理、BIM 模型等,实现工程建设项目的精细化管理。

(3)运用可视化配置功能的工作流引擎,实现工程建设项目的规范化管理。工程建设项目各阶段的业务种类和流程非常繁杂,不同项目同一阶段的业务内容也不尽相同,平台按照各工程建设项目的管理办法,制定项目各阶段管理流程的业务规则,通过应用具有可视化配置功能的工作流引擎固化各阶段的管理流程,使业务流程按照预定规则高效而规范流转,避免人为干扰,提高执行效率,实现工程建设项目的规范化管理。

(4)实现高速公路资产的数字化管理,为智慧高速公路建设提供基础数据支撑。平台的实施要能够收集、整合高速公路工程可行性研究、勘察、设计、建设、竣工等各阶段的过程数据和结果数据,利用大数据技术进行数据处理和分析,保证各阶段数据的及时、准确、标准和规范,实现高速公路数据资产的有效积累和整合。此外,平台的实施还要能够建立工程建设项目的三维 BIM 模型和三维实景,高速公路的每个工程零构件不仅能够在工程建设阶段以可视化的方式进行管理,还能够作为重要的数据资源为后续的运营管养和公众服务提供数据支持和保障,最终实现高速公路资产的全数字化管理,为智慧高速公路提供基础数据支撑。

二、工程应用

山东高速集团在京台高速公路泰安至枣庄(鲁苏界)段改扩建项目应用全生命周期智慧管理平台,应用情况如下:

(1)办公无纸化、移动化,如图 6.4-2 所示。项目办公室内部主要通过平台完成收文、发文管理,实现公文线上流转、审批与处理,结合手机端实现移动办公、实时办公。项目办公室及相关部室可通过发文简易模块,向施工、监理单位下发项目办公室相关通知及文件,提高了工作效率,同时实现了办公无纸化。

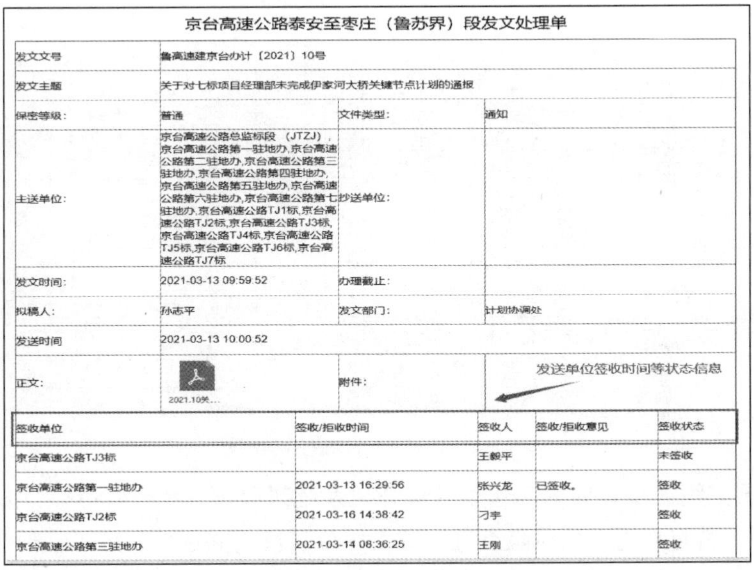

京台高速公路泰安至枣庄(鲁苏界)段发文处理单

发文文号	鲁高速建京台办计〔2021〕10号		
发文主题	关于对七标项目经理部未完成伊家河大桥关键节点计划的通报		
保密等级:	普通	文件类型:	通知
主送单位:	京台高速公路总监标段 (JTZJ),京台高速公路第一驻地办,京台高速公路第二驻地办,京台高速公路第三驻地办,京台高速公路第四驻地办,京台高速公路第五驻地办,京台高速公路第六驻地办,京台高速公路第七驻地办,京台高速公路TJ1标,京台高速公路TJ2标,京台高速公路TJ3标,京台高速公路TJ4标,京台高速公路TJ5标,京台高速公路TJ6标,京台高速公路TJ7标	抄送单位:	
发文时间:	2021-03-13 09:59:52	办理截止:	
拟稿人:	孙志平	发文部门:	计划协调处
发送时间	2021-03-13 10:00:52		
正文:	2021.10关...	附件:	

签收单位	签收/拒收时间	签收人	签收/拒收意见	签收状态
京台高速公路TJ3标		王毅平		未签收
京台高速公路第一驻地办	2021-03-13 16:29:56	张兴龙	已签收。	签收
京台高速公路TJ2标	2021-03-16 14:38:42	刁宇		签收
京台高速公路第三驻地办	2021-03-14 08:36:25	王刚		签收

图 6.4-2　办公无纸化、移动化

(2)计量支付线上录入,自动形成计量报表,杜绝超计漏计,如图6.4-3所示。计量支付管理主要实现项目实施阶段中间计量单的编制、申报、批复,中期支付报表的汇总、申报批复,以及付款申请的申报和批复管理。系统可自动生成计量支付台账,防止超计、漏计、重复计量等情况的发生。

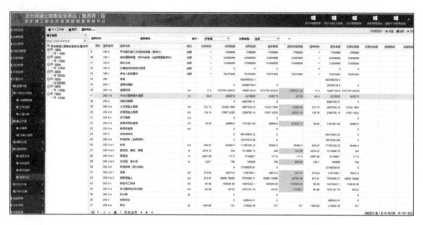

图6.4-3　计量支付,杜绝超计漏计

(3)计划进度在线上编制与审批,自动统计与汇总,如图6.4-4所示。平台以进度计划作为项目管理的主线之一,在科学的工作分解结构上分配并组织项目的人工、材料、机械设备、资金、技术等资源,安排项目的质量、安全、现场的控制措施,并将成本结构及指标分解到进度计划的各工作中,通过进度计划完成情况的检查与分析,优化资源调配,确保项目进度计划的执行,控制成本支出。

所属期间: 2019-10-31 至 2021-07-03 查询 导出Excel

京台高速泰安至枣庄(鲁苏界)段改扩建工程进度查询统计汇总表

所属期间: 2019-10-31 至 2021-07-03

项目	工程名称	单位	总量	完成数量	占总量%	年度投资完成情况			总体投资完成情况		
						本年计划	本年累计完成	占本年计划%	总投资/总量	开工累计完成	累计完成占总量%
总合计		万元	1565741.93	1451094.09	92.68	133561.63	252099.50	188.75	1565741.93	1451094.09	92.68
100章	百章合计	万元	161456.01	150206.30	93.03	7022.70	21536.75	306.67	161456.01	150206.30	93.03
	100章内容	万元	161456.01	150206.30	93.03	7022.70	21536.75	306.67	161456.01	150206.30	93.03
200章路基	百章合计	万元	329332.32	303012.61	92.01	26195.32	49305.36	188.22	329332.32	303012.61	92.01
	清理现场	m^2	7271814.63	7145104.26	98.26		1444565.71		7271814.63	7145104.26	98.26
		万元	8941.47	10072.73	112.65		1672.38		8941.47	10072.73	112.65
	中央分隔带苗木清理	m	180991.44	120770.57	66.73	58708.00	94519.57	161.00	180991.44	120770.57	66.73
		万元	812.04	568.35	69.99	170.62	450.67	264.14	812.04	568.35	69.99
	挖除旧路面	千立方米	202.55	185.28	91.47	53.34	123.61	231.74	202.55	185.28	91.47
		万元	5174.89	4993.07	96.49	653.40	3751.55	574.16	5174.89	4993.07	96.49
	拆除结构物1	千立方米	1032.80	801.03	77.56	80.52	150.28	186.64	1032.80	801.03	77.56
		万元	14650.55	12301.62	83.97	1640.46	2317.20	141.25	14650.55	12301.62	83.97
	拆除结构物	千平方米	313.37	236.03	75.32	58.74	40.73	69.34	313.37	236.03	75.32
		万元	14104.91	12040.59	85.36	1833.84	5180.04	282.47	14104.91	12040.59	85.36
	拆除标志	处	3501.00	2883.00	82.35		519.00		3501.00	2883.00	82.35
		万元	227.24	161.11	70.90		45.49		227.24	161.11	70.90
	拆除波形梁护栏	千米	841.53	627.20	74.53	55.64	96.94	174.23	841.53	627.20	74.53
		万元	4285.94	3685.36	85.99	366.73	807.56	220.21	4285.94	3685.36	85.99
	拆除外场机电设施、设备	处	500.00	242.00	48.40	15.00	134.00	893.33	500.00	242.00	48.40
		万元	105.99	84.04	79.29	0.96	44.40	4625.00	105.99	84.04	79.29
	路基挖土方	千立方米	4789.63	4622.73	96.52	39.33	227.81	579.23	4789.63	4622.73	96.52
		万元	4644.83	4557.96	98.13	61.08	165.52	270.99	4644.83	4557.96	98.13
	路基挖石方	千立方米	1452.15	1442.13	99.31		47.01		1452.15	1442.13	99.31
		万元	10304.05	10154.54	98.55		423.43		10304.05	10154.54	98.55
	路基填土方	千立方米	12402.24	11811.41	95.24		322.29		12402.24	11811.41	95.24
		万元	34433.38	33596.00	97.57		1669.26		34433.38	33596.00	97.57

图6.4-4　计划进度自动统计与汇总

(4)风险分级管控,关口前移。建立风险管控系统风险库(图6.4-5),采用分部分项划分的形式,根据项目特点对近千项风险点进行分析评分、分级,并逐项制定了管控措施,各参建单位责任划分到位,针对不同层级的风险点层层责任到人,落实管控措施后方可开工实施,实现风险"分级管控,关口前移"。

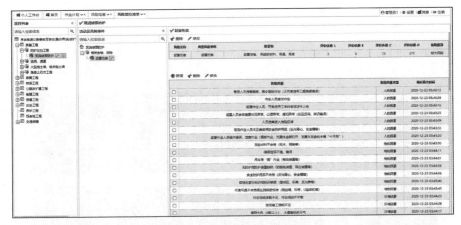

图 6.4-5　风险管控系统风险库

(5) BIM 可视化，项目重点信息直观展现，如图 6.4-6 所示。在建模过程中，严格按照施工分部分项工作对模型进行划分，数量大且精度高，同时通过 BIM + GIS 结合的方式，将大规模 BIM 模型进行格式转换、轻量化处理导入 GIS 平台，动态收集施工数据，平台以 GIS 系统为基础将 BIM 模型进行精确展示（图 6.4-7）；记录施工现场数据，动态生成部分施工模型，清晰反映现场施工进度；统计施工材料信息，查询构造物信息，完整反映工程各阶段信息。

图 6.4-6　BIM 直观展现重点工程质量安全进度等信息

图 6.4-7　BIM + GIS 效果展示

(6)无人机周期巡检、正射影像助力高效管理。利用无人机航拍、实时监控、后期数据处理、GIS、正射影像等技术手段,实现对工程建设项目周期巡检,如图6.4-8所示,为参建人员提供现场实际进展情况,为交通组织方案决策、拆迁留证及举证提供实时支持。

图6.4-8　无人机历史航拍视频对比

(7)基于物联网技术,实现工程质量管控。利用物联网技术,提高工程建设管理的智能化水平,实现对施工现场(试验室、拌和站等重点环节、关键工艺等)实时、全方位、立体化、多层次、精细化监管,重点环节和关键路段的重点监控(图6.4-9),确保施工全过程处于受控状态,从而达到对高速公路建设施工过程的高效率、高质量的管理效果。

图6.4-9　物联网数据综合展示

(8)对人员进行考勤,自动统计与汇总。通过手机端实现移动考勤,并对各时间段内的考勤率进行统计与汇总,如图6.4-10所示。

(9)移动App全程应用,实现无地域、无延时办公。通过App应用(京台e管),完成新闻通知公告、工程项目动态、质量安全环保巡查、日志填报、监控视频查看、签到考勤等业务操作,实现工程项目管理的移动办公,提高工作效率。移动端展示如图6.4-11所示。

(10)生产技术学习考试系统助力项目人员业务素质提升。一线施工技术人员可用手机扫码的方式随时通过生产技术学习考试系统进行线上学习、模拟考试、错题复习等(图6.4-12)。同时管理者也可以高效组织考试,考试结束后自动获得参考人员得分及各单位的考试排名情况。该系统的上线是提高一线施工人员技术水平与职业素养的重要举措。

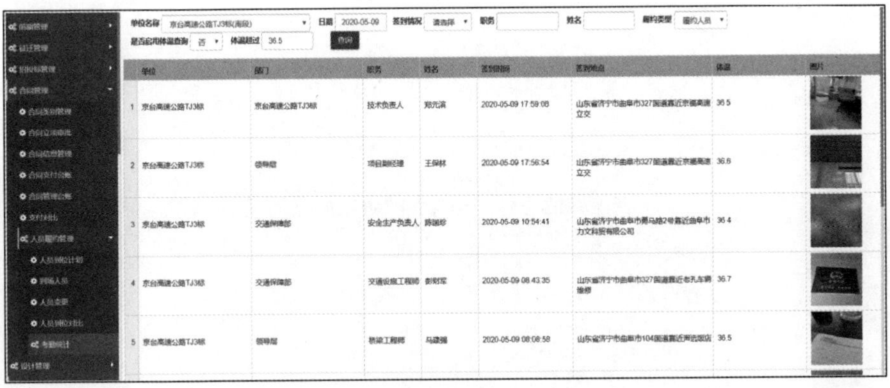

图6.4-10　考勤情况展示

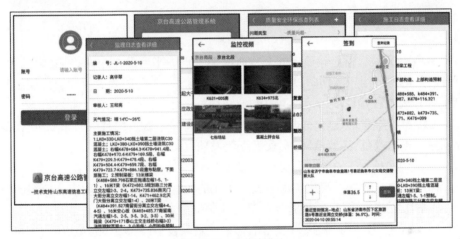

图6.4-11　移动端展示

图6.4-12　生产学习考试系统

三、创新点

平台制度保障完善。平台上线便建立了以规范化、科学化管理为核心，相关单位和人员责权明确，覆盖全生命周期智慧管理平台全流程的管理制度体系。下发了《全生命周期智慧管理平台工作管理办法（试行）》（图6.4-13），以此为全生命周期智慧管理平台管理提供制度保障和执行依据。

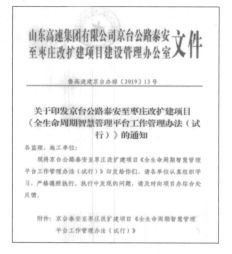

图6.4-13　全生命周期智慧管理平台工作管理办法(试行)

（1）平台服务覆盖工程建设项目的全生命周期管理。平台是一个网络化、集成化、一体化的应用平台，其功能可用于前期阶段、准备阶段、实施阶段、工程验收阶段和交付使用等。

（2）平台实现工程建设项目信息共享和业务协同。平台支持山东高速集团、建设单位、监理单位、施工单位等参建单位各方的信息共享和业务协同，通过闭环管理和关节节点电子留痕，促进业务流程的规范、高效流转，实现工程建设项目的规范化管理。

（3）平台实现多项目汇总统计分析。通过平台对各类业务数据进行汇总、统计，运用大数据技术进行分析，通过数据可视化技术生成形象化的统计分析图表，为山东高速集团决策层提供及时、可靠的工程建设信息，辅助管理层进行决策和分析。

（4）质量、安全隐患排查"掌上"采集和管理。在移动设备(手机、平板电脑等)上可随手拍下工地现场质量安全环保隐患，实时上传、查看隐患信息，直至质量安全、环保问题实现闭环处理，如图6.4-14所示，并实现质量、安全、环保问题处理各环节的追溯与留痕，便于后续统计与汇总。通过京台e管上的质量安全环保巡查模块，在施工现场遇到质量、安全、环保隐患问题可随时用手机拍下，并上传至责任单位进行整改，直至整改后复查通过，隐患问题得到闭环处理。

图6.4-14　质量、安全、环保巡查

第七章 智慧公路工程建设

第一节 智慧高速公路管理软件

智慧高速公路软件平台主要有路网管控、通行保障、出行服务、智能养护、收费稽查、智能中台、车路协同平台、智能服务区八部分内容。

一、路网管控

通过全路段数字化智能监控和感知、高速公路运行态势分析、车道级精准管控、主动交通流管控、应急指挥等手段，实现路网交通状态和交通态势感知信息及时精准发布、事件迅速发现，打造安全之路、快捷高效之路、全天候通行之路。

(1) 交通运行状态监测与态势评估子系统：采用多源感知融合技术，实现实时交通流监测预警、交通态势推演等功能，精准感知交通路况信息，为保障道路安全、降低拥堵频次、提升通行效率提供支撑，解决了业务管理层面临的交通运行参数、交通事件等信息获取不精准、交通态势预测能力弱等问题。

(2) 交通态势可视化监控子系统：利用情报板、车载智能终端、高音号角、高德百度等互联网导航等多元手段，采用多元智能感知，实现综合态势可视化、态势监测、路网运行管理可视化、交通流量、养护分析、检测运维一体化等功能，为管理人员提供业务决策支持，解决了决策管理层数据指标不集中、数据呈现不直观、业务管理层获取交通态势感知信息不及时、信息不精准、手段不可靠等问题。

(3) 主动交通流管控子系统：基于多源数据融合感知与交通运行态势分析，与路段管辖交警密切配合，采取分级限速等，利用伴随式出行服务（情报板等）手段为公众提供出行服务，满足群众出行要求，解决了交通管理者交通管控手段单一、一封了之、缺乏智能决策等问题。

(4) 应急指挥调度子系统（图 7.1-1）：基于路网及事件的智能融合感知与态势预测能力，实现紧急事件快速发现、协调调度智能联动、事发现场"快达快处"，为出行者提供更加高效快速的道路救援服务，解决了紧急事件发现慢、事件信息不精确、协调联动不智能、困难现场难触达等问题。

图 7.1-1　应急指挥调度子系统

(5)重点车辆管控子系统:结合重点营运车辆安全风险治理要求,运用大数据分析技术,融合共享监测信息,实现高速公路重点车辆安全管控,提高通行效率,降低安全事故风险,解决了管理人员无法准确发现重点车辆超速行驶、超重载货等驾驶不规范行为、安全监管难度大、易发生重特大交通事故等问题。

二、通行保障

智慧高速公路软件平台融合智慧道钉、唤醒光幕、主动发光标志、雾区诱导等设备,实现匝道行车诱导、前方异常提醒、交通信息检测、智能融冰除雪、雾区安全行车等功能,保障高速公路全天候安全通行,提升高速公路管理品质,保障公众出行用户行车安全。

(1)气象监测预警子系统:通过智能化设备实时感知高速公路沿线的局部区域气象监测数据,并参考气象局专业监测与预报数据,实现对高速公路气象状态的实时精确感知,实现高速公路恶劣天气等级评价,实现气象监控状态数据直观、简洁、形象化展示,向道路运管单位和出行人员推送预警和管制信息。

(2)智能行车诱导子系统:采用疲劳唤醒、主动发光标志、智能化诱导等技术,结合智慧道钉、唤醒光幕等设备,实现恶劣通行条件下的全息引导,实现高速公路准全天候通行,解决了夜间道路诱导不明显、雾区事故多发、疲劳驾驶事故多发、行程到达提醒不精准等问题。

(3)雷达数据计算和管理子系统:采用雷视拟合技术,实现车辆的精准定位、实时追踪、车道级轨迹还原,解决了传统交通流感知面临的仅仅依赖卡口相机与微波车检等设施无法实现车辆精准定位、全程实时追踪等问题。

(4)无人机管理子系统:利用无人机无视障碍物飞行的特点,搭配高清摄像设备、喊话设备、声光设备,实现路面自动巡检,提升调度处置智能化水平及巡检清障工作整体效率,解决了突发应急事件处置速度慢、日常道路巡检耗费时间长、交通事故现场二次事故易发等问题。

(5)融冰除雪子系统(图 7.1-2):融冰除雪系统是通过路侧安装的遥感式路面状态和埋入

式路面状态检测器,对路面状态和温度进行实时监测,用数字通信、自动控制等物联网技术进行传输,中心平台通过对采集来的交通气象数据及路面状态信息进行实时分析,预测得出道路结冰时间和冰层厚度,自动发出凝冰、暗冰预警指令,系统在道路结冰前,通过泵和电动阀及时将融雪剂喷洒到路面,确保车辆安全行驶,避免重大交通事故的发生。

图 7.1-2　融冰除雪子系统

三、出行服务

利用路侧智能网联设施、移动 App、互联网导航等多元手段,为出行者提供"出行前""出行中"及"出行后"覆盖全方位的出行信息服务,实现交通服务信息实时化,交通运营服务信息秒级发布。

(1)伴随式信息服务子系统:利用情报板、车载智能终端、高音号角、高德百度等互联网导航等多元手段,以文字、语音、图形、视频等为媒介,为公众提供覆盖全方位的出行信息服务,让出行者感受到智慧高速贴心服务,切实提高群众获得感,解决了公众出行者信息获取不及时、推送不精准、手段不可靠等问题。

(2)移动应用:结合数字路网提供统一的现场与中心协同移动系统。现场发现养护病害及时上报,清障现场实时回传事故处置进展,对机电设备现场拍照报修。

(3)灯态上网(图 7.1-3):利用物联网相关技术,车道状态与车道指示灯秒级同步采集更新,实现对各收费车道状态的实时采集和汇总,实现"灯态上网",并将通行状态信息多渠道向社会公众秒级发布,使出行用户方便、快捷获知高速公路通行状态,合理安排出行路线;解决了路况信息获取来源较单一且与收费站实际通行状况有时间差异,以及高速管理者在高速公路封闭解除后未及时告知用户带来经济损失等问题。

(4)一键报警:出行人员在高速公路遇到拥堵或车辆故障,拨打山东高速 96659 服务热线,会接收到系统发布的安全提示报警短信,点击短信超链接自动弹出小程序定位与报警页面,完成车牌号等关键事件报警。

图 7.1-3　灯态上网服务

一键报警解决了高速公路夜间或恶劣天气下出行者对路况不熟悉、无法准确描述事件地点和关键信息;能第一时间打通求助者和道路救援的紧急通道,缩短救援时间,高效快捷完成报警服务。

四、智能养护

基于全生命周期养护理念,构建基础设施数字化,统一数据标准,同时纳入交安设施、机电设施、通信设施等设施设备,形成整个高速公路路段内资产数据的数字化管理。高速公路路产和设备状态的实时监测和预警,则为智能养护提供了全面及时的养护决策支持,为全要素感知、全方位服务、全过程管理、全数字运营奠定基础。

(1)设备资产管理子系统:基于设备自身状态感知能力,融合门架监测、平台分析等技术,实现设备全生命周期管理、图形化展示、工单管理、运行监测等功能,实现机电设备资产可视化全生命周期管理;解决了决策管理层面临的设备资产台账困难、备件库存配置不合理、维护维修预算制订不够准确,以及业务管理层面临的设备故障不能及时发现、设备维修过程烦琐等问题。

(2)桥梁健康监测子系统:通过在桥梁布设传感器,实时监测桥梁的振动、形变、沉降、裂损等异常因素,通过预警阈值分析,建立预警级别,实现桥梁健康状况实时、全面掌握;解决了人工监测和监测不够及时、不够全面,导致桥梁发生严重病害,影响行车安全和缩短桥梁使用寿命等问题。

(3)智能养护决策子系统:充分融合日常养护、路面检测评价等业务数据,实时反映养护日常工作与道路状态;通过数据挖掘与分析,形成养护计划、路面性能预测分析、预防性养护的长期规划,结合图形化、可视化技术,形成预防养护体系。

(4)中心部署车载移动视频子系统:养护巡检车加装移动视频监测系统后,采集巡检车前方和左右两侧的图像,并通过运营商无线网络回传至移动视频管理平台,对采集的高分辨率图像进行人工智能(AI)算法模型精确识别出道路线裂、网纹、拥包等问题;解决了巡检过程中巡检员需下车的安全问题;解决了视频采集盲区,弥补路段视频监控的不足,养护巡检过程智能、准确、高效。

(5)北斗高精度时空服务子系统:通过北斗卫星导航系统引擎使具备高精度定位能力的终端设备实现厘米级的定位功能,配合高精度地图实现巡检中车道级的管理,动态实时厘米级的导航,毫米级的桥梁、斜坡的监控,为车辆精准管控、应急指挥调度等应用提供支撑;解决了传统定位受大气环境电离等因素影响,导致车载、路侧等终端获取的位置信息与实际位置偏差较大等问题。

五、收费稽查

基于"大数据+AI+边缘计算"等技术构建的收费稽查系统,以业务数据为基础,以业务场景为支撑,以底层算法为核心,借助抓拍图片、视频、雷达监测数据等多源数据,融合车辆画像等分析结果,实现偷逃费车辆的事中预警、事中稽查,为收费运营人员提供高效的稽查方式和准确的稽查结果,对于减少收费运营漏洞、提高收费运营管理水平起到较好效果。

六、智能中台

利用物联网、云存储、大数据、人工智能等先进技术,实现智慧高速公路的控制与管理功能,实现对智慧高速公路全生命周期业务的信息化、数字化、智慧化管理,为全过程数字管控、全天候安全通行和全方位立体服务提供支撑。

(1)物联中台:基于边缘计算与协议适配能力,打通上层应用系统与设备间的连接通道,提升设备智能化管控水平,降低上层应用系统的开发运维成本,赋能上层应用系统。

(2)视频中台:通过视频资源统一接入,实现全部视频资源一张图展示,提升运营管理人员工作效率。通过实时监测前端设备的在线率及完好率监测,方便维护人员及时发现设备故障,提高设备有效工作时长;实时分析道路枪机、卡口相机等采集的视频,监测拥堵、行人、停车、逆行等信息,提升业务人员异常事件的处理效率。

(3)数据中台(图7.1-4):基于路网及事件的智能数据融合感知与态势预测能力,利用大数据、人工智能等多元手段,融合高速公路业务数据,实现数据统一处理、数据管控、数据服务应用。

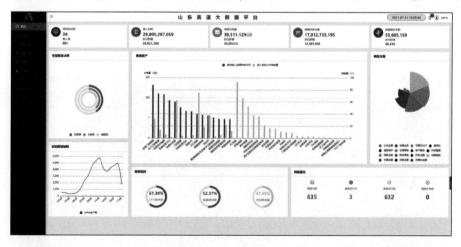

图7.1-4 数据中台

(4)GIS中台:基于北斗卫星导航系统高精度定位与GIS空间数据管理及展示能力,利用激光点云等采集终端实现高速公路全要素数字化及数据高精化,利用GIS空间数据管理能力实现路产要素管理精细化,利用GIS地图引擎等手段实现多维度、多层级、多样式可视化,实现具有路产全要素数字化、车道级高精地图等特点的高速公路一张图,为各业务系统提供多维度、高精度、专业化的地图服务能力,为决策分析提供专业化数据支撑;解决了路产要素数字化不全、数据精度不高、数据安全性差、地图展示单一、缺乏共享等问题。

(5)融合通信(图7.1-5):通过集成融合多种通信技术和调度手段,实现现场感知可视化、资源调度可视化、指挥决策可视化;服务于各种通信场景及应急事件调度,方便不同协作单位间协同沟通,提高指挥调度和决策效率,实现"看得见、呼得通、随意调、统一管理、部门协同";解决了应急指挥调度处理效率不高、协作能力缺乏、通信孤岛等问题。

图7.1-5　融合通信

(6)基于AI的视频智能分析(图7.1-6):依托高速公路各类动态数据建立高速公路状态分析模型,实现实时交通态势感知、交通事件预警分析、短时交通路况预测、行程时间计算等算法模型,实现道路异常事件的快速发现、交通事件准确上报、节假日交通流量预测等,通过AI综合能力立体化输出与京台智慧高速公路有机结合,支撑上层应用智慧化;实现拥堵、停车、撞车、行人、非机动车、逆行、烟火、抛撒物、塌方事件快速智能检测,为高速公路管理部门准确掌握高速公路交通运行信息,及时有效疏导高速公路拥堵及处理高速公路交通突发事件提供辅助支持。

图7.1-6　基于AI的视频智能分析

七、车路协同平台

基于"车路云"通信系统,打通端到端的数据通道,实现车-路-云的互联互通。通过接入路侧实时感知数据实现对路网的数字化,基于数字化分析实现对路网状况、车辆状态、设备状态以及相关指标分析计算和数字化展示。

车路协同模块既可以手动下发满足行业标准的交通事件、交通标志标牌,还可以基于对道路事件的分析、调度,实现对事件的动态扩大范围和精准推送;支持基于高精地图的数字化切片、下发,支持对车路协同相关设备的统一管理、状态监控以及状态展示。通过车-路-云的高效协同,最终实现驾驶安全提升,服务智能网联汽车、自动驾驶汽车以及交通管理。

1. 信息协同中心

信息协同中心主要利用车用无线通信技术(Vehicle-to-Everything,V2X)云边协同的能力,在获取道路环境状态基础上,根据交通事件类型、事件状态、影响范围等进行综合判断,利用智能算法模型,结合高精地图,自动将发生的交通事件实时发送到路侧通信设备,广播给影响路段的车辆,实现超视距预警,增加预警范围,减少高速公路上减少二次事故的发生。同时,支持运营管理人员手动将电子标牌、道路施工、交通事件等信息下发到智能网联车和自动驾驶车辆,驾驶员可根据提示信息提前调整驾驶状态,以顺利通过标牌区域和事故区域,提高驾驶的安全性。

2. 路网数字化监控(图7.1-7)

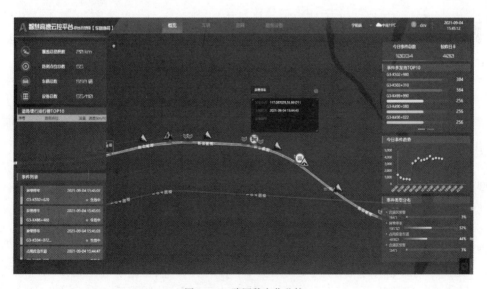

图7.1-7 路网数字化监控

在监控中心利用高精度地图,对路网进行数字化建模,基于交通参与者数据融合结果,实现车道级别的实时可视化监测,达到数字孪生的效果。

路侧感知设备将实时感知的交通事件实时汇聚在监控中心,并生成事件取证图片和视频,辅助运营人员进行判断；基于路侧感知汇聚的车流量、平均速度等信息，实现道路交通路况的实时获取，有效弥补当前高速公路获取交通路况滞后性等问题。

通过专业的交通模型，对车流量、速度等核心数据指标进行多维度的可视化分析，帮助运营管理从区域到断面实时掌握高速公路整体运行态势，及时发现拥堵路段，为管理部门预先采取交通流管控、交通信息发布等措施提供数据决策支持。

3. 设备运营管理设备

运营管理实现了对路侧设备统一注册、配置以及运行状态的远程管理，路侧设备包含路侧单元（RSU）、多接入边缘计算（MEC）、激光雷达、毫米波雷达、摄像头等。通过云边协同的能力实现对设备的远程升级以及重启等功能。

八、智能服务区

基于物联网控制中台，通过各物联设备的配置及阈值设置，建设视频融合、智能停车诱导、行人安全预警、夜间行车指引、智慧卫生间监测、信息发布等多场景应用，对车辆行人进行智能安全引导，对突发事件进行预测并及时预警，为服务区管理提供有效数据支撑，为用户体验提供多样化服务保障，为服务区日常运行管理提供应用保障，为出行者提供更加高效安全保障。

（1）智能停车诱导：通过服务区信息屏、智慧道钉、路面标识等多样化的信息发布方式，引导客车、货车、危险品车辆、新能源车辆进入相应停车区域，同时结合监控卡口、地磁检测器进行车位动态检测，通过导航软件精准引导车辆进入空闲车位，实现服务区停车智能诱导及反向寻车。

（2）丰富的电子不停车收费系统（ETC）场景应用：通过入口 ETC 天线识别车辆及用户信息，分析车辆通行费数据，为不同等级用户提供餐饮、购物、洗车等个性化优惠服务，并支持 ETC 用户洗车、加油等无感支付。

（3）优质的用户服务：场区监控视频 AI 分析与智慧道钉状态联动，提醒车辆提前减速避让行人，实现行人安全预警；综合楼内大厅信息屏发布餐饮、旅游、商品、客流密度、餐区人数等服务信息；智慧卫生间实现厕位信息发布、异味监测、新风系统自动开启等功能，提升服务效率，让出行者获得更好的服务体验。

（4）视频 AI 识别系统：通过对摄像机采集的图像数据进行 AI 深度挖掘、分析，实现车牌与车型异常分析、违规停车告警、客流热力分析等功能，实时将消息推送至管理人员，实现事件的主动告知和精准管理。

（5）数据分析决策：通过车流、客流、归属地各类数据分析，为停车、住宿、餐饮、人员配置、应急物资的调配等决策提供精准的数据支撑。

（6）光伏绿色能源及智能管控：设置光伏车棚停车位，产生电量供充电桩及场区照明设施使用，并结合全区客流热力分析图和能耗数据，自动调整空调、照明系统运行状态，降低能耗，实现能源的智慧化管控。

（7）运行监测：基于基础设备层接入的车流客流监测设备、信息发布诱导设备、停车位监测地磁、智慧发光道钉、智能卫生间检测设备等智能感知数据，结合现场管理服务对业务场景分层、分类,实现对业务场景中不同目标(人、车、场)、不同资源(监测设备、基础设施、人力资源)的分层管理,实现服务区数字化运行全息感知和监测管控,如图 7.1-8 所示。

图 7.1-8　服务区数字化运行全息感知和监测管控

(8)决策分析:基于服务区日常车流、客流等业务数据,实现对服务区经营数据的上报采集,完成经营数据的统计汇总,并与车流、客流等数据形成关联分析,为管理者提供决策分析依据,实时反映服务区日常工作与运行状态。

第二节　全息感知管控的全天候通行保障技术

针对京台高速公路构建了全天候通行全时保障技术体系,如图 7.2-1 所示,针对行车安全保障、管理效率、智慧运营、智慧服务区四个方面运用最新技术,全方位体现智慧运营管理。研发主动发光标志、雨夜标线、雾区智能诱导、融冰除雪等设施与装备,实现路域范围内雨、雪、凝冰、团雾、夜间等特殊环境下状态感知、安全预警、融冰除雪及行车诱导全链条保障。

一、道路行车智能安全诱导保障技术

(一)行车安全关键保障

夜间能见度差,驾驶员能够观察到的范围较小,特别在关键路段如分合流区域,驾驶员极易受到干扰,造成高速公路交通事故。本项目开展智能化夜间行车安全设施以及分合流检测诱导设施研发,可以保障高速公路行车安全。夜间行车安全设施主要包括雨夜标线及主动发光标志,可有效提高驾驶员对各种交通环境变化的适应性,进而使驾驶员提早观察、识别判断,使道路交通事故常见核心诱因得到有效的控制。分合流区智能化检测诱导设施主要包括智能道钉、平安花等,其可基于内置的微波雷达及地磁检测元件主动检测主路、匝道的车辆速度、位

置,判断它们的行为,并通过声、光等方式提示、诱导、警告合流区车辆,帮助车辆合理通过分合流区,降低事故发生率。

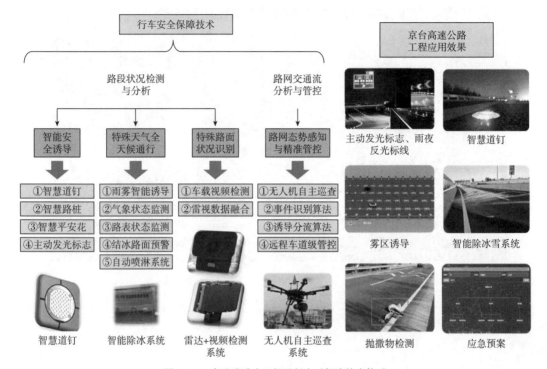

图 7.2-1 高速公路全天候通行全时保障技术体系

高速公路在弯道、匝道口、桥梁等特殊路段,以及在雨雪、团雾、路面结冰等恶劣天气条件下,也极易发生交通事故。采用智能行车诱导系统,可以弥补逆反射轮廓标依赖外界光源、反光能力不足、容易出现老化等缺点,提高交通诱导设施的可靠性。此外,采用主动式智能融冰除雪技术,通过智能感应终端、气象站等设备实时采集气象及道路表面状况信息,开展路面凝冰状态信息分析及安全预警,当预警等级较高时自动发出指令控制喷淋系统,对路面智能喷洒有机环保型除冰液,可最大限度地降低冰雪灾害对道路交通安全的影响。

高速公路在日常使用过程中面临着复杂的路面状况,诸如交通设备缺失、车辆丢抛物等路障以及路面病害,这些问题严重影响了交通运行的安全和效率,因此,需要对路面状况进行实时识别。高速公路全程视频监控系统采用视频监控感知设备,可以实现对公路全线的远程实时监视,同时实时地识别出高速公路突发事件,使得工作人员能够对事件进行及时有效的处理。而车载视频检测技术通过在现有的养护巡检车或工程车上加装移动视频监测设备,对巡检车前方双向和左右两侧的图像进行采集,并对利用无线网络传输至视频管理平台的高分辨率图像进行算法分析,从而识别道路病害及交通设施丢失等现象。

交通事故发生后,道路通行能力降低,车辆运行速度、车头时距受交通事件影响发生变化。目前缺乏对交通事件的快速检测手段以及事件条件下路网态势评估和精准管控技术,缺乏快速的救援响应方案,这种情况下容易造成二次事故及更严重的交通事件。本项目形成了一套完整的高密度高速公路网动态路径诱导体系,建立了事件条件下快速救援报警及响应系统。

(二) 关键技术及应用

1. 研究内容

道路行车智能安全诱导保障技术研究内容框图如图7.2-2所示。

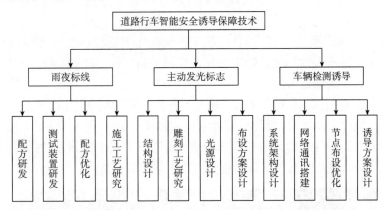

图 7.2-2 道路行车智能安全诱导保障技术研究内容框图

1) 夜雨标线研发设计

针对道路标线涂料使用寿命短、雨天及夜晚反光效果差,重复施工养护成本高、环境污染等经济社会问题,开展全寿命周期长效雨夜标线研发与应用研究。优选生物基材料与传统基材复配进行标线成膜物质配方设计,完成掺量优选并提出制备工艺,以提升成膜物质的黏附性、耐候性、抗磨性与环保性;优选高性能玻璃珠与常用玻璃珠复配,进行级配与掺量优化,以提升暴雨或连续降雨、夜间等极端环境下标线的长视距持久反光效果;试制标线样品进行室内性能测定,进而开展施工工艺设计及模拟施工,开发可模拟雨天车载重复作用的室外测试装置进行性能测定,完成配方与施工工艺优选;进行试验段铺筑及跟踪监测,进行配方与工艺调整,形成施工技术指南。

2) 主动发光标志研发

首先,确定主动式发光标志的整体结构和材料类型;然后,优化面板和透明板的雕刻工艺,提出光源方案,完成反光膜黏贴、底板封装,并开展老化测试,检验其耐候性;最后,根据公路现场的供电和网络要求,提出其现场安装方案。

3) 分合流区车辆检测诱导研究

为了提高分合流区域的交通安全性,以高精度感知设备感知分合流区车辆,以主动性发光设施为车辆提供预警,开展合流区车辆检测诱导技术研究。首先,提出系统总体架构,基于BLE 协议栈(即 BLE 协议的代码实现)运行原理,确定智能道钉与中继节点功能与软件设计方案。其次,基于低功耗蓝牙(BLE)相关研究,确定基于蓝牙广播通信方式的多跳式蓝牙网络拓扑结构,并制定具体网络通信协议,提出节点间数据通信链路的搭建流程。再次,对智能道钉的布设方案进行优化,旨在布设更少的传感节点,来获取准确的交通信息参数,降低系统经济成本。最后,提出智能道钉、平安花的联动方案,实现对合流区交通的诱导和控制。

2. 关键技术

为了解决行车安全保障问题,提出了标线涂料的配方和制备工艺,开发了重复车载作用下雨夜标线室外加速加载模拟测试装置,依托实际工程开展研究并提出相关标准,此外,对主动发光标志的整体结构进行设计,并研发了智能道钉和具有自供电、通信、自处理及外部控制功能的平安花,具体关键技术包括:

(1)确定生物基高分子材料与标线涂料基料改性剂类型,提出热熔型标线涂料成膜物质(基料)的配方设计、制备及优选方法,并提出生物基标线涂料成膜物质的制备工艺,提出标线涂料玻璃微珠反光介质的配方。同时,开发重复车载作用下雨夜标线室外加速加载模拟测试装置,揭示不同工况组合下数种优选的雨夜标线涂料的耐久性、逆反射系数等技术性能变化规律,确定标线涂料经二次筛选后的配方。

(2)依托实际工程应用,开展雨夜标线施工工艺总结及跟踪观测,提出配方及制备工艺优化方法、施工工艺流程与质量控制标准,并编制企业标准、工法。然后,提出主动发光标志的整体结构设计方案,并提出发光部分镂空技术,研发设计贴片式 LED 铝基灯板,延长 LED 使用寿命,图 7.2-3 为主动发光标志在京台高速公路改扩建工程南段的应用。

图 7.2-3　京台高速公路改扩建工程南段七标段主动发光标志

(3)所研发的智能道钉(图 7.2-4),包括处理器、三轴地磁传感器、蓝牙 5.0、LED 灯发光模块及供电模块五个主要模块,实现道路感知、数据多条传输、交通指挥与诱导。布设具有自供电、通信、自处理及外部控制功能的平安花(图 7.2-5),与智能道钉一同组建分合流区车辆预警及诱导系统,及时获取分合流交通信息,为交通分合流区域的车辆提供及时精确的预警及诱导信息。

图 7.2-4　智能道钉

图 7.2-5　平安花施工与服役状态图

二、特殊天气行车安全保障技术

1. 研究内容

(1)智能行车诱导系统研究

针对恶劣天气多发路段、弯道与视线不好路段、重点河流桥梁、水库等水源附近、事故多发地段、隧道入口与出口、收费站出入口与匝道,感知车辆信息、能见度、光照、时间等信息,自动控制主动发光轮廓标运行状态,有效描述高速公路道路边界轮廓,指引车辆安全行驶。

(2)路面结冰感知有效性及抗滑特性研究

开展结冰传感元件的精确度分析与结冰传感器标定工作,优化其软硬件系统,提升结冰传感元件的适用性;同时测定与传感元件相同环境下的沥青混凝土试件摩擦系数,建立摩擦系数预测模型,然后考虑不同摩擦系数、初始速度、道路线形及车辆参数,开展车辆制动距离模拟,分析不同工况下车辆制动距离变化规律,建立车辆制动距离预估模型,为冰雪天气下道路安全等级判定提供依据。

(3)结冰路面预警系统及防冰除冰喷淋系统研制

研究结冰路面监测信息的数据预处理和关键信息提取方法,实现不同环境特征下结冰时间和摩擦系数的实时预测,完善系统的信息处理模块。以结冰时间、摩擦系数和制动距离为主要指标,综合考虑道路几何线形、路段等对车辆行驶安全性的影响,提出安全预警分级标准,并构建路面安全预警模型;基于预警模型,构建防冰除冰自动预警喷淋系统,结合制动距离及摩擦系数预估模型,建立结冰处理评价标准,同时基于京台高速公路典型断面,搭建路面防冰/除冰智能处理系统,修正和优化除冰处理决策模式。

2. 关键技术

针对传统诱导装置诱导功能单一、用于高速公路资源利用率低,且无法预警的问题,研发了诱导功能全面、诱导作用明显、诱导设施利用率高的新型交通诱导装置。此外,针对被动式除冰雪技术人力成本高、环境污染大,主动式除冰雪技术成本高、施工难度大、环境适应性差以及无法实时预警等问题,研发了自适应防冰除冰预警喷淋系统,具体关键技术包括:

(1)智能行车诱导系统,基于光生伏特太阳电池技术,白天接收太阳辐射能并转化为电能输出,经过充放电控制器向用电设备供电,同时将多余电能储存在蓄电池组中;基于 LED 发光显示技术,通过电声器件、计算机编程和处理软件,为户外的诱导设施提供充足的诱导标识信号,保证户外诱导设施的正常性能;基于无线通信技术,摆脱线缆的束缚,同时兼有安装周期短、维护方便、扩容能力强等特点。图 7.2-6 为智能行车诱导系统应用案例。

(2)利用时钟同步技术引导系统节点之间协调工作。时钟同步技术通过通信网技术的驱动,为数字通信网的基础支撑技术,连同北斗卫星导航系统组网、卫星同步工作,可以为引导系统提供高精度、高可靠的定位和授时服务。

(3)基于路域气象与路表状态监测技术,采集恶劣天气气象信息(如风速风向、能见度、大气温湿度、降水类型、降水量等)、路面状态信息(如路面干燥、路面潮气、路面湿滑、路面冰水混合物、浮雪状态、湿雪覆盖、冻雪覆盖、水膜厚度等、路面温度、路面盐水冰点温度等)、行车状态信息等,揭示气象环境-路表结冰之间的作用机制,构建不同环境状态下路面结冰状态的预估模型,建立制动距离与路表结冰状态和车辆行驶状态间映射关系,将各类交通数据整合、过滤、分析、处理,形成气象、路况、车辆、交通事件等多类数据一体化的综合性数据,为恶劣天气预警提供可靠的数据支撑,如图 7.2-7 所示。

图 7.2-6　京台高速公路 K493+600 智能行车诱导系统

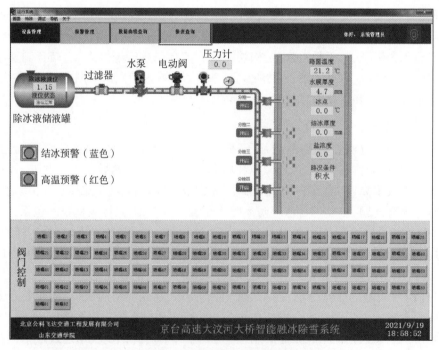

图 7.2-7　智能融冰除冰雪系统图

气象及路面感知预警系统、防冰除冰自适应喷淋系统现已成功应用于京台高速公路大汶河特大桥(图 7.2-8)、河北特大桥、贤村水库特大桥、京杭运河特大桥、伊家河水库特大桥。气象及路面感知系统目前实现了对路面干燥、潮湿、积水及其厚度的感知,同时实现了对路域及路面气象的精准感知,并实时预警,防冰除冰自适应喷淋系统状态良好,大大提高了京台高速公路的应急响应速度与安全保障能力,可靠稳定且效果显著。

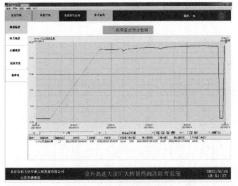
a)路面温度曲线图

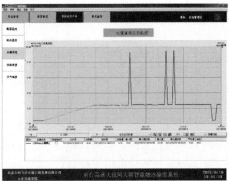
b)水膜厚度曲线图

c)一体化泵站及现场监控图

图7.2-8　大汶河特大桥智能融冰除冰雪系统

（4）研发路面结冰喷淋装置,构建结冰路面智能处理系统,优化路面结冰处置措施。对监测系统采集到的数据进行分析和处理,依据结冰预测模型实现结冰判断,然后控制除冰系统实时喷洒适量的除冰液,预防路面结冰发生;依据能见度级别和团雾预警系统,控制大雾诱导系统进行雾区诱导。针对系统故障,实现自诊断、预警、远程控制;采用喷淋除冰液回收技术,对路面含量超标的除冰液和跨越重要水体的公路桥面,进行除冰液回收再利用。

三、特殊路面状况识别保障技术

1. 研究内容

特殊路面状况识别保障技术研究内容框图如图7.2-9所示。

1）智能视频识别

智能视频识别原理:整合各摄像机厂家的取流,实现对视频流的实时预览及录像保存,利用前端视频监控设备,对沿线固定摄像机采集的图像进行交通事件自动检测并告警。通过对固定摄像机采集的视频图像,从图像序列的变化中选取目标信息进行计算处理,对车辆移动轨迹进行分析,根据图像处理算法产生事件告警。智能视频识别能对发生的以下交通事件进行自动识别:停车、交通拥堵、车辆排队超限、车辆逆行、交通事故、车辆丢抛物检测、能见度检测。

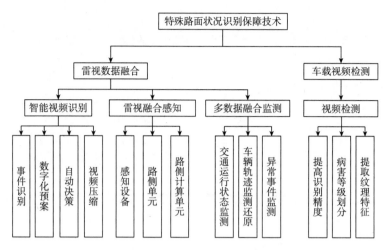

图7.2-9 特殊路面状况识别保障技术研究框图

2) 车路协同雷视融合路侧感知系统

路侧融合感知系统包括感知设备、路侧单元RSU和融合感知路侧计算单元。感知设备主要包括雷达(毫米波雷达、激光雷达)、摄像机、道路/气象检测传感器等。其中,毫米波雷达提供结构化的感知结果,摄像机提供图像视频流和结构化数据。融合感知路侧计算单元用于接收雷达、摄像机的数据设备传输的感知信息,进行视频解码、AI推理、目标识别、目标跟踪、多传感融合处理,最终输出道路参与者目标信息及事件判断信息。

3) 基于全向/定向毫米波雷达多数据融合的路网运行监测技术

通过分析高速公路全覆盖无盲区实时车道级精准定位方法,研究基于全方位跟踪检测雷达的车道级精准定位技术,研发车辆断点惯性补偿算法,开创性解决了高速公路障碍物和车辆遮挡的技术难题。在车型识别特征体系分类的基础上,基于全向/定向毫米波雷达多数据融合和视频融合,研究多视角车型识别技术。在以上研究基础上,开展无盲区实时交通运行状态监测、车辆轨迹监测与还原和异常事件实时监测等应用研究。

4) 视频检测

对采集的高分辨率图像进行算法分析,识别路面病害和路产状态信息。基于上述功能的实现,主要研究自适应离子群、分形卷积神经网络和快速区域卷积神经网络(Fast Region-based Convolutional Neural Networks,Fast RCNN)三种算法的原理和应用。应用分形卷积神经网络提取复杂纹理特征,并将其与Fast-RCNN提取到的道路图像特征相融合,加强特征描述。借助粒子群算法优化网络参数以进一步提高病害区域的识别精度。对于识别出的病害区域,利用自适应核映射连接分类网络实现病害等级的划分,通过分析道路病害情况,为道路养护提供科学合理的解决方案。

2. 关键技术

针对高速公路全程视频监控系统,开发了事件识别算法、数字化预案、自动决策、YOLO-V4(You Only Look Once version 4)算法以及视频压缩技术,从而实现对道路状况的实时监控,对交通事件的及时处治。而对于车载视频检测,主要对自适应离子群算法进行研究,从而实现对路面病害和路产状态信息的识别。具体关键技术包括:

（1）事件识别算法，基于Kalman（卡尔曼滤波）的车辆跟踪算法，对在途车辆信息进行跟踪识别分析；然后通过基于卷积神经网络的事件自动检测算法，对道路的交通事件进行检测，进而分析道路的实时运行态势；通过基于卷积神经网络的多源数据融合流量预测算法，提出了运行数据感知的方案，构建了交通事件空间影响范围预测方法，对高速公路未来短时的交通流量及运行状态进行预测。

（2）数字化预案和自动决策技术，实现对应急预案和应急处置方案的数字化管理，提供预案录入、编辑和查询等功能，在突发事件发生后，通过接处警管理模块采集突发事件的信息，结合事件进展跟踪，对事件级别、影响范围、持续时间和危害程度等进行综合分析，根据应急预案辅助生成应急方案，自动记录应急处置的全过程。

（3）视频压缩技术，专门处理视频信息中的多种冗余；视频压缩编码采用了多种技术来提高视频的压缩比率。

四、交通事件下区域路网态势感知与精准管控技术

1. 研究内容

1）交通事件快速识别与检测

（1）基于视频的事件识别。通过建立以道路感知、问题防控和事件处置为中心的知识库，将应急预案进行程序化，利用高科技设备、技术建设成的预防、预警、指挥、调度、协调、信息自动处理系统，在应对突发事件时，迅速调动公司以及各路段管理处的人力、物力资源及相关社会资源，实现信息高效互通、联动。

（2）智能视频识别。通过深度网络学习与训练，形成计算机神经网络系统对视频监控画面异常事件检测与识别的智能算法。

（3）自动指令发送。实现对上述应急预案和应急处置方案的数字化管理；采用知识库管理技术实现预案的数字化，进行预案的结构化存储和管理，生成数字预案，对预案数字化各环节需要处理的工作进行管理，实现应急处置过程中按预案要求自动化执行相关指令。

（4）自动决策。应急辅助决策功能是在突发事件发生后，通过接处警管理模块采集突发事件的信息，结合事件进展跟踪，对事件级别、影响范围、持续时间和危害程度等进行综合分析，根据应急预案的匹配和专家意见，辅助生成应急方案，支持方案的动态调整和优化，并自动记录应急处置的全过程。

（5）基于无人机巡航的交通事件检测。无人机蜂巢系统方案使用了一种无人机巡逻中需要的起降、充电和存储平台。多个无人机蜂巢平台可以组成链式或蜂窝状覆盖，通过简单增加数量即可覆盖广大的区域。日常巡视飞行可以由客户在后端平台上，规划无人机在"空中通道"内巡视的任务。该任务可以包括飞行路线、分段设置飞行高度、飞行速度、机载相机方位角、机载相机俯瞰角度、指定地点悬停、指定区域拍照等。如果高速公路出现意外事故，则可以通过中心平台快速呼唤无人机到达现场。事故点的位置可在电子地图上直接点选，同时可指定监视高度、角度、是否环绕、是否多角度拍照，系统自动生成飞行任务下发到最近的蜂巢，如图7.2-10所示。

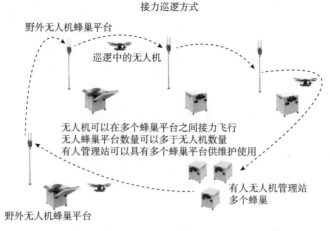

图 7.2-10 无人机巡查方式

2)交通运行态势评估及路网级交通诱导分流

（1）现代高速公路网全时安全运行管控逻辑研究。

为给态势评估和运营管控提供数据支撑，从运行风险管控的角度分析提出了全时安全运行管控系统（图 7.2-11）的功能需求。依据系统功能需求分析及信息结构，结合"自主感知、自主诊断、自主发布"和云雾融合的风险管控理念，构建了全时安全管控逻辑。将全时安全管控相关的各类数据按照线分类法与面分类法结合的方法，建立了面向现代高速公路网全时安全运行管控的数据模型，如图 7.2-12 所示。

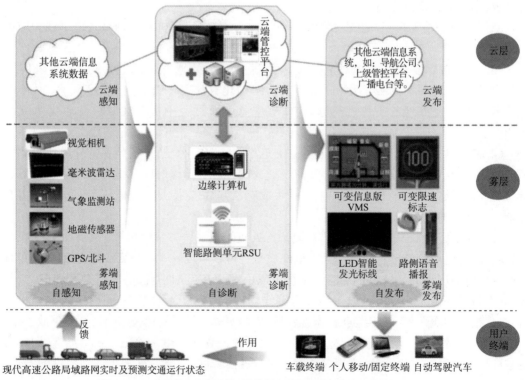

图 7.2-11 现代高速公路网全时安全运行管控系统总体架构及管控逻辑

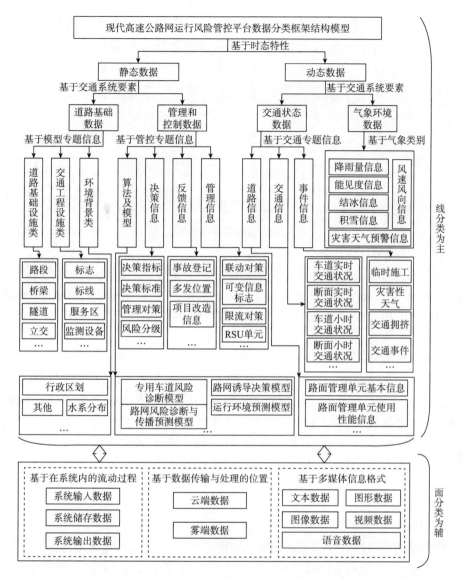

图 7.2-12　面向现代高速公路网全时安全运行管控的数据模型

(2) 基于交通流理论的交通事件时空影响范围预测研究。

将交通事件持续时间分为事件延迟时间和交通恢复时间,以各事件延迟时间影响因素为输入变量,以事件延迟时间为输出变量,构建交通事件延迟时间计算模型。交通事件发生后,如果车辆通过事发路段的减速波与加速波在下一辆车到达之前不能相遇,排队缓行车辆将融合成一个队列并向上游传播,从而对更大范围的路网产生影响。在交通事件影响下,交通流具有自由流、同步流、堵塞流三种独立的交通相。当交通流参数达到某一限值时,即会发生不同交通相之间的相互演化。随着事件延迟时间的增加,交通事件辐射范围逐步扩大。通过建立拥堵波传播模型,计算交通事件的空间辐射范围。根据交通事件拥堵传播机理,采用波动理论建立交通事件时空影响范围预测模型。根据各关键时间节点拥堵波传播范围,建立时变的交通事件空间影响范围预测模型。设计仿真试验,对所建立模型的预测精度进行检验。

(3)高密度路网区拓扑结构构建:为了实现对高密度路网的诱导系统优化,将高密度路网的指路信息节点按照不同功能划分为三级,分别为一级节点、二级节点、三级节点,如图7.2-13所示。

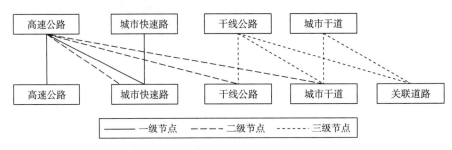

图7.2-13 高密度路网节点划分

(4)路网级交通诱导算法研究。

基于节点承载力的高密度路网路径诱导算法研究:诱导路径的选择本质上是查找最优路径问题,路径由节点、路段组成,本研究提出承载力的概念,考虑节点结构属性、节点通运行状态属性,从均质性、连通性、流量裕度、通行效率四方面共同表征节点承载力,采用重力模型法求得路段承载力。

3)远程车道级管控

高速公路可变限速控制系统可通过信息实时发布技术传递给道路使用者。当道路预测出现拥堵时,通过对上游主线进行动态可变限速控制,可以减缓车流在拥堵点的集中程度,从而减小拥堵点车辆排队长度,提高节点通行效率。将高速公路控制指令细化到每一条车道、每一个路段,通过分车道情报板提示,实现对每个车道驾驶员的精准引导和实时管控,以主动管控路段交通流量的理念,实现节假日超饱和流量路段瓶颈区通行能力的提升。通过分车道级精准管控,分级提醒来车方向车辆,注意前方突发事故,提前避让、规划行驶路径,避免二次事故发生,避免造成二次伤害。

(1)匝道控制

匝道控制是高速公路管理与运营领域众多策略中的一种,运输系统管理和运营控制,包括匝道控制、道路天气管理和事件管理等,需要机构持续积极管理,以最终为现有高速公路基础设施提供最佳系统性能。这项管控措施将改善机动性、可靠性、安全性和环境影响,同时保持高速公路通行能力,而且成本远低于传统的通行能力改善措施。匝道控制通过管理进入高速公路的交通量以及通过拆分并排车辆使其难以合并到高速公路主线,来减少高速公路主线的拥堵。

(2)动态可变限速

动态可变限速是道路主线控制的重要方法之一,根据实时的交通状态不断调整对主线车辆的行驶速度限值,确定主线的最佳速度指标。动态可变限速策略可以有效减少碰撞,提高交通事故的管理能力。同时,动态可变速策略能够增加交通流运营的平稳性,使得其能够有较多的连续流,进而减少交通失效甚至交通拥堵的产生。

(3)货车专用道

客货分离是指在道路运输中使用隔离或相对隔离的方式,使客车和货车分道行驶,即根据车辆类型和行车速度等因素建设相应的交通设施,从而改变客车和货车混行的交通模式,实现道路上客车和货车分道行驶的一种道路系统。客货分离实现方式主要有以下几种:车道限制、货车专用车道、货车专用交通设施、双重组合车道等;双重组合车道是指在车道的两个方向上都具有相互分离的内侧道路和外侧道路的客货分离方式,内侧道路仅供客运车辆行驶,而外侧道路仅供货运车辆行驶。客货分离模式使得客车、货车各行其道,从而改变客货混行的交通模式,增加了交通的安全性,提高了运输效率。多车道高速公路实施货客分离、建立货(客)专用车道已成为未来高速公路的发展趋势。

4) 交通事件的快速响应与救援

(1) 高精定位技术

利用驾乘人员高精定位设备采集驾乘人员的定位信息,将用户精准定位信息和周围车辆信息推送到示范软件平台。

(2) 快速报警救援方式研究

针对普通公众对报警救援快速到达的需求,开展热线、短信、微信等多途径多方式快速报警方式研究,将所需的数据简单快捷地送达高速公路管理人员手中。一次电话、一条短信不需再次拨打电话,快捷简单。一次电话收到服务热线的救援短信,点击短信中的链接跳转到救援界面,建立服务通道。驾乘人员通过该功能发出救援信号,将准确定位位置信息和车辆信息传输至救援系统后台,有效提高救援效率和救援质量。

(3) 多源多方式持续跟踪

驾乘人员有报警和救援需求时,结合京台高速公路智慧全路段感知能力,对驾乘人员和车辆进行精准定位并持续跟踪。

2. 关键技术

基于交通事件"检测—评估—管控—救援"的方案,包括交通流特征参数和交通环境特征参数自动检测技术、无人机巡查技术,建立了事件条件下快速救援报警及响应系统,具体关键技术如下:

(1) 实现对应急预案和应急处置方案的数字化管理,提供预案录入、编辑和查询等功能。此外,为了专门处理视频信息中的多种冗余,视频压缩编码采用了多种技术(有预测编码、变换编码和熵编码等)来提高视频的压缩比率,处理视频中的时间和空间域的冗余。

(2) 高速公路沿途按一定距离部署无人值守式无人机机巢系统。机巢具备防雨、防风、防尘、防雷等特点,能够在恶劣环境中保护无人机。在气象条件许可时释放无人机进行巡视。无人机可在日常交通状态巡视中提供动态的视频数据,为智慧交通系统提供实时高效的信息来源。可在第一时间指派最近位置的无人机飞往现场,获得现场信息,为远程指挥提供快速的信息支持。

(3) 通过对交通事件影响下的交通流运行特征进行分析,根据事件类型对其持续时间、空间影响范围进行预测,从而评估事件影响下路网运行状态变化,制定并采取相应的交通管控措施。

(4) 建立了基于节点承载力的高密度路网路径诱导算法、诱导信息多级发布模式,提出一整套路网级交通诱导分流算法及成套技术。针对路网上的交通流进行切实有效的管控,以避免交通拥堵的产生。远程车道级管控技术涉及时间提前、要素集成、功能协同等问题，实现可变限速、信息服务、货车专用道、匝道控制、排队预警、车道限速等。

3. 工程应用

通过实时采集交通流量数据（图7.2-14）、天气能见度情况、路面冰霜雪情况、车型占比道路拥堵情况、道路异常事件等，结合管控指标和模型算法，自动测算出管控措施方案。管控措施指令通过交警审核确认，将管控指令下达给道路运营控制中心，控制中心执行交警管控指令，并通过可变信息标志、两微一端、RSU车载终端、图上导航等各种发布载体为公众提供出行提醒，提供伴随式信息服务，通过交警管理平台网络将交通违章信息共享给交警管理系统。

a)视频分析

b)车流监测

图7.2-14 实时采集交通流量数据

车道级管控的工程应用包括以下内容：

（1）动态限速

动态限速用于解决相邻或者相同道路因交通流量变化而引起的拥堵情况，主要包括交通流量的速度、车型占比密度和道路异常气象等影响因素。系统对数据处理后，自动分析并预测交通状况，通过算法自动生成最优的速度控制策略。控制中心的操作员也可以监控当前动态限速措施，并在适当情况下进行人工调整。车道动态限速如图7.2-15所示。

图 7.2-15　车道动态限速

有研究表明,当车辆在行驶路段保持一个车流速度稳定行驶时,驾驶员变道、加速、减速的动作会减少,发生事故概率会降低,路段通行能力会提升。所以在不同的交通流情况下,主动交通流管控系统把交通流状态稳定下来,最大程度避免了拥堵发生。

(2)动态限流

动态限流是对动态限速措施的补充,解决动态限速不能很好满足道路畅通状态,对道路入口匝道、出口匝道、主线的车辆进行分车型控制或数量控制,确保控制区域内交通供给与需求之间达到动态平衡,从而保证该区域的交通流处于安全运行状态和理想的高速公路服务水平。通过伴随式服务实时发布动态限流的预警信息,提醒驾驶员提前采取相应的措施。

分析不同道路情况,采取针对性的动态限流措施,如货车密度较大时,发生交通事故概率将明显增大,通过控制货车流量达到控制拥堵和减少事故发生的目的;降雪天气控制车速,并增加货车流量,从而达到快速融雪效果。

(3)客货分离

对道路上各车道的车辆进行分车型控制、车道资源动态分配、路网交通流动态分配,将客车和货车动态分离,减少同一车道上车辆行驶速度差,并通过伴随式服务发布客货分离以及限速值信息,提醒驾驶员按照指示行驶,保证每个车道都能快速平稳通行。客货分离作为常态化的一种管控措施进行管控,如图 7.2-16 所示。

图 7.2-16　客货分离

(4)动态车道管控

动态车道管控是对道路异常事件发生的应急处置措施,当道路发生事故、车辆故障等占用行车道时,通过动态车道管控对上游车辆进行变道指引。

五、车路协同设备研发及管控

1. 研究内容

车路协同设备研发及管控研究框图如图 7.2-17 所示。

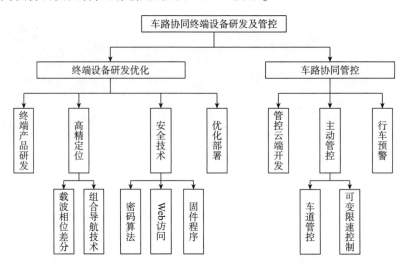

图 7.2-17　车路协同设备研发及管控研究框图

1) 智能终端装备

(1) 基于 5G-V2X 的车路协同智能终端装备

针对 5G 和 LTE-V2X 的不同技术特点,实现多源协同感知、多模数据传输与协同组网、多维有机信息共享与交互、分布式决策等服务能力,研发一种具有自主知识产权的 5G-V2X 低成本车路协同智能终端装备。该智能装备包括 RSU 和 OBU 设备,符合《合作式智能运输系统车用通信系统应用层及应用数据交互标准(第一阶段)》(T/CSAE-53—2020)标准,能够实现与高级驾驶辅助系统(ADAS)和驾驶员监控系统(DMS)的有机融合,并针对多个智慧高速公路场景进行了相关的定制开发。车路协同智能路侧终端包含车载单元 OBUs 和路侧单元 RSUs 两种通信单元,其中 OBUs 主要安装在车辆上,RSUs 通常安装在道路的两侧或交叉路口。为了增加 5G-V2X 的覆盖范围,需要部署大量的 RSU 设备,同时会带来极大的设施成本和维护开销。RSU 部署的主要目标为在 RSU 数量受限的条件下,选择最优的位置来部署 RSUs,实现尽可能大的区域覆盖和提高网络的通信性能,对高速公路下的通信性能和质量具有重要的意义。

(2) 基于北斗卫星导航系统和组合导航的高精度定位

针对山东高速公路典型应用场,基于问题导向、应用导向、目标导向,面向复杂域北斗卫星导航系统应用于智慧高速公路自主可控服务体系需求,针对精准定位、连续导航和精密授时对域内外测控基站与现有山东省广域增强服务站网络协处理可用性、科学性问题,建立典型高速公路及实验场下路、站、车(机)、人、物、网、云等精准信息要素耦合模型,利用北斗卫星导航系统 3 号全球卫星导航系统(GNSS)芯片级/惯导/可视多组合时空 + 自主安全高度加密集成芯片模组、高增益天馈/抗干扰下北斗卫星导航系统 + 移动通信智能融合、车路协同 + 交通大数据联合智控等技术;研究基于山东省124个北斗卫星导航系统增强站+网系统,空地协同无人机载智能高精倾斜摄影+地面车载实景采集、AR/VR立体精准场融合四维可视云中心+高精路网(H-GIS-T)交通地理信息技术;动态立体敏捷建模全息四维实景高速公路,集成高速公路物联感知设备形成"精端+安网+智云"约束下高速链网场北斗卫星导航系统应用标准,解决智慧高速公路多要素实时移动、亚米(车道)级、大容量和时间同步等共性难题。

2)智能终端应用

(1)车路协同网联环境下ADAS+技术

车路协同网联环境ADAS+系统方案设计。结合现有RSU、OBU设备的相关国家标准和主流产品的技术水平,以及高速行车中的关键小事和细节痛点,设计了前车碰撞预警提前减速、智能标牌自适应变速巡航、汇入口盲区避让、盲区超车提醒和危险抑制、前方车辆失控提前减速等典型功能,为高速公路网联环境ADAS功能典型场景提供开发示范,体现网联ADAS提升行车安全性和高速出行体验的应用潜力。

车路协同网联环境ADAS+车端系统架构设计针对车路协同网联环境,设计一种适用于乘用车、商用车等车型,追求设计一款通用的系统架构,支持后续的功能扩展和车型移植。为实现相关功能,构建RSU+OBU+单车传感设备+域控制器+整本控制器(VCU)+线控底盘的整体系统,为相关功能的实现提供基础。在此基础上,分别进行功能架构、软件架构方面设计,形成一套满足未来车路协同网联环境下车辆ADAS功能开发的完整系统、功能及软硬件架构。

车路协同网联环境ADAS+功能开发与仿真测试针对典型高危场景,通过V2X实现单车感知与路侧感知的融合,并以此为基础开发增强自动紧急制动系统(AEB)等智能网联环境下的ADAS+功能,进一步提升ADAS功能的安全性、通行效率和智能化水平。车辆的ADAS+功能采用整车ADAS功能开发中基于模型的开发(MBD)方法,并通过与RSU及OBU协议的对接,实现向车辆控制器的发送;车辆控制器接收目标检测的结果级数据,在控制器内进行目标融合和跟踪。

车路协同网联环境ADAS+功能实车测试在实车ADAS功能开发的基础上,通过自主构建网联环境,实现路端感知、V2V信息传递与ADAS功能的结合,开发相应的功能,网联环境搭建及协议适配等工作已完成,为相关的实车测试奠定了良好的基础。针对典型的前车紧急制动提前预警、盲区碰撞预警、匝道口汇入碰撞预警等功能进行了实车验证,实现了预期功能,为进一步向产品端的落地和车路协同系统的实际应用,提供了技术路线的先期验证和参考。

(2)车路协同货车编队

本项目选取满庄收费站至贤村水库特大桥终点(K484+250~K504+600)单侧约20km建设了车路协同试验路段,结合国家有关车路协同试点政策要求,开展车路协同及自动驾驶试点应用研究。本项目作为在自动驾驶领域全国首个高速公路开放式测试场地,起到了先行示范的作用,为车路协同及自动驾驶的应用落地指明了方向。本项目通过建立的车路协同管控平台,对车路协同的典型应用场景进行了验证。

(3)车路协同高速公路主动交通管控

高速公路车道的动态管控和高速公路主线可变限速控制在车路协同主动交通管控中应用广泛。

在车道动态管控方面,本研究基于路侧感知设备提供的信息,建立了以延误最小为目标的车道管控模型,通过遗传算法求解得到最优的车道分配方案,并将相应的信息通过车路协同系统传达给驾驶员,实现高速公路车道的动态化与精细化的管控,提高各车道的利用率。

在可变限速控制方面,本研究通过改进的元胞传输模型,对交通流状态进行预测,并基于模型预测控制方法,动态输出可变限速值,从而减小拥堵车辆排队长度,提高高速公路通行效率。

2. 关键技术

1)车路协同智能终端

车路协同智能终端系统架构如图 7.2-18 所示。本项目基于 5G-V2X 的车路协同智能终端装备,采用车规级 ARM 架构处理器,是一款集移动通信、GPS/北斗导航定位卫星、V2X 通信于一体的终端设备。本装备支持华为 5G + V2X 通信模组 MH5000,支持北斗卫星导航系统 + GPS 双模模组,支持 RTK 高精度定位。本装备采集车内 CAN 总线、以太网总线等数据,通过 5G、V2X 等无线通信方式,实现与车外设备及数据平台的通信交互。

本项目智能终端支持用户自定义开发,可实现主机厂定制化的数据采集、通信上传等业务;并可以定制软件系统融合工作,提供车辆信息采集、传输、存储等服务。针对 5G-V2X 的高速率和低延时等应用特性,采用支持 V2X 的 PC5(Proximity Communication,近距离通信)和 UU 通信方式,可实现自动驾驶等厘米级高精度定位。

2)车路协同智能交互技术

基于机器视觉和多传感器融合等技术,本项目车路协同智能终端装备通过研究驾驶员驾驶行为和路况分析,可以实现车路协同系统与现有车路协同应用的智能交互。智能终端的车载 OBU 设备通过集成驾驶员监控系统,能够使用深度学习方法,可以实时监控驾驶员走神、疲劳驾驶或者打瞌睡的情况,甚至是无法驾驶等意外情况。通过视觉检测人脸,还有眼睛和其他脸部特征,同时跟踪变化,提取症状,实现疲劳和分心检测。通过 V2V 进行车辆之间通信,将周围车路信息与 ADAS 进行交互,提高 ADAS 的紧急避撞性能,并且可以通过 V2I 进行车辆与道路设施之间通信,扩大 ADAS 的感知范围。

本项目实现了 V2X 技术与 ADAS 系统功能的深度融合,利用车路协同技术提升 ADAS 系统的性能。市场上现有的 ADAS 功能几乎都是单车 ADAS 功能,其受到单车感知能力的限制,在前方车辆遮挡、左/右侧盲区、光照不良、天气恶劣或标志牌模糊等特殊状况下,容易出现对危险状况的错判和漏判,从而限制了 ADAS 作用的可靠性和更多功能的拓展。本项目研究通过智慧高速公路 V2X 系统深度赋能车辆 ADAS,拓展车辆的感知范围和风险识别和处理能力,探索多种场景下的 ADAS 功能,解决高速公路行车中的一些典型痛点和风险场景,也为智慧高速公路 V2X 技术在未来发挥实际作用提供了可能的方向。

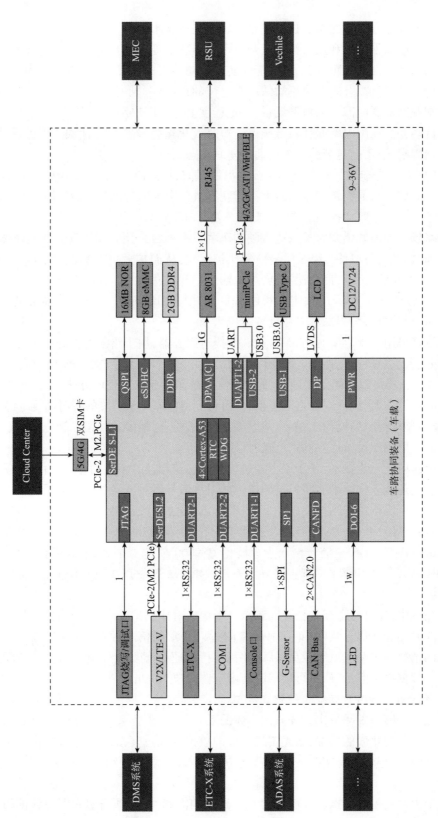

图 7.2-18 车路协同智能终端系统架构图

3) 基于北斗卫星导航和组合导航的高精度定位关键技术

高速公路定位增强系统和授时精度提升技术。本项目通过在终端上实现伪矩差分算法，提出具有时间维持特性的伪距差分方法，能够实现流动站用户接收一次参考站观测数据，可以持续 1min 以上连续定位，有效解决流动站用户定位的连续性，同时大大减少了用户端因为实时接收参考站观测数据而需要的数据流量，一定程度上降低用户定位成本，实现由导航级向精准亚米级定位转变。在国内率先针对低频误差短时变化慢弛豫特征估计预测误差，消除差分定位数据延迟因素，适于高速公路智能交通中实时动态用户。

该技术中 GNSS 导航信号体制结构主要由调制载波、扩频码、导航电文及相应的调制方式进行复用组合而成。目前经常使用的四大类捕获算法分别为串行捕获、频域并行捕获、码域并行捕获和基于快速傅立叶变换（FFT）的部分匹配滤波捕获。

高速公路场景中需要感知大量快速行驶的车辆。本项目采用基于 FFT 匹配滤波器（MF）的匹配滤波捕获方法，可以使 GNSS 信号信噪比扩大化，从而扩大化目标检测范围，并用在弱信号环境中。对于噪声信号，使用滤波器，可使输出信噪比最大化。基于以上算法，结合对北斗卫星导航系统/GNSS + 惯导的模组和板卡进行设计与应用，重点进行多频多系统 GNSS 信号捕获算法研究与实现，可提高信号精度和定位水平。

本项目设计采用一种卫星时间频率标准源/授时服务器，用于给各类智慧高速公路感知设备、车路协同设备、边缘计算存储设备进行高精授时。该授时器将 GNSS 模块与高精度标准 PPS 通过信号功分器接收相同卫星信号，将待测 GNSS 模块输出的 PPS 和授时服务器 PPS 同时输入时间间隔计数器，统计二者之间差值，即可得到待测 GNSS 模块的授时精度。经实际测试，导航单模块单机授时精度为 5.28ns，满足 20ns 技术要求，精度达到国际领先水平。为智慧高速公路路测智能感知设备提供高精度授时服务。

车载导航定位抗干扰技术：基于以上导航信号的捕获和授时精度的开发优化，本项目提出一种车载导航定位抗干扰技术。将模拟器提供的卫星信号经过低噪放与干扰源提供的干扰信号由合路器合路后提供给待测模块，同时多模块对比，关注信噪比以及定位状态。测试干扰频点为 GPS L1、BDS B1 和 GLONASS G1，干扰类型为连续波干扰和窄带干扰，GNSS 模拟信号强度为 −130dB·m，其中 GNSS 信号输入为思博伦 GS9000 模拟器播放的 GPS 系统 L1 频点信号、BDS 的 B1 频点信号和格洛纳斯卫星导航系统（GLONASS）的 G1 频点信号，干扰信号源为安捷伦信号源。

在实际测试中，通过对车载定位不同频点下干扰的对比测试结果，可以得出定位信号得到有效改善。同时能够在信号频带内、信号频带附近以及常用信号频点上存在干信比 60dB 以内信号干扰的情况下保持车道级卫星跟踪，并且保持高速行车复杂环境下车辆高精度正常定位。同时差分数据链中断后，依然可维持高精度定位测速 20min。

4) 路侧激光雷达的融合导航定位感知

路侧激光雷达够精确测量出扫描方向物体的三维坐标，但需要应对高速公路上的车辆随着时间的推移位置变化大的情况，激光雷达采集的数据要经过复杂的坐标转换才能转换同一个坐标系中，转化过程中需要实时的激光雷达数据、惯性导航系统（INS）数据、全球定位系统（GPS）数据。

为了验证由激光雷达数据转换而来的 GPS 数据的准确性，本项目引入多源数据融合逆变换对定位精度进行验证。将转换后的经纬度、高度信息与采集到的相应目标点经纬度、高度信息进行比较,并将经纬度差值转换到实际距离进行表示,单位取 m,进行精度验证,试验结果表明,目标点误差控制在 20cm 及以下。

为实现更加精准地感知定位,降低手动计算的误差,减少运算量和数据依赖,本项目进行了坐标变换算法集成,开发了基于路侧激光雷达的多源数据融合可视化系统,实现目标数据转换一体化、自动化。该系统可分为四部分,其中第一部分为数据选择区;第二部分为数据显示区,即将 GPS 与 LiDAR 文件及所选择的行数据以表格的方式呈现出来;第三部分为转换矩阵显示区,即将基于选定的四组 LiDAR 与 GPS 数据求解出的转换矩阵 T 以表格的方式呈现出来;第四部分为逆转换区域,即将选中的 LiDAR 数据转换为 GPS 数据,并将转换结果以表格的方式呈现出来。

基于自主研发的可视化系统,本项目依托人工智能算法与大数据技术,准确获取道路在途用户目标的图像信息和点云信息(图 7.2-19),并通过多目标实时追踪算法更新不同目标位置、速度及加速度信息,通过进行路侧激光雷达与 GPS 数据的高精度转换,实时呈现在途用户目标真实地理位置信息,实现与电子地图的动态接轨,完成从目标检测到目标追踪,直至多目标在真实地图映射的技术闭环。

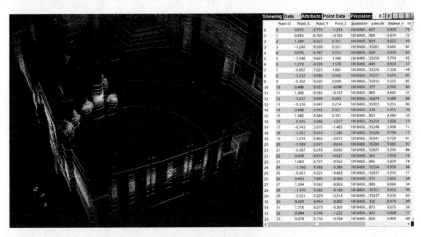

图 7.2-19 数据可视化界面

5)车路协同安全关键技术

车路协同感知设备固件获取分析:有多种方式可以获取车路协同固件,主要分为软件层面和硬件层面。在软件层面,主要包括从官网或联系售后索取升级包、通过在线升级方式获取固件(若固件是加密的,需要逆向升级包获得解密算法)、通过利用网页和通信漏洞获取固件敏感信息。在硬件层面,主要包括从硬件调试接口 JTAG/SWD 等获取、拆卸 Nand Flash 闪存芯片、SD/TF 卡、磁盘等用编程器获取、串口(UART)调试、利用 shell 权限获取、用逻辑分析仪监听 flash、ram 获取。在某些情况下需要综合利用几种方法或发现其他获取固件敏感信息的方式。

目前车路协同感知设备的操作系统大都基于 Linux,一些常见的系统漏洞,如缓冲区溢出、越权执行、内存泄漏等,也会存在于车路协同感知设备固件中;而基于操作系统之上的各种应用程序同样会存在各种漏洞。在固件程序分析的基础上,初步判断可能存在的漏洞类型,根据漏洞特征,研究自动化的漏洞挖掘技术。

3. 工程应用

1)京台高速公路南车路协同自动驾驶示范路段

本项目选取满庄收费站至贤村水库特大桥终点单侧约20km建设车路协同试验路段。其融合智能高清摄像机、毫米波雷达、激光雷达、气象检测器等感知设备多源数据,实现雷视拟合全时全域感知、车道级精准定位追踪、超视距事件预警、车路信息交互融合等功能,并应用在分合流区安全预警、道路危险状况提示、道路事件信息提示、辅助决策等场景;同时支持车辆编队行驶和L3级以上车辆自动驾驶。图7.2-20为试验路段现场图,图7.2-21为车内系统看板,图7.2-22为系统平台界面。

图7.2-20 设备现场实施图

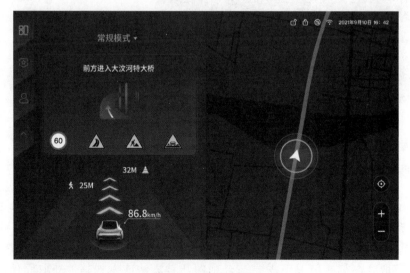

图7.2-21 车内系统看板

①乘车体验:满庄收费站至宁阳东收费站(K484+250~K499+259),单侧长约15km。

②货车编组观摩:满庄收费站—宁阳东收费站—宁阳服务区。

③指挥调度中心观摩:宁阳东收费站指挥调度中心所在地。

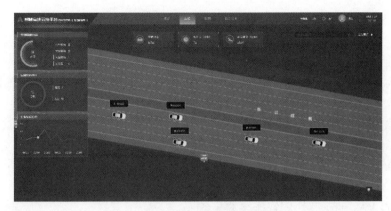

图 7.2-22　系统平台界面

（1）合流冲突预警（V-I 首选，V-V 备用）。

①体验车在主路行驶，背景车（轿车）在匝道行驶；

②背景车、体验车同时驶向高速公路入口区域；

③两车进入路侧视频事件检测区域；

④在汇入点上游 150m 的路段内，背景车人机交互界面（HMI）显示"主路有车"，体验车 HMI 显示"辅路有车"，并伴有语音提醒，提示驾驶员注意安全风险，如图 7.2-23 所示。

a）合流冲突预警　　b）应急车道停车　　c）异常停车　　d）视线遮挡下的紧急制动预警

图 7.2-23　预警图

（2）应急车道停车（V-I 首选，V-V 备用）。

①背景车停在应急车道；

②路侧事件检测，发现应急车道异常停车；

③体验车从远方驶来，在靠近前车的过程中，屏幕上就出现了画有叹号的异常车辆，距离前车 200m 时屏幕上出现提示图标，同时语音提示"应急车道异常停车"；

④体验车正常超过异常车辆。

（3）异常停车（V-I 首选，V-V 备用）。

①提前在右侧车道布设事故车辆（两辆小轿车）；

②体验车（轿车）在右侧车道，驶向隧道入口；

③路侧事件检测，发现异常停车；

④当体验车与事故车辆距离小于 200m（可配置）时，体验车 HMI 显示"前方右侧车道事故"，并伴有语音提醒；

⑤体验车变道到左侧车道躲避事故车辆;
⑥体验车驶过事故车辆后,HMI预警信息消失。
(4)视线遮挡下的紧急制动预警(V-V)。
①背景车1、背景车2在前、体验车在后,四车两两相距150m,同向匀速行驶在主路上;
②体验车受背景车2视线遮挡,不易观察背景车1;
③背景车1制动,触发紧急制动预警;
④当背景车与体验车距离小于300m(可配置)时,体验车HMI显示"前方车辆紧急制动",并伴有语音提醒;
⑤体验车减速,规避碰撞风险。

2)基于5G-V2X的车路协同智能终端装备

本项目车路协同智能终端装备满足5G全网通频段通信,并可向下兼容4G和LTE/V等的V2X通信,并具备丰富的通信接口,可满足高速公路环境下各类场景的通信需求。同时采用了车规级设计,可以有效应对各种工况,安全可靠,并支持OTA❶远程升级,降低维护成本。智能终端的设计图和实物图如图7.2-24所示,主要技术参数如表7.2-1所示。本项目智能终端支持Linux与Baremetal双系统运行,并支持PCIe、USB和CAN等多种驱动,网络协议栈支持TCP/UDP/IP/MQTT/FTP/HTTP/NTP/C-V2X,保证了设备系统的通用性与实时性。智能终端通过5G-V2X技术可将人、车、路、云平台之间进行全方位连接和高效信息交互,将各交通参数与要素有机联系在一起,可进一步推广应用于具有车联网需求的智能交通等相关领域。

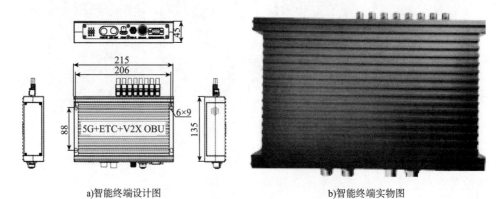

a)智能终端设计图　　　　　　　b)智能终端实物图

图7.2-24　车路协同智能终端设计图与实物图(尺寸单位:mm)

车路协同智能终端主要技术参数　　　　表7.2-1

处理器	CPU	4-Core A53@1.8GHz
	内存	2GB(LPDDR4)RAM + 8GB EMMC
空中接口	LTE	5G全网通,车规级LTE模块,向后兼容4G/3G/2G网络
	V2X	V2X UU、PC5直连通信
	GNSS	普通定位≤2.5m,RTK定位≤10cm(选配),支持航向检测
	天线接口	4G/5G主分集天线、V2X主分集天线、GNSS天线

---

❶ OTA英文全称为Over-the-Air Technology,即空间下载技术。

续上表

功能接口	CAN	支持 1 * CAN
	USB	支持 1 * USB
	RS232	支持 1 * RS232
	以太网	1 路 10/100/1000M 航插接口
	HDMI	1 路 HDMI1.4 接口,支持音频传输
	SIM 卡	1 个标准 SIM 卡槽
	TF 卡	1 个标准 TF 卡槽
	音频接口	支持 1 * SPEAKER 输出
	电源接口	支持 1 路 12V 电源输出接口和 1 路电源输入接口

3)车路协同 ADAS + 功能实车测试

实车试验的目的是结合实车 AEBS 系统的测试结果,从测试场景和评价方法的角度出发,评判 AEBS 模型参数设置及其切换策略能否与实际行驶工况相符合,在遇到紧急情况时,能否避免或者减少事故发生,同时验证 AEBS + 、ACC + 系统能否满足不同的测试工况。

在实车 ADAS 功能开发的基础上,通过自主构建网联环境,实现路端感知、V2V 信息传递与 ADAS 功能的结合,开发相应的功能。网联环境搭建及协议适配等工作已完成,为相关的实车测试奠定了良好的基础。最后利用自主开发的线控底盘车辆和快速控制原型,及相应传感设备,已完成 AEB、车道保持辅助(LKA)等功能的实车测试。实车测试场景如图 7.2-25 所示。

图 7.2-25 实车功能开发与测试场景

4)车路协同的货车编队实车测试

车辆编队行驶场景作为最有可能首先落地的车路协同应用,对数据传输可靠性与延时提出了更高的要求。车辆编队场景中,有关车辆运动的数据由车载传感器收集并通过无线接入网(RAN)传输到 MEC 元素,在其中进行存储和处理,以生成决策控制相关指令。这些命令再次通过 RAN 从 MEC 发送到车辆,以有效控制车辆编队的间距。本项目的车辆编队行驶场景,通过车路协同控制器对车辆编队进行起步、加速、换道、减速制动停止等操作,如图 7.2-26 所示。通过车路通信、传感器采集等手段获取高速道路上的实时路况(如交通拥堵、施工等),实现躲避车路的障碍物。并根据交通需求、道路交通状况、系统指令等需求进行车队组合与拆分策略的执行,保证车辆在组队和拆分过程中系统的平顺性与安全性。最后,通过紧急安全控制,包括自动制动停止或向驾驶员移交控制权等方式最大限度地保障编队车辆的安全。

a) 编队起步

b) 编队加速

c) 变换车道

d) 减速制动停止

图 7.2-26　高速公路车辆编队实车验证

5) 车路协同主动动态交通管控

基于高清摄像机、毫米波雷达、激光雷达等设备采集的车道级行车信息,采用快速标定、雷视融合、跨节点融合等技术,实现车辆车道级轨迹追踪,综合交通运行状态监测与态势评估业务系统数据进行综合分析,实施动态限速(图 7.2-27)、动态限流、车道资源动态分配、应急车道开启等交通管控策略,联合交警,利用沿线信息发布设施及第三方导航软件进行信息发布,从而保证交通流的稳定和维持较大的流量,降低交通事故率,减少交通拥堵的发生。

图 7.2-27　变限速现场实施图

第三节　基于高精度车辆轨迹追踪的自由流收费技术

本节针对京台高速公路构建"不降速"畅行体系,提出车辆自由流收费技术,提出毫米波雷达车辆断点惯性补偿定位技术和"背靠背"的多传感器设备布设方式,实现车道级的车辆连续定位;依托毫米波雷达的全天候远距高精度动态探测识别能力,进行车辆车型的准确识别;检索定位信息和特征数据,实现了无盲区的车辆轨迹监测还原,结合先进的数据协同传递技术,进行车道级高精度轨迹跟踪,最后在云平台收费系统进行费用结算,实现自由流收费技术。

一、基于雷视融合感知的设备优化部署与精准定位技术

1. 研究内容

高精度的车辆定位技术是实现车辆车道级运行监测的必要条件。目前,高速公路实现车辆高精度定位主要采用基于 GNSS 的差分定位技术,需要在高速公路建设差分基站,且车辆需安装车载 GNSS 接收机,推广应用难度大。本项目提出一种基于全向/定向毫米波雷达多数据融合的车辆级精准定位方法,车辆级精准定位数据通过全向/定向毫米波雷达多数据融合监测得到,不需要在车辆安装车载设备,为高速公路从宏观向微观精细化管理提供技术条件。

2. 关键技术

1) 全向/定向毫米波雷达定位研究

全向毫米波雷达在高速公路安装时,对其经纬度进行标定。因此,为实现高速公路全覆盖无盲区实时车辆级精准定位,确定车辆(或其他目标)相对全向毫米波雷达的角度和距离,即可通过坐标转换确定车辆(或其他目标)精准位置。

2) 全覆盖无盲区实时车辆车道级精准定位模型研究

全向/定向毫米波雷达传感器通过扫描的方式,对雷达区域内所有移动的车辆或行人进行实时扫描并跟踪定位,获取其实时位置,数据采集分析处理器通过获取全向/定向雷达传感器发送过来的原始雷达扫描数据,进行数据实时汇总和分析,然后给出每辆车或每个行人的实时信息,包括瞬时速度、运动方向、经纬度、目标尺寸、身份标识号(ID)、方向角等重要信息,N 个区域重叠的全向/定向雷达传感器数据可以通过路侧安装的数据采集分析处理器或中心的小型云处理服务器进行数据传递,被跟踪的车辆或行人通过这种方式可以实现全程跟踪实时定位的功能,直到被跟踪的车辆或行人离开雷达的检测区域为止。车辆或行人全程跟踪实时定位实现过程如图 7.3-1 所示。

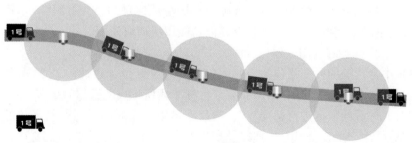

同一车辆在通过N个检测区域重叠的多要素全方位跟踪检测雷达传感器实现全程跟踪示意图

图 7.3-1　车辆或行人全程跟踪实时定位示意图

3) 全覆盖无盲区实时车辆车道级精准定位流程

(1) 雷达、视频和地图数据信息融合。

当车辆行驶进入全向/定向毫米波雷达传感器所覆盖的检测区域时,全向/定向毫米波雷达传感器通过实时扫描的方式来获取车辆的原数据。该数据通过本地网络传送给路侧边缘计算设施中,通过对全向/定向毫米波雷达传感器数据进行实时分析和处理,实时获取全向/定向毫米波雷达传感器检测区域内每一个目标车辆的动态信息(这些动态信息包括该车的经纬度信息、运动速度信息、运动方向信息、所在车道信息、生成检测区域内唯一 ID 数字标识信息等),并对该目标车辆持续跟踪检测并实时定位。

当车辆进入预先设定的车牌抓拍触发检测区域时,将车辆的唯一 ID 数字标识信息变成数字触发控制命令,通过路侧边缘计算设施传输给车牌抓拍摄像机,触发车牌抓拍摄像机对驶入的车辆进行图像抓拍,抓拍后的图像被反向送入路侧边缘计算设施中进行图像 AI 结构化,实时提取该车辆的特征信息。这些特征信息包括车辆的颜色、车型、品牌、商标、车牌、类别等。

路侧边缘计算设施将获取的同一车辆的动态信息与车辆的特征信息进行进一步融合,融合后每辆车辆都会带有自己唯一的完整的数据信息。

(2)车辆车型三维尺寸模糊匹配。

由于全向/定向毫米波雷达传感器的工作原理所致,车辆都是由远至近,再由近至远的方式经过全向/定向毫米波雷达传感器,并且在该过程中同一车辆在不同时间、不同位置时,全向/定向毫米波雷达传感器对车辆的外轮廓扫描的区域是不断发生变化的,所获得车辆的原始数据也是不断发生变化的,因此就会导致在不同的时间点、不同位置通过全向/定向毫米波雷达传感器所获得的车辆的原始数据都是缺失的。由于这种缺失就会导致对同一车辆持续跟踪定位时以及多数据融合时造成误差,如果出现车辆前后并行严重时会导致目标短暂丢失而无法进行补偿,从而导致整个系统的稳定性下降。此外由于毫米波雷达传感器的工作特性必然导致其对车辆的形状特征检测精度不高,无法输出有效的车辆特征信息,因此需要利用视频 AI 结构化的数据来补充和完善,即车牌抓拍摄像机对通过对车辆进行实时抓拍,抓拍后的数据被送入路侧边缘计算服务器中进行实时数据处理,来获取车辆的特征信息。车辆的特征信息包括车辆的颜色、车辆的三维轮廓尺寸、车型、品牌、商标、车牌、车牌的颜色、生产年代等重要信息。为了能够使车辆的特征信息更加精准,系统会在路侧边缘计算服务器上以小于 25ms 的处理速度实时对视频图像结构化,来获取车辆的特征信息;并实时与系统数据库中预存有的不少于 200 多种的车辆品牌数据信息、2000 多种车辆车型及年款信息、12 种车身颜色信息等进行快速对比。提取出与之对应的更加准确的车辆特征信息,并与雷达目标车辆的数据信息相融合,形成完整的车辆数字信息,供系统其他功能模块调取使用。

(3)北斗卫星导航系统/GPS 定位授时。

定位系统中常用的两种变量包括经纬度信息和时钟信息。通过(1)(2)两种方法获得目标车辆的实时经纬度信息,但是如果需要将该目标车辆所形成的数据做更多应用和处理时,需对所采集实时处理后的数据进行精准授时,通过纳秒级数据时间授时使所采集的数据精准可靠,再将这些数据用于融合、分析、处理以及实现双向控制。该定位授时主要在路侧边缘计算设施中实现,路侧边缘计算设施安装有定位授时模块获取导航卫星中的时钟信息,融合所采集的数据信息与时钟信息,得到带有精准时钟的信息数据。

(4)基于物理空间属性的车辆轨迹行为修正。

由于车辆相对于全向/定向毫米波雷达传感器的运动状态和全向毫米波雷达传感器的不

同工作原理的原因,车辆生成的数字投影会出现行动无规律、扭着身子走、在道路外行驶、在另一侧车道中行驶,甚至出现两车叠加在一起行驶以及三个车并排行驶在两个车道中行驶的现象。这种现象在现实交通中是不可能实现的,严重超出了物理状态的限制。因此就需要给所有被跟踪的目标物体、道路和沿线设施加上真实物理属性。这些物理属性包括空间属性、时间属性、材质属性、运动状态属性及其他属性,将这样的物理属性赋予系统中的车辆、道路、基础设施以后,系统中虚拟的车辆数字投影或道路投影以及其他物体投影,在系统中的表现和变化规律以及运动状态就能够跟现实场景中的实际物体和环境保持一致了。

(5)目标丢失补偿。

由于车辆在行驶过程中会出现大车遮挡小车、前车遮挡后车、后车遮挡前车、障碍物遮挡车辆等现象的出现,而导致全向毫米波雷达传感器短暂或长时间无法检测到被跟踪的车辆,这种突然的车辆"消失"会使系统无法持续对车辆进行持续跟踪定位。但是在实际中这台车辆并没有消失而是被遮挡,这台车辆仍然按照前面的行驶状态继续行驶。因此可以借鉴惯性导航的原理,来对丢失的车辆进行轨迹预判和行驶状态预判,当车辆又突然出现时,其运动状态和轨迹满足预判方案时,就认为这个突然出现的车辆就是之前突然消失的车辆,从而能够保障该目标信息再出现短暂丢失时,数据依然会连贯而保持不变。

(6)目标校验轨迹回溯。

通过惯性导航轨迹预判补点的方式,能够将短暂丢失的目标轨迹和数据信息还原,但是对那些出现长时间丢失的现象,这种方法将会变得无效。因此需要使用另外一种方法重新获取丢失的车辆信息,并与前面丢失的信息连贯起来。因此,可以相隔一段距离,重新布设全向/定向毫米波雷达传感器、车牌抓拍摄像机、边缘计算服务器,并利用全向/定向毫米波雷达定位研究中描述的技术重启对车辆的动态信息和特征信息进行多数据融合和绑定,同时利用车辆的特征信息与前面丢失的车辆特征信息进行比对,如果通过对比发现该车与前面丢失的车辆特征信息相符,则判断该车辆就是前面丢失的车辆,并将该车辆的信息与前面的信息合并,采用点迹首尾相连的方式将车辆的两个点迹相连起来,重新形成该车完整的数据信息和轨迹以及定位信息。

(7)目标跨区融合。

由于全向/定向毫米波雷达传感器所覆盖的范围都是有限的,因此需要一种技术将每一辆融合完整后的车辆数据传递下去,直到车辆驶离被全向/定向毫米波雷达传感器所覆盖的范围。因此就需要相隔一段距离重新布设全向/定向毫米波雷达传感器,使两个全向毫米波雷达传感器的检测区域重叠,并利用目标跨区融合技术(阴影伴随目标跨区域融合技术)将车辆的数据由一个区域传递到下一个区域,直到车辆驶离连续布设的全向/定向毫米波雷达传感器所覆盖的连续区域为止。

通过以上步骤技术处理后,系统会得到每一辆车的详细行驶轨迹、点迹定位信息以及不同位置所对应的时钟信息。系统获得以上信息后,通过数据中心或第三方服务平台并利用专用的通信通道和协议格式,为每一辆车提供主动式定位信息。

3.工程应用

智慧高速公路整体系统逻辑上可以分为应用服务、感知网、通信网、定位网以及车辆/终端五大部分,其中感知网可以对道路目标、道路事件以及道路环境信息进行精准检测及分类。典型路侧融合感知系统架构如图 7.3-2 所示。

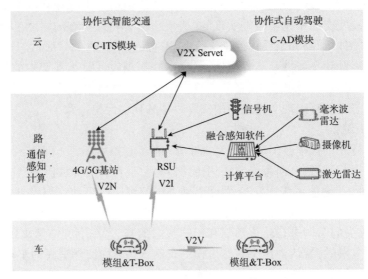

图 7.3-2　典型路侧融合感知系统架构

本次项目感知路段选取沿途包含主干线路、分合流互通区、桥梁等道路场景。项目对 20km 车路协同试验段设施布设方案进行优化,实现无缝覆盖,布设方案如图 7.3-3 所示。

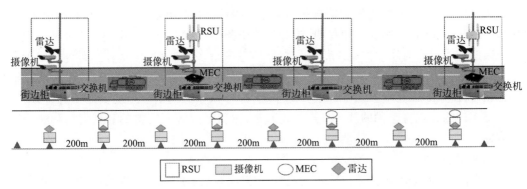

图 7.3-3　布设方案

设施布设方案具体内容包括:

(1)按照约 200m 间距设置高清摄像机,每个点位包含 1 个近焦摄像机和 1 个远焦摄像机,分合流互通区适当加密,共计 126 套近焦摄像机、121 套远焦摄像机;

(2)按照约 200m 间距设置定向毫米波雷达,分合流区适当加密,共计 115 套;

(3)按照约 400m 间距设置 RSU 和 MEC 边缘计算节点,共计 55 处;

(4)在危险路段按照约 200m 间距设置激光雷达,共计 33 处。

同时,在公路中央分隔带立 T 形杆,在杆站约 6m 高单侧横臂安装设备(图 7.3-4),每 200m 一个一体化杆站。杆站 2.5m 横臂上的摄像机和毫米波雷达感知单向行车道路;RSU 安装在横臂上,负责面向路侧车辆的 PC5 通信覆盖;MEC 边缘计算节点和交换机安装在路侧一体化机柜。摄像头和毫米波雷达面向行车方向安装,接续部署,照射车尾。基于分合流匝道的弯曲半径,在分合流区域进行优化调整,分别在汇入汇出匝道距鼻端100m处的路侧立杆,在杆站约6m高单侧横臂安装设备。

图7.3-4 设备架设

在此方案下,依托毫米波雷达的全天候远距高精度动态探测和摄像机的高清可视图像生成和识别能力,通过边缘计算平台对雷达和视频数据进行深度智能融合分析计算,可实现1.5m车道级的道路连续定位和轨迹跟踪,提升车道级分辨能力,实现杆间目标轨迹数据在设备内部持续保持,单设备内目标轨迹连续保持率能达到95%。进一步平滑车辆行驶在跨感知站点交界处产生的感知断点,实现全域车辆目标轨迹图像的高精度连续感知,在±45°边缘天线方向上实现10dB的优化增益。

二、基于毫米波雷达和视频融合的车辆轨迹追踪技术

在途目标(汽车、行人等)被雷达探测到后呈现为多个点目标,这些测量点构成与距离、角度和速度相关的测量值,多目标雷达依据多帧信号的连续测量点迹,对目标进行轨迹追踪,形成目标随时间更新的轨迹信息。

1. 基于全向/定向毫米波雷多数据融合的轨迹追踪方法

通过雷达传感器跟踪车辆获取雷达跟踪数据,通过车辆抓拍摄像机抓拍车辆信息,雷达传感器根据不同的车辆生成每辆车唯一对应的ID身份编号,数据采集处理器将雷达跟踪数据与车辆信息融合绑定并与车辆的ID身份编号相关联,保证目标的唯一性;利用雷达传感器能够实时全天监控全路段的行驶情况,减少受天气、环境因素的影响不能准确采集车辆信息的情况;通过雷达跟踪数据与抓拍的车辆信息融合生成车辆的行驶路径,能够精准定位车辆位置,对车辆长时间占用错误车道进行取证,提升整体调度指挥能力。

2. 无盲区轨迹追踪流程

无盲区轨迹追踪系统包括车辆遮挡跟踪补偿模块、雷达数据处理同步触发抓拍模块、车辆ID身份编号修正模块、车辆连续跟踪信息传递交互模块、二次校准信息回溯模块、动态信息与

特征信息绑定融合模块。

（1）车辆遮挡跟踪补偿模块

车辆遮挡跟踪补偿模块根据雷达扫描汽车自丢失信息前 5 次点迹信息的变化规律，并依据车辆现在的运动规律以及借鉴惯性导航的思维逻辑，进行模拟点迹及动态信息补偿的一种方式。当车辆处于车辆遮挡区域而无法被雷达有效扫描到并获取车辆的动态信息时，根据雷达扫描形成车辆运动点迹时间间隔对即将出现下一个的点迹位置以及动态信息进行模拟预测和补充填点，模拟仿真汽车正常行驶在雷达检测区域内，雷达扫描形成的车辆点迹信息和车辆的动态信息；当经过多轮补点后仍未接收到雷达发送过来的最新真实的车辆点迹数据信息时，则判定车辆短暂丢失，数据采集处理器中运行车辆遮挡跟踪补偿模块将判定为短暂丢失的车辆纳入丢失车辆列表中并在数据库中进行缓存，继续进行模拟车辆跟踪数据补偿填点，并将模拟仿真补偿的点迹数据信息和车辆的动态数据信息不断地存入数据库中以备调用，结合雷达实时扫描车辆点迹数据在合理偏差阈值范围内与丢失车辆列表内的车辆数据逐一匹配，直至匹配成功；匹配成功后被模拟补偿的点迹信息将被送入车辆 ID 身份编号修正模块，进行数据信息修正输出，否则经过多轮车辆跟踪点迹数据补偿后仍无法匹配成功则判定车辆在雷达覆盖的扫描范围内永久丢失，并从丢失车辆列表中移除且停止目标车辆补偿工作。通过此种补偿方式可以弥补车辆在 3~5s 范围内出现的短暂遮挡而造成的信息丢失现象。

（2）雷达数据处理同步触发抓拍模块

雷达数据处理同步触发抓拍模块实现对雷达采集回来的原始数据进行实时的分析处理，以得到车辆的动态数据信息以及唯一 ID 身份编号信息。当系统检测到有被跟踪实时定位的车辆进入预先设定的车辆抓拍触发区域时，数据采集处理器将车辆的动态信息转化为车辆抓拍摄像机的触发控制信号发送给车辆抓拍摄像机，实现车辆实时跟踪定位同步触发抓拍的功能。

（3）车辆 ID 身份编号修正模块

车辆 ID 身份编号修正模块实现当车辆由于某种原因造成的短暂遮挡或车辆进入两个临近雷达检测区域时，使被跟踪的车辆的唯一 ID 身份编号信息发生变化的一种修正机制，其用来保持被跟踪的同一车辆 ID 身份编号信息即使出现以上两种情况时，始终保持不变，除非出现车辆 ID 身份编号信息无法修正的情况。

（4）车辆连续跟踪信息传递交互模块

当带有包括车辆的动态数据信息以及车辆的特征数据信息的车辆驶入两个雷达相互重叠的区域时，两个相邻的雷达会对该车辆进行同时扫描，并在雷达传感器以及数据采集处理器中生成各自对应同一辆的车辆动态数据。该数据通过网络进行两个相邻数据采集处理器之间的相互传递与通信，并以生成带有车辆身份信息的一端数据为主另一端数据为辅。通过预先设定好的跨雷达车辆数据融合传递的规则，将被跟踪的同一辆车的身份信息按照车辆所经过的雷达覆盖区域以对应的数据采集处理器为节点逐个传递下去，直到车辆驶离连续布设雷达传感器所覆盖的区域范围，以保证同一辆车的完整数据信息始终保持不变。该模块需要与车辆 ID 身份编号修正模块协同运行，以保证同一辆车的 ID 身份编号信息和车辆特征信息也保持不变。

(5) 二次校准信息回溯模块

二次校准信息回溯,即当被跟踪的车辆在行驶过程中因某种原因被遮挡的时间超过 5s 或两个雷达间信息传递交互失败,导致车辆的完整信息丢失而采取的另一种补偿方式。

当车辆的特征信息传递交互丢失后,车辆又被雷达传感器扫描到又重新获得了新的车辆动态信息,而该动态信息中的唯一 ID 身份编号同样发生变化已经无法进行补偿,此时系统会将这个不知名的车辆动态信息列入暂存数据库中,并将其经过的点迹信息进行持续保存,持续跟踪监视该车辆,之前丢失的带有完整信息被跟踪车辆的点迹信息和车辆的完整信息,都被保存在永久数据库中,以备再次被调用。

在此期间系统仍然运行车辆遮挡跟踪补偿模块、车辆 ID 身份编号修正模块以及车辆连续跟踪信息传递交互模块,车辆数据持续传递。在此过程中系统只对车辆的动态数据信息尤其是 ID 身份编号信息进行关注,这个过程直到车辆进入下一个数据采集处理器为止。当车辆进入下一个数据采集处理器时,车辆抓拍摄像机会再次对车辆进行抓拍以及特征分析,系统会判断该目标信息是否完整,如不完整,系统将该车辆的特征信息与动态信息存储在永久数据库中,对所有丢失带有车辆完整数据信息的目标进行检索,并用车辆的特征信息进行的匹配。

如在检索的目标中匹配成功,则系统会调取该目标车辆的动态信息、特征信息和最后一次出现的点迹信息,并将现在持续跟踪定位车辆的信息进行修正和补充完善。在此期间系统会将该车辆存在临时数据库中的信息与存在永久数据库中的信息进行合并,保存在永久数据库中,从而使该车辆所经过路径的点迹信息变得完整。

如被跟踪信息不完整的车辆在下一个数据采集处理器未能匹配成功寻回时,则该车辆将会赋予全新的完整数据信息并被持续关注,其所经过的点迹信息继续保存在临时数据库中等待被调用,直至该车辆信息被正确修正或驶离连续雷达所覆盖的区域为止。图 7.3-5 为多目标车辆唯一识别代码赋予过程示意图。

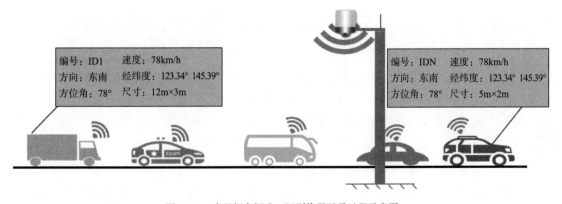

图 7.3-5 多目标车辆唯一识别代码赋予过程示意图

通过车牌抓拍摄像机抓取车辆牌照,来获取道路上行驶的每一辆车的特征信息。通过图形识别技术来获取抓取的车辆照片的车牌、车标、车系、车型、颜色等车辆特征信息。该识别技术需要后台数据库支撑来共同完成。

(6)动态信息与特征信息绑定融合模块

为了保证车牌抓拍摄像机抓取的车辆信息与被雷达跟踪的车辆数据信息能够完美融合,保证在数字孪生仿真路况感知预警监控管理系统中被仿真还原的车辆与实际道路上行驶的车辆运动状态一致(仿真还原的车辆在仿真的道路上运动的速度、位移、方向、其他信息与实际道路上行驶的车辆运动的速度、位移、方向及其他信息一致),车牌抓拍摄像机的触发信号由雷达传感器通过数据采集分析处理器来实现同步触发抓拍(图7.3-6),数据采集分析处理器同时获取该雷达对该车辆的跟踪定位信息(雷达触发车牌抓拍摄像机的触发信号)与车牌抓拍摄像机抓取的车辆照片进行数据汇总并打包传输到中心服务器,中心服务器对数据进行解析分析处理和数据还原。

图7.3-6　雷达触发车牌抓拍摄像机示意图

利用多传感器识别车辆车型,通过信息传递交互,形成完整的车辆轨迹,检索定位信息和特征数据,在云平台上进行费用计算,提升了高速公路常见车型识别的准确度,实现了无盲区的车辆轨迹监测还原,完善了现有收费系统,形成基于车辆轨迹的自由流收费方案,为自由流收费奠定了技术支撑。

第四节　基于实时监测与移动视频检测的智能养护技术

为满足高速公路日益增长的运营管理需求,构建统一、高效、规范、高质量的养护管理模式,本项目针对国内外在高速公路的养护方面遇到的问题,提出基于实时监测与移动视频检测的智能养护技术的解决方案,并在工程中较好地进行了应用和推广。

一、智能养护总目标

高速公路智能养护的总体目标是形成三大养护全生命周期一体化闭环,即智能检测和监测、养护决策、养护施工等养护全生命周期一体化业务闭环,日常养护、预防性养护、大中修护全业务环节闭环和"建管养运"公路交通数据贯通闭环。

(1)养护全生命周期一体化业务闭环

基于实时监测与移动视频检测的智能养护研究需要包含养护的全生命周期,从快速检测、养护决策、养护方案设计、养护工程施工到后评价形成业务闭环,如图 7.4-1 所示。

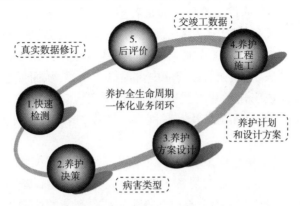

图 7.4-1　养护全周期一体化业务闭环

目前,检测和监测设备的自动化和智能化发展成为主流,传统的设备精度和效率已不再满足养护需求,检测、监测工作要求更快速、准确、高效和科学。部分检测、智能化监测设备如图 7.4-2 所示。因此,基础设施检测、监测技术的发展要依托于新一代信息技术,实现从传统检测、监测向智能化、数字化方向发展,实现检测、监测工作的快速、准确、高效、科学。

图 7.4-2　部分检测、监测智能化设备

(2)养护全业务环节闭环

养护全业务环节闭环要着重推动从"事后养护"向"预防性养护转变"。从目前国内养护情况看,基本上都是事后的被动性养护,即出现病害了才去养护,耗费了大量的养护资金。未来,这种被动性的养护必然要让位于主动性的预防性养护。预防性养护将病害消除在萌芽状态,保证道路使用状况始终处于良好状态,经过这样优化的预防性养护模式,还可节约大量养护资金。从"事后养护"向"预防性养护"转变,有效提高路面服务质量和服务能力,延长大中修周期,提高设施服役时长,缩短养护施工工期,缓解交通压力。公路预防性养护要求在合适的时间,对合适的路面实施合适的养护工艺技术方案。因此,公路预防性养护的效果在很大程度上取决于智能化试验检测手段和科学决策方法。

(3)"建管养运"公路交通数据贯通闭环

"建管养运"公路交通数据贯通闭环目标是着重发展和落地数字养护,实现降本增效、提质避险。随着新技术、新设备、新工艺和新材料在公路养护中的发展,各类智能网联装备及施工工艺用于公路养护,提高了养护工作的工作管理与执行效率。通过各类智能装备采集到的多源养护数据,为建立算法、物联和数据智能中台提供了支撑,从而促进智能养护工程管理系统的发展,使养护逐步向数字化和智能化方向发展,可实现对养护施工与养护成本的精准管控;通过自动化采集汇聚"建管养运"及互联网多方数据,构造数据价值网络,贯通全业务数据,支撑养护智能化。

高速公路智能养护的整体架构是软硬件一体的"端、边、云"架构,主要包括智能装备、智能中台和应用系统(图7.4-3)。智能装备主要包括检测与监测设施、通信设施、边缘计算设施、施工设施和实验化验设施等。检测与监测设施主要是智能的桥梁和路面检测、监测设备和气象环境监测设备,用于获取路面和桥梁等基础设施的数据,作为智能养护体系的基本的数据支撑;通信设备采用高速公路通信专网与互联网、新一代无线网络、卫星通信网络的多网联通融合应用,实现高可靠、低时延、广覆盖、大带宽高速公路养护数据的存储和传输;施工设施包括路面摊铺、智能拌和站、智能交安设施等设备;实验化验设备包括路基路面试验仪、压实度检测仪等设备。高速公路智能养护体系中的智能中台对智能装备采集的数据进行数据治理、数据资产管理、数据挖掘、数据服务。应用系统是智能养护体系中的具体应用,涉及包含路面养护和桥梁养护在内的日常养护、预防性养护、修复性养护、大中养护等。同时,智能养护体系还应具有科学的养护决策体系,解决养护数据质量差、准确性低和完整性有待提升和养护规划主要依靠主观经验判断的问题。

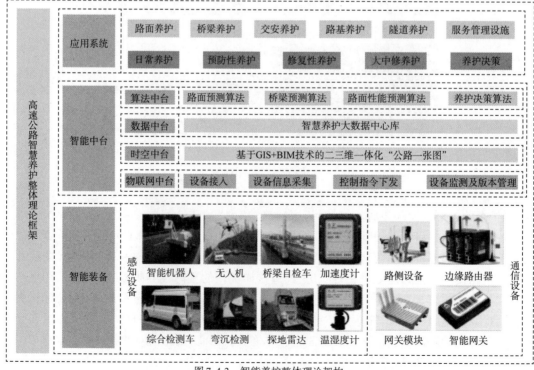

图7.4-3 智能养护整体理论架构

二、基础设施智能检测、监测技术研究

(一) 基于车载移动视频监控系统的高速公路路面状况巡查技术与装备

1. 建立大规模公路病害检测标准数据库

通过对路面龟裂、块状裂缝、纵向裂缝、横向裂缝、沉陷、车辙、波浪拥包、坑槽、松散、泛油、路面清洁度、洒落物等路面病害数据的采集,建立路面病害标准数据库,通过对防护设施缺损(防撞护栏、防落网、声屏障、中央分隔带护栏、防眩板等)、标志缺损(指示标志、警告标志、禁令标志、里程碑、轮廓标、百米标等标线完整及清洁度等)、标线缺损、绿化管护不善、隔离栅损坏等数据采集建立沿线设施缺损标准数据库,最终形成公路病害检测标准数据库,如图7.4-4所示。

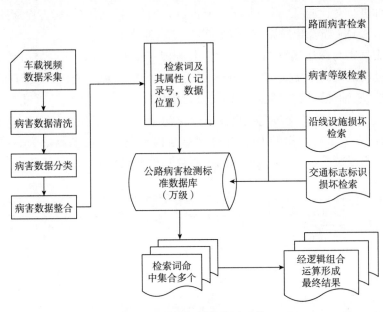

图7.4-4 数据库建设技术路线

2. 基于分形卷积神经网络道路图像复杂纹理特征提取技术

通过理论证明,分形函数中的基函数可以代替卷积神经网络中的激活函数,可与不同激活函数的神经网络进行比较。进一步根据有理分形函数的迭代公式,将分形函数代替传统卷积神经网络中的激活函数,构建分形卷积神经网络,提取道路图像中的复杂纹理特征。为从道路图像中提取病害区域,拟采用兼顾识别精度与速度的Fast R-CNN实现病害目标的识别。为实现道路病害目标的高精度识别,拟将Fast R-CNN提取到的特征与分形卷积神经网络提取到的特征相融合,建立更加精准的特征描述。考虑到Fast R-CNN中包含许多参数,选取不当会导致检测模型过量学习或是学习不足,为进一步提高病害区域识别的精度,采用粒子群算法对网络中的参数进行优化。

3. 基于自适应核映射连接深度神经网络的道路病害等级划分技术

通过划分道路病害的等级,分析道路病害情况,为道路维护提供决策。为实现道路病害等

级的精准划分,需要建立高精度的分类模型。对于提取到的病害图像特征,如果直接将其送入分类器,会削弱特征提取与特征分类之间的交互作用,进而影响分类性能。因此需要在特征提取与特征分类之间寻求一种有效连接。神经网络具有强大的非线性映射学习能力,通过构建从特征提取到特征分类之间的核映射子网络,将特征提取与特征分类有机、精确地融合在一起,提高等级划分模型的精度。进一步,将核映射作为一种可训练的神经网络结构,而不是人为设定的具有具体函数表达式的形式,能够增强连接的自适应性,保证等级划分模型的泛化能力。

(二)基于智能机器人的公路深层结构病害自动化精准检测技术与装备

(1)开发智能机器人采集设备

开发具有自动规划、全覆盖路径、自主采集数据、电子围栏、智能避障等功能的智能机器人采集设备,通过计算机模拟仿真、模拟件验证测试、实地验证三种方法相结合,对机器人检出的结构病害有效性进行对比验证,形成基于智能机器人的公路深层结构病害检测技术。

(2)基于GPS/INS组合导航系统的全域高精度定位技术

为实现路表病害与深层病害的高精度检测,开展基于GPS/INS组合导航系统的全域高精度定位技术研究(图7.4-5),通过BD/GNSS天线与接收机获取实时经纬度与高程数据;利用三轴陀螺传感器、三轴加速度传感器、三轴磁力计传感器采集相关数据,通过卡尔曼滤波模型完成数据的清洗,形成可用的速度与位姿数据。将初始试验采集各种使用环境下的数据代入RBF神经网络模型中,形成初始的RBF神经网络结构参数。径向基函数为高斯函数、反演S型函数或拟多二次函数等,RBF神经网络的中心数和位置采用OLS(正交最小二乘)前向选择算法确定。

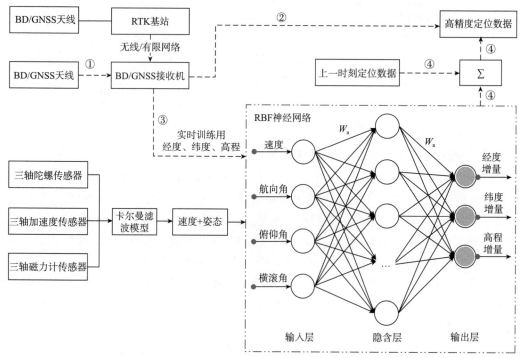

图7.4-5 基于GPS/INS组合导航系统的全域高精度定位技术

(3)道面三维实景建模

根据 GIS 信息和机器人检测结果数据特点研究路面及病害实景模型建立算法,并开发人机交互软件,实现路面三维实景建模、病害自动绘制、病害分类分等级统计、处治决策支撑等,形成基于 GIS 的公路病害三维可视化技术,如图 7.4-6 所示。

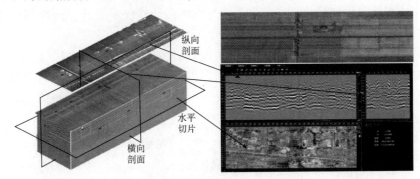

图 7.4-6　公路病害三维可视化展示

(三)基于光纤智能测试技术的沥青路面结构信息监测及服役性能评估

(1)沥青路面动力学响应解析计算方法。

沥青路面力学响应计算是道路工程、机场工程中路面结构设计的基础。随着交通基础设施的完善和综合运行效率的提升,路面结构荷载条件发生了明显的变化,由静力学到动力学转变是必然趋势。以道路为例,传统的路面静力学响应分析已经不满足现有道路结构设计方法,即双圆均布荷载力学模型已经无法代表现有道路交通的荷载组成及条件,考虑多因素、动力学条件下的沥青路面力学解析计算,能够为现有沥青路面设计可靠性的提升奠定基础,在软件开发的基础上可实现工程推广应用。

(2)基于路面基体材料与传感元件协同变形的传感器研发。

基于有限元、离散元等数值模拟手段,对沥青路面结构进行模拟重现,弥补室内试验缺陷,构建多种工况,以实现对传感器与基体材料协同变形、传感器优化设计、不同荷载作用下沥青路面结构响应时空分布规律等内容的研究。基于变形协同的传感器优化设计如图 7.4-7 所示。

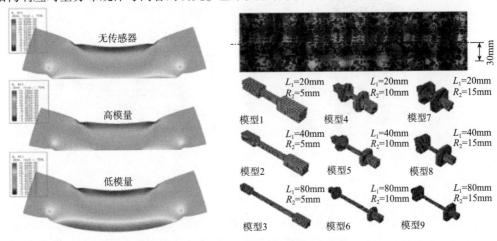

图 7.4-7　基于变形协同的传感器优化设计

(3)基于光纤传感技术的路面监测信息融合与挖掘。

光纤光栅传感器的工作原理是在外界应力、应变、温度等物理量发生变化时,引起光栅周期发生变化,从而造成波长漂移,通过检测波长漂移量,即可实现外界应力、应变、温度等物理量的测量。分布式光纤传感器的工作原理是根据光纤中不同类型散射的光强随外界物理量的变化关系,来实现外界物理量的测量。分布式光纤传感元件仅是光纤,布设简单,且可获取整条光纤沿线的力学响应信息。

针对不同的沥青路面结构、测试对象,自主设计研发了各类性能优异的路用光纤光栅/分布式光纤传感元件,配合购置的传感元件,针对各项目实况设计适用的布设方案及工艺。

将光纤传感元件(图7.4-8)植入沥青路面结构,铺筑多个光纤智能监测试验路段,并搭建沥青路面光纤传感智能监测平台,建立示范工程,实现监测数据的实时/适时采集、有线/无线的传输。

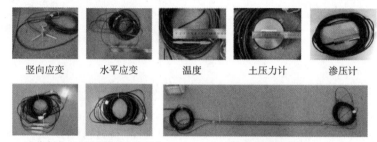

图7.4-8 多种类型的路用光纤传感器

(4)数据挖掘和融合分析技术。

基于数字信号处理、数据挖掘理论,对实测海量数据实现预处理及信息提取,提出了一套实测数据处理分析方法,搭建了沥青路面结构信息长期实时在线采集与分析系统(图7.4-9)。

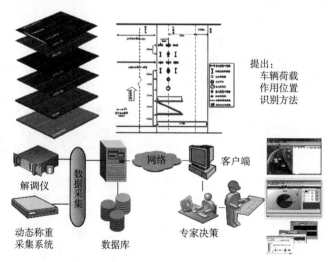

图7.4-9 沥青路面结构信息长期实时在线采集与分析系统

(5)基于监测信息的沥青路面性能预测与评估方法。

基于沥青路面动力学响应解析计算及沥青路面结构监测数据,提出沥青路面永久变形预估方法及疲劳寿命预估方法。该方法可实现铺面服役寿命预估,指导养护决策,降低运营成本

5%~9%，精度提高58%。

沥青路面永久变形预估：基于现场传感器实测竖向应变信息及室内材料参数，提出沥青路面永久变形预估方法，可准确描述失稳变形过程。

沥青路面疲劳寿命预估：基于现场传感器实测沥青层底拉应变，全面考虑材料参数、加载模式、环境变量等因素，提出沥青路面疲劳寿命预估方法。

基于实时监测信息的沥青路面结构性能评估模型如图7.4-10所示。

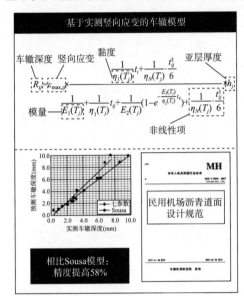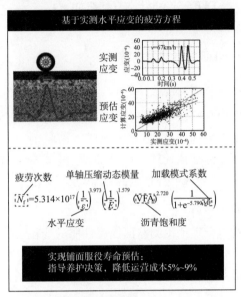

图7.4-10 基于实时监测信息的沥青路面结构性能评估模型

（四）基于实时监测的桥梁健康监测系统

（1）基于新一代信息技术的桥梁健康监测系统架构。

桥梁健康监测系统融入了物联网、云计算、大数据等前沿科技理念，系统中运用了边缘计算、数据中台、时序数据库、模块化采集、大数据分析等关键技术，实现了海量多源异构高频数据的清洗、分发、存储、查询，保证了不同类型的传感器接入稳定性，做到了海量数据的秒级查询，提升了数据的可用性，最终达到数据分析智能化，如图7.4-11所示。

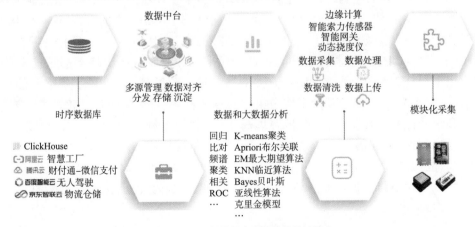

图7.4-11 桥梁健康监测系统关键技术

(2) 基于监测信息层次分析和多级阈值的评估预警关键技术。

本系统使用层次分析法方法对桥梁各监测构件进行分析，得出每个监测结构、预警信息、指标变化程度、数据振荡程度和承载能力的权重，采用加权综合法评估桥梁状态，具体步骤为：①层次分析法确定各指标的权重；②对底层指标评分；③加权综合法确定中间层各指标评分；④加权综合法确定最终评分。

三、科学养护决策体系研究

（一）研究方向及内容

1. 养护基础数据库

实现基础数据数字化采集及多源异构融合，构建高速公路养护电子档案，以路、桥、隧、交安等要素为基础，按照全息、动态、多维、时空结合等手段组织数据关系，依托人工智能等技术手段通过标准化处理，以及数据清洗、安全分级、数据标签等处理，构建"一路一档、一桥一档、一隧一档"模式的高速公路养护电子档案。

2. 路面长期性能预测模型研究

科学合理地预测路面使用性能的变化规律是制定中长期预防性养护规划的关键。深入探索高速公路长期性能与结构设计、材料设计、施工、养护、交通量以及环境等因素之间的关系，利用机器学习等先进技术构建性能衰变模型，为科学养护提供基础支持。

3. 养护决策分析研究

科学养护决策体系主要是为公路规划、管理与养护技术人员提供路面养护需求分析和养护投资决策的辅助决策工具，并提供一键导出养护决策报告。通过建立科学的养护决策体系，使得养护资金优化配置，路网效益最大化。

4. 智能装备支持下的养护决策一体化集成应用平台研发

充分借助大数据、物联网、云计算、人工智能、GIS+BIM 等新一代信息技术，研发新型智能养护装备，实现养护检测、监测的智能化、养护决策的科学化和养护工程的精细化，促进养护工作与现代信息技术、智能技术的深度融合。通过基于 GIS+BIM 技术的二、三维一体化"公路一张图"集成（一图），实现全要素可视化和二、三维场景任意切换；基于大数据的养护标准化数据集成（一库），实现多源数据融合和养护数据标准化。智能装备支持下的智能养护一体化集成应用平台，应用于检测、监测、养护决策和养护工程管理，形成基于微服务的标准化业务集成（一平台），实现养护管理工作由粗放向精细转变、自动化向智能化转变、被动养护向主动式和预防性养护转变，实现养护管理高水平、养护工程高质量、养护资金高效益、养护服务高标准等目标，如图 7.4-12 所示。通过研发智能装备支持下的一体化集成应用平台，可实现智能检测、监测、养护决策、养护项目管理全生命周期业务闭环管理，实现日常养护、预防性养护、大中修养护全业务环节闭环管理，以及"建管养运"公路交通数据贯通闭环管理。

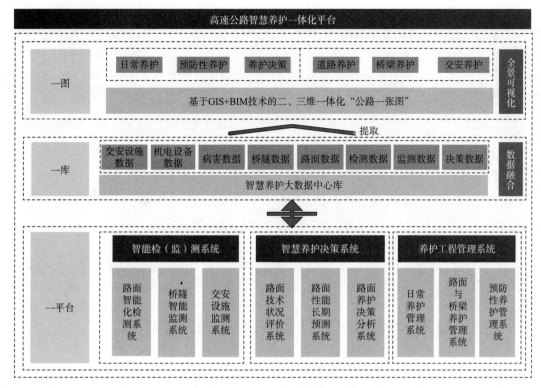

图 7.4-12 养护"一图一库一平台"

（二）关键技术

1. 科学养护决策体系

科学养护决策体系根据交通量、区域（政区）、路面类型、建设年度、车道数量、养护历史数据进行动态路段划分，并通过检测、监测设备采集公路路面状况指数（PCI）、路面行驶质量指数（RQI）、路面结构强度指数（PSSI）、抗滑性能指数（SRI）、路面车辙深度指数（RDI）、路面跳车指数（PBI）、路面磨损指数（PWI）等路面性能指标数据进行路面技术状况标定，建立基于"一区间一模型"的路面性能预测模型（图 7.4-13），对路面性能指标进行预测。其利用典型养护方案模型、养护费用模型、优先排序模型，进行科学养护决策分析，并进行养护需求分析和投资效益分析，使养护决策更科学化和精准化。

1）养护基础数据库

养护基础数据库以路线、路段、桥梁、涵洞、隧道、沿线设施、防护设施 7 大管控基础信息为基础，厘清海量养护数据内在联系，融合养护历史、日常巡查、定期检查、病害、养护工程、断面交通量与轴载数据，按照全息、动态、多维、时空结合、虚实结合等手段组织数据关系，依托人工智能等技术手段汇聚多源异构超媒体数据，通过标准化处理、数据清洗、数据标签等处理，协助养护数据使用者更好地定位数据、理解数据，通过统一的数据标准和质量体系，建设提纯加工后的标准数据资产体系，满足养护业务对数据的需求。

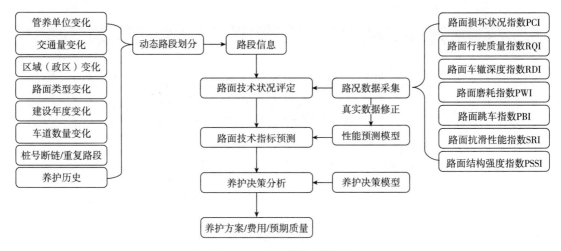

图 7.4-13 科学养护决策体系

养护数据库包括基础数据、交通量数据、养护历史数据。基础数据包括路线、路基、路面、构造物、交安设施、管养路段、所在行政区划,其中路线包括路线信息、技术等级、建设年度、平面线形、纵断面、横断面、互通立交、重复路段、特殊路段、路线编码,路基包括路基信息、排水设施、防护设施,路面包括材料库配置、建设期路面结构、路面结构现状。

2)基于"一区间一模型"的路面长期性能预测模型

路面长期性能预测是基于路面技术状况历史、现状数据、养护历史和路面长期性能预测模型,预测公路网未来多年的路面技术状况发展趋势。影响路面状况变化的因素很多,如路面结构、交通量、材料性质、施工水平、环境因素等。交通荷载是导致路面使用性能衰变的外在决定因素,在交通荷载的重复作用下,路面的总体结构性能降低。研究表明,当其他条件相同时交通轴载越大,使用性能衰变越快;交通轴载越小,使用性能衰变越慢。

路面长期性能预测模型构建的总体思路是采用"一区间一模型",即道路技术状况、气象状况、地质地形状况等影响路面性能预测因素相同的区间采用同一模型进行性能预测,保证同一个区间内影响性能预测的变量均相同,可最大限度利用相同管理属性路段的检测数据来开展参数标定。通过对路面性能指标进行采集检测,来预测未来年路面性能的衰减情况,进而明确路面养护时机,为预养护奠定基础。

传统方法是以公里为单位开展养护决策分析,会出现开展养护方案的路段松散间断,施工可行性差。基于"一区间一模型"的路面性能预测模型,开展养护方案的路段较为集中连续,便于后续项目级养护决策的设计和施工;由于同一区间的路段建设年份相同、养护历史相同,便于养护管理部门宏观把控路网中相同管理属性路段路龄和路况指标的变化情况,及时准确地为养护决策提供支撑。

3)养护决策模型

根据路面性能预测模型,预测未来年路面性能指标的变化情况,对路面性能进行质量等级划分。依据典型养护方案模型,确定不同路面材料情形下路面的养护方案,进而通过养护费用模型确定不同养护方案下的费用。选取决定路面性能质量的决策指标,基于决策树建立优先排序模型,进行养护决策,确定最终养护方案。

（1）典型养护方案模型。

依据《公路沥青路面养护设计规范》（JTG 5421—2018），养护类型分为预防性养护和修复养护两类，修复养护分为功能性修复及结构性修复两类。依据《公路水泥混凝土路面养护技术规范》（JTJ 073.1—2001），养护类型分为大修工程、中修工程两类。根据山东高速公路的具体情况，可确定养护方案15个。其中，沥青路面的养护方案包括结构性修复6个，功能性修复2个，预防性养护3个；水泥路面的养护方案包括大修养护2个，中修养护2个。

（2）养护费用模型的确定。

小修保养经费是依据平均养护单价×养护总面积计算而得。

结构性修复、功能性修复、预防性养护工程造价按山东省地方工程预算定额及地方规定计算而得，以元/m²计。

结构性修复的路段除应计算养护方案的费用，还应包含旧路处置的费用。旧路处置费用根据路面破损状况中裂缝类和挖补类的量来计算。

  旧路处置方案费用 = 裂缝类单价 × 裂缝类面积 + 挖补类单价 × 挖补类面积素

（3）优先排序模型。

优先次序的安排可以按照一定的原则进行，这个原则反映了管理者对路面性能的要求，也与管理体制有关。常用的排序方法包括三类，一是决策者根据自己或部门的经验进行排序，二是按照设施的使用性能参数进行排序，三是按照经济分析结果进行排序，见表7.4-1。

不同排序方法的比较 表7.4-1

排序方法	优点和缺点
基于判断的主观经验法	快速、简单，客观性、一致性差，可能远非最优
基于使用性能参数的方法	简单易用，可能远非最优
基于经济分析参数的方法	比较简单，应该比较接近最优

4）决策条件

决策约束条件所包含的评价指标与路面类型有关，具体如下。

沥青路面：车道年平均日交通流量（AADT）、PCI、RQI、PSSI、RDI、SRI（或PWI）、PBI。

水泥路面：车道 AADT、PCI、RQI、SRI。

5）养护决策需求分析

基于客观检测数据和养护决策模型，分析区域公路网未来3~10年的路面功能性修复、结构性修复、预防性养护等路段养护需求、养护方案，采取某一养护标准（高标准、中标准、低标准），使公路管理者从宏观角度了解公路网路面的整体养护需求，如图7.4-14所示。

6）投资效益分析

分析区域路网在不同投资水平下，路面技术状况分布及发展趋势，找出最佳的公路养护投资战略，确保道路服务水平满足道路用户要求，同时将道路的寿命周期费用控制在最小的范围之内。

在养护需求分析的基础上，分析在不同投资比例下（90%、80%、70%等）路段的养护计划（结构性修复、功能性修复、预防性养护）以及实施养护措施后的路况水平（图7.4-15）。

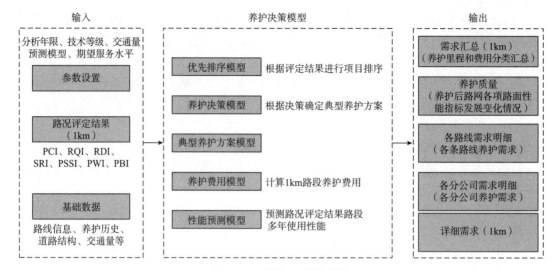

图 7.4-14 养护决策需求分析

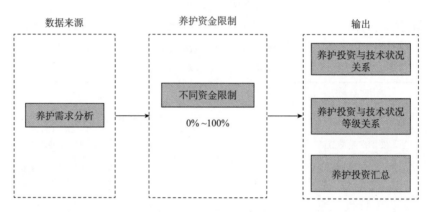

图 7.4-15 投资效益分析

2. 基于智能装备支持下的智能养护一体化集成应用平台

1) 基于 GIS+BIM 技术的二、三维一体化"公路一张图"集成技术

整合利用路网地理信息资源，结合当前成熟的 GIS 和 BIM 技术，提取养护大数据中心库相关数据，融合公路基础数据、管辖路段数据、病害数据、施工数据、资金数据、技术状况数据、桥隧养护数据、机电设备数据、气象数据、交通流数据、视频数据、路况数据等，划分日常养护、预防性养护、修复性养护、大中修养护、养护决策、路面养护、桥隧养护等内容，形成数据完整、动态更新、智能查询、精准统计、多维综合展示的"公路一张图"，实现公路养护的全景可视化、三维场景任意切换和数据有效管理。

2) 基于大数据的养护标准化数据中心库集成技术

通过集合实时监测和移动视频检测设备等智能装备或其他设备采集的各类养护应用系统的数据资源，融合交通流数据、气象数据、路况数据、监控数据等外部数据，建立养护数据共享机制。充分利用多源数据支撑各类综合应用系统，与各综合应用系统建立接口，以应用导向带动数据交换,盘活养护数据资产,实现养护"大数据、大整合",为跨地区、跨部门、跨系统信息资源共享和大数据应用提供坚实的数据保障。养护大数据中心库的功能包括:一是汇集、分析多源数据,实现真正的养护数据资产,形成养护大数据资源池;二是建立数据共享和服务通道,创建统一的内外部数据接口,使得内部养护各应用系统之间、智能养护管理系统与高速公路其他业务系统之间均实现统一、完整、标准的数据流共享。养护大数据中心库架构如图7.4-16所示。

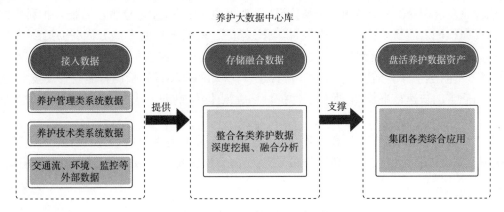

图 7.4-16　养护大数据中心库架构

3)基于微服务的标准化业务集成技术

在 GIS + BIM 技术的二、三维一体化"公路一张图"和基于大数据的养护标准化数据中心库的支撑下,研究智能检测、监测系统、智能养护决策系统和智能养护工程管理系统的标准化业务集成应用,实现业务层面的智能检测、监测、养护决策、养护项目管理全生命周期闭环管理。智能检测、监测系统通过基于实时监测和移动视频检测等技术手段对桥梁和路面进行数据采集和监控,将获取到的数据进行标准化,并通过通信设备传输至大数据库中,结合 GIS 和 BIM 技术,实现检测、监测数据融合和分析的可视化。路面养护决策系统通过构建数据格式统一的路面养护基础数据库,建立路面技术状况评定模型、长期性能预测模型、养护决策模型、养护资金测算模型等关键技术模型,确定路面养护决策关键指标及阈值,进行路面技术状况评定与预测分析、养护智能决策分析功能研发,并结合 GIS 技术,实现路面技术状况数据、前方景象、路面图像数据等多维数据分析结果与 GIS 地图的综合联动展示,改变传统的路面养护管理模式,提升路面养护管理的质量与效率。

第五节　实施效果与经济社会效益

京台高速公路泰安至枣庄(鲁苏界)段工程的建设,将形成新一代智慧高速公路建设成套技术,涵盖"全天候通行保障、自由流收费、智能养护技术"三大成果板块,实现了高速公路的全用户服务、全过程管控、全天候段通行、全周期建养。

通过京台高速公路泰安至枣庄(鲁苏界)段工程的建设,构建全息感知技术的全天候通行保障体系。利用主动发光标志、雨夜标线、除雪融冰系统装备,实现雨、雪、凝冰、团雾、夜间等特殊环境下路域状态感知、安全预警、除雪融冰及行车诱导全链条保障；实现交通事件的实时检测与识别；基于全天候安全管控逻辑模型，建立路网态势评估方法、路径诱导算法、多级诱导信息发布模式，实现远程车道级管控，做到精准和安全救援。

通过京台高速公路泰安至枣庄(鲁苏界)段工程的建设，建成了基于高精度轨迹追踪的自由流收费系统，实现了自动识别车牌和车型精准分类，保障路段24小时运行监测，及时发现换挂、甩挂、车型不符等不良行为，并保证数据和证据链的有效性和完整性。

通过京台高速公路泰安至枣庄(鲁苏界)段工程的建设，构建了全方位智能养护科学决策体系。面向检测监测智能化、养护决策科学化、养护工程精准化的发展方向，构建了"一区间一模型"的路面性能预测模型与路网级决策模型，通过高速公路智能养护管理系统，实现了养护全过程一体化业务闭环管理。研发了可视化、可移动的基础设施检测智能装备及技术，实现了对路面病害的快速精准检测，形成了养护科学决策体系，推动了从"事后养护"向"预防性养护"转变。

京台高速公路泰安至枣庄(鲁苏界)段工程是全国首个提供全天候通行保障的改扩建工程、全国首条支持自由流收费的高速公路工程、全国首次实现车位级停车导航的智慧高速公路工程。

一、创新点

创新成果1：基于全息感知管控的全天候通行保障技术

打造了全国首个提供全天候通行保障的高速公路、全国首个实现车位级停车导航的高速公路，构建了全天候通行全天候保障技术体系。基于交通事件"检测—评估—管控—救援"的思路，利用无人机巡查、毫米波雷达采集、视频监控等手段，提出了异常事件快速检测、分析和路网级交通诱导分流方法，实现了交通事件的快速报警、响应及救援。基于雷视融合、智能道钉、平安花、车载视频检测等技术，实现特殊交通状况下的精准管控，提升了道路行车安全与效率。通过服务区高精度地图绘制、车位占用动态获取，打通导航软件与服务区管理系统的交互屏障，实现了"端到端"的车位级停车导航和反向寻车功能。

创新成果2：基于高精度轨迹追踪的自由流收费技术

研发了基于雷视融合的断点惯性补偿技术，实现无盲区连续轨迹追踪，实现了车牌自动识别和车型精准分类。采用高精度轨迹监测与数据协同传递技术，实现了车道级连续定位和轨迹跟踪，车辆轨迹保持率达到95%以上。通过云端结算技术的支撑以及相关政策和信用评价体系的辅助，与交警部门和路政部门的通力合作，研发了全国首个自由流收费技术。制定了自由流收费稽核解决方案，该方案具有低成本，无需车载终端、ETC、北斗卫星导航系统/GPS就能够实现全程轨迹追踪，多维建模，联合检索等功能。

创新成果3：基于实时监测与移动视频检测的智能养护技术

打造了国内首个高速公路桥梁集群监测与预警系统，构建了"一图(公路一张图)、一库(养护大数据中心库)、一平台(养护综合管控平台)"的高速公路智能养护管理系统，实现了养护全过程一体化业务闭环管理。实现了监测数据的实时采集、存储和分析以及桥梁结构的评估与预警决策。研发了可视化、可移动的基础设施检测智能装备及技术，实现了对路面病害的快速精准检测;形成了养护科学决策体系,推动了从"事后养护"向"预防性养护"转变;开展了养护"四新"技术研究及应用,实现了养护质量精准管控和养护作业可靠安全。

二、经济社会效益

本项目节约建设成本,缩短工期,保障安全,变被动式管理为主动式智能化管理,提升了施工管理效率,打通了电子文件从形成到归档路径,实现了档案数据一次录入多层引用,通行效率提升约40%,交通事故率下降近60%,大幅降低运营和养护成本;实现高速公路车辆运行监控、可视化应急指挥调度、异常事件预警预报等功能,产生巨大的经济效益,主要体现在:

(1)节约行程时间降低路段通行成本。

本项目为高速公路管理部门以及出行者提供更加直观、形象的信息服务,为高速公路管理部门的决策提供强有力的支持。向公众提前发布拥堵信息,优化公众出行选择,提高高速公路通行效率,通行效率提升40%,对提高路段的交通顺畅水平、节约通行时间、降低通行成本具有重要的意义。由此带来的直接经济效益主要体现在节约通行时间、减少通行能耗、减少车辆磨损、推动高效物流等方面,由此带来的间接经济效益涉及交通运输业相关的多个行业领域。提高路段的服务水平,扩大社会影响,从而吸引更多车辆进入路段行驶。通过有效提高路段的利用率,将带来更多的通行费,从而产生更大的直接经济效益。

(2)减少交通阻断事件引起的间接经济损失。

通过对重大桥隧、易堵塞、易水毁、事故高发路段、高危边坡、高速公路与普通公路交叉路段等重点区域的动态监测,可以提前预测或者及时发现对正常运行具有较大影响的突发情况或阻断趋势,从而能通过多种方式及时发布交通公路拥堵信息,对所在路段行驶的车辆进行疏导,最大限度降低车辆拥堵数量和时间,交通事故率下降近60%,减少各类交通阻断事件引起的间接经济损失。

(3)降低高速公路运行管理成本。

本项目为相关业务工作提供技术支持,并实现信息互联互通与交换,避免信息化资源重复投资,减少资源浪费,发挥路网整体化优势。同时,通过车辆级智慧运行监测平台,可以实现对各业务部门的信息高度共享,提高了日常工作效率;通过自动化手段及时获取高速公路运行情况,有效减少管理部门非常规巡查的次数,从而降低人力成本和动力消耗。能够全面改善高速公路管理部门的管理水平,特别是在提高路段管理效率、实现各部门协调运营上将起到关键作用。由此带来的管理成本上的经济效益主要体现在降低日常管理成本、现场调查成本、决策依据成本等方面。同时,应急决策系统的建设可以提高应急指挥的科学性,实现科学指挥,合理调度。

(4)有效控制交通突发事件的直接经济损失。

本项目对提高路段的交通安全水平、减少交通事故带来的生命财产损失具有重要的意义。根据我国部分省(区、市)的数据统计,高速公路交通事故经济损失平均占所有交通事故经济损失的31%,由于高速公路交通事故救援不及时造成的经济损失平均占其中的58%。通过对路段、气候环境易变路段、急弯路段、长下坡路段、无线通信条件差等安全事故多发区域的重点监测,可大大加快事件应急协调处置和处置效率,从而降低各类公路突发事件带来的经济损失和人员伤亡,有效控制次生灾害,经济效益和社会效益非常显著。本项目能够提高紧急事件发现的及时性,实现高速公路交通事故的有效预防和及时救援,为高速路网管理部门与交警、消防、卫生等部门争取更多应急处置时间,在很大程度上避免由于救援不及时造成的经济损失,从而带来明显的经济效益。

附录

京台高速公路泰安至枣庄(鲁苏界)段改扩建项目主体工程参加单位及人员一览表

序号	单位名称	参建人员
1	总监办-山东高速工程项目管理有限公司	季辉、房修桂、盛琨、王凯
2	第1驻地办-济南北方交通工程咨询监理有限公司	刘旭亮
3	第1合同段-中交路桥建设有限公司	何艳龙
4	第2驻地办-山东省交通工程监理咨询有限公司	赵峰
5	第2合同段-中国建筑股份有限公司	李军华、徐凡
6	第3驻地办-山东东泰工程咨询有限公司	张超
7	第3合同段-中铁四局集团有限公司	杜江山、徐涛
8	第4驻地办-山东格瑞特交通科技有限公司	林幼铭
9	第4合同段-山东省路桥集团有限公司	张建彪、马加存
10	第5驻地办-山东高速工程项目管理有限公司	刘刚
11	第5合同段-山东高速工程建设集团有限公司	项俊宁、魏东
12	第6驻地办-山东华潍工程监理咨询中心	付亭泉
13	第6合同段-中交第二公路工程局有限公司	张艾、祝河清
14	第7驻地办-北京路桥通国际工程咨询有限公司	那淑梅
15	第7合同段-中交第二航务工程局有限公司	邹新祥、常红金

参考文献

[1] 宋晓莉.京台高速公路济泰段改扩建工程路面结构差异化设计[J].山东交通科技,2021(06):64-66.

[2] 张矗.高速公路拓宽路基差异沉降研究[J].工程与建设,2021,35(06):1242-1244.

[3] 赵娅娜.SBS改性沥青混合料在高速公路路面改扩建工程中的应用[J].交通世界,2021(23):99-101.

[4] 白皓.公路改扩建技术标准及指标应用研究[D].西安:长安大学,2016.

[5] 唐大宇.基于临界速度的改扩建高速公路特殊路段运行控制策略研究[D].西安:长安大学,2016.

[6] 高博.高速公路改扩建工程沉降观测及评估技术研究[D].石家庄:石家庄铁道大学,2014.

[7] 邢小高.高速公路改扩建旧路交通设施再利用技术研究[D].天津:河北工业大学,2014.

[8] 熊丹,马娟.四川省高速公路发展现状与特征分析[J].科技与创新,2021(22):98-100,103.

[9] 高子翔.十车道高速公路连续桥梁段改扩建交通组织方案研究[J].公路与汽运,2021(06):51-54.

[10] 陈亮,唐承耀,刘军勇.道路拓宽改建常见病害与路基拼接技术研究[J].土工基础,2015,29(03):62-65.

[11] 孟学清.高速公路加宽改建路基差异沉降机理分析及控制措施[J].公路,2014,59(07):103-106.

[12] 沈立森,杨广庆,程和堂,等.高速公路路基加宽土工格栅加筋优化技术研究[J].岩土工程学报,2013,35(04):789-793.

[13] 蒋洋,王晓谋,胡元鑫.不同拓宽条件下新老路基不协调变形特征分析[J].中外公路,2010,30(05):46-50.

[14] 周慎吾,吴亮.气泡混合轻质土在公路改扩建中的应用[J].四川建材,2017,43(02):135-136,138.

[15] 曹新玲.高速公路加宽改扩建关键技术研究[D].广州:华南理工大学,2012.

[16] 中华人民共和国交通运输部.高速公路改扩建设计细则:JTG/T L11—2014[S].北京:人民交通出版社股份有限公司,2015.

[17] 中华人民共和国交通运输部.公路路基设计规范:JTG D30—2015[S].北京:人民交通出版社股份有限公司,2015.

[18] 李思清,陈达章,谭少华,等.气泡混合轻质土技术在高速公路扩建工程中的应用研究[J].公路,2007(07):123-127.

[19] 吕锡岭.泡沫混凝土拓宽路基的差异沉降研究[J].水文地质工程地质,2012,39(03):75-80.

[20] 吴康宁.高速公路桩板式无土路基复合植入桩施工技术[J].山西交通科技,2017(02): 4-7,16.

[21] 徐宏光,席进,魏民,等.高速公路侧向无支撑型桩板式无土路基及其施工方法: CN201710058415.8[P].CN106835879A[2023-10-11].

[22] 宋晓莉,孙玉海,陈侠.滨莱高速改扩建工程路基设计关键问题研究[J].山东交通科技, 2017(01):97-99.

[23] 王甲勇,孙玉海,孙日双.G2高速青岛收费站段路基拼接技术[J].山东交通科技,2015 (05):83-84.

[24] 樊家志,匡志光.高速公路改扩建工程新旧路基衔接技术[J].工程建设与设计,2021 (23):109-111,139.

[25] 廖朝华.高速公路改扩建工程关键技术研究[D].武汉:武汉理工大学,2009.

[26] 陈永辉,赵维炳,汪志强.一个加筋复合土体的本构关系[J].水利学报,2002,12:26-32.

[27] 蔡袁强,刘飞禹,徐长节,等.交通荷载下加筋道路弹黏塑性有限元分析[J].浙江大学学报(工学版),2006,40(10):1743-1748.

[28] 冯晓静,杨庆,栾茂田,等.土工格栅加筋路堤现场试验研究[J].大连理工大学学报, 2009,49(4):564-570.

[29] 方杨,吴传海.基于热再生技术的沥青混凝土路面铣刨工艺[J].公路,2013(8): 307-309.

[30] 刘飞禹,蔡袁强,徐长节.交通荷载作用下软基加筋道路变形机制研究[J].岩土力学, 2009,30(1):129-134.

[31] 李小勇,韦金城,徐希忠,等.结构层厚度和模量对全厚式沥青路面设计指标的影响[J]. 黑龙江交通科技,2021,44(01):8-11.

[32] 全国玻璃纤维标准化技术委员会(SAC/TC245).玻璃纤维土工格栅 GB/T 21825—2008 [S].北京:中国标准出版社,2008.

[33] 李军.温度对全厚式沥青路面路用性能的影响分析[J].交通标准化,2011(20):92-95.

[34] 李小勇.全厚式沥青路面疲劳性能研究[D].济南:山东建筑大学,2021.

[35] 李伊,刘黎萍,孙立军.全厚式沥青路面温度场预估模型[J].同济大学学报(自然科学版),2020,48(03):377-382.

[36] 钱春香,解建光,王鸿博.SBS和SEBS改性沥青及混合料抗老化性能[J].东南大学学报(自然科学版),2005(06):945-949.

[37] 王鹏,刘鹏,王健,等.纳米材料对SBS改性沥青蠕变及抗老化性的影响[J].武汉理工大学学报(交通科学与工程版),2019,43(05):837-842.

[38] 中华人民共和国交通部.公路工程集料试验规程:JTG E42—2005[S].北京:人民交通出版社股份有限公司,2016.

[39] 中华人民共和国交通运输部.公路工程沥青及沥青混合料试验规程:JTG E20—2011 [S].北京:人民交通出版社,2011.

[40] 中华人民共和国交通运输部.公路沥青路面再生技术规范:JTG/T 5521—2019[S].北京:人民交通出版社股份有限公司,2019.

[41] 陈尚江,张肖宁.倒装式基层沥青路面结构力学行为分析[J].建筑材料学报,2014,17(04):644-648.

[42] 颜可珍,游凌云,葛冬冬,等.横观各向同性沥青路面结构力学行为分析[J].公路交通科技,2016,33(04):1-6.

[43] 田一鸣,曲立国,王尧伟,等.基于振弦式传感器的桥梁监测系统设计及应用[J].中北大学学报(自然科学版),2021,42(05):468-474.

[44] 吕惠卿,张湘伟,张荣辉,等.振弦式应变计在水泥混凝土路面力学性能测试中的应用[J].公路交通科技(应用技术版),2007(02):61-63.

[45] 唐世祥,陈康,赵韧,等.振弦式传感器在大坝安全监测系统中的应用及施工期监测分析[J].水利水电技术,2020,51(S2):361-366.

[46] 张吉圭,陈敏,王义,等.基于振弦式传感器的桥梁应力结构监测系统[J].河南科技,2020,39(26):122-124.

[47] 霍小亮.振弦式应力监测系统在采空区燃气管道上的应用[J].天然气技术与经济,2018,12(05):43-46.

[48] 陈俊柱,张洋,谢卫.振弦式传感器监测系统设计与研究[J].自动化应用,2020(06):1-3.

[49] 孙文杰.沥青路面再生技术在公路养护工程的应用研究[J].人民交通,2020(1):1.

[50] 姚晓光,许涛,王燕.沥青路面不同厂拌热再生方案经济环保性量化评价[J].武汉大学学报(工学版),2021,54(12):1133-1139.

[51] 锁渝杰.沥青混凝土厂拌热再生技术在高速公路工程中的应用[J].交通世界,2021(23):108-109.

[52] 胡艳丽.高比例旧料掺量厂拌热再生沥青混合料冻融损伤特性研究[D].沈阳:沈阳建筑大学,2021.

[53] 程培峰,向银剑,李炬辉,等.RAP粒径对热再生沥青混合料性能的影响研究[J].重庆交通大学学报(自然科学版),2020,39(6):7.

[54] 徐世法,颜彬,季节,等.高节能低排放型温拌沥青混合料的技术现状与应用前景[J].公路,2005(7):4.

[55] 左锋,叶奋.国外温拌沥青混合料技术与性能评价[J].中外公路,2007,27(6):5.

[56] 赵景原.温再生沥青混合料路用性能及评价[D].济南:山东建筑大学,2017.

[57] 王维营.大比例温拌再生沥青及混合料性能研究[D].大连:大连理工大学,2018.

[58] 陈少军.温拌再生沥青混合料路用性能研究[J].西部交通科技,2017(03):20-23,101.

[59] 李振,徐世法,罗晓辉,等.温拌再生沥青混合料压实特性评价[J].北京建筑工程学院学报,2010(01):17-22.

[60] 杨丽英,谭忆秋,董雨明,等.温拌再生沥青混合料的疲劳性能[J].公路交通科技,2012,29(10):7-21.

[61] 田帅团.温拌再生沥青混合料应用技术研究[D].长沙:长沙理工大学,2013.

[62] 杨赞华,谭昆华.多应力蠕变恢复试验的流变学分析[J].中外公路.2014(05):291-295.

[63] 吴超凡.添加剂型温拌与再生温拌沥青混合料路用性能及试验研究[D].长沙:湖南大

学,2015.

[64] 郭鹏.温拌再生沥青混合料集料—沥青黏附特性及路用性能研究[D].重庆:重庆交通大学,2014.

[65] 耿九光,戴经梁,陈忠达.热再生沥青混合料低温抗裂性能全程评价[J].武汉理工大学学报(交通科学与工程版),2008,32(6):1029-1032.

[66] 交通部公路科学研究所.公路沥青路面施工技术规范:JTG F40—2004[S].北京:人民交通出版社,2005.

[67] 王成明,刘其伟.在役空心板梁桥铰缝破坏成因分析及维修处治[J].现代交通技术,2011.10(8):62-63.

[68] 张庆芳.混凝土结构收缩裂缝的控制措施研究[J].混凝土,2014,(03):59-63.

[69] 赵顺增,刘立,黄鹏飞,等.现代建筑工程中混凝土收缩裂缝特点及应对措施[J].膨胀剂与膨胀混凝土,2005,(02):2-8.

[70] 赵顺增.创新发展是膨胀剂行业的唯一出路[J].膨胀剂与膨胀混凝土,2013(02):1-2,21.

[71] 李鹏,苗苗,马晓杰.膨胀剂对补偿收缩混凝土性能影响的研究进展[J].硅酸盐通报,2016,35(01):167-173.

[72] 涂兵.拼宽混凝土桥梁结构的受力性能和可靠度研究[D].长沙:湖南大学,2018.

[73] 温庆杰,叶见曙.新旧钢筋混凝土梁横向拼接的收缩徐变效应分析[J].东南大学学报(自然科学版),2006(04):596-600.

[74] 方志,常红航,阳先全,等.混凝土箱梁桥拓宽拼接后收缩和徐变引起的横向效应[J].中国公路学报,2013,26(06):65-72.

[75] 姚辉.钢筋砼简支梁桥面连续收缩缝早期损伤及预防[J].宁波大学学报(理工版),2005,18(02):261-263.

[76] 沈阳云.东海大桥墩身节段预制安装的关键技术[J].公路交通技术,2005(08):7-12.

[77] 中华人民共和国交通部.公路工程土工合成材料试验规程:JTG E50—2006[S].北京:人民交通出版社股份有限公司,2020.

[78] 闫明吉,殷天军,卞蜀陵,等.上海长江大桥工程墩柱分节预制安装施工技术[J].中国港湾建设,2010(6):39-44.

[79] 王志强,卫张震,魏红一,等.预制拼装联接件形式对桥墩抗震性能的影响[J].中国公路学报,2017,30(5):74-80.

[80] 中华人民共和国交通部.公路路基施工技术规范:JTG F10—2006[S].北京:人民交通出版社,2006.

[81] 葛继平,闫兴非,王志强,等.灌浆套筒和预应力筋连接的预制拼装桥墩的抗震性能[J].交通运输工程学报,2018,18(2):42-52.

[82] 王金昌,陈页开.ABAQUS土木工程中的应用[M].杭州:浙江大学出版社,2006.

[83] 李强.混凝土受压损伤本构模型研究[D].重庆:重庆大学,2006.

[84] 任晓丹.混凝土随机损伤本构关系试验研究[D].上海:同济大学,2006.

[85] 李晓鹏,张广达,韩强,等.灌浆套筒连接预制拼装桥墩抗剪强度影响因素分析[J].地震

工程与工程振动,2021,41(06):71-81.

[86] 交通部公路科学研究院.公路土工试验规程:JTG E40—2007[S].北京:人民交通出版社,2007.

[87] 中华人民共和国交通运输部.公路沥青路面养护技术规范:JTG 5142—2019[S].北京:人民交通出版社股份有限公司,2019.

[88] 白殿涛.既有铁路桥梁支座病害调查及原因分析[J].智能城市,2018,4(08):137-138.

[89] 徐清清,徐秀丽,李雪红,等.既有公路桥梁抗震性能需求研究[J].公路工程,2015,40(04):233-237,254.

[90] 史少立,李雪红,徐秀丽,等.既有混凝土梁桥抗震性能评价[J].世界桥梁,2014,42(06):68-73.

[91] 党新志,刘心.既有桥梁维修加固改造方案决策研究[J].河南科学,2014,32(10):2053-2058.

[92] 中华人民共和国交通运输部.公路工程技术标准:JTG B01—2014[S].北京:人民交通出版社股份有限公司,2015.

[93] 中华人民共和国交通运输部.公路桥梁加固施工技术规范:JTG/T J23—2008[S].北京:人民交通出版社,2008.

[94] 中华人民共和国交通运输部.公路桥梁荷载试验规程:JTG/T J21-01—2015[S].北京:人民交通出版社股份有限公司,2016.

[95] 中华人民共和国交通运输部.公路桥梁承载能力检测评定规程:JTG/T J21—2011[S].北京:人民交通出版社,2011.

[96] 李全旺,李春前,孙健康.基于结构可靠性理论的既有桥梁承载能力评估[J].工程力学,2010,27(S2):142-151.

[97] 郭猛,刘洪,白文静.混凝土桥梁结构的等耐久性设计[J].建筑科学与工程学报,2010,27(01):117-121.

[98] 吴宇蒙,常军.基于养护管理系统的既有桥梁生命周期成本模型研究[J].苏州科技学院学报(工程技术版),2010,23(01):44-49,55.

[99] 焦美娟,何晓东.既有公路梁、拱桥震害特征分析及加固对策[J].交通标准化,2009(Z1):18-23.

[100] 白洪涛,王福敏.桥梁改造工程寿命周期成本模型的建立与分析[J].重庆交通大学学报(自然科学版),2008(02):208-212.

[101] 林志春,王强.基于可靠度理论的既有桥梁承载力评估[J].西部交通科技,2007(04):62-65.

[102] 李闻涛.既有桥梁承载力动力评估方法综述[J].交通标准化,2007(04):96-98.

[103] 陈万春,马建秦.既有桥梁可靠度与安全使用寿命的综合评估[J].公路交通科技,2006(07):78-81.

[104] 鲍旭初,孙文智,李海光,等.20m跨径后张法宽幅空心板单梁抗剪破坏性试验研究[J].公路交通科技(应用技术版),2012,8(06):61-63.

[105] 来金龙,张冠华,王佳伟,等.混凝土强度对空心板抗剪性能的影响[J].山西建筑,

2017,43(34):31-33.
[106] 戚家南.混凝土(RC&PC&EPC)梁桥抗剪承载力计算方法的理论与试研究[D].南京:东南大学,2013.
[107] 党广彬,柴庆刚,李轶然,等.不同结构形式声屏障降噪效果分析[J].山东交通科技,2021(04):91-92,95.
[108] 刘阳.环城高速公路增设声屏障工程方案研究与设计[J].山东交通科技,2021(03):125-126,146.
[109] 吴睿.公路声屏障关键技术的理论研究[D].郑州:中原工学院,2021.
[110] 张琛良.道路声屏障的声学特性研究与优化分析[D].贵阳:贵州大学,2020.
[111] 徐小辉.既有线铁路声屏障钢立柱组立及屏体施工安全控制要点[J].中国高新科技,2021(05):111-112.
[112] 邢云.波形梁护栏防撞性能的仿真研究[D].大连:大连理工大学,2018.
[113] 闫书明,陈冠雄,刘航.几种改进的波形梁护栏的碰撞分析[J].公路工程,2016,41(01):167-171,201.
[114] 陆洲导,陈宇,苏磊,等.高温后高强混凝土断裂性能研究[J].结构工程师,2018,34(06):77-86.
[115] 中华人民共和国交通运输部.公路桥涵设计通用规范:JTG D60—2015[S].北京:人民交通出版社股份有限公司,2015.
[116] 吴建兵,张玉富,杨光强.浅谈桥梁预制拼装中的立柱施工工艺[J].城市道桥与防洪,2016(10):123-125.
[117] 王睿,王双,彭大雷.钢塑凸榫土工格栅及其筋土界面特性研究[J].工程地质学报,2016,24(03):391-397.
[118] 王俊,赵基达,胡宗羽.我国建筑工业化发展现状与思考[J].土木工程学报.2016,49(5):1-8.
[119] 高润东,李向民,许清风.装配整体式混凝土建筑套筒灌浆存在问题与解决策略[J].施工技术.2018,47(10):1-4,10.
[120] 黄祥谈.山区高速公路LED雾灯行车诱导系统工程技术研究[R].福州:福建省交通科学技术研究所,2008.
[121] 周群.低能见度下主动发光诱导设施设置研究[D].西安:长安大学,2014.
[122] 丁伯林,刘干,马健霄,等.LED背光源道路交通标志研究[J].公路交通科技(应用技术版),2015,(4):215-217.
[123] 彭一川,徐韬,陆键,等.LED主动发光交通标志应用性能研究[J].黑龙江交通科技,2018,41(11):175-177.
[124] 周德凯,马健霄,朱亚运,等.基于背光源的新型主动发光交通标志研究[J].森林工程,2017,33(02):76-82.
[125] 夏立民.交通系统中最优路径选择算法的研究[D].北京:首都师范大学,2007.
[126] 仝倩.突发事件下城市路网应急动态交通分配模型研究[D].长春:吉林大学,2013.
[127] 邓海鹏,麻斌,赵海光,等.自主驾驶车辆紧急避障的路径规划与轨迹跟踪控制[J].兵

工学报,2020,41(03):585-594.

[128] 花晓峰,段建民,田晓生.基于禁区惩罚函数和MPC倍增预测的车辆避障研究[J].计算机工程与应用,2018,910(15):136-143.

[129] 郑顺航.汽车高速紧急避让转向制动协调控制研究[D].长春:长春工业大学,2018.

[130] 邓淇天,李旭.基于多特征融合的车辆检测算法[J].传感器与微系统,2020,39(06):136-139.

[131] 廖家才,曹立波,夏家豪,等.基于核相关滤波和运动模型的多目标轨迹跟踪[J].汽车工程,2019,41(10):1179-1188.

[132] 高茹涵.基于多传感器融合的自主换道控制策略研究[D].长春:吉林大学,2020.

[133] 孙朋朋.城市环境下智能车行车环境精确感知关键技术研究[D].西安:长安大学,2019.

[134] 叶一凡.智能汽车纵横向主动避撞控制策略研究[D].长春:吉林大学,2019.

[135] 程冠旻.基于视觉与雷达的智能汽车横向避障策略研究[D].长沙:湖南大学,2018.

[136] 麦新晨.基于多传感器融合的车辆检测与跟踪[D].上海:上海交通大学,2011.

[137] 黄如林,梁华为,陈佳佳,等.基于激光雷达的无人驾驶汽车动态障碍物检测、跟踪与识别方法[J].机器人,2016,38(4):437-443.

[138] 张富有.雷达与摄像机视频融合的车辆检测跟踪技术研究[D].深圳:深圳大学,2019.

[139] 许豪.基于地图匹配的无人驾驶汽车定位方法研究[D].西安:长安大学,2019.

[140] 袁冠,夏士雄,张磊,等.基于结构相似度的轨迹聚类算法[J].通信学报,2011(09):107-114.

[141] 张延玲,刘金鹏,姜保庆.移动对象子轨迹段分割与聚类算法[J].计算机工程与应用,2009(10):69-72.

[142] 韩陈寿,夏士雄,张磊,等.基于速度约束的分段轨迹聚类算法[J].计算机工程,2011,37(07):219-221,236.

[143] 国家档案局.电子文件归档与电子档案管理规范:GB/T 18894—2016[S].北京:中国标准出版社,2017.

[144] 电子政务标准化管理委员会.基于XML的电子公文格式规范 第1部分:总则:GB/T 19667.1—2005[S].北京:中国标准出版社,2005.

[145] 国家档案局.文书类电子档案检测一般要求:DA/T 70—2018[S].北京:中国标准出版社,2018.

[146] 中华人民共和国交通运输部.公路沥青路面养护设计规范:JTG 5421—2018[S].北京:人民交通出版社股份有限公司,2018.

[147] 中华人民共和国交通部.公路水泥混凝土路面养护技术规范:JTJ 073.1—2001[S].北京:人民交通出版社,2001.